尽职调查

理论与实务

主　编／李世财　颜晓燕　付志龙

经济管理出版社
ECONOMY & MANAGEMENT PUBLISHING HOUSE

图书在版编目（CIP）数据

尽职调查理论与实务/李世财，颜晓燕，付志龙主编 . —北京：经济管理出版社，2019.6（2023.7 重印）
ISBN 978 - 7 - 5096 - 6600 - 5

Ⅰ. ①尽⋯ Ⅱ. ①李⋯ ②颜⋯ ③付⋯ Ⅲ. ①企业兼并—风险管理 Ⅳ. ①F271.4

中国版本图书馆 CIP 数据核字(2019)第 089116 号

组稿编辑：张巧梅
责任编辑：张巧梅
责任印制：梁植睿
责任校对：陈晓霞

出版发行：经济管理出版社
　　　　　（北京市海淀区北蜂窝 8 号中雅大厦 A 座 11 层　100038）
网　　　址：www. E - mp. com. cn
电　　　话：(010) 51915602
印　　　刷：北京虎彩文化传播有限公司
经　　　销：新华书店
开　　　本：787mm × 1092mm/16
印　　　张：23. 75
字　　　数：564 千字
版　　　次：2019 年 8 月第 1 版　　2023 年 7 月第 4 次印刷
书　　　号：ISBN 978 - 7 - 5096 - 6600 - 5
定　　　价：58. 00 元

编 委 会

序　言

　　尽职调查最先来源于英美法系的普通法，后来被世界各国法律普遍接纳。对于证券市场来说，尽职调查的主要作用是连接投资者与公司，但是公司信息常常不会真实地向外人披露，因此，尽职调查的引入有着不可替代的现实价值。第一，发现目标公司可能存在的瑕疵。对于收购行为来说，收购方可以通过尽职调查对被收购公司的各种风险进行摸底。由于被收购企业是一个非常复杂的运作系统而非单纯的标的物买卖，收购方需要对其进行细致全面了解，而通过尽职调查可以实现这个目标。通过尽职调查发现瑕疵可以减少各种风险发生，收购方可以根据自身尽职调查做好风险规避，使得收购方案更加完善。在尽职调查过程中，如果没有做到尽职调查义务，尤其是在一些跨国并购交易当中，仅仅凭借购买者主观臆想进行判断是一件非常危险的事情。第二，发现目标企业价值。在目标企业被收购之前，收购企业可能对目标企业价值并不是非常了解，通过尽职调查可以对其客户资源、财务数据、主营业务、经营业绩等相关状况进行全面细致掌握。同时，在收购过程中，通过尽职调查对公司表面以外其他业务的合法合规性进行了解，避免未来交易的被动局面。第三，保留必要证据。通过尽职调查可以对文件、资料等内容进行核查，这既是一个信用了解的过程，也是一个证据收集的过程。在尽职调查过程中，业内通常采用书面形式进行，其中出现的任何问题都会以书面方式予以保留，形成专门文件和资料，以便在交易行为发生纠纷时充当重要证据。

　　近年来，伴随中国经济进入结构转型和下行调整的"新常态"，互联网金融起伏跌宕和区块链技术广泛应用，资本市场新三板和科创板不断推新，市场风险不断扩大，银行贷款不良率大幅提高，许多类金融行业呈现巨幅亏损和大量倒闭，企业坏账快速上升，市场整体信用呈严重下滑趋势。因此，无论是银行、各类金融机构在信贷领域对贷款企业的尽职调查，还是企业在赊销过程中对下游经销商、代理商的尽职调查，或是企业投资并购的尽职调查，都必须进行严格的过程管理和行为规范。对于信用管理、风险控制与信用服务的发展问题，我们需要关注三个"重要"：

　　第一，信用管理是企业信贷的重要基石。金融机构和企业自身将更加高度重视信用管理和风险控制，努力降低企业的信用风险和坏账比率。在信用管理中，对企业的尽职调查是整个信用风险管理流程中的核心步骤和关键因素。一方面，客户主动提交资料的真实性受到质疑。在商业交往过程中，很多企业报表存在粉饰甚至造假行为，企业的负面信息常常被刻意隐瞒。依据企业提交的资料进行分析往往出现严重偏差甚至错误判断。另一方面，企业的信用状况和偿债能力是一个动态调整的内容，即使一个企业初始时间信用良好，经营后期也可能出现倒闭破产，尽职调查必须保持动态信息更新。

　　第二，风险控制是企业投资的重要内容。所有的投资都会面临一定的风险，专注于高新技术、创造发明、新的商业运行模式投资所面临的风险，因而对于任何投资企业来讲，由于对拟投资项目掌握的信息存在着严重的信息不对称和代理问题，风险控制的重要性就更加凸显，而尽职调查则是解决信息不对称问题的直接手段和防范代理问题的第一切入点。从逻辑上来讲，风险控制从时间点上分为投资前控制和投资后控制。投资前控制重点在于寻找风险、分析风险、处理风险三方面，整个过程就是如何进行尽职调查、调查结果的形成与尽职调查结果运用的过程，可以说投资前风险控制的核心在于做好尽职调查。

投资性企业需要收集有关风险企业、风险企业家及其管理团队、风险企业的目标市场等一切可能的信息进行风险评估。通过尽职调查可以收集到进行风险评估所需的资料和信息，然后归类和总结，最后以供投资决策参考。那么，从人员组织、制度架构、方案设计等方面做好尽职调查，并在此过程中尤其着重风险的发现与防范，并通过尽职调查结果的应用处理好风险，这是做好投资前项目风险控制的策略重心。

第三，专业人才是信用服务的重要支撑。在成熟市场经济国家的信用体系当中，信用服务业扮演着维护信用体系正常运行的极为重要的角色。专业化、市场化、规范化的信用服务机构是保障一个国家信用体系健康运行的必要条件。信用服务业具有智力密集、技术密集、专业化程度高的特点，承担着信用收集、加工、传递及信用中介、信用保障、信用辅助等功能，并在防范信用风险、促进信用交易方面发挥着重要作用。就当前而言，大量信用服务企业严重缺乏专业尽调人才，这成为信用服务行业发展的巨大障碍。同时，各大高校经济管理类专业较少专门开设此类课程，造成在校大学生对尽职调查缺乏系统的知识甚至是盲区。

做尽职调查需要的是"大智慧"，投资方的思路是"站在未来看现在"，他们在买卖企业，而不是经营单一业务，信奉的是"不谋全局者，不足以谋一域"。投资方必须要有通观全局的大视角，通过尽职调查摸清企业的"七经八脉"。但现实中存在的大量信息不对称问题难以直观地获得相关信息，必须通过科学系统的方法和手段予以解决。鉴于尽职调查对信用服务的重要性，江西师范大学财政金融学院与江西汉辰尽调信用服务有限公司利用各自在学科建设和实践创新中的优势互补，联袂合作，组织专业师资团队编撰本书。同时，本书也为江西师范大学的规划教材。目前，市场上尽职调查的书籍大多是针对单项尽调进行阐述，尚未见有对尽职调查的知识体系和业务内容做全面系统介绍的，本书希望在这方面做一次尝试。本书从理论和实操两个角度，梳理尽职调查的知识体系与实务逻辑，旨在为开展尽职调查工作的业务人员和经管类在校本科生提供一套易于理解且能快速上手的尽职调查系统知识和操作手段，以期为信用服务提供资料参考。

本书在编委会指导下，由李世财负责总体章节结构设计，具体编撰分工如下：第一章、第二章由李世财编写，第三章由杨成名编写，第四章由颜晓燕编写，第五章由柳燕编写，第六章由胡礼文编写，第七章由彭明旭编写，第八章、第九章由张晓盈编写。整书由李世财、颜晓燕审核定稿。最后，由衷地感谢经济管理出版社编辑为本书的编辑和出版所付出的心血和耐心。

目　录

第一章　导论 …………………………………………………………… 1
　　第一节　尽职调查概述 ………………………………………………… 1
　　第二节　尽职调查的渠道、方法和流程 ……………………………… 11

第二章　尽职调查的准备与实施 …………………………………… 21
　　第一节　尽职调查人员的工作内容 …………………………………… 21
　　第二节　尽职调查前准备 ……………………………………………… 27
　　第三节　尽职调查中与客户的交流和沟通 …………………………… 38

第三章　商业尽职调查 ……………………………………………… 47
　　第一节　商业尽职调查概述 …………………………………………… 47
　　第二节　商业模式尽职调查 …………………………………………… 53
　　第三节　行业尽职调查 ………………………………………………… 62
　　第四节　内部供应链调查 ……………………………………………… 69
　　第五节　商业尽职调查案例分析 ……………………………………… 78

第四章　财务尽职调查 ……………………………………………… 86
　　第一节　财务尽职调查概述 …………………………………………… 86
　　第二节　财务报表的解读 ……………………………………………… 90
　　第三节　财务报表项目的调查 ………………………………………… 99
　　第四节　其他重要事项的调查 ………………………………………… 105
　　第五节　财务尽职调查的创新 ………………………………………… 109
　　第六节　财务尽职调查案例 …………………………………………… 112

第五章　法律尽职调查 ……………………………………………… 119
　　第一节　法律尽职调查概述 …………………………………………… 119
　　第二节　目标公司基本情况尽职调查 ………………………………… 130
　　第三节　目标公司财产及保险状况尽职调查 ………………………… 139
　　第四节　目标公司生产经营情况尽职调查 …………………………… 148
　　第五节　目标公司其他情况尽职调查 ………………………………… 152

第六节　法律尽职调查工作成果 ……………………………………………… 164

第六章　融资类项目尽职调查 …………………………………………………… 169

　　第一节　融资类项目尽职调查概述 …………………………………………… 169

　　第二节　银行借款尽职调查 …………………………………………………… 172

　　第三节　ABS 融资尽职调查 ………………………………………………… 178

　　第四节　融资租赁尽职调查 …………………………………………………… 186

　　第五节　商业保理尽职调查 …………………………………………………… 191

　　第六节　供应链金融尽职调查 ………………………………………………… 196

　　第七节　融资类项目尽职调查案例 …………………………………………… 201

第七章　投资类项目尽职调查 …………………………………………………… 209

　　第一节　投资类尽职调查概述 ………………………………………………… 209

　　第二节　天使投资尽职调查 …………………………………………………… 216

　　第三节　VC 投资尽职调查 …………………………………………………… 221

　　第四节　PE 投资尽职调查 …………………………………………………… 235

　　第五节　投资类尽职调查报告的解释 ………………………………………… 239

第八章　尽职调查报告 …………………………………………………………… 257

　　第一节　尽职调查报告概述 …………………………………………………… 257

　　第二节　尽职调查报告的撰写 ………………………………………………… 259

　　第三节　尽职调查报告常见模板 ……………………………………………… 268

第九章　太阳城股权投资项目尽职调查综合案例 ……………………………… 344

第一章 导论

第一节 尽职调查概述

一、尽职调查的概念

"尽职调查"（Due Diligence）一词最初起源于英美法中的案例法，随后被编入了成文法。按《布莱克法律词典》中"Due Diligence"一词的定义为"通常一个人在其调查过程中寻找合适的法律要求或解除义务时应该保持的合理谨慎"。而按《元照英美法词典》中"Due Diligence"一词的定义为"为在合理的时间内完成某一事项所做的刻苦努力；一个理智而又谨慎的人为否定过失或共同过失而在此情况下所做的努力"。根据考证，尽职这一概念最初应当追溯到罗马法概念中的"勤勉"。

罗马法中将尽职分为两种主要类型：①一般人在管理事务中应当持有的谨慎；②家族首领管理事务中的绝对谨慎。那么，尽职调查中究竟应该保持什么程度的谨慎呢？我们查阅美国法，美国法一般原则上认为：交易中越谨慎，后续面临的风险就越低，为了安全起见，应当采取罗马法之中的"绝对谨慎"标准。但是，由于客观条件和现实情况中存在很多限制，尽职调查一方不可能发现可能存在的所有风险，故而要求事无巨细、绝对的尽职调查是不现实的。或者说，没有一种尽职调查能够穷尽揭示所有的潜在风险。故而，尽职调查的限度在于"必须是合理的，但不是绝对的"，这一观点后来逐渐成为美国法中一个普遍被接受的原则。由此尽职调查的含义在于"必须是合理的，但不是绝对的"，那也就无所谓"全面、完美、客观、科学"。

"尽职调查"一词的广泛应用得益于美国的实践发展。在美国，法律尽职调查最初用于对证券市场上投资人的保护，后来被用到并购、信托、担保等交易中。美国《1933年证券法》对于尽职调查有如下规定："如果当事人没有进行尽职调查，则有可能要对投资人承担民事损害赔偿责任；而在并购交易中，如果当事人没有进行或者没有做好尽职调查，则需要承担未彻底了解企业状况所产生的风险。"一般而言，按照英美公司并购交易的法律实践，如果没有对企业状况的特别担保，出卖人只有义务交付一个"所看到"或"所检查"情形的企业，这就叫作"现实交付"。在此情况下，所做的尽职调查，是为了尽可能地揭示"现实交付"企业的风险，这就要求购买人在购买企业之前必须采取相应的调查，以避免遭受损害，以及出现遭受实际损害后无法补救的情形。而在此过程中的调查，目的在于解决信息的真实性以及信息的不对称。

尽职调查是证券发行人或承销商免责的工具之一，对他们有着非常大的诱惑力。因此，尽职调查被迅速使用和被标准化，从证券发行业渗透到各个行业，尤其渗透到并购行为中，并且成为法律、财务和技术等专业领域的例行实践，而且从美国跨越千山万水，迅速应用到世界各地。

我国的尽职调查则是对英美的学习。国内最早出现法律尽职调查的规范性文件是2001年3月6日证监会发布的《公开发行证券公司信息披露的编报规则第12号——律师法律意见书和律师工作报告》，其中第5条如此规定："律师在律师工作报告中应详尽、完整地阐述所履行尽职调查的情况，在法律意见书中所发表意见或结论的依据，及进行有关核查验证的过程所涉及的必要资料或文件。"

自尽职调查产生至今，它的目的和作用也发生了变化。在其产生之初，它的主要作用是证券发行人或承销商免责的抗辩理由，现在它的主要作用是发现被调查方（或者被投资方）的风险。

如前述部分，尽管作为一个术语 Due Diligence 是美国证券法的创造，但是我们日常生活中每天都在做着类似的事情，就像一个非同行的朋友概括的那样，这就是"摸底调查"；也有人说"要了解和你做生意的人"；古人云"知己知彼"；罗马人说"买方注意"（Buyer beware）。

本书所要研究的尽职调查是与企业的商业、财务、法律等相关的尽职调查，也包括企业在进行投资和融资过程中的尽职调查，属于大征信范畴。本书对尽职调查做如下定义：尽职调查是指通过各种有效方法和步骤，对被调查对象的真实情况进行充分调查，获取被调查对象与经营活动、财务管理、法律关系和潜在风险等有关的信息、数据和资料的过程。一般来说，尽职调查是一个行业术语。在交易或投资决策制定前，尽职调查是在目标公司配合下对目标公司详细的财务和运营状况进行的调查，包括审核公司账务、调查公司内部及外部利益相关者，如供应商和客户等。

作为创业风险投资业界的专业称谓，尽职调查实际上就是项目投资可行性论证。有时候，尽职调查是指风险投资公司对项目进行筛选评估的一切活动。由于风险投资公司与创业者存在严重的信息不对称，风险投资公司的尽职调查就是为了减少信息不对称，为风险投资家做出正确的投资判断提供充分的科学依据。全球创业投资界在对项目进行投资前都要进行尽职调查，每个创业风险投资机构都有自己的一套尽职调查方法、程序、标准和要求，各有各的模式和特点，不尽相同。但总的来说，创业风险投资尽职调查主要内容基本集中在创业企业基本情况、财务情况、销售及市场情况和产品及技术情况等方面。

尽职调查是企业收购兼并程序中最重要的环节之一，也是收购运作过程中重要的风险防范工具。在收购过程中，尽职调查亦译为"审慎调查"，即收购者对目标公司的资产和负债情况、经营和财务情况、法律关系以及目标企业所面临的机会与潜在的风险进行的一系列调查。调查过程中通常利用管理、财务、税务方面的专业经验与专家资源，形成独立观点，用以评价并购优劣，作为管理层决策支持。调查不仅限于审查历史的财务状况，更着重于协助并购方合理地预期未来，也发生于风险投资和企业公开上市前期工作中。

在私募融资、风险投资、IPO 等交易中，尽职调查由购买方或其委托的专业机构对目标公司进行的调查研究，作为是否决定交易及定价的依据。另外，股票投资者对上市公司进行的调研及会计师事务所对上市公司进行的审计，也可称为尽职调查。

尽职调查并非要求对调查对象进行绝对的调查。每一种尽职调查都必须遵循一定的规范和操作流程，采取各种必要以及可能的手段、方法和途径，通过搜集有关信息和数据，并对之按照该方面合法合规性的要求进行分析、判断和评估，发现并提出专业性的处理意见及解决方案，以解决信息真实性和信息不对称之间的问题，为客户尽可能地降低风险，给客户决策提供参考依据。因而，绝对全面的调查是不现实的，没有一个人能够绝对了解另一个人，尽职调查也如此。

二、尽职调查的种类和原则

尽职调查并没有绝对的程序和方法，大致可以分为商业尽职调查、财务尽职调查、法律尽职调查、其他尽职调查。其中，专业的财务尽职调查会聘请会计师事务所来做；法律尽职调查会聘请专门的律师事务所完成；业务尽职调查会由投资方的专人来做。

（一）尽职调查的种类

1. 商业尽职调查

商业尽职调查主要需要了解以下六个方面：第一，业务内容，即企业基本状况、管理团队、产品和服务、市场、发展战略、融资运用、风险分析；第二，历史沿革，即了解标的企业从设立到调查时的股权变更以及相关的工商变更；第三，主要股东、实际控制人、团队，即调查控股股东与实际控制人的背景；第四，行业因素，即行业发展的总体方向、市场容量、监管政策、准入门槛、竞争事态以及利润水平等；第五，客户、供应商和竞争对手；第六，对标分析，即借鉴同行业上市公司的财务报告和招股说明书等。

整个尽职调查工作的核心是商业尽职调查，财务、法律等方面的尽职调查都是围绕商业尽职调查展开的。商业尽职调查的主要关注点包括：①企业基本情况、管理团队、产品/服务、市场、融资运用、风险分析等；②企业从成立至调查时点的股权变更及相关工商变更情况；③控股股东/实际控制人的背景；④行业发展的方向，市场容量、监管政策、竞争态势、利润水平等情况；⑤客户、供应商和竞争对手等。

商业尽职调查主要分为四个步骤：初步资料索取、资料对比分析、访谈与现场尽调、总结与补充。

（1）初步资料索取。刚与企业接触，毕竟了解不深，贸然要过多的资料，企业要么感觉警惕，认为交浅言深；要么整理起来太费时间，最终不了了之。而对于投资者，尽快拿到初步资料，尽快做出初步判断，再决定是否进一步接触，也未尝不是最好的方法。资料不必多，企业现手有的就好，通常是当期和前两年的管理报表和企业简介，企业自己搜集的行业报告也可以。现实中很少见到企业自己能编制现金流量表的，如果需要，我们根据它的报表，自己替它编制一个就可以。

（2）资料对比分析。拿到了企业提供的资料，就要进行初步分析，以确定投资的可行性。分析有两种方法：一是对比分析；二是公司分析。

在对比分析中，经常是找到已经公开上市的对标企业的财务数据，与标的企业在财务数据上进行对比，如果没有行业特殊性，分析会集中在增长性、盈利能力、营运能力和现金流等方面。对比分析的主要目的，是对标的公司在行业中的位置做出判断。这种判断当然是初步的，但起码对投资者而言，比较中会产生相当多的问题，期待访谈中有针对性地要求公司解释。例如，同为相同产业链位置上的公司，为什么那家对标的上市公司无论是应收账款周转天数，还是存货周转天数，都不如你，但经营性现金流却比你好？为什么你说你的技术和产品质量都比对标公司过硬，但毛利率却比人家低许多？这种横向分析的方法是分析的基础。但我们同时需要注意的是，标的公司没有上市，财务上沿用的极可能是收付实现制，收款开票才确认收入；而在对比分析时，对标公司往往是权责发生制，只要收入可以确认实现，无论是否开票，也无论是否收到货款，都应确认收入。那么这种收入确认原则的差异，会严重影响财务分析的结果。老手与新手的区别，就在于老手见得多，上来就知道这些行业的收入确认原则，上来就能对报表进行一些经验性的调整，上来就能抓住重点进行比较，所以短时间内就可以得出一个相对靠谱的结论。

在公司分析中，除了对比分析中得出的结论外，更关注纵向分析，也就是公司的历史分析。拿到了企业前3年的报表，总能在报表科目的年度变化中发现一些特别的现象，而这些现象，可能与行业特性无关。例如，公司的其他应收款过去一年急剧增加，一般而言，是企业家从公司拿了钱，一时间找不到如此数额的票，只好挂在账上。再如，公司的在建工程数额很大，却迟迟没有结转固定资产，除了税的原因，他们拿前一轮投资者的钱，到底去干了什么？公司分析，不具有行业的普遍性，而是针对公司自身的特殊性，它反映的是公司自身的治理结构，也能初步反映出企业家个人的管理素质。

（3）访谈与现场尽调。如果你愿意，可以把访谈与现场尽调分成两步，先访谈后尽调，边访谈边尽调，边尽调边访谈，先尽调后访谈（别以为没有，有些投资机构是基层人员先尽调，然后来一个高管象征性访谈）。最合适的是边访谈边尽调。访谈是重点，尽调是证明。在对董事长、一线业务高管和财务管理人员的访谈中，把遇到的问题和相关需要列成明细，并马上发给不同的人进行反馈，这样做，更有的放矢，也更容易得到想要的反馈。而这些反馈可以与第三方的财务尽职调查机构结果互相印证，帮助其形成最终判断。这里必须说明的是，与国内某些投资机构的内部尽调相比，外部的第三方机构更为可信。他们当然不能帮助你判断，但他们完全可以给你提供一个不同的视角。不要怕花钱，与你的投资本金相比，这点钱算不了什么。别忘了那句话：你要的是利息，而人家要的是你的本金。

访谈总需要一个主线才好，否则你很难抓住重点，总会在一些细枝末节上纠缠；访谈没有思路，你就会被访谈对象的思路所左右，完不成你当初的设定目标与进程；访谈缺乏框架，你一定会遗漏一些运营的方面，以致不能形成一个全面有深度的报告。

所以，访谈的重点是主线、思路和框架。如何进行呢？操作中可以从利润表、资产负债表和现金流量表这三大表开始，并顺着这三大表的思路来执行。毕竟，所有企业的运营数据，不都最终反映在这三大表中吗？但始终别忘记我们的重点，三大表不过是用来引发思路的，重点是报表背后的信息，需要不停地通过这三大表，向企业索取背后的科目明细，以印证访谈对象向你的表述都是真实可靠的，是全面没有隐瞒的。

看报表不看附注，不如连报表都别看。地球上每一个认真负责的股票投资者，都会认真钻研企业的报表附注，这里面隐藏了太多的信息。我们在投资非上市企业时，对标的公司的研究重点，也一定在那些科目明细里。

审计师上来也会访谈，比如公司的收入确认原则、坏账计提原则等。审计师上来也会索取明细，甚至抽查凭证、账表是否相符？符不符合会计政策？审计师上来也会发询证函，验证企业业务和存款的真实性。但这些都不能代替对公司业务本身的判断，更不能代替对企业未来增长的判断。成熟的企业还好，但对于那些业务模式刚刚确立，抑或是业务已经开始急剧扩张而且模式多变的企业，单纯依据审计师的报告显然还太单薄，所以，要用专业的尽职调查团队。

（4）总结与补充。尽职调查完毕，最重要的是形成一份尽调报告。这份报告可以合并在投资报告中，也可以单独成立。如果说我们的投资，即便在尽职完成后，也仍处于感性认识中，那么这份报告可以把感性升华为理性，是对自己投资的最后一道验证。再严密的尽调也会在事后发现有遗漏事项和一些待确认的数据，没关系，在投资报告中进行不断的补充与修正即可。

2. 财务尽职调查

财务尽职调查（Due Diligence Investigation）又称谨慎性调查，一般是指投资人在与目标企业达成初步合作意向后，经协商一致，投资人对目标企业一切与本次投资有关的事项进行现场调查、资料分析的一系列活动。其主要是在收购（投资）等资本运作活动时进行，但企业上市发行时，也会需要事先进行尽职调查，以此初步了解是否具备上市的条件。

财务尽职调查的内容一般包括：目标企业所在行业、企业所有者、历史沿革、人力资源、营销与销售、研究与开发、生产与服务、采购、法律与监管、财务与会计、税收、管理信息系统等。尽职调查小组由项目负责人（交易促成者）、行业专家、业务专家、营销与销售专家、财务专家、法律专家等构成。财务尽职调查的目的即判明潜在的致命缺陷和它们对收购及预期投资收益的可能的影响。

财务尽职调查重点关注的是标的企业过去的财务业绩情况，主要是为了评估企业存在的财务风险及投资价值。财务尽职调查主要关注点包括：①企业相关的财务报告；②企业的现金流、盈利及资产事项；③企业现行会计政策等；④对企业未来价值的预测等。

在调查过程中，财务专业人员一般会用到以下一些基本方法：审阅，通过财务报表及其他财务资料审阅，发现关键及重大财务因素；分析性程序，如趋势分析、结构分析等，对各种渠道取得资料的分析，发现其中存在的重大问题；访谈，与企业内部各层级、各职能人员，以及中介机构的充分沟通；小组内部沟通，调查小组成员来自不同背景及专业，其相互沟通也是达成调查目的的方法。由于财务尽职调查与一般审计的目的不同，因此财务尽职调查一般不采用函证、实物盘点、数据复算等财务审计方法，而更多地使用趋势分析、结构分析等分析工具。在企业的投资并购等资本运作流程中，财务尽职调查是投资及整合方案设计、交易谈判、投资决策不可或缺的前提，是判断投资是否符合战略目标及投资原则的基础。对了解目标企业资产负债、内部控制、经营管理的真实情况，充分揭示其财务风险或危机，分析盈利能力、现金流，预测目标企业未来前景起到了重大作用。

财务尽职调查的内容包括以下几点：

（1）对目标企业总体财务信息的调查。在进行财务尽职调查时，首先需要了解的是目标企业的一些基本财务情况。通过取得目标企业的营业执照、验资报告、章程、组织架构图，财务调查人员可以了解目标企业全称、成立时间、历史沿革、注册资本、股东、投入资本的形式、性质、主营业务等。对目标企业的详细了解还应包括目标企业本部以及所有具有控制权的公司，并对关联方进行适当了解。另外，目前企业的财务管理模式以及财务部财务人员结构、目标企业的会计电算化程度、企业管理系统的应用情况也是需要了解的背景资料。

在获得上述信息之后，还应对目标企业的会计政策和税费政策进行全面了解：目标企业现行会计政策、近3年会计政策的重大变化、现行会计报表的合并原则及范围；近3年会计师事务所名单和近3年审计报告的披露情况。目标企业的税费政策包括：现行税费种类、税费率、计算基数、收缴部门；税收优惠政策；税收减免/负担；关联交易的税收政策；集团公司中管理费、资金占用费的税收政策；税收汇算清缴情况。

（2）对目标企业具体财务状况的调查。目标企业财务报表的可靠性会影响到财务尽职调查结果的可靠性。而财务报表的可靠性与企业本身内控程序是否完善有关，因此，在一般情况下，进行尽职调查时亦应考虑内控程序的情况。例如可以通过访谈、画流程图等方法对目标企业的内部控制制度进行总体把握。在了解目标企业的内部控制制度之后，就可以对其财务状况、盈利能力、现金流进行详细调查。

在对目标企业的财务状况进行调查时，对货币资金除了核实它的真实性之外，还应该关注是否有冻结资金的存在。对应收账款要进行账龄分析、逾期账款及坏账分析、近年变化趋势及原因分析，要关注其是否被高估，另外对大额应收账款还应调阅销售合同。一般国内企业会将投资、开办费、前期亏损或待摊费用支出暂列其他应收款，因此在对其他应收款进行调查时，应具体查询有关内容，评析会计处理是否合适，并做出合适的会计调整建议。对存货的调查应查阅最近一次盘点记录，关注发出商品、分期付款发出商品，找出积压、毁损、滞销、过时以及有变现问题的存货，确定提取的准备是否足够，查询存货的计算方法，确定计算方法是否合适。进行长期投资调查时，对控股企业要验证其投资比例及应占有的权益，对参股企业了解其投资资料。对在建工程则要了解工程项目预算、完工程度、工程项目的用途，是否存在停工工程等。固定资产的调查，土地房屋则通过包括审阅房屋、土地的产权证明文件，如土地证、房产证等来调查，对机器、设备则要查询是否有应报废或需要提取减值准备的机器设备，另外调查人员还应关注折旧提取的方法是否合理，折旧率是否反映固定资产的消耗情况和使用年限，折旧是否按照设定的折旧提取方法和折旧率计算已入账。对无形资产的调查，则要分析无形资产的种类及取得途径，无形资产的寿命、计价依据。而对于银行贷款的调查，调查人员应取得和查阅明细表，明细表应注明利率、还款期、抵押、承诺等情况，还应查阅贷款合同，了解有否资产抵押和担保等情况，还应测算贷款利息是否已足额提取，并已入账，同时查阅是否具有违反贷款合同条款的情况。对应付账款，调查人员应取得明细表，并应分析应付账款周期、供应商分布情况。为了防止目标企业存在有未入账的负债，调查人员还应查阅期后付款凭证，查阅董事会、股东会会议记录，与有关律师尽职调查工作配合，分析对应付税金的调查，应取得各项应付税金变动明细表，并询问各项税种是否均已如期申报、完税，询问是否有漏报、虚报、少报的情况，查阅与税务机关的往来书信文件，分析所交税金是否合理。

对反映目标企业盈利能力的销售收入及成本进行调查时，调查人员应计算近几年的销售收入、销售量、单位售价、单位成本、毛利率的变化趋势，近几年产品结构变化趋势，目标企业大客户的变化及销售收入集中度，关联交易与非关联交易的区别及对利润的影响，成本结构、发现关键成本因素，并就其对成本变化的影响做出分析，对以上各因素的重大变化寻找合理的解释。对目标企业的销售收入分析可按主要地区、主要产品、主要客户进行分类。结合上述的各项分析，可以对目标企业的过去和将来的盈利前景有所启示。对目标企业的三项费用分析，应按照费用明细表分析三项费用处理的合理性及未来走势与变化。对其他业务利润，调查人员应该了解是否存在稳定的其他业务收入来源，以及近几年的数据。对投资收益的调查，调查人员应关注近年对外投资情况，及各项投资的报酬率。对营业外收支的调查应关注是否有异常情况的存在。

对目标企业的现金流的调查，调查人员应特别关注经营净现金流，并通过一些比率的计算来检验经营净现金流是否能满足融资活动的利息支出净额，并应结合资产负债表及利润表，寻找除销售收入以外是否还存在主要的经营资金来源，对经营净现金流的贡献如何。

3. 法律尽职调查

法律尽职调查是指在公司并购、证券发行等重大公司行为中，由律师进行的对目标公司或者发行人的主体合法性存续、企业资质、资产和负债、对外担保、重大合同、关联关系、纳税、环保、劳动关系等一系列法律问题的调查。

法律尽职调查大体分为两种，即公司并购的法律尽职调查和证券发行等重大行为的法律尽职调查。私募股权投资从本质上可以归类于公司并购，因此，私募股权投资中的法律尽职调查属于公司并购类的法律尽职调查。

法律尽职调查是为了全面评估企业资产和业务的合规性及签字的法律风险。法律尽职调查主要关注点包括：①公司设立及历史沿革问题；②主要股东情况；③公司重大债权债务文件；④公司重大合同；⑤公司重大诉讼、仲裁、行政处罚文件；⑥税收及政府优惠政策等。

在私募股权投资中，目标企业和私募股权投资者拥有的信息是不对称的。私募股权基金在投资前进行法律尽职调查的根本目的是避免因信息不对称带来的重大交易风险，尽职调查是私募股权基金与目标企业的一张"安全网"。对私募股权基金而言，对目标企业的法律尽职调查是一种风险管理，因为私募股权投资存在各种各样的风险。因此，私募股权投资者有必要通过尽职调查来尽量消除双方在信息上的不对称。如果法律尽职调查认为目标企业存在风险和法律问题，双方便可以就相关风险和义务进行谈判。同时私募股权投资者可以决定在何种条件下继续进行私募股权投资活动。

（二）尽职调查的原则

1. 独立性原则

投资机构需要独立地进行尽职调查，同时根据尽职调查情况做出自己的判断，尽职调查人员要保持独立工作。尽职调查的调查方式主要有两种：一种是投资机构自行组织内部人员进行调查；另一种是委托第三方专业机构进行调查。无论采取何种调查方式均要保持调查人员在尽职调查中的独立性，独立进行调查，独立做出判断，独立出具调查意见。目前，一些中介机构为了保持长期的客户关系而违背独立性原则，对同一家被并购公司既执行审计业务，又执行财务尽职调查服务，客观上违背了会计师事务所的独立性。在一些外资会计师事务所和规模比较大的国内会计师事务所里，还常常发生同一并购交易活动的多个购买方同时委托执行财务尽职调查，此时，为保持独立性，中介机构领导应保持该事务所的各财务调查小组之间相互独立，与交易相关的资料和报告也应相互严格保密，以保证调查报告的客观公正。

2. 谨慎性原则

谨慎性原则又称稳健性原则，尽职调查中的谨慎性原则是针对调查内容中遇到的不确定因素，要求调查人员在处理上保持谨慎小心的态度，出具的尽职调查报告上要有完整的工作底稿作为依托。在尽职调查过程中调查人员要按照谨慎原则开展工作。如在尽职调查中要对被调查人的财务进行审计，很多被调查人都会提供其之前已经委托相关第三方机构出具的审计报告，如果调查人对于出具报告的第三方机构的资信情况不能确定就需要重新委托指定的机构进行审计，确保披露的内容不会存在偏差。再如，在市场调查方面要亲自参加到实际的调查过程中，对调查的过程进行监督。尽职调查的结果最终以调查报告的形式进行呈现，在出具的报告中，每一项内容均需要有完整的工作底稿为依据，做到依据充分，不能出具没有依据或依据不充分的意见。

3. 全面性原则

首先，尽职调查要做到调查内容具有全面性，涉及被投资人的各个领域。企业组织方面，法律尽职调查应包括企业的沿革、合法性、股东的构成与历次变更情况、公司的治理结构、投资设立的下属公司分支机构及关联企业等；企业权利方面，包括企业所有权、用益物权、担保物权、知识产权及债权等；企业义务方面，包括银行借款、或有负债、正在进行的诉讼或仲裁及行政处罚税收罚款等；劳动人事方面，包括员工的合同签订情况、竞业禁止、是否有劳动纠纷等；股东方面，包括是否从事与被调查企业存在类似业务，是否有重大诉讼、仲裁或者行政处罚，股权是否被质押等。

其次，材料收集要齐全。调查者必须调集所有的材料，单就拟投资对象的股权结构而言，除了查阅拟投资对象当前的工商执照外，还要查阅公司章程、股东出资证明书、出资协议、验资报告、股份转让协议、股权变更等一系列法律文书。

4. 透彻性原则

调查者不仅对有关的文件资料进行详尽审核，还要求调查者与相关当事人、政府机构和中介机构等进行沟通和调查。如若关键员工属于从同行业其他单位跳槽过来，则需要了解其与原单位合同关系是否已经了结，是否与原单位有竞业禁止的约定等。但单凭员工个人提供的信息显然不能确保真实，因此还有必要向原单位进行调查和了解。

以专利为例，投资者不仅需要了解其是否拥有专利权，还要了解其是否存在权属上的纠纷、有效期间、专利权的地域范围以及专利许可情况等内容。再以应收账款为例，投资者不仅需要了解其应收账款的数额，还要调查应收账款的性质、产生原因、账龄、债务人的资产负债情况以及债权人已经采取的措施等。

5. 重要性原则

针对不同行业、不同阶段的企业要依照风险水平进行重点调查。

首先，对不同行业的企业，调查重点有所不同。如对于高新技术行业的企业，知识产权是决定企业发展的核心要素，若存在知识产权归属不清或权属争议，很可能会导致整个企业的核心竞争力缺失，甚者可能会连企业的存在基础都将失去。对于技术和产品创新的创业企业，研发能力和知识产权是决定企业发展的核心问题。对于商业模式创新的创业企业，运营能力和市场能力是企业快速成长的关键。

其次，对不同阶段的企业，调查内容有所不同。众所周知，种子阶段、初创阶段、扩张阶段和成熟阶段四个阶段的企业可以提供的信息差异较大。对早期（一般包括种子阶段和初创阶段）的投资，注重对技术和团队的调查，而对于中后期投资，应注重对过往绩效的调查，因为从企业过去的发展历程可以看出企业高层管理团队的战略和经营能力。

三、尽职调查的目标和作用

尽职调查既属于项目管理又是一个系统工程。一项尽职调查工作的开展，从行业风险研究到财务调查审计，从人员访谈到现场勘查，最后到报告撰写直至后期调查，涉及的领域多、学科多、人员多、数据量大，需要进行统筹设计，制订战略规划，然后分步实施，最终达到风险管理和控制目标。

（一）尽职调查的目标

制订尽职调查战略规划，首先要确定尽职调查的目标。根据系统工程和项目管理理论，目标分为总目标和分目标。一般来讲，总目标是定性目标，分目标可以是定性目标，也可以细化为定量目标。尽职调查的总目标就是通过详尽的、专业的调查，全面、真实、客观地反映被调查企业的实际情况，为商业信用的决策提供依据。这个总目标主要体现在以下三方面：

一是识别和控制风险。无论信贷还是商业信用本身存在着各种各样的信用风险，尽职调查最根本的目标就是实现对这些风险的识别和控制。在根本目标的总体要求下，需要对这些风险进行细致的分类，辨别哪些风险是影响企业违约的主要因素，哪些风险是影响企业违约的次要因素，并建立识别各类风险的具体方法和目标，通过尽职调查逐一考察和判断。

尽职调查是为了查实目标公司的现状，获取足够的信息用以分析未来的情况，避免投资中的陷阱，减小和避免投资风险。判明潜在的致命缺陷和它们对收购及预期投资收益的可能的影响，分析企业盈利能力、现金流，预测投资未来前景。同时，了解企业的资产负债情况、内部控制、经营管理的真实情况，是投资及整合方案设计、交易谈判、投资决策不可或缺的基础。

二是发现企业价值。在商业信用活动中，发现企业合作价值是尽职调查的一个重要目标。一个存在风险的企业可能无法获得信贷支持，但在商业中却可能存在很强的合作价值。因为企业的价值不仅取决于当前的财务账面价值，同时也取决于未来的收益。在尽职调查中，需要对企业内在价值进行全面的评估和考量，从而决定建立合作关系甚至信用关系。

三是提高获客能力。在客户是上帝、谁掌握客户谁就掌握经济命脉的今天，获得广泛客户群体是最重要的。商业社会如此，在金融领域竞争越来越激烈的情况下，金融信贷领域也是如此。无论是银行还是企业，获客越来越成为机构发展的重要因素。因此，一些机构把尽职调查作为机构获客的重要手段。此时，大力收集潜在企业作用信息、从第三方获取企业的数据就是尽职调查的主要内容。

实践中，由于尽职调查涉及的领域和用途不同（信贷、投资、商业信用、商务合作等），以及使用方的不同需求，上述三方面的目标会各有侧重，但识别和控制风险仍然是尽职调查最主要的目标。

（二）尽职调查的作用

目前，我国信息不对称和道德风险问题仍然比较严重，这些已经阻碍了中国经济的发展，中国企业每年因信用问题导致的损失高达数千亿元，我国金融业普遍存在数额巨大的信贷风险，非金融业企业之间因为商业往来所面临的各种风险也不容乐观，具体体现在：

（1）银行系统面临的信用风险形势严峻。银行对保持国家经济健康发展极为重要，我国改革开放40年来，银行界尚未遭受严重危机，但银行系统所面临的信用风险一直很严峻。近年来，伴随着经济周期的波动和企业经营状况的恶化，我国银行业也难以独善其身，资产质量逐步下滑。

（2）信用违约导致企业信用评级下调。近年来，信用违约事件快速暴露，涉及行业和发行主体不断扩大。受债券市场环境的负面影响，国内大量债券发行推迟或发行失败。违约事件频发的同时，大量中央企业、地方企业、民营企业的主体信用评级遭到下调，负面评级事件发生频率较往年大幅提升。

（3）投资回报降低致债务违约风险上升。从非金融企业角度来看，受实体经济去产能、房地产去泡沫等因素影响，各类隐性的风险正在加速暴露。传统产业产能严重过剩，企业的投资回报降低甚至出现大规模亏损，债务违约风险大幅上升。

正是因为金融机构和各类非金融企业都已在目前经济下行的趋势下面临潜在风险，所以必须有对商业合作对象进行尽职调查，获取详尽的企业数据，从而规避风险。

尽职调查的作用体现在以下几个方面：

（1）尽职调查掌握信用数据，时刻了解、把控赊销风险，通过降低和防范赊销坏账，不断优化客户质量、促进销售和提高企业竞争力。

（2）尽职调查可以挖掘被调查企业的信用特质，并可将这些企业的调研信息建立起企业信用档案，从而降低未来获客成本。

（3）通过尽职调查可以发现被调企业的经营、管理、财务、信息披露中存在的问题，有利于被调查企业进行有针对性的改进，从而提高企业经营、管理、风险控制和规范运作的能力，最终促进企业综合能力的提高，达到合作伙伴的合作要求和条件。

总之，不同种类的尽职调查有不同的作用。但总的来说，尽职调查的普遍作用就是通过对商业伙伴或交易对方进行调查，收集与拟议交易的关键问题相关的信息，从而达到了解商业伙伴和交易对方的目的。发现其业务上的优势和弱点，并找出其现存和潜在的各种重大问题和影响交易的重要因素，以便为做出是否与之进行拟议的合作或交易的决定以及讨价还价甚至交易完成后的整合计划提供依据和基础。

第二节 尽职调查的渠道、方法和流程

一、尽职调查的渠道

尽职调查涵盖包括商业、财务（含税务）、法律在内的多个领域，为了对目标公司进行全面且高效的调查，尽职调查小组的构成人员由技术纯熟与经验丰富的人员构成，一般由项目负责人、行业专家、业务专家、营销与销售专家、财务专家、法律专家等人员组成。各专业调查员的尽职调查工作关注点各有不同，商业调查包括机会成本、固有风险、市场风险，财务调查主要包括盈利能力、现金流水平、资产负债状况，税务调查主要包括税收优惠、运营及重组、有关税收风险等，而人力资源则关注人员构成、薪资状况、人员培养、技术及环评，产品方面调查主要包括市场、资源和技术，法律调查主要包括法律监管和合规性。

尽职调查作为一种谨慎性调查，不仅要注重调查内容的全面性，而且要确保其真实性、独立性，因此尽职调查需多渠道收集资料，以此确保资料的可靠性。不同的调查目的，尽职调查的渠道选择有一定的差异。因此，我们根据尽职调查的目的分别从商业尽职调查、财务尽职调查、法律尽职调查对尽职调查的渠道进行介绍。

（一）商业尽职调查渠道

商业尽职调查的目的是明确目标企业的商业前景，因此商业尽职调查不仅需要获取目标企业的历史表现和未来发展规划等信息，也需要对目标企业所在行业和市场、竞争对手的情况进行调查。商业尽职调查渠道主要有目标企业内部资料收集、外部信息查询、相关人员访谈、现场实地调查。

1. 内部资料收集

尽职调查人员先应当编制尽职调查文件的清单，尽可能地收集诸如公司工商注册、主要股东情况、公司发展历程与公司战略相关文件、公司管理人员信息、业务文件、财务数据、公司会议记录、公司营销计划、公司定期报告等尽调所需的各项历史数据和文档。

2. 外部信息查询

首先，通过公司网站、报纸书刊、新闻广播、录像录音、微博微信、峰会论坛、行业杂志、行业协会网站、业内人士等信息渠道，了解公司产品、营销信息及其所处行业的情况。其次，还可以通过文献检索、行业报告等专业的信息渠道来了解行业信息。可以借鉴同行业上市公司财务报告和招股说明书等公开资料了解竞争对手信息。

3. 相关人员访谈

为了确定真实性，对于文件资料不详尽的或者没有文件资料佐证的，尽职调查人员应与企业的董事、管理人员以及各相关部门的人员进行面谈，以进一步求证。另外，通过客户走访可以了解企业的产品质量和受欢迎程度，以及企业真实的销售情况和竞争企业情况。供应商的走访也有助于了解企业的采购量、信誉，可以帮助我们判断企业声誉和真实

的生产能力，同时也能从侧面了解行业竞争格局。如果可能，并购方可以"隐身"拜访目标企业的竞争对手，全方位了解目标企业信息。另外，为了了解行业发展前景和市场，可以与行业内相关的专家进行访谈，结合国家政策和市场发展现状对企业的发展前景及企业存在的核心竞争力进行深入剖析，做出科学的判断。

4. 现场实地调查

对目标企业进行实地调查，了解目标企业的业务流程、信息系统、员工面貌、企业文化、公司运营、对外合作等情况，深入了解企业内部运营管理信息。还可以通过行业协会走访和行业重点企业调查来加深对行业情况的了解。

（二）财务尽职调查渠道

由于财务尽职调查的目的性很强，因此其资料的来源主体也决定了信息和数据的质量，但尽可能地从不同渠道获得目标公司的资料，从不同的角度进行分析和对比验证，最终是否能够得出正确的结论意见和建议，决定了一份财务尽职调查报告是否合格。财务尽职调查流程中资料的来源由于目标公司的性质和产业不同，其来源也会有所不同。但主要的资料来源有目标公司、第三方机构、目标公司相关人员与部门、政府有关部门等。

1. 目标公司资料获取

从财务尽职调查报告的过程来看，当准备进行财务尽职调查的时候，就可以正式收集相应目标公司的资料，最为主要的是从目标公司按财务调查清单上的目录提交的资料，如目标公司内部组织结构图、公司章程、股东名册、近 3 年的财务报表数据、历届股东会会议与董事会记录、控股或股权投资公司情况、不动产资产状况、无形资产注册状况、人事劳动合同、资产和负债清单目录、重要业务经营合同等。

2. 第三方机构

财务尽职调查工作人员可以向担当本次尽职调查事务的律师事务所、第三方业务咨询机构索取目标公司的工商登记资料、业务流程、重大合同、产业状况、基于业务的财务流程等资料，以上资料除了可以补充完善资料外，还可以验证部分文件的真假。另外，评估目标公司的诚信状况、经营水平、实际资产周转率、产品质量等也可以向专业的咨询机构购买同类型目标公司的财务分析数据，通过对比和核实来收集形成最终的结论性意见。

3. 相关人员与部门调查

尽职调查人员还可以与目标公司的股东代表、董事会成员、财务管理人员、经理层、供应商、客户、授权销售商、第三方外包商进行调查，核实财务数据真实性和风险的可能性，了解目标公司真实的经营状况和未来企业盈利情况。另外，还可以向目标企业所在地的基本户的开户行了解目标企业的信用状况、贷款情况。

4. 政府有关部门核实

对一些不动产或者动产的登记所有权证进行查实，如房屋所有权证、车辆所有权证、土地使用权益、商标、发明、软件著作权证等向相关登记机关收集相应资料，重点对于纳税情况向当地的地税国税进行纳税情况、税收优惠等资料收集，以期判断是否有税务纠纷和税务刑事风险。

5. 实物盘点

对于资产负债表中涉及的固定资产、库存商品等实物资产可通过实物盘点的方式来核实。另外，通过实物盘点还可以了解企业库存状况，从而进一步了解企业的营运实况。

（三）法律尽职调查渠道

法律尽职调查是专业的法务及律师团队对目标公司的企业资质、资产和负债、对外担保、重大合同、关联关系、纳税、环保、劳动关系等一系列法律问题的调查。因此法律尽职调查的渠道也主要是上述相关机构和部门。法律尽职调查的渠道与商业尽职调查、财务尽职调查的渠道相似，主要分为目标公司资料准备和现场实地调查。

1. 目标公司资料准备

在开展尽职调查之前，法律尽职调查人员按照调查所需制定调查清单，明确要求目标公司或相关当事人严格按照客观、真实的原则提供清单所需文件。通常情况下，文件清单除了包括目标公司的资本资料和公司章程外，还应包括企业的资产和负债相关合同、交易合同、劳动合同、已决未决诉讼和仲裁法律文件、知识产权等重要法律文件。当然，每个项目都有其自身的特殊性，在制定文件清单时，还应遵循灵活机动的原则。

2. 现场实地调查

为核实上述资料的真实性，法律尽职调查人员根据实际需要，不仅要去企业内部进行实地调查，还要深入合同关联方企业、单位进行调查。有些目标公司的法律事项需要第三方出具证明，法律尽职调查人员可通过发函或者电话向第三方获取证明。

尽管商业尽职调查、财务尽职调查、法律尽职调查三种尽职调查侧重点有所不同，但很多资料会有重复需求，因此三种尽职调查的渠道可能重合，获取资料也可共享。

二、尽职调查的方法

尽职调查的方法主要分为基本调查方法和非常规调查方法，国内外根据法律法规有所差异。

（一）基本调查方法

国内外尽职调查方法众多，但在尽职调查过程中的基本调查方法是国内外尽职调查常用的手段。基本调查方法主要有现场调查、搜寻调查、官方调取、通知调查、秘密调查、委托调查。

1. 现场调查

现场调查主要分为现场交谈和实地考察两种方式。现场调查因其具有直观性、有效性、线索可循性等特点，成为常规尽职调查中最常用的方法。现场交谈也称现场会谈或者现场参观，调查人员可以在条件允许的情况下自由选择约见人员。约见人员原则上选择企业不同部门不同层级岗位的主管人员，例如调查企业财务情况时可以选择财务科经理、审计主管、人力资源部门主管、纳税筹划主管等。如果需要调查企业市场销售情况，可以选择约见公关部门经理、营销部门主管、客户售后部门一线员工、广告部经理等。约见尽可能多的企业职工能在很大程度上保证调查信息的全面性和真实性。现场交谈的目的在于深入了解企业发展状况，明确企业发展战略目标以及未来发展的方向和思路，同时还可以从侧面了解到企业文化、企业员工满意度、企业管理层控制等详细情况，有利于调查人员对企业高管的评价和认识。

实地考察也叫实地调研，这一调查方法又包括观察法、实验法和问卷法三种常用方法。实地调查收集到的资料和表格需要进一步整理和分析才能转化为有参考价值的材料。

2. 搜寻调查

搜寻调查主要运用于政府工作以及法律询证过程，该调查方法主要通过有形渠道和无形渠道获得调查内容。有形渠道包括图像、影音资料，媒介传播是最有效的有形渠道。报纸杂志、图书文摘、新闻广播、录像录音、微博微信、峰会论坛、巡演汇报等都是搜寻调查获取信息的来源。搜寻调查的优点在于信息来源广泛，信息量大，缺点是信息较为分散，因此难以系统全面地收集，同时很多搜寻调查的渠道来源不具权威性。

3. 官方调取

我国法律规定当事人在客观条件下无法自行收集证据时可通过申请官方调取获得所需证据。例如调查一家企业经营状况时可以向人民法院递交调查函进入工商管理部门、税务管理部门以及质量管理部门、环保部门等政府职能部门获得相关资料。

4. 通知调查

通知调查是一种较为直接和便捷的调查方式，调查者通过口头或书面通知被调查人，向其说明调查目的和调查内容，要求其在一定时间内将所需信息收集整理后通报给调查者。

5. 秘密调查

秘密调查是指在非公开、不为被调查对象所知的环境下展开的调查方式。秘密调查主要通过对企业内部人员、外部竞争对手、产业链中存在供给关系的商业群体调查取证，获得所需信息。

6. 委托调查

当调查者与被调查企业或个人在空间位置上相距较远，可以委托第三方机构或者专业的中介机构进行调查。例如对某一客户进行现金和不动产资产情况调查，可以向会计师事务所提出申请，并支付一定金额作为调查费用。由于委托调查需要签写调查令，调查令审核又需要一定时间，因此委托调查存在延误调查时机的不足。

（二）国内外非常规的调查方法

国内外对非常规调查方法的使用侧重点有所不同，国内非常规调查将注意力放在被调查主体内部，主要使用非常规手段打进企业内部进行尽职调查，国外则注重对外部环境信息的收集和研究，通过一些特殊手段获得信息。

1. 国内的非常规调查方法

（1）潜伏调查。潜伏调查是一种为了获得真实、准确、完整的信息，将本企业调查人员或企业外部人员安置到被调查企业内部，深入获得隐秘信息的非常规调查方法。潜伏调查最直接的方式是通过应聘将调查人员放置到目标部门，这一方式的优点是获得信息高效且及时，缺点是存在调查人员被收买或被识破的风险。

（2）关键人员暗中调查。打入被调查企业有难度，可以采用关键人员暗中调查法。这一方法要点在于通过多种方式在企业投资并购之前寻找到被投资企业的"重要人物"，化敌方为我方获得第一手资料，这样一方面提高了调查效率、节省了调查时间，另一方面省去投资方诸多不必要的调查工作。使用这一调查方法也存在一定的风险，事先约定好的互利关系可能因为重要人物道德约束而破裂，同时对方企业内部人员可能因担心受到法律制裁而放弃合作，拒绝和投资方开展尽职调查。

（3）相关企业调查。针对被调查企业的生产、销售、运营等状况，可以通过与其产业链相关的上下游企业接触沟通获得调查信息。相关调查避免直接从企业内部中获取信息，降低了信息失真的风险。如运用得当，从相关企业渠道获得的信息可以大大提高调查结果的全面性和真实性。

（4）商请调查。对于隐瞒重大信息、涉嫌欺诈的企业，调查阶段可根据线索的疑难和复杂程度，商请专门机关、专职机构开展专业化调查。例如商请工商、审计、国资等部门调查涉嫌事实，商请有关部门应当说明原委，注意沟通，力争取得最佳效果。

2. 国外的非常规调查方法

（1）外围调查。外围调查多见于国外研究案例，主要通过对被调查企业外部环境以及人员的调查收集信息，从而被动获得企业内部信息。美国亚利桑那大学雷兹教授提倡的"垃圾研究"就是典型的外围调查，他认为垃圾桶绝不会说谎，什么样的人，丢什么样的垃圾，从而有效地完成了市场调查。日本的常磐百货公司专门收集主妇丢掉的购物备忘条；有的公司派专人在顾客电梯中了解公众谈话；有的企业在假期为员工配备相机、交卷，以便拍下美丽的服装、鞋帽和有开发价值的日用品等。在尽职调查中，尽职调查人员除了直接进入目标企业获取所需信息，不少尽职调查人员也会通过外围调查的方式来获取直接资料所无法反映的信息。这一方法的缺陷在于被加工后的信息可能带有主观性，其真实性有待验证。

（2）诱惑调查。诱惑调查源自美国的"刺激圈套""陷阱调查"，为了侦破特殊类型的刑事犯罪（如毒品犯罪、间谍犯罪等），用明示或者暗示的方法来引诱他人实施违法犯罪行为，并通过这种收集证据的方式以达到侦办案件的目的。如今诱惑调查也逐渐渗透到公司治理领域，调查人员通过乔装打扮，隐瞒身份，特意设计情景诱发被调查人实施违法行为。目前，国际范围内对诱惑调查的合法性存在诸多争议，我国对这一调查方法的理论研究还不完善，应用还处于摸索阶段，法律上也是一个空白。

三、尽职调查的流程

尽职调查是由一系列持续的活动组成的，包括对目标企业资料的收集、检查、分析和核实等。如果没有一套严谨有效的尽职调查程序，将难以做出最适当的投资决策。以调查的时间为标准，尽职调查的流程一般分为四部分：准备、执行、总结、报告。

（一）准备阶段

在具体实施尽职调查前，通常要完成以下工作：

1. 保密约定

在具体调查进行之前，当事人首先要做的就是保密约定。应当承担保密义务的人，不仅有具体执行尽职调查的专业人员如律师、会计师等，更主要的是接触这些信息的购买人。如果尽职调查的需求者也是一个企业的话，则该企业的董事会成员、经理等都要签署保密协议，约定在尽职调查过程中所知悉或获取的任何一方的保密信息不得泄露给任意第三方或者擅自进行商业利用。保密协议通常也可以在意向书中约定。

2. 确定资料室位置

由于所有材料都放在一个特定的资料室中，实践中又叫作资料室目录。一般资料室都在目标企业所在地，不过考虑到调查的方便，也可能放在其他地方。

3. 听取管理层对企业陈述

在具体调查之前，听取目标企业管理层对企业基本状况有关情况予以说明，从大体上了解企业的大致情况，这在一定程度上有助于执行尽职调查人员更快上手。

（二）执行阶段

1. 确定调查目的及对象

对尽职调查需要分清楚尽职调查的目的，目的不同尽调的手段和要求也不同。从非诉业务来看，主要分 IPO、新三板、发债和并购几种，IPO 的要求比新三板和发债高一些。并购主要看具体项目情况，比如有些集团内重组尽调主要为定方案用，标的公司一般比较配合，业务比较简单；上市公司的并购要符合上市公司的相关规定，因此商业上的并购就相对复杂一些。另外，如果预期对目标公司或者项目的投入资金量比较大，尽职调查也会更周密彻底。

2. 前期资料收集与整理

主要涉及项目和机构两方面内容，项目内容涉及资助目的、资助方需求、拟资助对象等；机构内容涉及机构简介、人员配置介绍、项目经验介绍等。记录前期收集到的关键信息并分类整理。

3. 尽职调查计划拟定

根据前期资料和本次调查的对象、目的，确定调查方法、指标，根据指标建立本次调查问题库，标明重点关注问题，列出调查清单，并商讨调查流程。明确所有问题后，拟定尽职调查计划书，对以上的问题及调查期限、时间安排等进行详细的说明，方便日后工作的顺利开展。

4. 尽职调查人员安排

尽职调查负责人按照调查问题库分类安排任务并建立相应的项目小组，确定每组尽职调查项目成员和项目组长，并记录尽职调查成员的联系方式，方便日后交流联系。

5. 开展调查并记录

根据之前拟定的调查清单，结合相应的调查渠道和方法，如实地调查、搜寻调查等，对需要了解的问题进行详细调查，关注重点问题的实际反馈，结合照片、录音、视频等形式组成调研记录。开展实地调查时，根据调查情况适当调整问题清单，若发现问题，可尝试探究问题形成的原因，判断被资助方的真实情况。

6. 调查小组讨论复核

汇总前期获取的资料，调查小组成员之间据此针对调查清单一一复核，针对有异议的问题进行讨论，相互交流和发现调查中存在的问题，并对有争议的事项进行记录，以便接下来的补充调查更有针对性。

7. 补充调查

公司提供文件的人可能完全不理解清单所说的内容，或者有各种特殊的情况要询问。因此，针对这些内容还需进行进一步调查。此时，项目组会根据具体情况再去相关部门补充调查。

（三）总结阶段

在撰写尽职调查报告之前，根据尽职调查计划书中安排的各项事宜及各子项目负责人提交的任务总结报告和文件，尽职调查负责人需要聚集各项目负责人进行总结，以梳理调查报告框架。

1. 汇总资料

各子项目负责人提交尽职调查过程中所有的文件，包括备忘录、录音、照片、视频等底稿，同时，每个子项目应该对调查过程中的各项事项进行详尽的说明，并出具一份总结性报告。

2. 资料分析与讨论

尽职调查负责人应当组织各自项目负责人全体开会讨论，对各子项目的真实性、关联性和合法性等进行全面审核。同时，根据尽职调查中的汇总资料，结合国家宏观政策与形式、行业相关知识、财务专业知识、法律风险知识，对企业可能发生的重大风险隐患及其原因进行分析讨论，并进一步分析其对投资方或委托方后续投资或者合作可能产生的各种影响，尽可能在此基础上探讨出可行的解决方案。

（四）报告阶段

尽职调查报告撰写是尽职调查中最为关键的部分，是尽职调查的最后成果，也是前期所有工作的结论性意见。尽职调查报告中的所有内容都是有相应的数据和信息等原始凭证作为支撑的，具有严谨性、科学性、真实性、客观性。

1. 初稿撰写

首先将各子项目负责人提交的文件和报告进行汇总，其次根据之前的讨论与分析，结合各子项目之间的关联性，对各子项目的调查成果和调查分析建议进行总结和分类，初步形成调查报告。初稿中的结论性意见应当由各子项目负责人进行研讨，在充分咨询意见和建议后，可以采取二审制度进行表决，以便充分吸收各子任务负责人意见，以调查事实为依据进行结论性初稿报告的撰写。对于初稿中的报告提纲，由于具有统领性的作用，也应当在遵循基本原则基础上提示尽职调查内容的撰写方法和作用等，力求在各子项目保证质量的同时，做到主题明确、详略有度。

2. 初稿审核

当初稿完成后，尽职调查的总负责人按照正常程序，应与委托人组织一次研讨会，研讨应该有委托方及其他第三方专业的财务人员、业务人员出席，主要探讨初稿中的结论性意见和风险提示内容，并根据会议讨论的内容调整调查报告初稿，以此满足委托方的信息需求。如果结论性意见和委托方不一致时，应该保持客观公正的立场，在调查事实的基础上，全面、真实、完整地撰写尽职调查报告，不能随意捏造事实。

3. 文档管理

尽职调查报告完成后，尽职调查总负责人应该按照文档管理的要求，履行文档管理工作，对尽职调查过程中的录音、照片、视频、文档、合同等调查底稿和会议记录分类整理归档。其中，文档入库前应有正式的签收程序，对所有文稿应该编码，确认份数，并由相关负责人签字。所有文档汇总、分类归档后，尽职调查负责人应该审核并签字。

以上四个阶段是尽职调查的一般流程，但是由于项目本身的差异性和尽职调查的目的不一，现实中的尽职调查会根据实际情况进行一定的调整，以确保尽职调查的高效完成。

四、尽职调查的注意事项

（一）商业尽职调查需要注意的事项

尽职调查首先要从大方向入手，由面到点，由大到小。其次要分清必要因素和次要因素，先抓必要因素再看次要因素。

1. 看准一个团队

著名风险投资人徐小平说过，投资就是投人。投资就是带着资金寻找"意中人"，一旦遇人不淑，可能会导致整个投资失败。

2. 发掘两个优势

两个优势分别是指优势行业和优势企业，优势行业能够为企业提供良好的发展环境，包括政策倾斜等；优势企业能够利用行业环境的优势加速市场扩张和利润增长。发掘这两个优势能够帮助投资者分析企业面临的竞争态势，从而更好地选择投资方向。

3. 弄清三个模式

营销模式重点分析企业采用何种销售方案达到最好的营销效果；业务模式反映了企业在满足顾客需求的过程中实现的产业生态环境中各要素的相关程度；盈利模式则说明企业获利的方式。弄清这三个模式有利于投资者明确企业运营现状以及财务状况，好的盈利模式能够促进企业长期发展，好的业务模式是长期获利的前提保证。

4. 查看四个指标

对一个企业或者上市公司进行发展能力分析，这四个指标必不可少：营业收入反映企业经营成果、营业利润是商业经济活动的根本目标、净利率间接反映了企业竞争力、通过增长率可以判断企业处于哪个发展阶段，把握住这四个指标就等于把握住了投资结果。

5. 理清五个结构

上面四个因素都需要通过理清以下五个结构，反映企业应对危机事件、机会和风险时的选择：

股权结构：主次分明，主次合理。

高管结构：层次分明，优势结合。

业务结构：主营突出，适时研发新产品。

客户结构：拥有一定实力，集散程度适中。

供应商结构：拥有较高质量，集散程度适中。

6. 考察六个层面

对企业进行注册历史、财务纳税、合法合规等方面的考察可以帮助投资者深入了解企业内部问题，这六个层面的因素都有可能影响到企业的上市，因此要细致考察。

历史合规：合规是企业的首要责任，历史合规考察企业在过去的经营过程中是否存在重大问题。

财务规范：财务工作规范，会计核算规范，审计管理规范。

依法纳税：规范依法纳税问题。

产权清晰：企业产权清晰，是否存在纠纷。

劳动合规：严格执行劳动法规。

环保合规：企业生产、销售、运营等各节点符合环保要求，是否存在搬迁、处罚等隐患。

7. 落实七个关注

制度汇编：查看企业的制度汇编可以迅速认识企业管理的规范程度。

例会制度：通过观察企业例会制度可以了解企业是否实现有效管理，企业股东与高管之间、上下级之间沟通是否顺畅，各部门工作之间是否协调。

企业文化：作为企业的灵魂，是推动企业发展的不竭动力，通过企业文化可以了解企业经营理念、经营目的、经营方针和价值观念。

战略规划：良好的战略规划可以帮助企业规避风险，通过战略规划可以了解企业发展方向。

人力资源：作为经济社会的活资本以及最现实的生产力，人力资源充分反映了企业员工的能力结构，是考察企业综合能力的有力指标。

公共关系：良好的公共关系对于树立企业形象、促进商品销售有着举足轻重的作用，了解企业的公共关系状况，也可以了解企业是否拥有和谐的人事氛围。

激励机制：精神激励、薪酬激励、荣誉激励和工作激励往往能够刺激员工工作激情，提高工作效率。

8. 走好八个程序

收集资料：调查首先要收集资料，从多方面收集企业资料。

高管面谈：与高管面谈可以快速获得目标企业经营状况、人员素质等基本情况，这也是创业投资的一个非常重要的环节。

企业考察：实地到企业内部对企业的生产、研发、管理、销售等各个环节进行考察，同时与企业基层职工进行对话访谈，可以更加全面交接企业运行情况。

竞争调查：对企业所处行业环境进行宏观分析和微观分析，深入了解该市场中存在的五种竞争力量，知己知彼、百战不殆，充分了解竞争企业的信息有利于在谈判中获得优势地位。

供应商走访：判断企业的真实产量可以从供应链上端的采购量来判断。

客户走访：可以了解客户对产品的满意程度，同时也可从侧面了解顾客对于企业的认可度和忠诚度。

协会走访：了解企业落实各级政府和行业协会要求的程度，了解目标企业在本行业的名誉和位置。

政府走访：了解对企业所处行业的政策倾向以及支持程度。

9. 报告九个内容

撰写《尽职调查报告》有利于收集、整理目标企业资料，对其进行系统的了解和认识，同时帮助调查者正确判断目标企业现实状况，也是判断投资风险的依据。

企业历史沿革：企业从创立到现在所经历的重大改革和发展。

企业产品与技术：公司核心产品和技术来源。

行业分析：行业宏观环境分析、微观环境分析，竞争对手分析。

优势和不足：企业战略规划即在于发现竞争优势和劣势，发展优势规避不足是报告重点内容。

发展规划：企业的短期发展规划和长期发展战略以及发展规划的可实现性。

股权结构：不同性质股份所占比例，详细的股权结构情况。

高管结构：高层管理人员和专业技术人员受教育情况，经验、任职情况。

财务分析：最近几年企业各项财务内容分析，包括财务指标分析和核算方法分析。

融资计划：企业融资需求与筹资能力。

（二）其他尽职调查需要的注意事项

1. 业务

（1）行业/企业的业务模型、盈利模式。

（2）企业的竞争优势。

（3）协同效应以及未来的整合成本和风险。

注：在进行企业尽职调查时，可以以估值模型为线索进行调查；不要忽视目标公司董事会会议记录以及决策等法律文件，里面会包含公司业务的信息，特别是公司战略。

2. 财务

（1）历史数据的真实性、可靠性。

（2）预测财务数据是偏于保守，还是偏于乐观，预测的依据是什么？

（3）是否有表外负债？

（4）内控制度的健全性（注册会计师的内控审计报告）。

（5）税务问题（除公司自身税务情况外，还需关注收购方案所涉及的税务问题）。

注：在进行财务尽职调查时，需与注册会计师充分沟通，并且与业务尽职调查紧密联系。

3. 法律

（1）公司自身的法律情况：重大诉讼和法律纠纷，如房产土地的权属纠纷等。

（2）交易所涉及的法律问题：股权结构（如股权安排，优先股东、期权等问题）、行业监管规定、交易涉及的其他监管规则等。

注：法律尽职调查可以分为两部分，一部分是公司本身的法律问题；另一部分是交易所涉及的法律问题。

4. 人力资源

（1）管理层聘用和留任。

（2）工会。

（3）离退、内退人员负担及养老金。

注：人事的问题对于收购后的成功整合非常重要，不容忽视。

5. 其他

（1）是否有历史遗留问题，比如一厂多制等。

（2）是否存在大股东占用资金、重大同业竞争等问题。

注：应当根据相关监管规则及实际案例，制定并不断完善"检查事项清单"，逐项确认。

第二章 尽职调查的准备与实施

第一节 尽职调查人员的工作内容

一、尽职调查人员的工作职责

为达到目标公司明确的商业前景，尽职调查工作通常从行业和市场、公司历史表现、竞争因素和公司未来发展四方面来对目标公司进行评估。市场和行业方面是指市场规模、行业未来的发展趋势、市场的驱动力、行业政策研究和行业专题等。竞争因素包括竞争力分析、关键成功因素、主要竞争者信息、市场进入门槛和新入行者机遇。尽职调查很重要的部分是对公司的历史表现进行调查，其中有业务发展状况、财务数据、公司整体的商业模式、公司战略与市场定位公司销售策略。此外，还需对公司的未来发展计划进行调查工作，以了解公司的未来发展潜力，这项尽职调查工作通常包含业务发展计划中的关键假设验证，寻找公司未来发展的竞争力，基于计划项目的风险评估，销售线索的整理和分享。尽职调查范围很广泛，包括公司股权沿革、管理团队背景、公司治理结构及管理状况、产品和技术、业务流程和业务资源、行业及市场、财务报表的核实、资产负债状况、经营状况及其变动、盈利预测的核查、潜在的法律纠纷、发展规划及其可行性等多方面。

尽职调查是项目投融资、企业上市顾问、企业IPO等工作中极其重要的基础工作。尽职调查的质量将对项目投资人、企业上市服务工作的质量起到关键性作用。因此，尽职调查人员必须尽职尽责，认真负责，深入而全面地做好尽职调查工作。尽职调查的工作内容如下：

（一）项目公司概况

（1）项目公司目前的基本工商注册等级信息，包括公司名称、成立时间、注册地址、注册资本、法定代表人、经营范围（包括工商登记经营范围及现在实际经营范围）等；可纳入合并范围的公司基本情况。

（2）项目公司近两年又一期的经营业绩及主要财务指标（公司总资产、净资产、主营业务收入、毛利率、净利润、净利率）。

（3）公司或项目亮点及核心竞争力。

（4）未来3~5年业绩预计（销售收入、税后利润）。

（二）现有股权结构、公司股权及业务历史沿革

（1）现有股权结构；

（2）历次股权变更情况；

（3）主营业务变更情况；

（4）其他工商登记变更情况。

（三）公司人力资源管理情况

（1）公司管理组织架构；

（2）部门设置及人员设置；

（3）各部门职责权限；

（4）员工结构，包括各部门的员工年龄结构、数量结构、文化结构；

（5）用工制度，如员工聘用手续、社保及公积金缴纳情况、工作时间、加班制度、休假制度等。

（四）公司高管情况

（1）董事及高级管理人员、核心技术人员的简历和简介；

（2）高管薪酬及奖励情况。

（五）公司产品/服务与技术

（1）产品/服务简介：产品/服务名称、性能、用途及应用范围；

（2）与现有同类产品/服务相比较的优缺点；

（3）产品/服务的市场占有率和发展前景；

（4）技术研发情况（包括研发团队、研发投入、研发成果、研发项目前景展望）；

（5）产品制造模式（自行加工或委托加工）或服务模式，制造产品的主要原材料及零配件，产品制造工艺流程或服务流程。

（六）行业及上下游情况

行业现状及发展前景；行业所处的生命周期发展阶段；中国的经营环境和经营风险分析；公司在该行业的地位及影响，列出行业内已上市或未上市的优秀同类企业进行对比分析；公司主要供货商及其变化情况，原材料供应行业的现状及发展前景；公司主要客户及其变化情况。

（七）市场营销情况

（八）公司财务情况

主体公司及纳入合并范围公司最近两年一期的主要财务报表（含资产负债表、利润表、现金流量表）；将三大财务报表逐一核实；应收及预付账款、其他应收应付款、应付及预售账款、存货及固定资产、无形资产、长期投资、长短期借款、应付薪酬、应缴税费等的主要项目明细情况。损益类科目及其明细项目最近两年发生额变化情况，做账科目及支出预算明细表。近两年产品/服务价格原材料价格变化情况，审查购销合同等。变动成本与固定成本构成及其变化情况；或有资产、或有负债情况等债权债务关系。

（九）其他情况

（1）公司的不动产、重要动产及无形资产情况（土地权属清单、房产权属清单、车辆清单、专利权及专有技术清单）及资产抵押担保情况；

（2）公司涉诉事件，审查判决书或审理进度；

（3）公司股东、董事及主要管理者是否有违规情况；

（4）公司有无重大违法经营情况；

（5）上级主管部门对公司发展及上市工作情况说明；

（6）目前及未来3~5年公司经营可能面临的主要问题或困难及应对措施，目前公司面临的主要有利因素及其影响程度。

尽职调查中现场调查是关键部分，一般有如下要求：

（1）查看两年一期的会计账务，按照其资产负债表及利润表各个科目逐一审查核实其会计记录的合法性、真实性、正确性和完整性。

（2）对于主要的实物资产必须核查。

（3）如果关联方对公司有重大影响则必须走访。

（4）走访对公司的发展或经营有重大影响的上下游客户，或战略合作伙伴，不具备条件的进行电话沟通或函证。

（5）公司的经营、建设等关键问题涉及政府部门的，须咨询、走访相关职能部门。

（6）现场调查时间一般需要10~30个工作日，对于大型或复杂的项目在客户的配合下，可以延长调查时间和增加调查次数。

（7）现场调查的方式包括但不限于公司生产经营现场的观摩、现场资料的查阅、主要经营人员的访谈等。必要时可辅之以照相或摄像。具体要求如下：对生产现场进行观摩，了解产品工艺和流程，留意生产线的饱和度、机械设备的维护情况等；留意工作人员的工作面貌和情绪；在查库存时留意是否有滞销产品和积压原料；查看公司是否有安全隐患或环保等问题；考察公司内部控制制度，生产工作现场是否井然有序，部门配置是否健全、合理，是否有公示的各项制度。

（8）对公司的财务的核实及调查中，须对公司账务的真实性做一个表面的测试，对当期的财务进行账账、账表、账实的核对，确认各会计科目余额是否正确。然后再对调查提纲的重点、疑点问题详细调查取证，调查过程中须对重要资料进行复印，并经过客户签字确认。

（9）分别与公司实际控制人、总经理、财务负责人、技术或生产负责人、一线生产工作人员等进行逐一沟通交流，以判断公司财务等相关资料的真实性、可靠性。特别是与实际控制人的交谈尤为重要，应仔细观察以了解其业务能力、管理水平、社会诚信程度、员工信任度、事业进取心、身体健康状况，并通过侧面了解其家庭情况、是否再婚或离异等。

二、尽职调查人员的职业素养

小到一个项目，大到一项事业，成败的关键在于团队和人员素质。尽职调查人员的素质如何，直接决定了尽职调查工作的质量。能够出色地完成调查工作任务，关键在于不断提高调查人员的整体素质。在思想观念日趋多元、知识更新不断加快的今天，一个优秀的尽职调查人员应当具备非常高的综合素质，包括良好的道德素质、复合的专业知识结构、缜密的逻辑思维能力、敏锐的洞察能力、良好的沟通能力、过硬的心理素质以及团结协作能力和团队精神等。

（一）良好的道德素养

如果尽职调查人员具备的素质和能力是一座金字塔，良好的道德素质就是金字塔的根基所在，品格决定一切。这是因为尽职调查必然客观地反映被调查企业的真实情况，必然要求尽职调查人员具备诚实守信的品格，树立良好的职业道德，排除一切干扰，客观公正，实事求是，弄清被查企业的本来面目。如果尽职调查人员带有偏见、不负责任，经不起各种诱惑甚至妄图主动索贿，即便在其他方面再有能力，也只会利用这些能力钻空子，说假话，给债权人的决策乃至商业活动带来巨大的风险和损失。具体来说，良好的道德素养表现在以诚信为本、操守为重、实事求是、秉公办事、不徇私情、胸怀坦荡、光明磊落、敢于担当、勇于负责、敬畏法律、保守秘密、有敬业精神等个人品质。这些都是尽职调查人员应当具备的基本素养。

尽职调查人员必须做到以下几点：①不参加企业和其他相关人员的宴请、唱歌、洗浴、游玩和其他有偿服务行为。②不接受任何礼物。③不许诺任何条件。④不受任何人的干扰，包括亲属、熟人、同学、同事、上级等所有人员。⑤绝不拿企业和其他相关人员一分钱。

（二）复合的专业知识结构

尽职调查涉及多个学科领域，尽职调查人员需要熟练掌握会计学、审计学、金融学、法学、经济学、行为心理学、企业经营管理学、行业特征等专业性知识。在实践中，只有极少的优秀的尽职调查人员才能够达到全面掌握各知识、技能的要求。在多数情况下，尽职调查人员都存在知识结构的缺陷，一些人员不懂得财务报表分析，更不清楚财务报表、凭证、单据如何检查和交叉检验；一些人员缺乏法律知识，不了解企业的各种法律风险和违规违法特征；一些人员极为欠缺对行业的了解，被企业轻易蒙骗而毫无察觉；一些人员不擅长沟通交流，无法从观察、谈话中发现疑点。因此，要成为优秀的尽职调查人员，就必须持续不间断地学习各项专业知识，不断提高自己在各领域的专业能力。

（三）缜密的逻辑思维能力

为了弄清调查企业的真实情况，缜密的思维能力必不可少，尽职调查人员在错综复杂的经济活动中，面对大量的数字、凭证和访谈信息，首先要由此及彼、由表及里、由浅入深地进行归纳总结，其次要在短时间内做出正确的分析判断。尽职调查人员只有运用缜密的逻辑思维能力才能明察秋毫、鉴别真伪，做出客观公正的结论。例如，在人员访谈环节，尽职调查人员设计的提问必须环环相扣，前后关联才有可能在被访者的回答中发现前后矛盾的可疑之处，而在撰写尽职调查报告时必须思路清楚、条理分明、逻辑清晰、例证充分。尽职调查人员在报告中写下的每一项结论，都必须有翔实可靠的事实和严谨的逻辑推理作为支撑。因此，严谨缜密的逻辑思维能力也是尽职调查人员的一项基本功。

（四）良好的沟通洞察能力

尽职调查不仅是查阅资料、报表、凭证和文档，还需要同被调查企业及相关行业的各类人员打交道，了解真实信息，所以良好的沟通能力是必备的。例如，财务专业和信息化专业的人员往往比较沉闷、性格内向，在进行财务报表分析和数据分析时专业娴熟，但一旦进入与被调查企业人员的访谈和交流环节，他们或许有些应对上的困难。所以，精通财务、审计、税务的人不一定是称职的尽职调查人员。一个称职的尽职调查人员应该是复合型人才，具备多方面的专业知识和技能，以及丰富的社会阅历和娴熟的交流沟通能力。只有熟练掌握运用各类专业知识并辅以娴熟的交流沟通能力，才能够全面、透彻调查、分析目标企业的真实情况并做出正确的结论，为债权人的决策提供真实可靠的信息。

沟通能力最重要的就是因人而异，对于调查企业的管理层、基层员工、合作伙伴等不同对象谈话的方式和技巧都是不同的，要把握谈话的艺术和技巧，使调查对象首先在心理上愿意积极配合完成调查而不是衍塞。

在良好沟通的基础上，洞察力也要非常强，要有尽职调查职业的敏感性。在敏感性的基础上，能够很快找到比较容易产生问题和风险的环节。例如面对被调查企业提供的财务报表和文档，能够迅速找到切入点，从蛛丝马迹之中发现问题。在与调查对象交往过程中，要能通过观察和倾听，非常敏锐地抓住话中的很多疑点，尤其在和调查企业实际控制人谈话的时候，通过他的语言、表情、动作和对问题的各种反应，判断他话语的真实性和企业的实际经营状况。当然，这种感性和洞察力要有牢固的专业知识和长时间的实践积累做铺垫。

（五）过硬的心理素质

尽职调查工作进行得是否顺利、调查质量的高低在一定程度上还取决于调查人员的心理素质。现场尽职调查要破除畏惧困难的心理，对尽职调查工作不畏缩。工作要有计划，要依照被调查企业的不同情况制订不同的调查和访谈计划。在开展现场尽职调查时，最重要的还是要有坚持不懈精神，要有不查到真相不罢休的韧劲。过硬的心理素质有助于尽职调查人员充分有效地完成战略计划。这就要求调查人员的情绪不容易受到外界环境影响，尤其是情况突变的时候能保持冷静、随机应变、意志坚定、百折不挠。如果没有过硬的心理素质、较强的承受能力和坚持不懈的精神，是不可能完成工作的，所以说调查人员应该强化心理能力的锻炼，培养良好独特的心理素质。

一位资深的尽职调查人员在总结成功经验时谈到，现场尽职调查的关键在于坚持并形成良好的习惯，细节决定成败，他的坚持可以总结为"9、8、7、6、5、4、3、2、1"，即坚持见过90%的股东和管理层，坚持早上8点到被调查企业，对企业里的至少7个部门进行调查，在企业连续等6天，对企业团队、管理、技术、市场、财务5个要素进行详细调查，与被查企业4个下游企业交谈，调查3个以上同类企业或竞争对手，提问不少于2个关键问题，至少与公司的普通员工吃过1次饭。

（六）良好的团结协作精神

尽职调查工作往往需要两人或多人配合完成，这是尽职调查人员之间达成良好合作必不可少的，需要整个调查团队集体的智慧和共同努力。尽职调查团队的成员不应该"单打独斗""各自为政"，而应该各有所长、分工配合、互相补充、团结协作。要做到技术与方法互相交流，遇到问题互相探讨，发现线索互相提醒，资料信息要互相共享。

三、尽职调查人员的行为规范

（一）语言规范

尽职调查人员的语言表达应充分体现专业性和高素质。尽职调查人员的语言规范

包括:

(1) 在尽职调查的过程中,全程采用专业用语,包括财务、法律、经营、管理等的风控专业知识用语,以及企业所在行业的行业产品专业用语,这就需要尽职调查人员前期做足功课。

(2) 尽职调查人员的言谈必须做到语言美,讲话谦和礼貌,态度不卑不亢,使用"您好、请、谢谢、对不起、再见"等礼貌用语以示对尽职调查单位的尊重,友善、积极地进行有效的交流。无论在任何场合、与任何人交谈绝不能盛气凌人、语言粗俗,甚至使用谩骂、威胁、恐吓等语言,即使对方严重冒犯到自己也应做到语言美。

(二) 着装规范

尽职调查人员的穿着代表了机构的形象,因此,机构都会对尽职调查人员的着装有明确而具体的要求,一个人的着装将自我形象和自我价值彰显于最外层,给人最直观的印象和感受,必须认真对待。

尽职调查人员进入调查现场时,女士着装应端庄、稳重、大方、干练,符合商务人士形象礼仪要求;着干净、整洁、得体的应季服装,最好是职业套装。男士着装应干净、整洁,最好是得体西装(如果是休闲西装可匹配合适的裤子、白衬衫或浅蓝衬衫、正式的领带、擦亮的皮鞋。不适宜穿着的服装:无袖上衣、无袖 T 恤、短裤、超短裙、拖鞋、过于暴露的和紧身的服装、浓妆艳抹、使用浓烈香水。

(三) 面貌规范

与着装一样,尽职调查人员的精神面貌也非常重要。良好的精神面貌对外可以赢得对方的尊重,对内可以获得内心的自信。对尽职调查人员的面容要求:不留长发、面容清洁干净、刮净胡须、不留长指甲、不佩戴耳环、不浓妆艳抹,口腔清新、身上无异味。对精神面貌的要求:精神饱满、神采奕奕、注意力集中、态度积极,反应迅速。

(四) 装备规范

(1) 公文包。尽职调查人员平时需要携带很多的东西。因此一名专业的职业调查人员必须拥有一个大容量、上档次、高规格的黑色皮包(尽量不要用别的颜色)。

(2) 黑色签字笔。笔是尽职调查人日常工作中最常用的物品,但实践中反而是最容易忽略的一样东西。尽职调查人员经常需要记一些东西,也经常会遇到让企业签字的情形。因此,尽职调查人员在公文包里,至少要准备好两支能畅写的黑色签字笔,并放在公文包固定的位置。

另外,尽职调查人员还要随身携带一个纸质的笔记本,因为相对于电子记事本,手写更有速度优势,也不用担心电量和容量的问题,有这样一个小本子,可随时把企业需求、工作思考等一些重要信息记录下来,查看起来比较方便。

(3) 小号印泥。尽职调查过程中,借款申请表、借款合同、抵押合同、授权委托书等重要文书有时需要借款企业签字而且要加盖公章或手印,准备一个印泥可以随时应对这些情况,尤其是小号印泥,体积小、易携带,非常方便。

(4) 笔记本电脑。笔记本电脑是尽职调查人员的标配,电脑应待机时间长、小巧方便,提前将调查提纲、企业资料、PPT 等资料存储好。根据企业情况,可随时调用电脑文件,同时也显示出尽职调查人员的专业性和职业素养。

（5）U盘。尽职调查人员调查时，难免会遇到需要保存电子资料的时候，这时，一个体积小、容量大的U盘会非常实用。

（6）手机。手机是尽职调查人员身体的一部分，尽职调查人员基于工作特点，一定要买一个大屏幕、像素高、容量大、速度快的智能手机，便于随时拍摄、录音、录像、通信。

（7）4G无线路由器、移动电源。尽职调查人员在外工作，经常要用笔记本电脑连接网络，但不是每个业务场合都有Wi-Fi，即便有网络也可能会出现网速很慢的问题或其他问题，这时候一个自带4G无线路由器就变得非常方便。

移动电源的重要性就不用多说了，现在手机已经成为尽职调查人员生活的一部分。而一旦手机没电了，就可能会严重影响到尽职调查的取证工作。

（8）名片及名片夹。商务场合还要互换名片，一个有质感的名片夹能体现尽职调查人员的身份与品位。如果没有名片夹，名片直接从包里拿出来，有时候还夹着其他杂物，企业看到会有不良印象。名片夹中至少要有20张以上的名片，要记得及时补充。

（9）汽车。并非所有尽职调查工作均需要开车。但是由于挤公交或地铁可能使衣着褶皱、满身大汗，就会影响调查工作。在路况允许的情况下，开车是一个较好的选择。

（10）录音笔、电子记事本（PDA）。录音笔主要用来调查、取证的，作为尽职调查人员一定要备上一个，平时不见得用得上，但需要的时候随时都能拿出来。

电子记事本作为一种新型记录方式也是必不可少的，它能管理个人信息，其通讯录、记事和备忘、日程安排、便笺、计算器、录音和辞典等功能也不至于让自己手忙脚乱。电子记事本和纸质笔记本互相不能替代，两个都要有。另外，有了电子记事本，一般就不用再准备计算器等工具，但需要注意电量，及时充电。

第二节　尽职调查前准备

在进行尽职调查时，由于现场调查时间有限，获取信息量巨大，因此事先需要做好充足的准备。在进入现场后，要按照原则性与灵活性相结合的原则，随机应变，尽可能获取真实信息，尽可能提高调查效率。

一、调查前准备事项

做好调查前的准备事项是顺利推进尽调工作的重要内容，准备事项是否到位，有时会直接关系到整个尽调工作的成败。

（一）启动项目立项

委托方在选定项目时，会向相关中介机构表达尽调意向，由于委托方对项目需求的不同，在一定程度上影响了调查目标和指标的制定，因此受托方在接受委托时，首先需要对项目和委托方建立初步的了解。通过收集资料，对委托方使命愿景、主要业务板块和项目经验等基本情况有清晰的认识，同时详读项目投标书或申请书，详细了解项目内容，以此来确定委托方申报该项目的主要原因、委托方需求等信息，从而明确本次的调查对象、调查目的、调查范围等。受托方通过整合以上基础信息，结合自身团队的能力，初步估计需全面尽调还是抽样尽调，以及参与尽调人数，并对调查所需时间、费用支出等做出预判。有一定的预估之后，应与委托方就付款金额、计费方式、付款方式、付款时间进行谈判，因为尽调过程有可能会花去很长的时间，也可能给自己增加多余的劳动，又或是由于某些没有确定的情况做出错误的报价，影响后期执行的积极性，尤其是付款金额的计算很关键。对先工作后收费的，一定要调查该公司的信誉状况。

（二）签订保密约定

尽调的过程是一个需要与目标公司内部各层面员工沟通的过程，没有上级的授权，员工提供资料的速度非常缓慢，大大降低了尽调效率。因此在尽调前，委托人以及律师、会计师等具体执行尽调的中介机构应事先争取同目标企业董事长及各部门负责人展开协调会议，并且与目标企业签署保密协议，保密文件的签订有助于尽调团队在对目标企业调查时获得更多的主动权。

（三）成立工作小组

尽职调查小组工作人员通常包括委托方的项目小组以及财务顾问、律师、会计师、评估师等中介机构人员。将这些人员又分为经营、法律、财务三个专业调查组。若目标企业属于化工、矿产等高危行业，还需要设置专门的 HSE（指职工健康、安全生产、环境保护）组，并聘请专门的第三方进行 HSE 方面的评价。一般由财务顾问担任现场工作的业务总协调（也是项目整体工作的业务总协调），负责对各专业调查组的总体调查工作安排、调度、协调及与项目双方的沟通，以保证工作进度和质量，复核、检查各专业调查组的工作结论，汇总形成尽职调查小组的工作成果。运营组、法律组、财务组分别主要由财务顾问、律师、会计师、评估师组成，委托方人员分别按专业加入到这些小组中。

由于尽职调查的一个难点是工作量大，处理的同类资料单位量大，因此人员的合理安排、明确的岗责分配，是保证尽调质量、缩短尽调周期、防范尽调风险的重要前提。各方应根据目标企业的特点以及投资人的需求，结合地区、工作的类型以及组员的业务能力、地域熟悉程度等综合因素，搭配好各小组的成员，确定小组长、组员和机动支持人员及各自职责，如有若干事务需外包给其他团队完成的，应专人负责谈判、签约、指导、监管及接收工作成果。此外，调查人员的能力直接关系着成败，实施调查前应对调查人员进行统一的培训，以统一调查的范围、尺度，让调查人员掌握调查的知识和技巧，提高调查效率和精确度。各成员之间还应建立统一的平台，使各类信息、要求、疑难问题的解答能让全部成员知晓，以实现整体的进度协调与质量统一。

（四）制订调查计划

尽调前，尽调团队应搜集目标公司基本信息，在此基础上根据调查需求与目标公司的性质特点，制定初步的调查计划。主要包括制定尽职调查清单、确定尽职调查方法、明确尽调注意事项等内容。

首先中介机构应围绕委托方此次调查的关注点和目标公司所属行业、成长阶段等因素，制定有针对性的尽职调查清单。除列出公司组织结构、盈利和业绩情况等基础性问题外，还应明确此次调查应重点考察的问题。如根据投资者最看重的目标公司价值，分析出价值在各方的载体，把所需具体内容列入明细清单中；或深入了解目标公司的商业模式，尝试分析出其中潜在风险点以及可能诱发这些风险的因素，将其列至清单中。其次根据调查范围和期限，确定调查各阶段的时间安排、人员配置以及调查方式等内容。另外，应确定尽职调查资料室的位置与相关规则，一般资料室都在目标企业所在地，不过考虑到调查的方便程度，也可能放在其他地方。

（五）资料整理分析

在尽职调查小组进场前，一般会催取尽职调查清单所列示的资料，并通过互联网、资讯公司等渠道获得目标公司及相关行业的公开资料。例如，公众检索，可查询到目标公司的重大信息；调查对象及关联方网站检索，可了解目标公司从事的业务领域、宣传介绍等信息；政府主管部门公示的网站检索，可查询到目标公司的基本情况、商标专利、许可证和诉讼信息等。

在整合公司提交、外部搜寻等各方材料后，对尽职调查目的和尽职调查事项，以及公司简介、行业、法务和财务等综合情况有了更进一步的了解，对于目标公司的现实效益、未来潜力、项目价值、风险隐患和调查重点有所把握。具体包括以下几方面：

1. 熟知目标公司背景情况

通过对目标公司的设立背景、历史沿革、发展历程和经营范围等信息的了解，梳理出目标公司的内部组织结构、运行模式，对目标公司的经营风格和内部架构等有清晰的认识。

2. 了解目标公司经营状况

对财务资料的真实性、会计政策的合理性、经营期间的违规行为、公司的商业模式、业务管理状况以及经营业绩等核心内容有所认识。通过对综合财务数据与企业实际业务情况的分析，如各项财务指标的横向比较分析、公司主营业务变更在财务报表的体现，当前业务模式下应有成果的验证核实等，对其所具备的核心竞争力、当前模式隐含的风险、现有主营业务的盈利性和持续性、未来经营趋势和盈利能力等状况有了一定的预判。

3. 清晰重点事项

在预估出潜在价值和风险的基础上，紧扣调查目的，明确正式调查时应考察的重点事项、有待跟进事项以及应调查对象、相应的调查内容和调查方式。

（六）确定约访行程

约访内容一般包括访谈的时间和地点、基本流程、涉及的主题内容和后勤安排等事项。在进行现场调查前，调查人员须提前向企业预约调查的时间、地点，提前预约时间不宜过长或过短，2~4天较为合适，一般应避开周一上午或周五下午的时间段。

预约时要先向企业告知调研的大致事项和访谈时间长度，要选择合适和充裕的时间进行访谈，不要给人以仓促感，如果被访谈时间短，就容易应付了事。尽量要求负责人陪同调查，如负责人无法陪同，具体经办人应该相应授权。告知企业需要访谈的关键人员一定要在现场，这样可以更方便地对访谈内容进行交叉检验。告诉企业需要准备的所有文本资料以及原件。

预约访谈如因受访者时间不便等影响，导致无法第一时间安排，尽调人员需填写调查跟踪清单，并在面访说明处记录原因以及下次电访、尽调时间。

（七）其他事项安排

准备好工作指引、工作底稿、台账格式、各类表格等尽调所需材料，以及介绍信、授权书、律师证、身份证明、立案证明等证明文件，以便调查时及时取得相关部门和人员的配合；此外，提前做好后勤保障计划，如住宿、餐饮、交通工具、视听设备、手提电脑、办公用品、应急方案、突发事件处理机制等。

二、基础材料解读

为更好地评估目标公司的未来价值和风险状况，在尽职调查前，目标公司需根据尽职调查清单提供相应的材料，以供调查小组审核和分析，主要涉及行业、业务、财务、法律、监管、人事等方面。具体包括如下几点：

（一）公司基本情况

（1）公司设立时的验资报告、最新章程及最新的营业执照（副本）；

（2）公司最新的股权结构图（如有代持，请标明）及组织结构图（含公司的职能部门）；

（3）公司最初设立以及历次变更登记等全部工商档案资料（加盖工商查询章）；

（4）公司历次注册资本变更以及股权转让行为（公司成立以来的历次股权转让协议、关于股权转让的股东会决议、股权转让价款支付凭证、公司增加/减少注册资本的股东会决议、公司增资/减资验资报告、非货币性出资财产评估报告）；

（5）分公司、子公司、关联公司、合资企业或其他对外投资的清单、相关协议和文件。

（二）主营业务和重大合同

（1）公司主要产品或服务情况、目前从事业务的简要介绍；

（2）公司主营业务的所有客户名单及合同、合作协议；

（3）公司商业模式（包括采购模式、销售或服务方式、盈利模式）的书面说明；

（4）公司或其子公司、实际控制的公司作为一方当事人所签署的限制公司或其子公司在任何国家或地区开展业务的协议或合作的复印件；

（5）近三年来，违约客户名单，即拖欠款项超过 3 个月以上的客户或逾期金额超过 10 万元的客户；

（6）与公司所提供的服务有关的，单笔超过人民币 5 万元或总计超过人民币 10 万元的保证或责任索赔；

（7）公司关联方（包括历史关联方）及与公司关联关系的书面说明；

（8）对公司未来发展起重大影响的因素分析，如现有优惠政策的取消、未来可能出台的支持或限制政策等；

（9）公司所在行业市场竞争状况（包括市场规模及发展趋势）及主要竞争对手（包括竞争对手的名称、主营业务、营业收入、净利润、总资产收益率、市场占有率等）的书面说明。

（三）公司技术与研发

（1）核心技术名称、所有权人、来源方式、其他说明；

（2）公司所拥有的、许可的或被许可的所有登记的或未登记的知识产权清单，包括专利、商标、数据库等；

（3）公司已往的研究与开发成果（技术鉴定情况，获国际、国家、省、市及有关部门和机构奖励情况）、行业内技术权威对企业的技术情况的评价；

（4）技术依托/技术合作单位及合作方式、研发小组组成、技术更新周期、其他说明；

（5）公司在技术开发方面的资金投入明细，每年购置开发设备、开发人员工资、试验检测费用，以及与开发有关的其他费用。

（四）公司资产状况

（1）公司所拥有的房产和地产相关证书或合同；

（2）域名、商标、专利、著作权、专有技术、非专利技术等无形资产；

（3）固定资产清单及其产权文件的复印件和设置的抵押、质押或其他担保文件；

（4）如公司的重大资产系租赁他方的或被他方租赁，请提供相关重大资产租赁、出租的合同/协议或相关无形资产许可使用合同等。

（五）公司财务、税务状况

（1）公司近三个会计年度财务报表（包括资产负债表（合并及单独）、现金流量表、损益表等）、科目余额表、序时账；

（2）公司近三个会计年度审计报告、公司非经常性损益专项审核报告、内部控制专项鉴证报告、原始财务报表与申报财务报表差异情况说明；

（3）公司及其子公司于最近交税年及现有未结束年度之报税表（税务规定、纳税鉴定和完税凭证或税务单）；

（4）公司收入构成（包括收入来源明细、产品或服务价格成本等）和产品销售、成本、利润明细的书面说明；

（5）享受的税收优惠说明和资质（附相关文件复印件）；

（6）公司近3年主要税种纳税申报表及纳税缴款财务凭证、所得税汇算清缴文件；

（7）公司是否存在未缴纳或延期缴纳税款的情形，近3年是否因税务问题受过主管机关处罚的书面说明；

（8）企业作为贷方或借方的所有借贷合同及其履行情况的信息资料；

（9）公司所签发的所有担保和补偿文件。

（六）企业劳动、人事情况

（1）目前公司及其子公司董事会成员、监事、高级管理人员或者执行董事的名单、简历、身份证明及登记文件；

（2）目前公司及其子公司、实际控制公司的董事、高级管理人员、业务经理的薪酬支付协议、责任保险保单；

（3）公司各部门在册员工清单（包括姓名、年龄、薪金、工龄、学历、雇佣起始时间和在公司持续工作时间、劳动合同签约情况等）；

（4）当前或拟签订的与经理以及雇员的劳动合同（包括保密协议、竞业禁止协议、股权期权安排、对公司股本的优先权和/或认购权（无论是否已实际签发）职务发明转让协议）的复印件；

（5）员工期权计划或其他激励计划与政策；

（6）公司对中基层的薪酬制度和绩效考核制度。

（七）环保、工商、质量、计量、安全生产情况

（1）公司的环保工作情况简介（主要的污染源，治理设施情况，是否取得环评批复，近3年是否受过处罚，是否存在环境污染等问题）；

（2）公司对近3年工商、质量、计量方面的书面说明（是否受过处罚，产品质量是否合格，计量是否准确等）；

（3）重大安全生产事故的书面说明。

（八）争议（诉讼、仲裁等情况）

（1）公司或其股东、高管是否存在尚未了结的或可预见的重大诉讼、仲裁及行政处罚案件，如存在，提供有关资料，如不存在，请书面说明；

（2）公司对任何协议的任何违反的详细情况，该违反将导致债务提前到期或协议的解除从而对公司的业务产生重大影响；

（3）所有正在进行的或潜在的，由有关部门，包括但不限于由税务、工商行政管理、环保、公安、医生、劳动人事、纪检等部门针对公司的执法或行政调查的清单；

（4）公司以及公司控股子公司近两年一期是否受过行政主管部门处罚的说明。

（九）其他

（1）公司未来（3~5年）战略规划和发展计划；

（2）近3年的盈利预测（包括收入、成本及费用、利润）及业绩支撑因素；

（3）公司本次融资规划及募集资金投向。

三、外围信息查询

尽职调查过程中，除通过对目标公司提问交流、访谈等方式获取信息外，还可通过互联网渠道进行信息搜寻，主要有以下方式：

（一）信息查询网站

通过各类网站，可以查询相关企业的主体资格、信用、财产、诉讼、行政处罚及税务等基本信息情况。

1. 主体资格及基本信息查询

（1）国家企业信用信息公示系统。"国家企业信用信息公示系统"是国家工商行政管理总局主办的企业信息查询网站，已上线手机 App，它列有企业的基本信息、历史沿革、分支机构、行政许可、行政处罚、异常信息等。但所公示信息不全，如无法查询企业对外投资情况、不公示股改后股份公司股权变动情况、企业变更信息未全部更新等。

（2）全国组织机构统一社会信用代码数据服务中心。该平台可提供在我国境内依法注册、登记的企业、个体工商户、事业单位、机关、社会组织及其他组织机构的基本信息，且发布了手机 App、微信公众号这一移动端渠道，但是该系统目前开放的查询时间为8：00~20：00，且须注册才可供查询。

（3）巨潮资讯网。该网为中国证监会指定信息披露网站，设有微信公众号，无须注

册，可查询内容十分丰富，包括该公司就各重大事项发布的公告、分红情况、财务指标、公司年报等。但仅适用于上交所、深交所上市的公众公司。

（4）第三方查询平台。如企查查、天眼查、启信宝等第三方企业查询平台，现已上线手机 App 和微信公众号，公众号中还设有微信小程序，可快速查询关联关系、招投标信息、公司新闻信息、上市公司公告等信息，提供公司对外投资查询服务以及调查报告等，且部分信息比官方渠道更为详细。虽然这类第三方平台的查询信息不能作为单独的底稿证明企业主体资格，但是可以作为重要的辅助手段，提高尽调效率。

（5）其他网站。除上述网站外，上海证券交易所、深圳证券交易所、全国中小企业股份转让系统、各省市级工商局等网站也可供企业信息查询。

2. 信用查询网站

（1）信用中国。信用中国为官方信用查询系统，中国基金业协会要求私募基金管理人登记法律意见书对申请机构是否在该网站存在负面信息发表明确意见。该系统可以查询到失信被执行人信息、企业经营异常信息、重大税收违法案件当事人名单、政府采购失信名单等。目前已上线微信公众号。

（2）中国人民银行征信中心。自然人和企业均可通过该系统申请个人/企业信用报告。尽调时可据此查询企业应收账款质押、转让登记信息，具体包括质权人名称、登记到期日、担保金额及期限等。但查询企业信用报告的，需要一定的申请资料，详见该中心网站。

（3）各省、市级信用网。如北京市企业信用信息网、浙江企业信用网等，这些网站是由地方主导的，基本信息都有，但如需要更全面的如年检信息、对外投资信息、商标、变更、劳保等信息，则可能需注册会员资格等。

3. 财产信息查询

（1）中国商标网。该系统共有六个查询平台，尽调时最常用到的为"商标综合查询"平台，该平台可以通过被调查公司的名称查询到该企业的注册商标。可以根据商标流程知悉该商标为原始取得或是继受取得，如为继受取得的，经办人员应要求公司提供商标转让协议及相关支付凭证。

（2）中国土地市场网。除国土资源部（中华人民共和国国土资源部）所示的全国范围内土地抵押、转让、招拍挂等信息外，可于其子网站土地市场网查询全国范围内的供地计划、出让公告、大企业购地情况等。该网站无须注册。

（3）中国及多国专利审查信息查询。该系统为中国专利局官方查询系统，可供查询专利情况。在核查被调查对象专利时需要注意被调查企业专利费缴纳情况，如被调查企业未按年缴纳年费的，可能会影响专利所有权情况。

（4）权大师。该网站为知识产权第三方查询平台，同时设有手机 App 和微信公众平台，可以在同一平台查询到商标、发明专利、软件著作权的信息。由于商标局官方查询平台、专利局官方查询平台用户访问量较多，经常出现无法登入的情况。因此，在无须制作申报底稿的情况下，可以通过该平台快速查询到被调查企业知识产权情况。

4. 涉诉信息查询

（1）中国裁判文书网。中国裁判文书网是最高人民法院公布的官方查询平台，目前已上线手机 App 和微信公众平台。根据《最高人民法院关于人民法院在互联网公布裁判文书的规定》，自 2014 年 1 月 1 日起，除涉及国家秘密、个人隐私、未成年人犯罪、调解结案以外的判决文书，各法院判决文书均应在该网站上公布，因此可供经办律师查询企业、自然人诉讼情况。但该系统仅适用于已届判决阶段的案件，对于正在审理中或调解结案的诉讼不予公示。

（2）各省级高院网站。除了最高人民法院"中国裁判文书网"之外，一般省级都建有地方法院网站，可用以查询 2014 年之前的部分判决书、开庭公告、执行信息、开庭信息等，以及未判决案件的相关诉讼信息，对全国网起到了一定的补充作用。

（3）全国法院被执行人信息查询系统。该网站是最高人民法院官方公布平台，可查询 2007 年 1 月 1 日以后新收及此前未结的执行实施案件的被执行人信息。在实际查询中可能因某些地方法院迟延上报数据，导致一些查询信息落后的问题。同时许多案件查询显示结果为已结，这可能是地方法院为了完成案件考核，技术上的成果，实际上标注"已结"的案件可能仅仅是程序终结或者根本还在执行中。

（4）中国执行信息公开网。该网为最高人民法院官方公布平台，对于不履行或未全部履行被执行义务的被执行人，自 2013 年 10 月 24 日起，可于该系统中查询失信被执行人的履行情况，执行法院、执行依据文书及失信被执行人行为的具体情形等内容。但不能尽信，因为实践中部分法院还会根据当事人的申请上传数据。

（5）第三方诉讼查询网站。除上述官方网站外，还有 OpenLaw 和理脉、北大法律信息网等第三方平台，收录的案件比较全面，部分信息相比更为详细，可作为查询诉讼情况的辅助依据。

5. 行政处罚情况查询

（1）环保合规性。在对环保合规性进行审查时，除公司出具明确的说明、对环保主管部门进行访谈外，中介机构也可以通过环保局行政处罚查询网站、各省市地方政府环保部门网站核查被调查公司环保行政处罚的情况。

（2）行业合规性。对于不同的被调查公司，经办律师需要登录相关主管部门的网站查询行政处罚的情况，如调查医药类的公司，需要登录国家食品药品监督管理总局网站核查重大行政处罚的情况；如调查网络类公司，需要登录工信部的网站核查重大行政处罚情况。

6. 其他

除上述列示网站，还可通过全国企业一般纳税人查询网站搜索税务缴纳、处罚等情况；中国证监会网站用于查询证监会行政处罚及市场禁入情况；以及通过中国证券投资基金业协会信息公示系统、行业协会网站和目标公司官网等网站进行查询。

（二）国内外数据库

1. 国内数据库

国内数据库主要有 CSMAR 数据库、CNKI 中国知网、万方数据知识服务平台、中经网、阿里指数、中国统计年鉴库、专利之星、万得、恒生聚源、锐思数据库等。

（1）国泰安（CSMAR）数据库是中国目前规模最大、信息最精准全面的金融经济数据库。包含有中国上市公司股东研究数据库、财务指标分析数据库等，可据此及时查询到上市公司的股东信息、财务状况与经营情况等。

（2）中国知网和万方有中外标准、中外专利等数据库，可供查询各行业标准、各项专利说明等信息。

（3）阿里指数提供了权威专业的行业价格、供应、采购趋势分析。

（4）中国统计年鉴库是我国最全面、最具权威的综合统计年鉴，可查询全国和各省、自治区、直辖市每年经济和社会各方面大量的统计数据。

（5）中经网内录入有较多行业研究报告，其宏观数据较全。

（6）中国专利信息中心专利检索数据库——专利之星是由国家知识产权局中国专利信息中心创办的专利检索分析工具，可搜索中外专利信息。

2. 国外数据库

国外数据库主要有彭博、路透社、CEIC、OECD、Haver Database、Thomson Financial One Banker 等，国外数据库中彭博是比较全而大的，在国内销售也较好，但是售价奇贵。一般不做国际市场研究，大多用不到国外数据库，因为就国内的行业数据及公司数据而言，本土数据库公司还要优于国外。

（三）搜索引擎

搜索引擎是我们信息资料搜集的重要渠道之一，用搜索引擎查找信息资料需要使用恰当的关键词和一些搜索技巧。目前国内主要的搜集引擎有百度、搜狗、必应等，除此之外还有 Soopat 专利搜索引擎等专业搜索渠道。

四、尽调简报撰写

在对目标企业的财务、业务、风险状况等有了系统的了解后，可向委托人提供一份初步的尽调报告，使其对目标企业有进一步的认识，对项目的价值和风险点有所判断，以适时调整后续的调查方案，及时采取规避措施。虽然尽调的目的不同，报告内容也会有所差异，但是它的架构基本类似，一般可以归纳为：尽职调查过程、尽职调查方式、调查情况分类陈述、相关风险与问题陈述、专业分析与结论、项目建议等内容。具体包括以下几部分：

（一）前言

前言主要是对尽调基本情况进行简要说明，具体分为以下四项：委托来源、委托事项和具体要求；调查方法和调查工作概要；报告编写的依据；报告使用方法和用途。以供使用者对尽调的时间、目的、内容等基本情况有一定了解。

（二）公司基本情况

这部分主要概述目标企业的简况、设立至今的历史沿革和重大事件，其中主要的事项包括公司注册资本、法人代表、业务范围，荣誉与资质、公司股东与股权结构；历史注册资本变更、组织形式变更、重大股东与股权结构变化、重组与重建、收购与合并、业务范围变更等方面。

（三）业务情况分析

主要是对目标公司的经营状况，以及所处行业发展前景、竞争形势等情况的分析，以判断公司当前的盈利能力以及未来的成长性，以此为参考进行项目决策。具体包括：

（1）简介目标公司的主营业务、目标市场和客户及其核心技术等，据此分析出当前公司的盈利模式、客户认知度、竞争优劣势等，不仅要看到企业当前的收益状况，还要估计出未来可能带来的经济价值、协同效应，以及潜在的整合成本和整合风险。

（2）对目标公司所处的行业周期、市场规模、市场环境、所需技术水平、关联行业状况、竞争格局与竞争对手等宏观形势进行分析，以此预判企业发展潜力与前景。

（四）财务状况分析

主要通过一些财务指标，对目标公司资产状况、负债内容、收入的来源、成本配比以及关联交易等方面进行考察，以评估财务数据是否真实、准确、完整，是否存在不符合企业会计准则等相关规定的事项，并且找到公司面临的财务风险及经营风险等潜在问题。主要有以下几点内容：

（1）根据近3年的财务报表，简述目标公司资产负债、现金流量、费用支出、税收缴纳等财务状况。同时说明公司实行的会计准则与政策，以及预算制度、审计制度、税收制度等财务管理制度。

（2）从目标公司财务报表各主要项目核查情况报告，对其财务报表进行调整的原则与标准、调整后的财务报表、财务报表调整进行说明，以及企业的财务会计制度、会计报表、相应的重大合同、财务与业务的匹配性、历次出资的资金是否到位等方面进行概述。

（3）根据当前财务状况，结合未来行业发展进行财务预测，在一定的前提与假设下，对未来5年资产负债、损益及现金流量等进行预判，预估未来的盈利能力和风险所在。

（五）法务分析

在核查已有的相关资料的基础上，对目标公司成立至今的各项活动和文件的合规性进行说明。主要包括对目标公司资产权属核实、重大事件、资质与证明、诉讼事件、法律责任以及各项业务合同等的调查。

（六）总结建议

根据现有的资料，整合行业、财务、法律等多方面的分析，进行事前阶段初步的价值评估和风险提示，在此基础上说明正式调查中需要重点关注的事项，以及相应的风险控制措施与决策建议。

五、案例分析

惠普并购丑闻

2011年8月，惠普为了在企业应用软件市场上追赶IBM等竞争对手，宣布以110亿美元收购Autonomy公司。消息一出便受到许多同行业专家的批评和指责，因为虽然Autonomy有着很好的技术和产品，但相当于Autonomy营业收入11倍的收购价格实在过分高估，且在消息公布的6个月前，该公司的市值仅为营业收入的3倍。不仅如此，早在2009年，Autonomy就已浮现账目丑闻。尽管这项并购因被怀疑存在欺诈且估值荒谬曾遭到惠普CFO的强烈反对，但因董事会信任了经德勤等第三方审计的财务信息，最终仍表决通过，并基于审计信息对Autonomy进行了价值评估。

但仅一年后，即 2012 年 11 月 12 日，惠普便指控 Autonomy 在被收购前实施了严重的会计欺诈、信息隐瞒和业绩谎报，主要涵盖以亏损出售的硬件产品营业额伪造成高利润软件营业额；把亏损产品造成的损失伪造成市场推广费；隐瞒公司同分销商达成的授权协议，并把这部分收入提前计入公司营业收入这几项内容。从而误导了惠普的收购估价，致使其对 Autonomy 估值进行大幅减小，非现金减记额为 88 亿美元。其中，与 Autonomy 财务会计造假直接相关的损失有 50 亿美元，间接相关的减值损失有 38 亿美元。间接相关的减值损失主要是由于惠普并购英国软件科技公司 Autonomy 后的整合情况没有达到市场预期。无疑这是一场失败的收购案，而究其原因，其中重要的一点便是收购前尽职调查的缺位。

在此次并购前，惠普聘请了 15 家来自各行各业的中介机构对并购交易进行尽职调查。首先聘请德勤会计师事务所对 Autonomy 公司的资产状况和经营成果等财务情况进行全面的审计，其次再聘请毕马威会计师事务所对德勤会计师事务所出具的 Autonomy 公司审计报告进行审核，最后还聘请佩雷拉—温伯格合伙咨询公司及巴克莱资本公司这两家投资银行公司为其提供顾问咨询服务。数据显示，这笔中介服务费高达 6880 万美元。但这几家国际知名中介机构尤其是会计师事务所，却表示对 Autonomy 财务报表存在任何虚假陈述绝对毫不知情。而对于其是否参与财务造假也是众说纷纭，就如美国一位会计师所说，由于软件行业会计处理复杂且困难，加上会计师并不具有软件专业知识，不可能完全把握软件企业的盈利模式。尚且不论会计师是否违背了职业道德，在这次尽调中出现的过分信赖中介机构和缺乏多层次沟通等问题，仍值得引起重视。主要有以下几方面问题：

（一）基础材料不完整

由于 Autonomy 公司是一家被审计多年的上市公司，尽调时在某种程度上减少了对原始财务数据的获取。在尽职调查过程中，Autonomy 公司仅准许尽调人员审查该公司的财报及大约 25 份销售合同。惠普对 Autonomy 公司所提供的不完整财务数据感到非常惊讶，并希望看到其会计核算工作底稿，即原始财务数据，但遭到反对。惠普也没有进一步强烈要求获得详细的财务资料，仅考虑 Autonomy 公司是一家被审计多年的上市公司，就打消了财务数据不完整的顾虑，并未进行深入调查。这无疑为事后的并购埋下了隐患，基础材料都未能完整获取，对应的数据分析必然大打折扣，在尽调前团队就应当与 Autonomy 公司就此协商一致，得到足够的授权，也不至于在尽调中遭拒。

（二）内部团队形同虚设

惠普聘请了大牌的外部机构进行尽职调查，而公司内部团队的调查形同虚设。尽管"四大"审计机构具有大而全且经验丰富的优势，但大而全并不意味着更加专业，因此在评估中由于缺乏对专业知识的把握，评估结果就很可能存在一定的纰漏。事实证明，公司内部管理团队在尽调中的作用不容忽视，尤其在技术性很强的行业里，企业应该设立一套独立的评估方式及相关评价体系。一方面可以此与外包机构的尽调结果进行验证，另一方面在某些细节问题上，相比大而全的审计机构可更敏锐地进行判别。另外，行业内专业审计机构的评估往往更具参考价值，如甲骨文早些年在对 Autonomy 公司追踪审核时就发现，其往往采用激进的财务处理方法粉饰业绩，也早有媒体对 Autonomy 公司的财务进行过质疑，但是惠普并未对此给予相应的重视和关注。

（三）缺乏多层次沟通

惠普案源发于 Autonomy 公司前员工弗吉尼亚·布赖奥迪对公司问题的爆料。事实上，林奇在 Autonomy 公司员工中的口碑并不佳。在允许员工对公司吐槽的知名网站 Glassdoor 上，Autonomy 公司员工对林奇的支持率只有20%；对 Autonomy 公司的整体评级是1.9星（最高评级为5星），这就意味着员工对公司非常不满，甚至有内部人士直接在网上建议惠普"赶走现在的高管团队"。企业在尽职调查的过程中，与目标公司上下各个层次员工的沟通非常重要，因为员工在沟通过程中通常会提供一些数字上看不到的信息。对于 Autonomy 这种技术性公司，软件工程师及其支持部门是公司最重要的资产，且公司无形资产占有较大的比例。尽职调查中的多层次沟通对惠普显得至关重要。惠普在事后调查中了解到，尽管内部员工认为 Autonomy 公司有很好的技术，但该公司短视、内部客户关系管理糟糕；管理层不顾一切投机式地达成每个交易，缺乏研发投入、客户支持和销售战略。如果惠普在并购前的尽职调查中能够与 Autonomy 公司的员工针对林奇本人及其公司状况进行深入交流，并进一步展开调查，也许会避免或减轻并购缩水的局面，但为时已晚。

因此，应充分重视在项目开展前的尽职调查，不能过度依赖知名的中介服务机构，还要衡量行业内部机构的审计结果，并在公司内部拥有扎实的专业团队，不仅熟悉项目流程和专业知识，对于尽调技能也要有所把握。此外尽调时要注重与目标公司管理层、员工等多层次的沟通，以确保数据资料的完整获取，同时从多方面挖掘潜在的信息，从而实现对公司进行更为精准的评估，充分发挥尽调的警示作用。

第三节　尽职调查中与客户的交流和沟通

从前文我们了解到尽职调查的目的是使买方尽可能地发现有关他们要购买的股份或资产的全部情况。那么为了了解这些信息，在尽职调查的过程中，我们少不了与客户的交流和沟通，而这里的"客户"对于作为中介的调查小组来说是投资方（收购方）。

在目前的市场环境下，我们所说的尽职调查的客户大部分都是投资方或者说是收购方。为了更好地完成投资和收购，投资者要委托中介组成调查小组进行尽职调查，为了更好地实施尽职调查，就必须在过程中充分地交流与沟通。并且对于投资方，这里的交流对象是指调查小组的每一个成员。当然，交流与沟通的过程并不仅仅局限于调查方与投资方，调查团队的各个成员之间也必须存在良好的交流与沟通，对于被调查的对象，即目标公司的所有阶层也需要有良好的沟通以保障调查顺利快速地完成。

一、交流与沟通的作用和意义

从古至今，交流与沟通存在于人类社会的每一个角落。没有交流，彼此之间无法相互了解；没有沟通，彼此之间的意思无法准确地传达给对方从而造成隔阂、误解乃至矛盾。有了交流与沟通可能不会变得更好，但是没有交流与沟通一定会造成不美好。

先从两则小故事来看一看交流与沟通在我们人生中的重要性。

美国知名主持人林克莱特某一天访问一名小朋友，问他："你长大后想要当什么呀？"小朋友天真地回答："嗯……我要当飞机的驾驶员！"林克莱特接着问："如果有一天，你的飞机飞到太平洋上空且所有引擎都熄火了，你会怎么办？"小朋友想了想："我会先告诉坐在飞机上的人绑好安全带，然后我挂上我的降落伞跳出去。"当在现场的观众笑得东倒西歪时，林克莱特继续注视着这孩子，想看他是不是自作聪明的家伙。没想到，接着孩子的两行热泪夺眶而出，这才使得林克莱特发觉这孩子的悲悯之情远非笔墨所能形容。于是林克莱特问："为什么要这么做？"小孩的答案透露出一个孩子真挚的想法："我要去拿燃料，我还要回来！"

人通常会犯这样的错误，在别人还没有来得及讲完自己的事情前，就按照自己的经验大加评论和指挥。保持畅通的信息交流，才会如鱼得水，及时纠正错误，制定更加切实可行的方案和制度。

一个置身沙漠孤立无援的法国士兵，几乎奄奄一息，昏倒在岩洞里，待他醒来时却发现一头野兽躺在他的身边，原来是一头嘴上还沾着血迹的豹子。所幸花豹吃饱了，对他并无恶意。士兵原想用匕首杀死它，随后又改变了主意，用温柔多情的动作抚摸豹子，他不仅同它友好相处，而且还建立了感情，一同游戏玩耍。然而，士兵还是害怕，趁豹子睡熟之际逃跑了，但走不多远，豹子赶了上来，这时他已陷入流沙中，豹子咬住他的衣领，把他救了出来。

此故事向人们转述了沟通的无限可能性，即使在人与兽之间，并且让我们对于人类自身的交流更有信心。同时，它又影射了人类社会中一个公式化的现象——因为沟通走到一起，再因猜忌彼此分离，又习惯将事件本身固于一种僵持的回忆状态。

仅仅是个人与个人之间的交流与沟通就有如此重要的作用，更何况尽职调查中所涉及的是多个利益团体（收购方会委托第三方做尽职调查，那么此时的利益团体便成了收购方、调查小组、被收购方）。

在尽职调查之前或者是过程中要充分做好沟通工作，沟通是尽职调查的一种方法。

首先是调查小组，投资方（收购方）与融资方（被收购方）之间。

业务尽职调查时，我们要了解的是企业的业务模式、盈利模式；企业的竞争优势；企业的协同效应以及未来的潜在整合成本和整合风险。业务模式以及盈利模式可以从企业存在的报告与业绩上总结得来。但是关于企业的竞争优势涉及企业的核心部分，从某个方面来说如果不与企业的核心人员进行交流，我们只会知道竞争优势大概是什么，却不会知道竞争优势从哪里来，什么样的原因带来了竞争优势，这些都需要同企业的高层管理人员以及核心技术人员进行充分的交流与沟通来得到报表等文字报告中所不能包含的内容。并且如果想要更多的文件资料，例如目标公司董事会会议记录以及决策等法律文件，就需要与目标公司的高层人员进行沟通来获取，这些文件里面会包含公司业务的信息，特别是公司战略、信息。只有在充分地了解公司战略、公司业务的基础上我们才可以对企业整体的协同效应以及潜在成本和风险做出合理的预估。设想一下，如果调查小组及投资方与被投资方没有进行任何的交流与沟通：投资方不会了解目标公司到底为什么会有行业竞争优势，那么他们对于此次的投资或者收购就不会有很强的信心，很有可能会导致此次收购的失败；而被投资方也不会把更多的资料文件给调查小组，调查小组因此无法了解到目标公司更多的过往，无法了解更多公司的战略，就更不用说了解企业的未来了。

对于人力资源调查方与目标企业需要的沟通就更多了。从某一方面来说，要全面了解企业的情况就需要与企业的各个层次进行交流与沟通。与股东交流了解企业的股权情况，与管理层交流了解目前企业的管理情况，与普通员工交流了解企业目前的工作环境是否能够留下员工，了解员工对企业的满意度。有了这些交流调查小组可以获得更多的潜在信息，从而对此次收购做出更准确的判断。而管理层的聘用与留任需要投资方与企业的高层管理人员进行充分的沟通来决定。人事的问题对于收购后的成功整合非常重要，只有充分地了解公司各个阶层并且提前与公司各个阶层有了沟通的情况下才能让收购后的整合顺利进行，从而使并购达到协同效应。

其次是投资方（收购方）与委托的第三方（调查小组成员）之间。

在调查开始之前双方会就各方面的问题，如针对调查项目等事项进行沟通。在没有交流的情况下，调查方所需要调查的范围可能会非常广，以保证能够得到投资方想要的事项，但是一旦有了沟通，调查方会了解到收购方的最优先的目的，会根据与收购方的交流来制定与调整整个调查方案与调查问卷。

投资方委托第三方（如会计师事务所）进行财务尽职调查，双方之间的沟通也存在重要的作用。在被委托方进行调查之前与投资方进行沟通了解目标公司所处行业、成立时间等情况，同时，要了解所委托的财务尽职调查工作目的及要求以及委托方所能提供的工作条件及配合程度。而第三方通过沟通所了解的信息来判断自己的专业胜任能力，能否顺利地履行财务尽职调查工作职责，并得出客观、公正的财务尽职调查结论，并且通过前期沟通，更利于会计师事务所制定财务尽职调查工作方案，使得方案中时间、人员及工作量估算方面更接近于实际，以保障日后财务尽职调查工作的顺利进行。

对于注册会计师而言，财务尽职调查作为一项以有限保证为主的鉴证业务，需要客观地向委托人报告工作结果，以助于投资者做出是否投资的决策判断。只有双方及时沟通，才能做到工作有的放矢，其所得出的结果才能满足委托方的要求。

最后是接受委托的调查小组内部的人员之间。

调查小组成员来自不同背景及专业，其相互沟通也是达成调查目的的方法。例如，在进行某企业基本情况的调查中，财务调查人员查阅了目标企业的营业执照及验资报告，注册资金为3600万元，但通过与律师的沟通，得知该企业在工商登记的注册资本仅1000万元。又如，财务调查人员与业务调查人员沟通了解应收账款的信息、设备利用的信息等。

当然，如果各方没有充分的交流与沟通可能并不会像前面所说的那样无法了解到所有需要的信息，但可以肯定的是，就算能够了解所需要的信息，我们所要花费的时间与精力将会成倍地增加。

二、尽职调查开始前的逻辑

在尽职调查开始前，我们会想：为什么我们要进行尽职调查？是什么样的思维与想法推动我们开始尽职调查？

投资或者并购，是投资人（收购方）与融资方（被收购方）交易双方的一种博弈，而这种博弈的来源则是双方的信息不对称。从历史数据角度，信息不对称是并购失败的重要原因之一。总的来讲,尽职调查是投资人(收购方)为了减少信息不对称并发现影响交易成功的致命缺陷而发起的活动。尽职调查的过程也可以算作是双方的博弈。既然是博弈,那么收购方必定会耗费更多的精力在尽职调查当中,那么尽职调查是否是必要的呢?

我们先假设在并购开始之前我们并没有做完备的、良好的尽职调查,那么对于公司在并购时,或者是在并购之后会有什么样的影响呢?

第一个结果肯定是公司会面临重大的决策风险。伴随着全球经济低迷、周期性波动的出现,著名品牌出售、知名企业资产低价叫卖时有发生,在这种巨大的诱惑面前,企业决策者容易失去正确的判断,盲目跟风或追求短期利益,把虚假的信息当作真实的信息;把不当的追求当作必取的目标;把没有效果的方法措施当作捷径。最终出现"买错了""买贵了"。"明基"收购"西门子"手机业务似乎是低价捡到一个名牌货,但事实上,在收购之前,"西门子"手机业务就一直处于亏损状态,而且"西门子"手机在用户中口碑不高,其价格在欧洲市场仅售80欧元,与售价近千欧元的其他品牌相比,它已跌入了手机的低端产品行列了。"明基"的决策是典型的"买错了"。如果"明基"在收购之前做好充分的尽职调查,了解到"西门子"的低端发展现状与自己的收购意图不符,那么这一次失败的并购可能并不会发生。

第二个结果则是公司会遇到严重的信息不对称。因为被并购企业很容易为了获得更多的利益而向并购方隐瞒对自身不利的信息,甚至杜撰有利的信息,从而导致道德风险的发生。在首钢并购秘鲁铁矿过程中,由于对秘鲁政府意向以及其他几个竞争对手的信息把握不准确,首钢在投标中一下子就开出了远远高出对手的1.2亿美元高价,这导致首钢在以后多年中长期存在贷款规模过大、偿付能力偏低、每年支付银行的财务费用过高等问题。

第三个结果就是遇到不良企业管理者与股东,遭受商业欺诈。由于并购行为直接影响到被并购方原有股东、企业管理层的利益,或者是管理层对并购有抵触情绪,他们或许会在财务信息上自我粉饰,或在经营管理上设置障碍或陷阱,使并购出现经营风险甚至商业欺诈。华视传媒诉DMG就是其中一个典型案例。2010年底华视一纸诉状将DMG前股东们告上了纽约高等法院。其理由是:DMG的前股东提供虚假财务信息诱使华视高价收购了DMG,"安永审计报告披露的DMG 2009年前8个月的收入,与DMG管理层所做陈述不符,DMG管理层对其财务进行了虚假陈述"。

这些都是现实存在的案例,充分地体现了尽职调查的必要性。从所有收购来看,尽职调查也是收购项目的风险管理过程。对于任意一家公司在收购之前都会详细地考虑所需要面临的绝大多数风险:目标公司过去财务账册的准确性,并购以后目标公司的主要员工、供应商和顾客是否会继续留下来,相关资产是否具有目标公司赋予的相应价值,是否存在任何可能会导致目标公司运营或财务运作分崩离析等。这些,唯有通过尽职调查我们才能够了解到更多信息。

所以,对于投资方或者收购方,为了对这笔投资或者是收购有更大的安全感,为了收购的成功,就必须竭尽全力地了解目标公司的一切信息以及这笔收购可能遇到的各种问题;为了了解这些信息,公司就有必要展开尽职调查,并充分认识尽职调查的重要性,以保证尽职调查迅速有效地开展。

三、尽职调查的交流与沟通

尽职调查中所需要的交流与沟通体现在方方面面，所涉及的组织、人员远远不是简单三方所能概括的。以下我们按时间顺序来详细了解尽职调查中所涉及的沟通与交流。

尽职调查是在投资方（收购方）与融资方（被收购方）达成了初步协议之后，投资方所需要进行的工作。在尽职调查的开始，投资方需要委托中介机构组成所需要的调查小组，而调查小组的组成就是沟通的开始。调查小组由律师、会计师事务所的注册会计师以及相关专家组成。在确定小组成员时，投资方需要与多方进行交涉，并签订保密协议以及其他条款以确保双方的利益。

（一）准备阶段

注册会计师首先需要与委托方进行充分沟通，深刻理解其目标和战略，确定委托方的关注点及相关的投资标准，并以此来准确把握调查方向，确定调查内容，配置调查人员，明确工作方向。比如，财务投资者主要考虑的是目标企业的盈利快速增长的能力以及未来IPO的前景，那么财务尽职调查就需要重点判断影响目标企业盈利能力的主要法律风险、经营风险、财务风险及风险程度等；而战略投资者（包括某些并购）主要考虑的是：目标企业长期盈利能力以及并购后对自身行业地位的提升等，那么财务尽职调查就需要重点关注目标企业的行业地位和竞争状况，以及目标企业自身经营优势和劣势等，调查重点以目标企业的资产质量和净资产存量及其增长潜力为核心，关注企业的各项风险状况，兼顾企业接受投资后盈利水平和未来获取现金流情况等。

其次，委托方与所聘请的律师要有一个充分的沟通，要明确尽职调查中法律尽职调查的目标：是主要对目标企业的资产权属进行调查还是对其法律主体及其历史沿革进行调查。同时，投资方需要向聘请的律师清楚地解释其法律尽职调查的关键点。

当然，与其他的专业人员（如评估师等）也需要做好沟通，以便能够早日将专业项目立项加入调查。

同时，委托方聘请的注册会计师、律师以及其他中介机构负责人需要进行协商沟通，以统一工作步骤和协调工作进度。而委托方也需要与目标方达成一致，就尽职调查的时间、安排等做好统筹协调。

在实施尽职调查的初步计划阶段，注册会计师应当主动与目标企业管理层沟通本次调查的目标、范围和时间等内容，并取得其最大程度的支持；说明所需提供资料的内容和填制要求，并主动了解目标企业的填制困难，考虑是否可以采取其他简化的方式来替代调查程序等。

委托方的律师与目标企业的律师事先要进行沟通，明确在法律尽职调查过程中，什么样的程序是必需的，什么样的资料是必需的，同时还要对尽职调查过程中所处的不同的层次进行剖析，找出该层次中所需要的关键信息及资料，并且尽可能取得目标企业的理解与支持，以获得所需要的资料。

其他小组成员也需要与公司的高层进行交涉，以便获得公开文字资料之外的档案以及记录（如前文提到过的董事会会议记录）。

（二）实施阶段

注册会计师除了需要与目标企业的各级管理人员沟通了解情况、验证自己专业判断的准确性之外，更需要与其他尽调人员进行充分沟通，及时反馈发现的问题，尤其是与前期调查判断存在重大差异的情况和发现的重大投资风险等，互通信息，相互印证。比如，注册会计师需要与商业尽调人员沟通并充分理解目标企业的商业模式、运作方式及行业特点，特别是目标企业商业运作模式的合理性、特殊性，及其存在的潜在可能的变化和导致这些可能变化的原因；需要与法律尽调人员沟通目标企业业务的合规性、合法性以及如何规避潜在风险。因为，投资者往往会在一定范围内容忍目标企业存在的问题，容忍的限度由投资者的投资战略和定位以及风险高低决定，所以不能单纯地从财务角度来定性问题或劣势，并需要在整个商业模式背景下，从未来发展的角度进行判断。

而委托方的律师除了尽可能地与目标企业进行沟通，使目标企业能够主动、及时、完全地提供与调查相关的信息外，还需要与有关政府进行积极地沟通以便于能够调取目标企业不能够自己掌握的资料。同样地，律师在调查时也需要与其他调查成员进行沟通、互通有无，与其他中介机构的沟通、交流看法也有助于律师对所取得的资料的核查。对一些从资料中发现的问题，尤其是对资料中相互矛盾的内容要及时与被并购企业人员进行沟通，请被并购企业做出解释，防止主观臆测，做出错误判断。

对于其他调查人员，特别是业务尽职调查人员与人力资源调查人员来说，需要与目标公司的各个阶层有细致的、长期的交流与沟通。尽职调查一般不可能在很短的期限内完成，一般的尽职调查时间都是 3～6 个月，在这么长的时间里，足够调查人员从与包括管理层在内的所有员工获得相应的信息。与注册会计师以及律师不同的是，这个长期的交流并不是为了获取企业所能提供的纸质资料，而是从交流中获得潜在的信息，专业人员通过这些潜在的信息分析整理得到委托方所需要的资料。并且调查人员还需要与目标企业的经销商、客户、供应商进行交流，可以从他们与该企业的合作历史，来判断企业的运作风格和经营理念，并对企业声称的销售业绩、采购成本、回款能力等进行复核；要和他们交流对该企业未来两年业绩增长的看法，由于很多企业的销售均依赖于核心经销商或者核心客户，他们对市场前景的看法，以及对企业竞争力的认识往往是比较准确的。

（三）汇总和报告阶段

注册会计师、律师、财务顾问等要再次与委托方进行深入沟通，重新审视调查工作是否在时间、空间上涵盖了所有委托方所关心的、与目标企业有关的所有重大方面，明确对委托方的决策有较大影响的财务、法律及其他信息范围；各自与其他尽调人员沟通自己的专业判断和需要印证的信息。

四、尽职调查的沟通技巧与策略

技巧准确地来说是一个人在工作中能够表现得习惯性行为，沟通的技巧则是我们在沟通中所能够表现出来的行为。

尽职调查中沟通所涉及的方面十分广泛，无论是委托方与调查方、调查方与目标企业或者是调查方内部之间，都需要充分的沟通。我们必须有良好的沟通技巧并且制定良好的沟通策略来保障尽职调查迅速有效地进行。如果缺乏沟通技巧，很容易造成别人的误会，从而导致沟通失败，进而达不到我们所需求的目的。

我的同事理查德正在为6个芬兰人上展示课。他们来自一个大型的工业公司，主要业务是生产纸。上课的第一天，理查德请他们每人做一个简单的展示，来介绍他们的公司。前五个展示几乎是相同的：我们公司在全世界不同国家有成千上万的员工，我们在这个城市设有工厂，还有在某某城市，我们生产纸、造纸机械、钻井平台、动力机械等。

理查德一个劲地喝着咖啡，有些不耐烦。但他还是决定做完最后一个展示，然后下课休息。第六个人叫马蒂，他的展示是这样进行的：

马蒂：理查德。

理查德：（惊奇地）哦？

马蒂：你都看什么报纸？

理查德：（更加惊奇）《卫报》。

马蒂：哈，那是一份给学生和左翼人士看的报纸，对吗？

理查德：哦，我想是。我在做学生的时候就开始看这份报纸，虽然现在我是一名自由的民主人士。

马蒂：好。那你在读这份报纸时会遇到什么问题？

理查德：哦，我有时对他们的政治见解有不同看法。他们还经常出现拼写错误。

马蒂：那你的手呢？你看完报纸后手会成什么样子？

理查德：我的手？哦，非常脏。真讨厌。

马蒂：确实这样。理查德，你也是我们的一个客户。我们公司提供英国30%的新闻印刷。为了让你看完报纸后手仍然干净，我们的研发人员正在开发一种油墨，只能印在纸上，却不粘手。你看……

理查德被吸引住了，他忘记了自己的休息时间，而且希望马蒂能多讲点内容，而不是他事先规定的3分钟。

这一则小故事充分地展示了沟通技巧所拥有的良好作用。

为了使尽职调查迅速有效地进行，我们在尽职调查的过程中需要有良好的沟通技巧（无论是哪一方），来保证信息有效正确地传递。

对于委托方而言，与中介机构的沟通主要以正式沟通为主。在与中介方沟通时需要明白：我虽然是雇主，但我确实不是他们的上帝。客户是上帝的思想，只应该存在于商家（既是此时的中介机构）一方。委托方应该给予中介方充分的尊重，拥有良好的态度是沟通成功的第一步。委托方与中介方在沟通时应该很直接地讲明自己的目的以及要求以使交流更加有效。并且委托方可以用言语以及行动与中介方建立同伴意识：虽然我是雇佣你，但是如果达成了合作意向之后我们就是一个team，team做得好不好需要我们共同努力。在无形之中可以拉近雇佣双方的关系，让中介机构更加认真地执行任务，从而达到更好的沟通效果。

对于中介机构，同样的首先是要摆正自己的位置，特别是对于比较强势的中介机构，不应该抱着别人求我做事的态度。因为你必须要明白，他们是你的客户，他们找你进行尽职调查可能是因为你所在的中介机构知名度较高、信誉较好，但是并不代表他们只能够找你做。在有一个清醒的认识后，再展开沟通能够更加的得心应手。在与客户沟通时要主动，要有"走向对方"的意愿，例如客户从远处走过来，你能趋前迎接，并且主动握手。同样，当客户离去时，你能起立相送，送到公司门口是起码的礼貌，若能送到电梯口，等电梯关门再转身尤佳。要从小事上让客户体会到你的诚意，并且缩短彼此间的距离：既然您愿意找我来做这件事，那么我肯定会尽最大的努力去做好。并且在交流的过程中，尽量多地去倾听，要完完整整地了解委托方的目的以及需求；并且在适当的时候提出自己的疑问，以便于更加的了解委托方的意图；不要随意打断，给予委托方应有的尊重。让对方知道找我们做这件事没有错，增加委托方的安全感以及信心。在有良好的沟通基础之上才能更加有效地开展尽职调查工作。

当尽职调查进行时，为了获得更加详细的资料，中介方与目标公司需要进行更多地沟通。在现实中，目标公司的人员可能不愿意与中介方进行配合，那么此时就需要中介方通过有技巧的沟通来获得自己想要的信息。

在商业中有一种沟通技巧叫作"安全距离法"，就是在双方还没有开口说话前，尊重对方有"自主空间"的要求。例如当对方公司与对方高管见面，需要和他商讨有关资料事宜，在一起进入办公室时，待在他的办公桌 1.5 米的距离左右，并且不要和他马上交谈工作事项，让他休息或者聊点其他方面的内容，等过几分钟再询问："我方便和您谈一件事吗？"总之，只有在"自主空间"内得到足够安全感的人，他（她）才容易敞开心扉，愿意和我们沟通。只有他愿意沟通了我们才能有机会获得想要的东西。

当对方愿意沟通时，我们也不是一定能获得想要的东西。在沟通中若碰到对方咄咄逼人，或固执己见时，不妨快速转换言辞和态度，放下主观意识，使现场气氛缓和下来。并且对于目标公司而言我们是调查方，听名字可能就会让对方不喜欢。并且"沟通"不一定一次见效，有时候我们明明认为已经找对时间、找对地方、找对人，也自认为已经说出合适的话，可是对方可能心理上还没准备好，或是成见已深，一时之间，没有语言响应，甚至面无表情。那么此时不妨采用"分段式沟通"，也就是暂时中止应对，告诉对方："等你想谈的时候再说。"这样可以给自己台阶下，也可以让对方重新调整一下心情。给彼此一点时间和空间，或许能够得到意想不到的效果。

为了获得更多的信息，我们可以设置选项，A 项、B 项都是我们需要的信息，我们让对方在感受到尊重的情况下去思考，让他感觉主动权在自己手上，那么他就会对自己的言行更加负责任一些，我们也能够获得真正想要的信息。同时在与对方沟通时也可以善用问句，避免直截了当地说出自己的请求，多用问句来收集多方的信息，以便更好地交流。

当然，若是遇到了愿意配合的目标公司的高管，我们最好直截了当地提出意见与需求。

对于调查小组内部，所需要的沟通技巧较为简单，如果所有成员都对其他的成员有足够的尊重，并且积极主动地去进行沟通，那么小组内的信息交流将会畅通无阻，从而达成良好的互通有无的目标。

有了足够的沟通技巧，我们还必须要有足够良好的沟通策略。尽职调查的沟通策略是多层次、全方面、全时段沟通。

收购方要时时沟通跟进，以便了解调查的进度以做出相应的安排。

对于进行尽职调查的中介方来说，需要沟通的对象非常广泛。调查者要见过 90% 以上的股东与管理层，这里的见过即是指有过实质的接触以及沟通。在与企业实际控制人沟通时需要精心设计，抓住机会，以便获取关键信息。很多调查人员在与目标企业的股东洽谈时容易犯的错误就是只和企业的实际控制人接触，从而忽略了和小股东的沟通。实际上与实际控制人以外的股东特别是小股东的沟通，往往能够起到意想不到的作用。并且对于公司我们不仅要和企业的董事长、总经理等高层管理人员以及经营相关管理团队进行沟通，还需要与企业内的行政、财务、人力资源、后勤保障等中层管理进行沟通，可以从他们身上获得不一样的信息，从与这些管理者沟通所获得的信息中我们可以对企业有更全面客观的了解和公正的判断。其次调查者还需要与公司的普通员工进行非正式的沟通，从员工的谈话中所得到的信息可能比企业管理者所能给出的信息更加能反映企业的真实情况与问题。

调查者还需要与企业上下游客户进行沟通。因为对于收购方来说，在企业的产品竞争力方面，没有什么比客户的评价更能说明问题了。

对于调查者来说，与非高管的人员沟通是长时间的，只有长时间的接触，才可能从这些非关键人员中了解到足够的信息。

当然，调查小组内部沟通需要从始至终，以便于小组内部互相协调进度，互通有无。

尽职调查中的沟通技巧与策略是十分重要的部分，无论是收购方还是中介机构都要对其有充分的重视。

第三章 商业尽职调查

商业尽职调查与财务尽职调查、法律尽职调查一样，是尽职调查的重要组成部分。商业尽职调查主要包括公司基本情况及历史沿革、公司治理结构、管理团队、关联关系与交易、行业与竞争、主营业务、采购情况、生产情况、销售情况以及研究与开发等方面的内容，主要调查了解公司过去创造价值的机制与过程，以此来推断和预测公司未来创造价值的机制，从而为预测公司未来价值打下基础。本章首先介绍商业尽职调查的概念、主要内容、主要步骤，其次就商业尽职调查进行具体的案例介绍与案例分析。

第一节 商业尽职调查概述

一、商业尽职调查的概念

商业尽职调查（Commercial Due Diligence，CDD），通过对目标公司所处的宏观环境、市场规模和竞争环境的分析，了解其所处的行业地位和未来发展趋势；通过对目标公司内部运营管理的分析，了解其价值创造过程及机制；通过内外结合的综合分析，明确目标公司的商业前景，为并购、担保、贷款、投资等经济决策提供信息支持的过程。

商业尽职调查的定义包含以下三层含义：

（一）商业尽职调查是为经济决策提供信息支持

不忘初心，方得始终。商业尽职调查的目的是为经济决策提供信息支持。因此，经济决策的需要决定着商业尽职调查的内容、方法以及具体的实施步骤。如果因为银行信贷业务的需要而进行商业尽职调查，那可能侧重的内容在于了解目标公司未来可能产生的风险点，公司价值创造的稳健性，以及相关质押物、抵押物的情况等，为银行是否与目标公司发生信贷关系提供决策支持。如果是因为投资、并购、重组等决策的需要而进行商业尽职调查，那可能侧重的内容在于了解目标公司未来的价值创造，包括未来可能的利润增长点、风险点，公司未来的盈利性与成长性，从而为公司估值提供信息支持。总之，商业尽职调查的目的是为相关的经济决策提供信息支持，不同的决策需要调查不同的内容，采用不同的程序与方法。

（二）商业尽职调查要注重价值创造过程与机制

商业尽职调查不同于财务尽职调查与法律尽职调查，财务尽职调查注重目标公司价值创造的结果，注重从过去、现在推断未来，注重趋势分析、对公司价值的评估；法律尽职调查重点是调查了解目标公司可能存在的法律风险，核心在于合法合规性调查；而商业尽职调查注重目标公司价值创造的过程与机制，也注重探索价值创造背后的资源、能力、关系等价值载体。可以说，商业尽职调查为财务尽职调查最终的价值预测与评估提供了信息支持。

商业尽职调查与财务尽职调查的关系如图3-1所示。

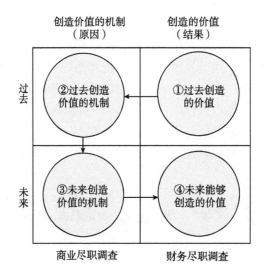

图3-1　商业尽职调查与财务尽职调查的比较

（三）商业尽职调查要着眼于未来

商业尽职调查要着眼于未来，着眼于挖掘未来价值创造的机会、机制、平台、资源等核心要素。所以，商业尽职调查不要高高在上，以审阅者的姿态面对目标公司接受调查的人员，这样容易诱导接受调查人员的造假，容易获得不真实的信息；而是要以平等互动的形式，深入地与目标公司的相关人员以及目标公司的合作伙伴等利益主体深入沟通，了解最真实的一手信息，为客观、公正地判断提供信息支持。

从着眼于未来的视角看，某些商业尽职调查还会对目标公司未来的价值创造提供一些参考性的建议，这样的尽职调查会更有意义、更有价值，也能激励目标公司提供真实可靠的信息，这样又进一步促进了目标公司与商业尽职调查主体的协作、共赢发展。

二、商业尽职调查的主要内容

商业尽职调查主要调查了解目标公司价值创造的过程与机制，以此来推断公司未来的价值创造。因此，商业尽职调查的内容非常广泛，既包括目标公司的基本信息与基本结构，还包括目标公司的外部关系，以及主营业务的相关情况。总之，只要涉及与目标公司价值创造相关方面的内容，不管是直接相关还是间接相关，都要尽可能地调查了解，以支撑决策的科学性。

概括来说，商业尽职调查的主要内容包括以下几个方面：

（一）公司基本信息

公司基本信息主要包括对公司基本情况及历史沿革的调查了解，对公司核心管理团队及技术团队的调查分析，对公司治理结构的调查研究等。

公司的历史沿革体现了公司的发展历程，往往代表着公司的历史传承及文化沿革，对公司的价值创造方式有着潜移默化的影响。公司的基本情况包括公司的规模、组织结构、营业额、效益等情况，代表着公司发展的现状及实力，这些在商业尽职调查中都要了解清楚。了解公司基本信息可以采取管理团队访谈、公司官方网站查阅、百度搜索、门户网站相关信息检索等多种形式获得。

要深入了解公司的基本信息，公司核心管理团队及技术团队的调查分析必不可少。价值是人创造出来的，核心团队在商业尽职调查中起着至关重要的作用，尤其是天使投资、风险投资等机构在进行调查的过程中，往往在最后的投资决策中赋予核心团队相当大的比重，可见核心团队调查的重要性非同一般。核心团队调查既要调查管理团队的经验、资历、能力以及创造力，更要深入调查核心团队的互补性，以及志同道合的文化认同度。实践证明：一群志同道合的、充满着创造力的互补的团队，更有利于公司未来价值的创造。简而言之，公司更需要"和而不同"的创造性团队。

公司治理结构（Corporate Governance），又被称为法人治理结构，是现代企业制度中最重要的组织架构，是指为实现资源配置的有效性，所有者（股东）对公司的经营管理和绩效进行监督、激励、控制和协调的一整套制度安排，是公司所有者、董事会、执行经理以及其他利益相关者等形成的相互支持而又相互制衡的一种关系框架。公司治理结构有广义与狭义之分，狭义的公司治理结构是指公司内部股东、董事、监事及经理层之间的关系，广义的公司治理还包括与利益相关者（如员工、客户、存款人和社会公众等）之间的关系。公司治理结构决定与影响着公司的决策、管理与执行机制体系，也影响着公司价值创造的动力机制，因此，公司治理结构是公司制度的基础与核心。商业尽职调查对公司治理结构的了解，就需要深入调查分析公司的决策权的配置，了解各价值创造主体的权利保障机制，从而深入分析公司的价值创造机制。

（二）公司外部关系

一家公司不能脱离相关利益主体而存在，因此商业尽职调查还需要了解公司的外部关系。包括关联关系与交易、主要竞争对手及同行关系、客户关系以及供应商的关系等。

对关联关系与交易的调查了解主要是掌握关联公司、母子公司之间存在的交易是否符合市场化原则，是否存在关联方利益输送、利益勾结、粉饰报表，以损害投资人、债权人或银行等外部利益主体的行为。现代社会存在着股权关系复杂的各类集团公司，集团公司会投资控股子公司，子公司又会投资控股分公司，这些子公司、分公司之间，以及这些公司与母公司之间都会构成关联关系，这些具有关联关系的公司之间的交易就构成关联交易。这种关联交易很容易受到控制，实现偏离市场的高价或低价交易，以实现拉高某目标公司利润，诱骗投资人或银行的目的。因此，商业尽职调查需要掌握这些关联关系及关联交易，了解关联交易中的定价机制与定价方法，学会识别和判断可能存在的利益输送与利益勾结。

行业竞争影响着公司价值创造的外部环境与机会。因此，商业尽职调查要深入调查分析公司所处行业的发展阶段、发展前景，主要的竞争对手以及公司与竞争对手之间的关系。哈佛大学战略管理专家迈克尔·波特（Michael E. Porter）提出的五力模型为行业吸引力分析提供了一个很好的工具框架，商业尽职调查可以依据这个模型搜集信息、深入研究，并为相关决策提供支持。与主要竞争对手之间的良性竞争合作关系也是公司价值创造重要的条件，商业尽职调查不仅要了解分析公司在行业中的竞争格局，了解公司与竞争对手的关系，还要深层次地了解公司的竞争理念以及处理与竞争对手关系的准则等竞争文化的深层次因素。

客户与供应商是公司价值创造的重要支持者，对公司的营运活动、盈利水平、资本结构和财务政策都具有重要的影响。按照现代企业供应链管理的理念，客户与供应商是供应链价值创造的重要环节，因此，客户关系、供应链关系调查也是商业尽职调查的重要内容。

（三）主营业务信息

通常来说，主营业务是公司价值创造的主要载体，公司主要依靠主营业务创造营业收入，创造稳定的利润来源。因此，商业尽职调查主要调查了解的信息应该是主营业务相关信息，包括主营业务的发展、战略规划信息，采购情况、生产情况、销售情况以及研究与开发情况等。

三、商业尽职调查的主要步骤

商业尽职调查也是一个项目过程，可以参照项目管理的方法有条不紊的开展。具体来说，商业尽职调查可以按以下几个步骤展开：

（一）制定商业尽职调查计划

古人云："凡事预则立，不预则废。"因此，商业尽职调查的第一步应该是制定商业尽职调查的计划。

商业尽职调查的计划是对商业尽职调查做一个事前的统筹安排，包括明确商业尽职调查的目的，确定商业尽职调查的范围、主要内容，相应的调查方法、日程安排，可能出现的障碍以及相应的应对措施等。商业尽职调查不可避免地要涉及经费支出、经费计划以及对应的经费管控措施也应该在调查计划中得以明确。

特别指出的是，制定计划阶段最重要的工作是明确调查的目的。不同的目的导致调查的范围、内容和方法不一样。以兼并收购为目的的尽职调查，重点是调查目标公司与并购主体之间的价值互补性，以及对应的估值；以投资为目的的尽职调查，重点是目标公司未来的发展前景，目标公司未来价值创造可能带来的利润回报以及折现值，以及以此为基础对公司的估值；以信贷业务拓展为目的的尽职调查，重点是目标公司经营的稳健性，未来现金流的可靠性，质押物、抵押物的估值及可变现程度等。总之，不同目的的商业尽职调查具体的计划安排是不一样的。具体的安排要服从于商业尽职调查的目的。

要做好商业尽职调查工作，计划是第一位的，计划工作对后续阶段工作的开展起着指导和规范的作用，计划工作做得不好、不细、不扎实，后续阶段的工作很容易"脚踩西瓜皮，滑到哪里算哪里"，导致偏离商业尽职调查工作的初衷。

（二）具体实施商业尽职调查

制定了商业尽职调查的计划，接下来就是具体落地实施商业尽职调查。在实施具体的商业尽职调查过程中，也需要有条不紊地安排，而不是一下子就匆匆忙忙地去目标公司实地走访。一般来说，商业尽职调查的实施可以按以下四个步骤来展开：

1. 二手资料调查形成目标公司的框架性认识

在商业尽职调查中，形成对目标公司以及目标公司所在行业的框架性认识是非常重要的，可以避免调查者的主观偏见，还可以避免被目标公司的高管牵着鼻子走，被动地接受目标公司的资料、信息。在具体的调查实施中，调查者可以通过阅读行业研究报告，行业中代表性公司的年报、网站等资料，获得行业发展状况的认识，对行业发展阶段、行业标杆、行业盈利模式、利润水平等有概略性的认识；同时可以查阅公司研究报告、公司年报、网站、相关报道等二手资料，形成对公司在行业中的地位、盈利模式、核心竞争力、外围关系、盈利能力等要素的概略性认识。有了对目标公司以及目标公司所在行业的框架性及概略性的认识，接下来进行实地走访以及外围调查，就有了方向和思路。

2. 现场实地走访获取目标公司真实性资料

对目标公司形成框架性、概略性的认识之后，就应该深入到目标公司的一线，深入进行实地走访，获得公司价值创造的一手资料。

可以通过目标公司的管理层访谈获得一些信息，还可以通过他们提供的书面材料、会计凭证、原始凭证等获得一些信息。值得注意的是，通过目标公司管理层获得的一些信息未必可靠，这些高管们有可能从自身动机出发，提供一些有利于他们自身利益的一些信息，比如：为了提高目标公司的估值，高管们可能提供一些美化公司价值创造的信息，让投资人乐观地看待目标公司的未来。因此，在实地走访过程中，一定要深入、细致，从多方面获得信息，不过分依赖某种渠道的信息，这样才能最终得到客观、公正的结论，并让决策得到可靠的支持。

实施走访不能仅仅走访管理层，还要走访一线的营销人员、生产人员、会计出纳、门卫，甚至从清洁工人那里也能获得有效信息。通过一线营销人员的走访，可以了解这家公司的产品竞争力、客户黏性、客户服务水平、人员的学习成长机制等众多有用的信息。避免先入为主，采取深入细致的沟通，你会获得更多有用的信息。生产一线的访谈可以获得生产人员对待公司的态度、工资收入水平等原始信息，由此可以推断公司的生产情况、盈利能力等有效信息。会计、出纳等财务基层人员可以获得原始的、基础性的财务信息。门卫、清洁工等表面看来与公司价值创造不大的一线人员，却往往可以成为获得信息的重要窗口，而且这些人员不容易被目标公司高管所操控，更容易提供真实可靠的信息，应该认真对待对这些人的访谈。

实地走访除了查阅书面材料、各类凭证以及进行访谈之外，细致入微的观察也是必不可少的。比如：看起来热火朝天的生产场面，机器上却有很多灰尘，那我们就应该思考：是否真是市场需求旺盛导致火热的生产场面，是不是就是目标公司为了应付商业尽职调查的需要而临时开工生产？再如：卫生间、走道扶手的卫生状况，这些都可以反映一家公司的管理水平、执行力以及文化倾向。管理层对待员工的态度、对员工的关怀程度、员工对待客户的态度等，这些信息都有赖于细致入微的观察获得，并可能成为决策的重要参考。

3. 外围信息调查获取目标公司上下游关联数据

外围调查也是获得信息的重要手段。目标公司的上下游是其供应链价值创造中的重要环节，通过上下游获得信息也是重要的信息渠道。目标公司的上游是供应商，为目标公司提供原材料，是公司价值创造的前端。通过与目标公司供应商的访谈，我们可以了解目标公司的采购政策、对供应商的支持、回款的即时性、诚信度等信息，还可以通过采购频率、采购批量等信息推断公司的生产经营情况。供应商是商业尽职调查的重要渠道。

目标公司的下游是客户、经销商、代理商，为公司产品、服务的价值变现提供渠道或场所，也是外围调查重要的信息来源。客户是公司价值创造的落脚点，通过客户的走访调查，可以了解目标公司产品的档次、客户服务的水平以及客户对目标公司的信赖度等。经销商、代理商是传递产品、服务的中间环节，通过经销商、代理商面谈，可以获得公司相关营销策略、政策信息，以及对经销商、代理商的支持政策，经销商、代理商对目标公司及其产品的认同度等多方面信息。商业尽职调查不能忽视目标公司下游的渠道。

社区民众、当地政府、社会团体都是商业尽职调查可以获得信息的来源，不可忽视。目标公司有没有社会责任感，对环境保护的态度如何，产品、服务以及生产过程会不会产生水资源、土壤资源以及空气资源的污染，会不会导致噪声污染，公司是如何看待、应对及处理的，这些信息都可以通过以上外围渠道获得。

4. 交叉信息对比获取综合决策可靠性支持

通过实地走访获得的原始数据、信息，有些是真实可靠的，有些是虚假的，还有些是真假参半，这就需要进行信息的交叉验证、去伪存真，细致入微地进行信息的对比分析，才能最终获得可靠的信息，为决策提供有力的支持。

一般来说，没有直接利益关系的主体提供的信息更可靠。比如：一线员工提供的信息比管理层更可靠；外围获取的信息比内部提供的信息更可靠。还有，不大可能被操控的主体提供的信息更可靠，比如：会计、出纳更容易被目标公司管理层所操控，而门卫、清洁工等被操控的可能性更小，因而更能提供真实可靠的信息。中国俗话说："耳听为虚，眼见为实"，一般来说，细致入微的观察获得的信息更可靠。

因此，商业尽职调查中获得的信息要进行交叉检验，多种渠道获得的信息都是一致的，那就很有可能是真实、可靠的。一般来说，多种渠道造假，而且造假的信息都一致，这种可能性更低。相反，如果不同渠道获得的信息是相互矛盾的，是存在疑点的，则一定存在某些信息是不真实、不可靠的，那我们就要依据以上提到的更可靠的原则进行分析比较，去伪存真，以获得可靠的信息。

(三) 信息分析提供决策支持

商业尽职调查最终要为决策服务。实地走访、外围调查获得的一手、二手资料，经过去伪存真之后，获得了相对可靠的信息，就需要对这些信息进行对比、对标分析，得出企业估值、风险大小，是否可防范、可控制等结论，在此基础上形成系统的调查分析报告，为投资、并购、信贷等具体金融业务提供决策支持。

(四) 估值分析强化风险防范

商业尽职调查中，调查者获得的信息最终要转化为对目标公司的估值分析、前景分析以及对未来发展的风险分析。

目标公司的估值分析与前景分析紧密相关。公司的宏观机会、行业吸引力以及核心竞争力影响着公司的前景，把公司的前景量化，变成未来业务发展的财务数据，再根据未来现金流的折现值，换算成目标公司的估值。

估值分析与风险分析密不可分。目标公司未来业务发展、未来现金流都是不确定的，也都是存在风险的。因此，对目标公司未来可能发生的风险进行充分的估计，对各类风险因素进行深入调查，并采取预先防范的措施，是投资、并购以及信贷业务管理的重要内容。

按照风险的来源不同，目标公司的风险可以分为外部风险和内部风险。其中外部风险包括：顾客风险、竞争对手风险、政治环境风险、法律环境风险、经济环境风险等；内部风险包括：产品风险、营销风险、财务风险、人事风险、组织与管理风险等。在对目标公司的商业尽职调查中，要深入分析目标公司的内外部风险因素，区分可控风险和不可控风险，对可控风险采取必要的、完善的风险防控措施，对不可控风险要认真分析，对不可承受的不可控风险要采取转移、对冲或者规避的措施。

（五）综合研判提出决策建议

商业尽职调查的最后要给出明确的决策建议。如果是投资决策需要商业尽职调查，要给出是否投资，以及何种价格、何种条件下可以投资的结论和建议；如果是并购类的尽职调查，也要对并购对象的互补性、价值、估值以及合适的并购价格及并购条件给出明确的结论和建议；如果是与信贷业务、担保业务相关的尽职调查，要给出是否给予信贷支持、是否给予担保以及何种条件下可以支持的明确意见，并对未来可能发生的风险及贷后管理措施给出明确的意见。

第二节　商业模式尽职调查

商业模式是企业价值创造与价值实现的重要方面，因此，商业尽职调查必须包括商业模式的尽职调查。关于商业模式的界定，不同专家的意见众说纷纭，观点不一，有广义、狭义之分。狭义的商业模式仅仅包括盈利模式，是指企业提供哪些产品或服务，企业用什么途径或手段向谁收费来赚取商业利润以实现可持续发展的模式；广义的商业模式不仅包括盈利模式，也包括为股东创造价值及实现价值，还包括为其他利益相关者创造价值，是企业为利益相关者创造价值的活动总和，是企业与企业之间、企业与部门之间、企业与顾客之间、企业与渠道之间存在的各种各样交易关系和联结方式的总和。

因此，商业模式的尽职调查不仅应该包括目标企业的基本情况、治理结构以及人力资源等内部价值因素的调查，还应该包括核心竞争力、企业社会责任等外部价值因素的调查应全面了解把握目标企业的商业模式，对其价值做出全面客观的评估。

一、基本情况调查

目标公司的基本情况包括公司的发展沿革、营业额、效益、发展规划以及组织结构等基本情况。

（一）目标公司的基本信息调查

在对目标公司深入的走访与调查之前，首先要对目标公司的历史沿革及基本情况有框架性的了解和认识。目标公司的历史沿革体现了公司的发展历程，往往代表着公司的历史传承及文化沿革，对公司的价值创造方式有着潜移默化的影响。公司的基本情况包括公司规模、组织结构、营业额、效益等情况，也代表着公司发展的现状及实力，这些在商业尽职调查中都要了解清楚。

了解公司基本信息可以采取阅读公司简介资料、公司官方网站查阅、百度搜索、门户网站相关信息检索等多种形式获得。一般公司为了招商、融资、招聘等事务需要都会印制公司宣传资料，而这些资料大多都有公司历史沿革及基本情况的介绍，这些资料可以对我们了解目标公司有个基本的参考。在一般情况下，公司官方网站也都有公司的简介，仔细阅读官方网站的简介资料也可以获得对公司的框架性认识。百度、门户网站的相关新闻报道，对于我们了解目标公司的历史、文化以及基本信息也有参考价值，调查者可以事先进行一些检索，仔细阅读相关资料，获得目标公司历史沿革和基本情况的资料。

（二）目标公司的组织结构调查

组织结构是一家公司人力资源的有机构成，能体现公司对待不同部门、不同类型人才的态度，也能体现出一家公司的价值导向与未来成长。商业尽职调查需要细致入微地调查了解目标公司的组织结构，剖析组织结构蕴含的文化导向。

目标公司的组织结构图是了解一家公司的组织结构的指引，大部分的公司宣传资料、公司官方网站都可以直接查阅。管理层面谈也可以直接获得组织结构的相关资料。更深层次的组织结构调查，还应该包括目标公司各部门的责、权、利体系，各岗位的分解落地情况，这样才能挖掘出组织结构背后的价值导向和文化内涵，分析判断公司未来的发展。比如：如果一家公司的人力资源工作由行政部负责，那表示公司的人力资源处于从属地位，主要从事服务性、辅助性的工作，战略性的人力资本投资、开发等工作很难开展，公司发展的后劲存疑；反之，如果一家成长型公司把培训工作从人力资源部独立出来，成立了企业商学院或企业大学，建立了成熟的内训师制度，有自己的开放内训师队伍与内部课程培训体系，那表示这家公司非常重视人力资源开发，未来公司快速发展中人才的瓶颈制约就不值得担忧。

（三）目标公司的发展规划调查

每个公司都有自身的发展目标与规划，公司计划何时上市、未来五年或十年的发展战略、期望发展达到多大的规模、预计能实现怎样的效益，这些不仅决定着公司的发展与成长，也决定着投资者对目标公司投资价值的判断。因此在对目标公司的尽职调查中，中介机构就有必要认真调查目标公司的发展战略、经营理念和模式、历年发展计划的执行和实现情况、业务发展目标以及成功上市后募集资金投向与未来发展目标的关系等问题，已备投资者对目标公司是否具有明确的发展目标、规划方案是否合理做出合理的判断。

1. 目标公司的发展战略调查

调查人员需取得目标公司中长期发展战略的相关文件，包括战略策划资料、董事会会议纪要、战略委员会会议纪要、独立董事意见等相关文件，从而分析目标公司是否已经建立清晰、明确、具体的发展战略，包括战略目标，实现战略目标的依据、步骤、方式、手段及各方面的行动计划；此外，通过各种渠道了解竞争对手（包括但不限于上市公司）的发展战略，将目标公司与竞争对手的发展战略进行比较，并对其所处行业、市场、竞争等情况进行深入分析，调查目标公司的发展战略是否合理、可行。

2. 目标公司的经营理念与模式调查

商业尽职调查通过取得目标公司经营理念、经营模式的相关资料，以及与发起人、高管人员及员工、主要供应商、主要销售客户谈话等方式，了解其经营理念和经营模式，并分析该经营理念、经营模式对目标公司经营管理和发展的影响。

3. 目标公司的计划执行与实现情况调查

调查人员需取得目标公司历年经营计划、年度报告等资料，通过调查各年度计划的执行和实现情况，分析目标公司高管人员制定经营计划的可行性和实施计划的能力。

4. 目标公司的业务发展目标调查

取得目标公司未来5年（如无，即取2~3年）的发展计划和业务发展目标及其依据等资料，调查未来行业的发展趋势和市场竞争状况，并通过与高管人员及员工、主要供应商、主要销售客户谈话等方式，调查目标公司未来发展目标是否与其发展战略一致；分析目标公司在管理、产品、人员、技术、市场、投融资、购并、国际化等方面是否制定了具体的计划，这些计划是否与其未来发展目标相匹配，是否具备良好的可实现性，是否会对投资者的投资决策造成重大误导；分析未来发展目标实施过程中存在的风险，如是否存在不当的市场扩张、过度的投资等；分析目标公司未来发展目标和具体计划与其现有业务的关系，分析目标公司业务发展计划与现有业务之间的关系。如果目标公司实现上述计划涉及与他人合作的，核查其合作方及相关合作条件。另外，核查目标公司对其产品（服务）或者业务所做出的发展趋势预测是否采取了审慎态度，以及有关的假设是否合理。

5. 目标公司的募资投向与发展目标关系调查

调查人员需取得目标公司募集资金投资项目的可行性研究报告、董事会等有关会议讨论和决策的会议纪要文件，并通过与其高管人员谈话、咨询行业专家等方法，调查募集资金投向与目标公司发展战略、未来发展目标是否一致，分析其对目标公司未来的经营的影响。

二、治理结构调查

公司治理结构（Corporate Governance），又被称为法人治理结构，是指为实现资源配置的有效性，所有者（股东）对公司的经营管理和绩效进行监督、激励、控制和协调的一整套制度安排，是公司所有者、董事会、执行经理以及其他利益相关者等形成的相互支持而又相互制衡的一种关系框架。公司治理结构决定与影响着公司的决策、管理与执行机制体系，影响着公司价值创造的动力机制，因此，公司治理结构是公司制度的基础与核心。商业尽职调查对公司治理结构的了解，就需要深入调查分析公司的决策权的配置，了解各价值创造主体的权利保障机制，从而深入分析公司的价值创造机制。

（一）治理结构的概念

英国牛津大学管理学院院长柯林·梅耶（Myer）在他的《市场经济和过渡经济的企

业治理机制》一文中，把公司治理定义为："公司赖以代表和服务于它的投资者的一种组织安排。它包括从公司董事会到执行经理人员激励计划的一切东西。公司治理的需求随市场经济中现代股份有限公司所有权和控制权相分离而产生。"

斯坦福大学的钱颖一教授也支持制度安排的观点，他认为："在经济学家看来，公司治理结构是一套制度安排，用以支配若干在企业中有重大利害关系的团体——投资者（股东和贷款人）、经理人员、职工之间的关系，并从这种联盟中实现经济利益。公司治理结构包括：①如何配置和行使控制权；②如何监督和评价董事会、经理人员和职工；③如何设计和实施激励机制。"

国内学者吴敬琏教授认为，"所谓公司治理结构，是指由所有者、董事会和高级执行人员即高级经理三者组成的一种组织结构。在这种结构中，上述三者之间形成一定的制衡关系。通过这一结构，所有者将自己的资产交由公司董事会托管；公司董事会是公司的决策机构，拥有对高级经理人员的聘用、奖惩和解雇权；高级经理人员受雇于董事会，组成在董事会领导下的执行机构。

综上所述，公司治理结构是一种制度安排，有广义与狭义之分，狭义的公司治理结构是指公司内部股东、董事、监事及经理层之间的关系，广义的公司治理还包括与利益相关者（如员工、客户、存款人和社会公众等）之间的关系。

（二）完善的治理结构的特征

没有千篇一律的治理结构，不同的环境背景、市场条件，有效的治理结构形式是不同的。目前全球比较成熟的公司治理结构有英美模式、德日模式以及东南亚家族治理结构模式。

结合我国现阶段的具体情况，以及国家有关政策、法规的具体要求，比较完善的治理结构一般具有以下特征：

1. 完整的组织架构

这主要要求股东大会、董事会、监事会、经理层等机构完整，运转正常。

2. 规范的运作机制

其中，股东大会是公司的权力机构，按照公司法规定履行具体的职权；董事会是公司的决策机构，构成人员 5～19 人，独立董事 1/3 以上；监事会是公司监督机构，按要求正常履行检查公司财务，监督董事、经理行为等职权，对违反法律、行政法规、章程、股东大会决议的董事和高管人员提出罢免建议，构成人员不少于 3 人，职工代表不少于 1/3；经理层是公司的执行组织，具体执行董事会的决策，制订经营计划，进行经营管理，接受监督；独立董事是单层制公司治理结构的产物，应该履行监督及决策职权，代表中小股东利益；董事长主持股东大会，召集主持董事会，签发公司的股票和债券。

3. 有效的内控制度

资金使用、人事任免、对外担保、关联交易、投资决策等职权分配合理，运行正常，有预防权力滥用的制衡约束机制。按照上市公司治理准则（证监发〔2001〕1 号）的具体要求，应该做到：控股股东与上市公司应实行人员、资产、财务分开，机构、业务独立，各自独立核算、独立承担责任和风险；在董事的选举过程中，应充分反映中小股东的意见，股东大会在董事选举中应积极推行累积投票制度，控股股东控股比例在 30% 以上的上市公司，应当采用累积投票制，采用累积投票制度的上市公司应在公司章程里规定该制度的实施细则；上市公司董事会可以按照股东大会的有关决议，设立战略、审计、提名、薪酬与考核等专门委员会，专门委员会成员全部由董事组成，其中审计委员会、提名委员会、薪酬与考核委员会中独立董事应占多数并担任召集人，审计委员会中至少应有一名独立董事是会计专业人士；上市公司董事会秘书负责信息披露事项，包括建立信息披露制度、接待来访、回答咨询、联系股东，向投资者提供公司公开披露的资料等，董事会及经理人员应对董事会秘书的工作予以积极支持，任何机构及个人不得干预董事会秘书的工作。

4. 发挥独立董事的职能

按照证监发〔2001〕102 号《关于在上市公司建立独立董事制度的指导意见》，独立董事应该对上市公司及全体股东负有诚信与勤勉义务；上市公司董事会成员中应当至少包括 1/3 独立董事；独立董事必须具有独立性；独立董事每届任期与该上市公司其他董事任期相同，任期届满，连选可以连任，但是连任时间不得超过 6 年；独立董事连续 3 次未亲自出席董事会会议的，由董事会提请股东大会予以撤换；独立董事应当对上市公司重大事项发表独立意见；上市公司还应当赋予独立董事一些特别职权。

在现实中，独立董事不独立，与公司执行董事、经理层存在各种各样的裙带关系，对公司重大事项不发表独立意见等现象经常存在。因此，在商业尽职调查中，了解独立董事监督、决策职能的发挥情况，是公司治理结构调查的重要内容。

（三）治理结构中的易错问题

对照完善的公司治理结构的要求，现实中很多公司治理结构存在问题，导致权力不受约束，也导致公司发展的隐患和危机。有些公司缺乏独立性，在人员、资产、财务、业务、机构上受控于大股东，大股东派到公司的董事远远超过 1/2，导致大股东侵占目标公司利益；有的是违背《上市公司章程指引》的规定，兼任总经理、副总经理或者其他高级管理人员职务的董事超过公司董事总数的 1/2，造成内部人控制，经理层缺乏制约；有的是董事长一个人一手遮天，权力过大，缺乏有效制约的力量；有的是股东大会对董事会或者董事会对经理层授予了过大的权力；有的是独立董事职能不能很好的发挥，成了花瓶董事、人情董事。

对于这些问题，商业尽职调查应该细致入微，发现目标公司权力运行、制约及监督中可能出现的隐患和危机，为相关决策提供有效的支持。

三、人力资源调查

人力资源是一家公司最宝贵的资源，成功的企业都是把人当成最核心的资源进行投资、管理和开发。商业尽职调查需要细致入微地调查了解目标公司的人力资源状况，以及人力资本的投资、管理与开发状况，分析人力资源的潜力以及未来可能的危机，为目标公司的商业价值分析及风险分析提供逻辑支撑。

（一）人力资源调查的对象

人力资源调查需要了解目标公司员工的总体情况，还需要了解骨干技术人员及高管团队的情况。员工情况体现出目标公司人力资源状况的总体水平与趋势，也能反映人力资源管理的大致状况，技术人员及高管团队属于目标公司人力资源中的核心资源，需要重点调查了解。

1. 对目标公司员工情况的调查

商业尽职调查可以通过查阅目标公司员工名册、劳动合同、工资表和社会保障费用明细表等资料，实地走访企业员工的工作生活场所，与目标公司员工谈话，实地察看员工工作情况等方法，调查员工的年龄、教育、专业等结构分布情况及近年来的变化情况，分析其变化的趋势；了解目标公司员工的工作面貌、工作热情和工作的满意程度；调查目标公司在执行国家用工制度、劳动保护制度、社会保障制度、住房制度和医疗保障制度等方面是否存在违法、违规情况。

2. 对目标公司骨干技术人员情况的调查

商业尽职调查可以查阅了解目标公司核心骨干人员的奖励制度、股权激励计划等资料，调查其对关键骨干人员是否实施了有效的约束和激励，是否有效避免了关键骨干人才的流失和技术等商业秘密的外泄等问题。

3. 对目标公司高管人员情况的调查

商业尽职调查应该调查了解高管人员的任职情况及任职资格，通过查阅董事会等有关会议文件、公司章程等方法，核查高管人员任职是否合法合规、是否符合公司章程规定的任免程序和人事制度、相互之间是否存在亲属关系；调查高管人员的经历及行为操守，通过谈话、查阅个人履历等方式，核查高管人员教育经历、专业资历是否存在违法违规或不诚信的行为，是否存在受到处罚和对曾担任破产企业负个人责任的情况；调查高管人员胜任能力和勤勉尽责，通过查询有关资料及与高管人员、员工、主要供应商、销售商谈话等方式，了解高管人员是否有足够的时间和精力勤勉尽责地管理公司、管理公司的能力如何、其员工的评价、高管之间是否团结，以及是否存在重大分歧和矛盾等情况；调查高管人员薪酬及兼职情况，通过查阅董事会等有关会议资料，与高管人员、员工交谈等方法，调查公司为高管人员制定的薪酬方案、股权激励方案，此外通过咨询目标公司律师、查阅有关资料等方法，调查高管人员在公司内部或外部的兼职情况，分析该兼职情况是否有违规情形，是否会对其工作效率、质量产生影响；调查报告期内高管人员变动情况，内容包括但不限于变动经过、变动原因、是否符合公司章程规定的任免程序和内部人事聘用制度、控股股东或实际控制人推荐高管人选是否通过合法程序、是否存在控股股东或实际控制人干预发行人董事会和股东大会已经做出的人事任免决定的情况等；调查高管人员是否具备上市公司高管人员的资格，通过与高管人员谈话、组织高管人员考试等方法，调查其是否已掌握进入证券市场应具备的法律法规和相关知识、是否已知悉上市公司及其高管人员的法定义务和责任以及是否具备足够的诚信水准和管理上市公司的能力及经验；调查高管人员持股及其他对外投资情况，取得高管人员的声明文件，调查高管人员及其近亲属以任何方式直接或间接持有目标公司股份的情况、近3年所持股份的增减变动以及所持股份的质押或冻结情况，此外，调查高管人员的对外投资情况，包括持股对象、持股数量、持股比例以及有关承诺和协议，核查高管人员及其直系亲属是否存在自营或为他人经营与目标公司同类业务的情况、是否存在与公司利益发生冲突的对外投资以及是否存在重大债务负担。

（二）人力资源调查的问题清单

在具体的目标公司访谈的过程中，组织结构与人力资源的调查可以围绕以下问题展开：

（1）请提供公司的组织结构及高级管理层的明确个人职责。

（2）贵公司的福利体系如何？是否对管理层或雇员实行利润分享、红利分配、股权计划等激励措施？下阶段的激励计划有哪些？请提供贵公司的激励利益及股权计划的整体费用估算明细。

（3）员工是否还享有你认为特别有特色的福利（如员工家庭援助体系等)？

（4）提供各部门员工名单，公司从初创至今员工总体数量的增长情况。各员工的职责是什么？公司未来的员工雇用计划如何？

（5）目前会计年度员工的薪酬计划及未来期望的趋势水平是什么？是否有支持未来快速发展所需的足够的人才储备？

（6）贵公司的员工平均流失率是多少？员工一般通过什么方式进行招聘？是否有从竞争对手那里招聘？

（7）有多少高层管理人员在这几年离开公司？为何离开？对公司有何影响？

四、核心竞争力调查

目标公司的核心竞争力是其未来价值创造的核心密码，是未来成长的动力机。因此，商业尽职调查应该深入了解目标公司的核心资源、核心能力，并以此为基础判断目标公司的核心竞争力，以及核心竞争力的价值性、稀缺性、不可替代性和不可模仿性。以此为基础，才能对目标公司未来的价值创造做出客观而有效的判断。

什么是目标公司的核心竞争力？核心竞争力就是目标公司中根深蒂固的、互相弥补的一系列技能和知识的组合，借助该能力，能够按世界一流水平实施一到多项核心流程，生产一到多种核心产品或服务，并能给客户带来难以替代的核心价值。核心竞争力是长期形成的，蕴涵于公司内质中的，既支撑了公司的过去和现在，还能在未来的竞争环境中使得公司长时间占据主动地位。

如何调查、了解以及识别目标公司的核心竞争力？简单地说，识别核心竞争力的标准包括如下四个：第一是价值性。也就是这种能力首先能很好地实现顾客所看重的价值，如能显著地降低成本，提高产品质量，提高服务效率，增加顾客的效用，其次给企业带来竞争优势。第二是稀缺性。也就是这种能力必须是目标公司所独有的，或者是只有少数的公司拥有，否则不能称之为核心竞争力。第三是不可替代性。也就是说，目标公司的某种能力必须是在为顾客创造价值的过程中不可替代的，竞争对手无法通过其他能力来替代这种能力，这样才有可能成为核心竞争力。第四是难以模仿性。核心竞争力还必须是竞争对手难以学习和模仿的，也就是说，目标公司的某种能力没办法在市场中买到，也很难转移或复制这样的能力才能称之为核心竞争力，也才能带来超额利润、超额价值。

通常哪些资源和能力才有可能成为核心竞争力，或者成为核心竞争力的来源？以下四个因素可以称之为核心竞争力的要素或核心竞争力潜在的源泉。第一是创新的技术。创新的技术往往对目标公司的发展有着决定性作用。能成为核心竞争力的创新技术，要求要能实现产品的功能性、独特性以及超越行业平均水平的尖端性。这种独具优势的技术，会为目标公司带来超过普通企业的客户接受度、市场广泛度以及价值优越性，只有这种技术才有可能构成目标公司的核心竞争力。第二是具备创新能力的人才。具备创新能力的人才是新时代不可多得的财富，因为创新技术，最终也必须是有创造才能的人才来完成开发设计。目标公司具备创新能力的人才或人才团队，也可能成为核心竞争力的源泉，在未来推动公司的价值创造取得非凡的成就。第三是优秀的企业文化。卓越的企业文化，影响着企业的管理工作、人才队伍的建设、产品的研发、客户服务的水平等具体的方面。卓越的企业文化不仅影响着公司对人才的态度，从而影响着优秀人才的加盟；也影响着目标公司在承担社会责任、保障质量安全等方面的态度和行为，也因此影响着客户的信任和选择，是目标公司非常重要的软实力，也可能成为核心竞争力的重要来源。第四是品牌影响力。在商品高度趋同的今天，消费者已经很难从使用价值的层面来判断究竟哪一种产品是满足自己需要的，因此，品牌就成为一家企业的产品区别于其他企业产品的重要标志，它也是表示企业文化、价值、特色的符号与象征。品牌的建立是一个长期积累的过程，但是品牌的毁灭却是很容易的，因此，在商业尽职调查中，要关注目标公司从上到下对品牌文化的认同度、坚持性和敬畏感，只有像维护生命一样维护品牌形象与品牌声誉，品牌才可能长远，品牌才可能成为企业核心竞争力。

值得注意的是，核心竞争力的四要素或者四种来源并非是相互独立的，而是相互影响、相互促进的，四种要素相互协同、互补，相互促进，目标公司的核心竞争力才强大，否则很可能成为一时一地的竞争力，而不是核心竞争力。

五、社会责任调查

企业社会责任（Corporate Social Responsibility，CSR）是指企业在创造利润、对股东承担责任的同时，还要承担对员工、消费者、社区和环境等利益相关者的责任。企业社会责任关乎目标公司未来的长远发展和可持续发展，是商业尽职调查的重要内容。

（一）企业对利益相关者应承担的社会责任

概括来说，目标公司对以下主体都要承担责任，只有目标公司很好地履行和承担了相关主体的责任，这些主体才会积极地参与到目标公司的价值回馈和创造当中，促进目标公司的长远发展和可持续发展。

（1）对股东，目标公司应该积极经营，推动目标公司股票价格的上升；在现金流充裕而又缺乏有效的投资渠道时，积极进行必要的股息分配，让股东得到满意的投资回报。

（2）对职工或工会，要保障相对较高的收入水平、较稳定的工作、良好的工作环境以及职位提升的机会。

（3）对政府，要积极响应政府号召，执行政府政策，遵守相关法律和法规，提供稳定而增长的工作机会。

（4）对供应商，保障按照合同约定按时支付货款，积极帮助供应商与企业一起成长。

（5）对债权人，对遵守债务合同条款的约定，按时支付本金和利息，爱护信誉，做值得信任的业务伙伴。

（6）对消费者、客户、经销商以及代理商，要保障商品的品质、服务，制定合适的价格，保障产品或服务的及时方便供应，在供不应求时，不囤积居奇、哄抬价格，人为制造紧张气氛，赚取合理利润。对经销商、代理商给予应有的支持和合理的利益分配。

（7）作为社区的公民，积极承担社区公民责任，注重回馈社区，参与社区建设，为社区的环境、交通、生活设施等贡献自己的力量。注重对环境的保护，不随意排放污水、废气、废渣，积极参与环境治理。关注社会热点问题，量力而行积极参与捐款、捐献，积极参与社会公益事业。

（8）积极参加贸易和行业协会，对各种活动给予经济上应有的支持。

（9）对竞争者，注重公平竞争、良性竞争、错位竞争与合作竞争，积极参与营造健康、生态的行业竞争环境。注重在产品、技术和服务上的创新，力争通过创新促进成长，抵制恶意降价、诋毁竞争对手等不正当竞争行为。

（10）对特殊利益集团，注重提供平等的就业机会，尽量照顾残疾人、妇女等弱势群体的就业机会。积极参与和支持城市建设。

以上十方面的责任都是商业尽职调查需要了解和关注的，企业承担了利益相关者的责任，企业的价值创造与价值实现才能可持续进行。

（二）企业社会责任的认证及立法

企业十方面社会责任的承担各有侧重，从目标公司的长远发展以及国际有关组织的关注侧重点来看，员工的权益保护、环境保护一直是企业社会责任的重点。

国际劳工组织 SA8000 认证标准主要就是关于员工的权益保护，具体包括九大内容：童工、强制雇佣、健康安全、联合的自由和集体谈判权、差别待遇、惩罚措施、工作时间、报酬、管理体系。虽然这九大内容也遭到了很多人的批评和质疑，但是保护劳工权益，是树立企业形象、促进企业可持续发展的必不可少的基本道德与伦理，我们在商业尽职调查中一定要仔细调查、客观分析，同时也可以发现企业经营理论文化中的缺陷与隐患。

在我国，环境保护立法逐步完善，执法力度日趋严格，环境调查的内容也变得越来越广泛。环境调查可查阅的资料包括：目标公司排污许可证；废料排放合格报告；土壤、地下水质量检测报告；专业人员对企业环境的实地检测报告等。

ISO14000 环境管理系列标准是国际标准化组织（ISO）继 ISO9000 标准之后推出的又一个管理标准。该标准是由 ISO/TC207 的环境管理技术委员会制定的，有 14001 到 14100 共 100 个号，统称为 ISO14000 系列标准，该标准可以为企业履行环境责任提供指引，能否通过 ISO14000 的认证也可以成为环境调查的重要内容。

具体而言，目标公司环境责任尽职调查的主要内容包括：目标公司的经营活动使用的有关安全、环保以及污染物排放的所有法律、法规、标准要求；目标公司所取得的政府部门签发的环保许可证、特许证及其他授权文件；目标公司与关联公司是否存在违反环保法律法规、部门规章标准的情况及受到的处罚；目标公司的环境规划，包括过去在环保方面的经营费用和预算；目标公司的健康与安全评估、生产过程中有毒物质对员工健康影响的评估以及产品责任评估等。其中，环境调查的重点问题包括：目标公司是否曾受到违规通知和处罚；目标公司是否有环保方面的诉讼；目标公司今后环保方面的法规立法趋势以及对目标公司的影响。

第三节　行业尽职调查

行业尽职调查是商业尽职调查中非常重要的内容，通过行业尽职调查了解目标公司所处行业的概况、吸引力及发展趋势、行业发展周期以及相关政策、竞争格局及目标公司的竞争策略，为公司估值及风险防范及相关决策提供行业信息支持。

一、行业概况及宏观环境调查

(一) 行业概况调查

行业概况调查是调查了解行业发展的整体状况，分析行业发展中的突出问题，了解制约行业发展的关键因素，研判行业发展的趋势。

1. 行业整体状况的调查

行业发展整体状况包括行业的市场容量、市场结构、主要的竞争对手、行业发展的生命周期以及未来发展趋势等整体情况的概略性信息，对于把握整个行业的概貌有一个基础性的指引作用。

调查了解行业的整体状况可以查阅有关专业的调查公司、咨询公司、研究院发布的行业调查报告，获得有关行业发展的二手信息；也可以通过查阅行业协会的网站、报刊、内部资料等手段获得一些信息；还可以通过查阅行业内竞争对手的信息，获得对行业发展整体情况的认知。在这些二手信息的基础上，再通过实地走访、调查，深入了解行业整体状况。对于某些新兴行业，行业发展报告之类的集成信息很少，就更需要调查者深入了解、分析行业内的具体企业的信息，以增强对行业整体状况的把握。

2. 行业发展的突出问题调查

行业发展的突出问题调查是行业调查分析的重要内容。调查者要调查了解行业需求发展变化的新特点，市场结构的新变化、新要求，行业生命周期的新变化，以及主要竞争对手的新动向，从而把握行业健康发展中面临的突出问题，为更全面地了解目标公司所处行业，以及目标公司在行业中的地位提供更多、更全面的信息支持。

3. 行业未来发展的大势调查

行业概况调查还应该调查分析行业未来发展的大趋势。一般来说，各研究机构、咨询公司、科研院所相关领域的专家都会对行业发展的趋势做出分析判断，各种分析判断的结论对行业未来发展的大势调查可以提供信息参考。另外，尽职调查者也可以根据这些资料中的数据、分析，以及相关的理论、工具，自己做出独立的分析判断，为全面地了解、研判行业发展提供支持。

(二) 行业宏观环境调查

一般来说，宏观环境调查是调查分析目标公司所处行业的宏观大势，常用的工具是PEST分析。

1. 政治环境调查分析

P 指的是政治环境（Political Factors），一般还包括一个国家和地区的法律环境，主要内容包括政治制度与体制、政局、政府的态度等，政府制定的法律、法规等。

政治法律环境分析主要考查以下问题：政治环境是否稳定？国家政策是否会改变法律从而增强对企业的监管并收取更多的赋税？政府所持的市场道德标准是什么？政府的经济政策是什么？政府是否关注文化与宗教？政府是否与其他组织签订过贸易协定，例如欧盟（EU）、北美自由贸易区（NAFTA）、东盟（ASEAN）。政府对目标公司所在行业的态度是怎样的？有没有具体的鼓励、支持或限制的措施？等等。

一般来说，目标公司以及所在行业与政府的大政方针保持一致，政府政策大力支持，未来发展的机会会更多。否则，则可能会受到更多的限制，未来发展存在很大的不确定性，且风险较大，而且难以防范与控制。

2. 经济环境调查分析

E 指的是经济环境（Economic Factors），主要包括一个国家或地区的 GDP（国内生产总值）、所处的经济周期、利率水平、财政政策、货币政策、通货膨胀率、失业率水平、居民可支配收入水平、汇率、能源供给成本、市场机制、市场需求等。

一般来说，目标公司产品、服务的价格水平、档次与市场所在区域的收入水平，尤其是居民的可支配收入越匹配，目标公司成长的机会越多。目标公司顺应经济环境以及经济发展周期不同阶段的能力越强，目标公司的发展机会越多。

3. 社会文化环境调查分析

S 指的是社会文化环境（Sociocultural Factors），是指一个国家或地区社会成员的民族特征、文化传统、价值观念、宗教信仰、教育水平以及风俗习惯等因素的总和。构成社会文化环境的要素包括人口规模、年龄结构、种族结构、收入分布、消费结构和水平、人口流动性等。其中人口规模直接影响着一个国家或地区市场的容量，年龄结构则决定消费品的种类及推广方式。

商业尽职调查中特别注意的社会文化因素分析中特别值得注意的问题包括：企业或行业的特殊利益集团有哪些？公民尤其是目标公司的目标客户群体对政府的信任程度如何？公民的社会责任感及公众道德观念是否强烈？对售后服务的态度如何？要求达到何种程度？生活方式如何？购买习惯怎样？对休闲服务的态度如何？等等。

目标公司同样要顺应社会文化环境。目标公司对市场所在区域的社会文化环境了解越充分，产品、服务等诸方面越能顺应目标客户群体的文化倾向性，目标公司未来成长发展的机会越多。

4. 技术环境调查分析

T 指的是技术环境（Technological Factors），技术环境不仅包括那些引起革命性变化的发明，还包括与企业生产有关的新技术、新工艺、新材料的出现和发展趋势以及应用前景。在过去的半个世纪里，最迅速的变化就发生在技术领域，像微软、惠普、通用电气等高技术公司的崛起改变着世界和人类的生活方式。同样，技术领先的医院、大学等非营利性组织，也比没有采用先进技术的同类组织具有更强的竞争力。

目标公司对技术的发展运用要有适度超前的眼光。能前瞻性地开发和运用新时代的新技术引领变革，在产品、服务开发方面能先人一步或半步，这样的目标公司会在未来有更多的价值提升机会。过于超前，研发的技术难度太大，以及投入过多的财力、人力、物力到一些前景不明的新技术领域，对目标公司发展而言，也存在着一定的风险。

在运用 PEST 分析框架分析目标公司及所处行业的宏观环境时，有时也运用它的扩展变形形式，如 SLEPT 分析、STEEPLE 分析等，具体扩展的因素是在以上谈到的 PEST 分析要素的基础上，再把环境因素（Environmental Factors）或自然因素（Natural Factors）、法律因素（Legal Factors）、道德因素（Ethical Factors）以及地理因素（Geographical Factors）等不同的环境因素单列或另外增加进去的框架。在具体的商业尽职调查分析中，调查者可以根据与目标公司发展机会的相关性大小自主选择进行系统性、综合性及针对性分析。

二、行业吸引力及发展趋势调查

行业吸引力及发展趋势调查主要是调查分析目标公司所在行业的吸引力及发展前景。如果说宏观环境分析是分析目标公司在未来大势中的机会有多少，潜在的风险及威胁有多大，那么行业吸引力及前景分析则是目标公司的中观分析。行业吸引力大，前景光明，目标公司发展才有可能具有更多的机会。目标公司的行业分析可以运用迈克尔·波特（Michael E. Porter）的五力模型作为基本的分析工具（见图 3-2）。

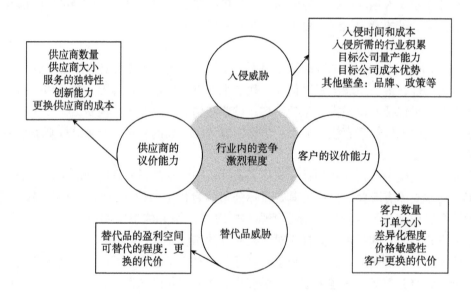

图 3-2 迈克尔·波特的五力模型示意图

按照迈克尔·波特（Michael E. Porter）的五力模型的逻辑，目标公司所在行业的吸引力可以从如下五个方面进行分析。

（一）行业内的竞争激烈程度

最核心的方面是行业内的竞争激烈程度。一般来说，行业内的竞争越激烈，目标公司所在行业的吸引力越低，行业发展前景越暗淡。也就是说，竞争激烈的红海行业吸引力低，竞争不激烈或没有竞争的蓝海行业吸引力高。很多天使投资公司、风险投资公司喜欢投资一些新兴行业，很大部分是因为新兴行业缺乏强有力的竞争对手，行业吸引力大，更容易给初创公司更多的机会。

（二）入侵威胁

入侵威胁也是影响行业吸引力的重要方面。也就是说，目标公司所在的行业如果很容易受到新进入者或潜在进入者的入侵威胁，那即使行业内现在竞争不激烈，未来很快也将面临激烈的竞争，行业的吸引力同样较低。入侵的威胁与入侵的壁垒紧密相关，如果入侵者入侵的时间较长、成本较高，入侵者所需要的行业积累较多，目标公司的量产能力及成本优势明显，品牌、政策都有先行优势，那就表示入侵者入侵的壁垒较高，入侵威胁较小，目标公司所在行业的吸引力较强。我们可以通过图 3 - 2 五力模型示意图来看出行业内的竞争激烈程度受入侵威胁。

（三）替代品的威胁

影响目标公司行业吸引力的第三个因素是替代品的威胁。也就是说目标公司的产品、服务很容易被别的同类产品或服务来替代，那么行业吸引力就比较弱；反之，如果目标公司的产品或服务很难被其他产品与服务所替代，那么行业吸引力就比较强。比如：高铁的出现可以很大程度上替代 1000 公里以内的航班，所以高铁大大降低了短途航线的行业吸引力。替代品的威胁主要受到替代品的盈利空间以及可替代的程度两个因素的影响。替代品盈利空间越大，替代品扩大生产规模、降价销售的动机就越强烈，对目标公司产品、服务造成的替代威胁就越大。可替代的程度是指客户更换满足方式的代价。比如：不论长途还是短途，铁路、高铁都对航班有替代作用，可是长途旅行铁路的时间长，乘坐航班的客户更换旅行方式的代价高，这样对于价格不敏感的客户而言，更换的代价就大，可替代程度就越低。

（四）供应商的议价能力

影响目标公司行业吸引力的第四个因素是供应商的议价能力。供应商议价能力越强，在供应链上的价值掌控与价值分配能力就越强，相对而言，目标公司的行业吸引力就越弱。供应商的议价能力受到供应商数量、供应商大小、供应商服务的独特性和创新能力，以及目标公司更换供应商的成本等因素的影响。供应商数量越多，供应商议价能力就越分散，议价能力就越弱，目标公司行业吸引力就越强；供应商越大，供应商的垄断优势越明显，供应商议价能力就越强，目标公司行业吸引力就越弱；供应商创新能力越强，服务越独特，供应商议价能力就越强，目标公司行业吸引力就越弱；目标公司更换供应商的成本越高，供应商议价能力就越强，目标公司行业吸引力就越弱。最终供应商的议价能力如何，对目标公司的行业吸引力影响如何，要结合以上几个因素来综合衡量与判断。

（五）客户的议价能力

影响目标公司行业吸引力的最后一个因素是客户的议价能力。客户议价能力越强，在供应链上的价值掌控与价值分配能力就越强，相对而言，目标公司的行业吸引力就越弱。客户的议价能力受到客户数量、订单大小、产品服务的差异化程度、价格敏感性以及客户更换的代价等因素的影响。客户数量越多，客户议价能力就越分散，议价能力就越弱，目标公司行业吸引力就越强；客户订单量越大，客户的买方垄断优势越明显，客户议价能力就越强，目标公司行业吸引力就越弱；目标公司产品服务差异化程度越高、越独特，客户议价能力就越弱，目标公司行业吸引力就越强；客户的价格敏感性越强，客户对价格就越关注，客户的议价能力就越强，目标公司行业吸引力就越弱；客户更换供应商的成本越高，客户更换供应商的可能性就越小，客户的议价能力就越弱，目标公司行业吸引力就越强。最终客户的议价能力如何，对目标公司的行业吸引力影响如何，要结合以上五个因素来综合衡量与判断。

五个因素最终影响着目标公司的行业吸引力，也影响着商业尽职调查对目标公司的价值、风险判断。因此，商业尽职调查要认真了解、分析以上五个因素，对目标公司的行业吸引力及发展趋势做出客观、公正的评价。

三、行业周期与行业政策调查

行业的生命周期是指行业从出现到完全退出社会经济活动所经历的时间。行业的生命发展周期主要包括以下四个发展阶段：投入期、成长期、成熟期、衰退期。行业发展不同的生命周期有不同的特点，对应的有不同的政府行业政策支持。调查了解行业周期，分析判断目标公司所处行业的生命周期阶段，了解政府相关的行业发展政策，是商业尽职调查的重要内容。

（一）行业生命周期的调查分析

不同行业生命周期的企业，其发展机会与风险不同，对资金的需求也不同，不同的投资机构、金融机构的投资、放贷策略及风险防范的重点也不同。

1. 投入期

当行业处于投入期时，通常行业内的企业规模很小，关于该行业的企业如何发展有不同的看法，产品类型、特点、性能和目标市场不断发展变化。市场中充满各种新发明的产品或服务，管理层采取战略支持产品上市。产品设计尚未成熟，行业产品的开发相对缓慢，利润率较低，市场增长率较高。

当目标公司所处行业处于投入期时，企业的机会与风险并存，大多数对风险管理比较慎重的股东和投资者会采取谨慎观望或试探性投资的策略。大多数新兴行业发展的初始阶段都处于投入期，风险大、回报高，部分风险投资或天使投资会在其中寻找投资机会，争取高回报，并进行选择性的投资。

2. 成长期

随着行业内投入期企业的大浪淘沙，行业会迅速形成并快速发展，部分企业因高增长率而在行业中快速发展，规模会不断地发展壮大，这时候行业就进入了成长期。在行业的成长期，领先企业的管理层需确保充分扩大产量以达到目标市场份额，同时需要大量资金扩大生产，实现高增长率规模快速扩张。同时，行业内的领先者会利用专利或者降低成本来设置或提高入侵壁垒，利用差别化或规模经济型，阻止潜在竞争者的进入。

当目标公司所处行业处于成长期时，行业的发展趋势比较明朗，行业中的龙头企业成长机会远远高于风险，再加上龙头企业因为需要资金扩大规模，实现高增长，所以这类企业往往成为投资公司优选的投资对象。不过由于这类龙头企业因为未来发展趋势明朗，风险相对较低，所以投资价格往往会透支未来的发展，投资收益也会较投入期的企业低。大多数稳健型的投资公司会选择做这类行业中的龙头企业进行投资。

3. 成熟期

行业成长到一定阶段，行业龙头企业的增长率也会下降，下降到较正常的缓慢增长的水平，行业内的竞争更激烈，利润率下降，行业龙头企业年销售量增长以及利润增长的幅度都较小，甚至止步不前，这时行业开始迈入成熟期。成熟期内的某些企业会因投资回报率达不到预期水平而退出行业，行业龙头企业会监控并识别潜在的兼并机会，探索开发新市场，研发新技术，开发具有不同特色功能的新产品。

当目标公司所处行业处于成长期时，行业内的竞争相当激烈，行业内的规模经济性显现，弱势竞争者会因为无利可图而逐步退出市场。成熟行业中的企业缺乏成长和发展的机会，一般的投资者、投资公司不太会选择这样的目标进行投资。但是，行业内的激烈竞争往往导致较多的同行业兼并收购。尤其是当行业内某些企业由于经营管理不善而亏损的时候，企业的厂房、设备、技术人员、市场等优质资源往往会低价出售或等待兼并，这恰恰给行业龙头企业提供了良好的规模扩张的机会。

4. 衰退期

当行业发展到一定阶段，新兴技术不断涌现，新的、更好的替代品会导致行业需求萎缩甚至消失，行业产能过剩，市场增长率严重下降甚至出现负增长，产品品种减少，行业活动水平随着各公司从该行业退出而下降，这时行业进入衰退期。衰退期行业内的企业一般会采取退出市场的策略，或者采取转产、开发新市场、挖掘产品的新功能等策略。

投资者一般不会对衰退行业中的企业进行投资，债权人一般也不宜对这类企业进行放贷。如果有相近行业的龙头企业出资对这类企业进行兼并、重组，倒有可能发现低价获得优质资产的机会。

（二）行业政策调查分析

行业政策与行业发展周期紧密相关。在行业发展的投入期及成长期，政府可能会出台鼓励新兴产业发展的财政税收政策，并配套形成鼓励产业集群发展的相关政策。在某些涉及国计民生的消费行业的成长后期及成熟期，政府可能出台反垄断的行业政策，限制行业龙头企业的规模扩张及兼并收购。为提高某些规模经济性明显行业的企业竞争力，提高当地企业的市场占有率及竞争力，政策有可能倾向于鼓励龙头企业兼并收购及规模扩张。为加强环境保护，政府也可能出台政策限制或鼓励某些行业的发展。

1. 鼓励新兴产业发展的行业政策

一般而言，在行业投入后期以及成长期，行业的发展趋势及盈利机会比较明显，未来为社会解决就业、创造税收的可能性也非常大，所以往往会成为政府鼓励的行业，对应的在税收、财政补贴等方面也会积极支持。因此，选择新兴的行业投资，可能会有较大的风险，但也可能会带来除了市场高额收益之外的政策红利。

因此，关注目标公司所在行业发展给社会带来的正的外部性，关注行业发展对解决就业、创造税收以及新兴技术突破方面带来的贡献，关注现有的行业发展政策以及未来可能会颁发的政策，是商业尽职调查中值得关注的内容。

2. 鼓励产业集群发展的行业政策

我国地方政府特别注重产业集群的发展，产业集群发展带来的集群效益能带动相关产业的集群式发展。在我国，各地各区域都有各种各样的产业园区，每个产业园区都有对应的产业集群，并有对应的产业集群发展的行业政策支持。产业集群政策有表面化的政策，也有深层次、系统性的，对产业集群的发展起着各不相同的作用。

商业尽职调查不仅要关注产业集群发展的表面性的规划和政策，更要注意深层次的政策联动，考虑各级政府规划之间的系统性、联动性。商业尽职调查要了解产业集群发展规划的层级，通常国家级、省级的相对稳定，区县级的变化较大，稳定性、可靠性较差。另外，下一级的规划、政策与上一级的内在联系性越强，则对应的产业集群行业发展规划越可靠，对应的企业发展越有保障。

3. 反垄断的行业政策

垄断能够产生垄断利润，有利于企业的盈利，但却容易损害消费者的利益，因此，国家会对涉及国计民生行业中的市场占有率过高的龙头企业实施反垄断的政策，导致这些企业分拆或者限制其规模扩张、兼并收购，从而导致投资者达不到预期收益。

商业尽职调查要关注市场占有率过高企业遭遇实施反垄断的可能性，提高风险防范意识。

4. 鼓励规模扩张的行业政策

我们国家正在实施供给侧改革，强调要做优、做强部分企业，关停并转部分脏、乱、差以及环评不达标、效益低下的企业，鼓励优质企业兼并收购，实施规模扩张，以优化我国的产业供给。另外，在相当多的重资产类行业，存在着非常明显的规模经济性，即规模越大，产品的单位生产成本越低，市场竞争力越强。因此，政府为了提升本国或本地这类行业的竞争力，会采取相应政策鼓励行业中的龙头规模扩张、兼并收购。

商业尽职调查要密切关注政府对行业龙头规模扩张的态度，密切关注政府行业政策的动向，为相应决策提供正确可靠的信息支持。

5. 涉及环境保护的行业政策

环境保护日益成为政府的重要职责。为加强环境保护，政府会出台政策限制某些高污染、高能耗、高排放企业的发展，对于部分传统行业，会采取严格的环境测评标准。同时，政府会鼓励绿色环保、高科技、低能耗产业的发展。在不同的省、市、区，以及不同的地域，政府的环境保护政策及产业政策也略有差别。

商业尽职调查要密切关注政府政策的动态，尤其是钢铁、造纸、化工等传统的行业，更要密切关注环保政策的新变化、新动态，防止政策对目标公司的出其不意的重大影响。新能源汽车、绿色有机农业等政府鼓励发展的行业，商业尽职调查也要密切关注相关鼓励支持政策的新变化，关注由此产生的收益影响。

四、竞争格局与竞争策略调查

目标公司所处行业的分析主要是分析行业的吸引力。按照迈克尔·波特（Michael E. Porter）的五力模型的逻辑，目标公司所在行业的调查可以从五个方面进行。

行业内的竞争激烈程度使我们要调查了解行业内竞争者的数目以及主要竞争者的实力。行业内竞争者的数量越多，行业竞争越激烈；主要竞争者的数量越多，实力越强，行业竞争越激烈。在分析行业内竞争激烈程度时，尤其要关注相同目标客户、定位相同的竞争者的数目与实力。一般而言，即使在同一行业，目标客户不同，定位差别较大的竞争者并不直接构成竞争。

　　与竞争者的关系包括直接竞争、错位竞争与合作竞争。直接竞争难以避免，但是直接竞争也并非就要变成你死我活、尔虞我诈的勾心斗角，直接竞争也可以变成相互促进、相互提升甚至相互学习的良性竞争。这种良性竞争的生态有赖于目标公司与行业内的其他竞争者共同创造。商业尽职调查要了解目标公司有没有运用非法手段打击竞争者、破坏竞争生态的行为；要了解目标公司有没有违反商业道德、伦理，采用落井下石等不道德的手段打击竞争者；要了解目标公司在维护生态竞争环境中有无作为，有没有引领行业营造健康竞争环境。不道德的、非法的竞争者是走不远的，商业尽职调查要关注目标公司在市场竞争中的伦理、道德及法律表现。

　　错位竞争比直接竞争更有利于发展，尤其是当竞争者比较强大的时候。错位竞争可以避免目标公司与竞争对手正面冲突，导致资源的浪费和效率的损失。商业尽职调查要了解目标公司错位竞争的策略，了解目标公司在监控竞争者、监控市场、监控目标客户方面的及时性、有效性，以及应对措施的有效性。目标公司如果能经常避开强大的竞争对手，运用自身的资源、能力优势，重新发现新的目标客户的新需求，成功的实施错位竞争策略，表明目标公司未来存在更多的发展空间与机遇。

　　所谓"不战而屈人之兵，善之善者也"，比错位竞争更有利于发展的是合作竞争。所谓合作竞争是指在行业内营造合作共赢的竞争生态环境，让竞争者为己所用，在为竞争者创造价值的同时也为自身创造价值，实现和谐共生、协同发展。比如：国际的某些服装、鞋类大品牌，让国内的厂家为其贴牌生产，实现共赢，这就是合作竞争策略。商业尽职调查要了解目标公司在行业内营造合作竞争生态，参与合作竞争生态中的态度、作为及其他表现，综合判断目标公司未来的价值创造潜力。一般来说，善于合作的公司未来会有更多的成长机会。

第四节　内部供应链调查

　　内部供应链是指企业内部产品生产和流通过程中所涉及的采购部门、生产部门、仓储部门、销售部门等组成的供需网络。任何一个企业，不管是制造型企业、销售型企业，还是技术研发型企业、服务型企业，都存在供应链。在企业经营的初期或某些发展阶段，其供应链可能是自发松散的，为了短期市场机会和企业利益而构建运行的。随着企业的发展，这种自发松散的供应链不能适应企业的发展需要，企业需要根据自身的特点对现有供应链进行优化，从而提高顾客服务质量，降低经营成本，提高效益。因此，在商业尽职调查中对内部供应链的调查是必不可少的，我们将从研究与开发情况、采购、生产、存货、客户与供应商、销售等方面介绍对内部供应链的调查。

一、研究开发情况调查

　　研究与开发活动涉及目标公司的核心竞争力，尤其是技术方面的竞争力与价值创造能力，因此，商业尽职调查一定要深入调查了解其核心技术及研究与开发能力，以及深入判断目标公司的价值前景。

首先，要深入了解目标公司对研究与开发活动的重视程度，包括：公司目前有多少专职的技术研发人员？学历多高？职称各是什么？近 5 年（设立不到 5 年的可以了解近 3 年的）研究与开发经费投入多少？基础研究、应用研究与技术研究的经费比例分别是多少？

其次，要了解目标公司的核心技术及技术专长的领域。也就是说目标公司近期取得了哪些技术突破，拥有哪些核心技术？目标公司在哪些技术领域在行业内领先？在哪些关键技术上有可能率先取得突破？

再次，调查者还要深入了解目标公司运用外部资源提升技术研发的理念、实践与计划。在基础研究领域，目标公司的研究与开发部门以及高管层与哪些相关的科研院所建立了长期的研究合作关系？在应用研究领域，与哪些技术领先的公司建立了技术联盟或研发联盟？借助了哪些科研院所的力量取得了技术的突破？等等。这些能体现目标公司在技术研发领域的时代思维与前沿眼光。

最后，调查者还需要深入细致的考察目标公司的研究开发战略与规划。高管层对研究与开发工作有没有战略眼光，有没有全局性的规划，规划有没有逻辑性、可操作性等这些问题都需要细致的调查研究，以更全面、客观地判断目标公司未来的技术潜力与价值潜力。一家企业若能拥有完整的供应链网络、上下游渠道通畅稳定，则能够减少市场不确定性带来的风险和成本；反之，若供应链体系不够完备，过度依赖少数几家供应商，则目标公司未来的发展将受到影响。

二、供应采购情况调查

企业发展将存在许多风险和不确定性。因此，商业尽职调查应该深入调查了解目标公司的供应采购情况。

在具体的调查中，调查者可以通过与采购部门人员、主要供应商沟通，查阅相关研究报告和统计资料等方法，调查目标公司主要原材料、重要辅助材料、所需能源动力的市场供求状况。取得目标公司主要供应商（至少前 10 名）的相关资料，计算最近三个会计年度目标公司向主要供应商的采购金额、占目标公司同类原材料采购金额和总采购金额比例（属于同一实际控制人的供应商，应合并计算采购额），判断是否存在严重依赖个别供应商的情况，如果存在的话，是否对重要供应商做出备选安排。

调查者还可以与采购部门、生产计划部门人员沟通，调查目标公司采购部门与生产计划部门的衔接情况、原材料的安全储备量情况，关注是否存在严重的原材料缺货风险。计算最近几期原材料类存货的周转天数，判断是否存在原材料积压风险，实地调查是否存在残次的原材料。

三、生产运营情况调查

企业基本生产经营情况有以下主要内容：①基本概况，包括公司类型、经济性质、员工人数、注册资金、经营方式；②生产经营，包括资产规模、主营业务、市场区域、近几年平均销售收入、盈利或亏损；③发展方向，包括下一步的营销管理机制下不断完善情况、产品创新情况、开拓市场情况。

生产运营情况是目标公司价值创造的中心环节，对目标公司生产运营情况的调查，对于准确把握目标公司的价值创造和风险因素至关重要。生产运营环节错综复杂，通常比较关键的是质量管理、成本管理，商业尽职调查要尽可能全面地了解目标公司在这两方面价值创造的优势与不足。

（一）质量管理情况调查

质量管理是指确定质量方针、目标和职责，并通过质量体系中的质量策划、控制、保证和改进来使其实现的全部活动。质量管理通常包括质量保证与质量控制两个密不可分的方面。质量保证主要通过建立质量保证体系，让系统保证质量水平；质量控制是实时监控质量过程，保证质量运行按照质量保证体系的要求，以保障质量要求以及质量水平的稳步提升。全面质量管理是质量管理工作具体推进的重要思想指导。

1. 质量保证

"质量保证"一词在 GB/T19000－2008/ISO9000：2005 中已经定义为"质量管理"的一部分，其定义为："质量管理（3.2.8）的一部分，致力于提供质量要求会得到满足的信任。"因此，质量保证的活动更应该以可信性为核心。可信性的定义为："用于表述可用性及其影响因素（可靠性、维修性和保障性）的集合术语。"所以，质量保证更多地应该模拟最终顾客使用的环境、寿命以及产品的相关标准要求进行严格的试验来满足顾客信任。

2. 质量控制

质量控制是为保证产品的生产过程和出厂质量达到质量标准而采取的一系列作业技术检查和有关活动，是质量保证的基础。美国的 J. M. 朱兰认为，质量控制是将测量的实际质量结果与标准进行对比，并对其差异采取措施的调节管理过程。这个调节管理过程由以下一系列步骤组成：选择控制对象；选择计量单位；确定评定标准；创造一种能用度量单位来测量质量特性的仪器仪表；进行实际的测量；分析并说明实际与标准差异的原因；根据这种差异做出改进的决定并加以落实。质量控制更应该对活动过程加以控制。

3. 全面质量管理

全面质量管理是以产品质量为核心，建立起一套科学严密高效的质量体系，以提供满足用户需要的产品或服务的全部活动。全面质量管理具有五大特点：第一是全面性，是指全面质量管理的对象涵盖企业生产经营的全过程；第二是全员性，是指全面质量管理要依靠全体职工，而不仅仅是专门的质量检测人员；第三是预防性，是指全面质量管理更重视质量事前的预防，而不是事后的检测与控制；第四是服务性，是指质量管理要以产品或劳务满足用户的需要，为用户服务为导向，而不是刻意追求技术指标；第五是科学性，是指全面质量管理必须科学化，必须自觉利用现代科学技术和先进的科学管理方法。

全面质量管理过程的全面性决定了全面质量管理的内容应当包括设计过程、制造过程、辅助过程、使用过程四个过程的质量管理。产品设计过程的质量管理是全面质量管理的首要环节。这里所指设计过程，包括市场调查、产品设计、工艺准备、试制和鉴定等过程（即产品正式投产前的全部技术准备过程）。主要工作内容包括：通过市场调查研究，根据用户要求、科技情报与企业的经营目标，制定产品质量目标；组织有销售、使用、科研、设计、工艺、制度和质管等多部门参加的审查和验证，确定适合的设计方案；保证技术文件的质量；做好标准化的审查工作；督促遵守设计试制的工作程序，等等。制造过程是指对产品直接进行加工的过程。它是产品质量形成的基础，也是企业质量管理的基本环节。它的基本任务是保证产品的制造质量，建立一个能够稳定生产合格品和优质品的生产系统。主要工作内容包括：组织质量检验工作；组织和促进文明生产；组织质量分析，掌握质量动态；组织工序的质量控制，建立管理点等。辅助过程是指为保证制造过程正常进行而提供各种物资技术条件的过程。它包括物资采购供应、动力生产、设备维修、工具制造、仓库保管、运输服务等。主要工作内容包括：做好物资采购供应（包括外协准备）的质量管理，保证采购质量，严格入库物资的检查验收，按质、按量、按期地提供生产所需要的各种物资（包括原材料、辅助材料、燃料等）；组织好设备维修工作，保持设备良好的技术状态；做好工具制造和供应的质量管理工作等。另外，企业物资采购的质量管理也将日益重要。使用过程是考验产品实际质量的过程，它是企业内部质量管理的继续，也是全面质量管理的出发点和落脚点。这一过程质量管理的基本任务是提高服务质量（包括售前服务和售后服务），保证产品的实际使用效果，不断促使企业研究和改进产品质量。主要工作内容包括：开展技术服务工作，处理出厂产品质量问题；调查产品使用效果和用户要求。

（二）成本管理情况调查

成本管理是生产运营管理的重要内容，商业尽职调查应该仔细调查了解目标公司在成本核算、成本分析、成本决策以及成本控制方面的具体措施，了解目标公司战略成本管理的理念与实践，以对目标公司的价值创造能力做出客观公正的评价。

1. 成本管理的内容

成本管理是指企业生产经营过程中各项成本核算、成本分析、成本决策和成本控制等一系列科学管理行为的总称。成本管理是由成本规划、成本计算、成本控制和业绩评价四项内容组成的。

成本规划是根据企业的竞争战略和所处的经济环境制定的，是对成本管理做出的规划，也为具体的成本管理提供思路和总体要求。成本计算是成本管理系统的信息基础。成本控制是利用成本计算提供的信息，采取经济、技术和组织等手段实现降低成本或成本改善目的的一系列活动。业绩评价是对成本控制效果的评估，目的在于改进原有的成本控制活动和激励约束员工和团体的成本行为。

2. 战略成本管理

战略成本管理是将企业的成本管理与该企业的战略相结合，从战略的高度对企业及其关联企业的各项成本行为、成本结构实施全面了解、分析、控制，从而为企业战略管理提供决策信息，提高企业竞争优势。区别于传统的成本管理模式，战略成本管理的特点主要体现在：成本内容不断拓展，企业更多关注的是所处环境及其环境因素对企业的影响，包括企业优劣势、竞争对手的威胁等，并依据自身所处的竞争地位及时调整竞争战略；成本范围不断延伸，从企业内部价值链延伸到企业外部价值链；成本管理手段不断丰富，已超越了传统的格式化的成本报告、成本分析模式，注重定性因素对企业的影响，并利用财务的和非财务的各种成本信息服务于企业管理，促使企业战略目标的实现。

从战略成本管理的思想出发，目标公司在实施成本管理过程中不应该为控制成本而控制成本，而是要体现公司发展的战略导向。具体的成本管理过程中应该注意以下几点：第一，不违反法律法规；第二，不影响顾客满意度；第三，不侵害员工的合法利益；第四，不影响技术研究与开发，不影响技术革新与进步；第五，不影响产品的质量与档次。

总之，目标公司的生产运营情况调查涉及价值创造的中心环节，调查者要细致入微地了解目标公司质量管理、成本管理等方面的理念与实践，对目标公司的价值创造做出客观公正的判断。

四、存货情况调查

对于存货核查，应该遵守存货核查、远在千里也要查的原则。调查者可以通过查阅制度文件、现场实地考察等方法，调查目标公司的存货管理制度及其实施情况，包括但不限于存货入库前是否经过验收、存货的保存是否安全以及是否建立存货短缺、毁损的处罚或追索等制度。

有些企业，其存货很容易核查，存货都在企业的仓库，且价值很容易判定。但是，有些企业的存货却不是这样，要么是企业的存货都在项目实施现场，且分散在多个地点；要么是企业的存货价值不易判定（如酿酒企业的存货，不同年份的酒价值差别可能会很大）；要么是企业的存货没有实物形态（如软件企业，对定制化软件产品采用初验或终验方式确认收入时，所谓的"存货"，其实主要是归集的项目人员的人工、差旅等成本），或者虽然有实物形态但不易核查（如水塘中的鱼）。在这些情形下，企业的存货并不好核实。

我们常说，如果一个企业的利润核算不真实，比如说多确认了收入，常常会在存货或应收账款上"鼓出个包"，而核实这个"包"就能从另一个角度核实损益核算的真实性。

在对企业的核查中，存货是一个无论如何不能存在疑惑的项目。当然，有些行业企业的存货不难核实，比如，以生产和销售有形产品而非提供服务为主的制造业企业，毕竟存货中有形的实物多一些，且一般存放地点相对集中。但如果对此放松而在期末不认真盘点存货就出审计报告，无疑同样具有重大瑕疵，不难核实并不等于说可以放松，同样要履行严格的核查程序，只是不像某些企业，其存货具有上述多地分散、价值不一而外观相像或无实物形态等这些较难核实的特点而已。

其实对于存货核查的方式，无非是常见的盘点/监盘、复核，甚至在某些情况下可进行函证的方式，这个并无特殊之处，需要做的是将工作做实、做细、做到位。

通过与应收账款对比，可以更加理解存货核查的特点和重要性。我们时常关注应收账款，因为应收账款如果收不回来就是企业的潜亏，如果当期已有证据证明应收账款收不回来而不计提充分的坏账准备或核销，当期损益就是不真实的，这点非常容易理解。其实存货应当比应收账款受到更多的关注：应收账款至少是有合同、对方单位的项目，而存货根本就不存在"对方单位"，除了在实施现场的项目能进行有限的函证外（这里讲有限主要是指函证的内容非常有限，多是函证些合同、实施人员、在某些情况下需要由甲方确认的考勤、项目进度等内容，对存货的价值通过函证基本是不能直接解决的），更多的是你无法从第三方取得证据，你只有靠企业的内控和盘点/监盘，这点与应收账款的核查有很大的不同，体会这个不同，你会对存货的核查能有更深刻的理解。

当然，并不是说所有的这类难以核查存货的企业都会有问题，而是说中介机构人员在这个问题上要多下功夫，把工作做细、做实。在此，同样应当解决清楚的是，对存货的盘点/监盘的主要责任在审计结构，保荐机构的职责是对存货保持必要的关注，取得企业关于存货情况的书面说明、向审计机构了解其对存货履行的审计程序并对其是否充分做出判断，必要时协同审计机构共同对存货进行盘点或监盘，即虽然都要把工作做细、做实，但保荐机构和审计机构的职责是有明显区别的。

此外，上面主要指的是核查存货的余额，而通过核查存货的变动，尤其是生产过程中消耗的关键原材料的变动情况，也可核查该期间企业产品的产量情况，从而间接核查其业绩变动情况。这一点也非常重要，也是核查的一项重要内容。

五、销售情况调查

销售是企业价值实现的后端环节，连接着企业的价值创造与客户的价值实现。因此，商业尽职调查要深入调查了解目标公司的客户需求状况、市场定位、销售模式、品牌商标以及售后服务等具体信息，挖掘目标公司销售中的突出优势及潜在的风险因素，更全面地了解目标公司的价值创造。

调查者可以通过与目标公司销售部门负责人沟通、获取权威市场调研机构的报告等方法，调查目标公司产品（服务）的市场定位、客户的市场需求状况，是否有稳定的客户基础等。搜集目标公司主要产品市场的地域分布和市场占有率资料，结合行业排名、竞争对手等情况，对其主要产品的行业地位进行分析。获取或编制目标公司报告期按区域分布的销售记录，调查其产品（服务）的销售区域，分析该销售区域局限化现象是否明显，产品的销售是否受到地方保护主义的影响。

调查者还可以结合目标公司的行业属性和企业规模等情况，了解公司销售模式，分析其采用该种模式的原因和可能引致的风险；查阅目标公司产品的注册商标，了解其市场认知度和信誉情况，评价产品的品牌优势。了解市场上是否存在假冒伪劣产品，如果有，调查目标公司的打假力度和维权措施实施情况。

调查者还应该获取或编制目标公司报告期对主要客户（至少前 10 名）的销售额占年度销售总额的比例及回款情况，是否过分依赖某一客户（属于同一实际控制人的销售客户，应合并计算销售额）；分析其主要客户的回款情况，是否存在远期承兑汇票的比例过大，以及以实物抵债的现象。对大客户，需追查销货合同、销货发票、产品出库单、银行进账单，或用函证的方法确定销售业务发生的真实性；与前述客户存在长期合同的，应取得相关合同，分析长期合同的交易条款及对目标公司销售的影响。如果存在会计期末销售收入异常增长的情况，需追查相关收入确认凭证，判断是否属于虚开发票、虚增收入的情形。

维修保养、投诉处理、质量纠纷等有关售后服务方面的内容同样需要认真调查了解。调查者可以通过获取公司近 3 年产品返修率、客户诉讼和产品质量纠纷等方面的资料，调查其销售维护和售后服务体系的建立及实际运行情况，分析客户诉讼和产品质量纠纷对未来销售的影响及销售方面可能存在的或有负债。查阅销售合同、销售部门对销售退回的处理意见等资料，核查是否存在大额异常的销售退回，判断销售退回的真实性。对产品大量出口的应函证或走访海关等相关机构，调查其销售方式、销售途径和客户回款情况，确认销售的真实性，判断收入确认标准的合理性。

六、对客户和供应商的单独调查

（一）客户和供应商单独调查的原因

从尽职调查准则来讲，对客户和供应商的核查，仅是众多核查项目中的一项而已，将其单独拿出来，是有深刻的背景和原因的。我们可以不止一次地从鲜活的案例中发现，所有出问题的、严重造假的项目，都是在客户或供应商的核查方面出了重大问题，这是铁的事实。从原因上来讲，没有客户或供应商（扩大范围讲，也包括关联方）的参与，企业很难造假，尤其是业绩造假。通常来说，客户或供应商并不是关联方——但如果客户或供应商与企业串通，本质上也就成了企业的关联方，在这种情况下企业的业绩和经营行为需要更多的核查程序。但是，在没有详细的核查之前，你并不知道这些"客户或供应商"是否成了企业的"关联方"，所以对客户和供应商的核查与历史沿革、董监高、业务与技术等方面的核查有很大的不同。这点必须深刻意识到，这也是能将此项核查切实深入的基础。

（二）对关联方的核查

首先，对于大多数企业而言，企业业绩都是通过采购原材料加工，然后出售产品或服务实现收益（不能简单理解为仅是制造业是这样，其实大多数行业都是这种运作模式），也就是由一个个合同组成的，核查这些合同、客户、售价、毛利率、合同执行、回款情况，对供应商也是进行类似核查，通过对这些销售和采购一笔笔的理清，具体方式上可查收入明细账、采购明细账、收入台账、银行对账单等资料，或直接要求企业从系统中导出含有上述字段的信息表（当然原始资料如台账、银行对账单还是不可替代的），一笔笔核查，关注是否有异常或不匹配的信息。

其次，外部访谈（包括走访和电话访谈），核实上述资料的真实性，并关注以下几点：

（1）交易对方是否曾经与公司或其主要控制人、关键管理人员等存在关联关系；

（2）交易对方注册地址或办公地址与公司或其主要关联方是否在同一地点或接近；

（3）交易对方名称是否与公司或其主要关联方名称相似；

（4）交易对方和公司之间的交易是否与其经营范围不相关；

（5）部分交易对方间的名称、注册地址、办公地址、股东或主要管理人员等信息，是否相近或高度一致；

（6）交易对方的办公场所、人员素质，是否与其注册资本、业务量相匹配；

（7）通过互联网是否难以检索到交易对方的相关资料；

（8）是否交易对方长期拖欠公司款项或公司长期拖欠对方款项，但双方仍继续交易的情况；

（9）交易价格是否公允，是否偏离同行业公司价格的正常范围，双方是否有战略合作或长期合作协议或计划；

（10）交易对方是否是报告期最后一年新增的重要客户或重要供应商。

再次，将采购和销售价格与同行公司相对比，核实其公允性，因为如果不公允，虽然上述内容均真实无误，其业绩也是做出来的，很难持久。

最后，将财务信息与非财务信息进行融合、相互印证，对于不匹配的信息要保持高度警惕，并务必深挖，彻底搞清楚，绝对不能留有疑问。

通过以上四步骤，相信大多数企业业绩的真实性都能够调查清楚。

（三）对关联方调查的推广

1. 查找关联方

关联方有时并不像我们想象的那样容易找。按照常规来讲，关联方的产生一般包括以下三种原因：一是因血缘或姻缘关系产生，如父母、子女、兄弟姐妹、夫妻、岳父岳母等关系；二是因股权关系而产生，如参股的公司；三是因任职关系而产生，如同用关键管理人员的两家公司。基本上，顺着这三条线能够找到大部分的关联方，但是，无论是《公司法》《上市规则》还是《企业会计准则》中对关联方和关联关系的认定，都有一个兜底的条款"其他能够造成利益转移的情形"，但由于这种条款包括范围太大，从立法上讲当然没有问题，但从操作上却需要特别留心才能落到实处。俗话讲，"天下熙熙，皆为利来；天下攘攘，皆为利往"，从反常的"利益转移"角度，你会发现隐藏的关联方。

总之，如果你只是根据常规的方式，从血缘关系、姻缘关系、股权关系或任职关系来找，会找到大部分的关联方，但这还不够，还需要从不合常理的"利益转移"角度来检查关联方。

2. 常见的核查线索

有了对查找关联方的正确理解，就有了正确找出关联方的基础。从常见的核查线索上讲，笔者认为，"价格""合同""收付款"是三条重要的线索。

首先，异常的交易价格是最常见的"疑似关联方"，因为从常理上，如果不是关联方怎么会以这种价格交易？只有关联方，才能做到"堤内损失堤外补"。其次，异常的合同也常是关联方的征兆，约定得非常宽松，往往只有关联方才能做到。最后，"收付款"的异常爽快，也可能表示"疑似关联方"，每次都不欠款的客户，总是对供应商准时付款，从银行日记账、催款记录中也许会发现这类"疑似关联方"。

上面列举的这三条重要线索只是笔者认为较为常见的线索，并不可能包括全部。总之，对关联方要保持一颗警惕之心，发现异常、深入核查，才可能找出"疑似关联方"并最终确定是不是真正的关联方。

3. 关联方披露

如果发现了"疑似关联方"或"隐藏的关联方"，那么就要与企业坦诚交流，在搞清楚背后真正的原因后，此时对"隐藏的关联方"亦进行准确披露，给投资者一个正确的判断是必需的，绝不能因小失大。这既是对企业的负责，也是对各中介机构自身负责。

七、信息披露实现目标企业的自尽调

信息披露虽然不是尽职调查的内容，但其却是尽职调查的另一面。

我们在信息披露文件中说，"承诺招股说明书及其摘要不存在虚假记载、误导性陈述或重大遗漏"，这句话不是随便说的，而是要以扎实的尽职调查为基础的。也就是说，信息披露其实是尽职调查工作的另一面。虽然并不是尽职调查的所有内容都反映在信息披露文件中（如尽职调查会至少调查前十大客户的情况，但在信息披露文件中除非特殊要求一般仅是披露前五大客户的情况），但从总体上讲，没有调查的事情不能下结论，没有调查的事情不能发表意见，即信息披露本质上是尽职调查工作的另一面。

同时，我们要看到，目前监管部门对新股发行上市的审核重点已转向对信息披露质量的审核，淡化了对盈利能力的实质性判断，更加侧重通过真实、准确、完整的信息披露，使投资者对企业的投资价值有一个正确的判断。据《中国证券报》2012 年 3 月 26 日"姚刚：以信披为中心改革新股发审制度"报道，"继续深化新股发行体制改革。改革的中心任务是使新股价格真实反映公司价值，实现一二级市场的协调健康发展。为此，要合理界定监管部门与交易所及其他中介机构之间的职责划分和责任关系，以充分、完整、准确的信息披露为中心改革发行审核制度，逐渐把审查的重点从上市公司盈利能力转移到平等保护投资者的合法权益上来"，这个重要变化无疑使我们要比以前任何时候都要重视信息披露的质量。

（一）风险因素的披露

招股说明书中的"风险因素"部分，是非常重要的一部分内容，并且与其他部分相比有很大的不同，其他部分是讲企业基本情况或优势，而唯有这部分侧重于讲企业经营都面临着哪些风险，把基本情况和优势讲了，也就把风险告诉了投资者，让投资者自己做判断，这其实是对企业和各家中介机构的有力保护。因而，我们可以把其他部分比作冲锋陷阵的"枪"，风险因素部分则是你手中的"盾"，枪有枪的用处而盾有盾的用处，二者不可或缺，更不可相互替代。但实践中，有的人认为虽然是些风险因素，但落脚点最后成了竞争优势的另一种写法，这是完全错误的，本来风险因素部分是对企业和中介机构的保护，是一个盾牌，你却非把这个盾牌炼了打成一把长枪，并拿着两杆长枪出征了，但当你遇到飞沙走石的时候，你一定后悔当时自己把盾牌炼了打成枪是多么愚蠢，本来有盾有枪，为什么自己就这么功利、自作聪明呢？这不是玩笑话，其实是个别情形的真实写照，希望大家能从这个半玩笑的说明中得到启示、记得牢固。

其实，只要有正确的认识了，自然对风险因素部分进行披露和说明时也就能走上正路了。监管机构也一直强调这部分要写成真正的风险因素，而不是在最后成为变着花样地讲企业的优势，并且倡议要多向 FACEBOOK 的招股说明书中这部分借鉴，确实是非常有指导作用。总之，讲信用披露就不可能不讲风险因素的披露，对风险因素的披露关键是要有一个正确的认识和态度。

（二）不如实披露的后果

像绿大地等企业这种故意虚构业绩的信息披露，属于严重的违法行为，根据《证券法》的规定，该行为属于欺诈上市一类的刑事犯罪。而在更多的情况下，即使达不到这个严重的程度，仍构成了"虚假记载、重大遗漏或误导性陈述"。对首发申请企业而言，更多的是 36 个月内丧失了二次申请过会的机会，且对以后再次提交申请也造成了一定的不良影响，对其审核将可能更为严格。

（三）信息披露的几点技巧

同样是一件事，如果表达方式不同，可能会有不同的含义，尤其是发行审核过程较长时，随着时间的推移，一种以前正确的表达方式如果不注意更新可能会产生错误。从信息披露较为稳妥和提高信息披露质量的角度，笔者有以下几点信息披露方面的体会，当然也不见得一定对，仅是作为一种思路的启示和参考：

（1）招股说明书中披露的客户和供应商（不只是前五大，还包括重大合同中披露的客户和供应商）信息常会是问题的集中点，这点券商项目组一定要搞实、必须走访。因为你走访会发现很多细节性但综合起来又很重要的问题，电话访谈多数只会问到什么问题才会了解什么信息，对客户和供应商的核查有很大局限性。

（2）对董监高年龄/出生年月部分的披露中不要写成具体年龄而是写成出生年月。

另外，有些客户或供应商已上市或披露过招股说明书，由于你的客户就是对方的供应商，你的供应商就是对方的客户，这两边披露信息的一致性就要特别留意。

（3）披露同行业公司以及自身市场占有率这些数据时要特别小心。其实，除非特别权威的机构出具的数据，否则没必要一定写市场占有率，你把你拥有的客户情况介绍清楚了也就说明你的市场地位了。

（4）披露和说明是应对恶意或无端举报的有力武器。要有前瞻性的意识，但披露自然不是越多越好，否则会有很多冗余信息，反而会影响了投资者的判断，这点需要券商和企业的总体把握和前瞻意识。

（5）在写招股说明书时要考虑以后路演披露信息的需要。比如，披露最后一年末的订单情况，包括正在执行过程中的订单和尚未执行的订单数量及金额。因为在路演期间推介所用信息为已公告信息，而投资者又最关心未来经营的确定性信息，同时审核人员也希望看到这个信息，因而披露订单情况是非常必要的（具体可以在管理层分析部分的"影响未来盈利能力的主要因素"中披露）。

（6）对盈利模式的分类披露，要与业务分类和财务分类相匹配，要主动提供不同的盈利模式下的毛利率情况，方便审核人员和投资者的判断，提高信息披露的质量。

（7）充分披露关联企业的情况。因为在审核的过程中，关联企业的情况也会影响到对发行人主体相关情况的判断，想要在第一时间消除审核人员和投资者的疑问或疑虑，就要有意识地披露，不要等着审核人员问起再去充分披露，这会耽误更多的时间和精力。

信息披露是尽职调查工作的另一面，尽职调查工作也是信息披露的基石，没有深入的尽职调查，高质量的信息披露就成了无源之水、无本之木，但信息披露本身也有自身的某些特性。本章通过分析尽职调查的范围、方式和重点，以及对信息披露部分事项的探讨，希望对读者能有所启示。

第五节　商业尽职调查案例分析

某投资公司甲意向对北京 A 能源环保有限公司进行股权投资，出资购买原股东转让的部分股份。为更精准地评估 A 能源环保有限公司的股份价值，把握股权投资中的风险，做好谈判及风险防范工作，特派出调查小组对 A 能源环保有限公司进行尽职调查。本节将围绕 A 公司的案例进行商业尽职调查的案例分析。

一、商业模式尽职调查

(一)基本情况调查

1. 基本情况调查获得的信息

北京 A 能源环保有限公司成立于 1987 年,公司注册资本 2000 万元,地址为北京市海淀区×××××。公司主营业务为采用循环流化床燃烧技术进行垃圾电厂的建设、营运以及相关技术转让,是具有科研开发能力、工程设计能力、工程总包能力、环境污染治理设施运营能力以及投融资能力的大型综合环保能源企业。公司拥有环保工程专业承包资质、环境工程(固废)专项工程设计资质、环境污染治理设施运营资质以及安全生产许可证等多种资质证书。公司在循环流化床燃烧技术、固体废弃物焚烧发电处理、烟气净化处理等技术领域取得了发明专利 12 项,实用新型专利 23 项,其中换热器发明专利彻底解决了垃圾焚烧中酸性气体对金属腐蚀的世界性难题。公司的循环流化床垃圾焚烧炉二恶英原始排放值优于欧盟标准。

公司发展的历史沿革如图 3-3 所示。

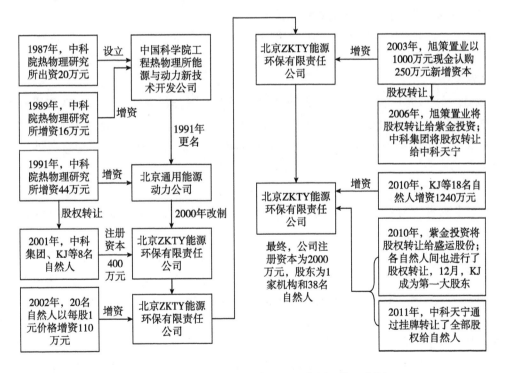

图 3-3 北京 A 能源环保有限公司发展沿革示意图

2. 基本情况调查的主要结论

A 公司具备强大的科研技术能力背景,能为公司发展带来源源不断的技术创新,从而创造技术上的核心竞争优势。其循环流化床垃圾焚烧炉二恶英原始排放值优于欧盟标准即是强有力的证明。股权转让比较复杂，尤其涉及国有股份的转让，会存在较多纷繁复杂的手续风险及政策法规的不确定性。

（二）治理结构与人力资源调查

1. 调查获得的信息

（1）股权结构。目前，北京 A 能源环保有限公司股份除了盛运股份公司持股 11% 以外，主要被个人持有，其中董事长 KJ 持股 17.5%，其他管理层合计持股 12.65%，个人大股东蔡贵兴持股 14%，其他个人投资者持股 44.6%，具体如图 3－4 所示。

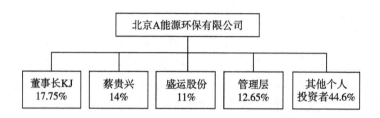

图 3－4　北京 A 能源环保有限公司股权结构示意图

（2）高管团队。目前公司的高管团队情况如下：

KJ，男，1949 年 8 月出生。北京 A 能源环保有限公司董事长兼总经理。1978 年毕业于北京大学力学系流体力学专业，曾在中国科学院力学研究所和工程热物理所从事研究和技术开发工作。

CWQ，女，1951 年 6 月出生。北京 A 能源环保有限公司副总经理。1977 年毕业于中国科技大学气体动力机械专业。曾在中国科学院力学研究所和工程热物理所从事研究和技术开发工作。1987～2001 年在公司前身北京通用能源动力公司工作，任总经理、副总经理。

JHA，男，1960 年 10 月出生。北京 A 能源环保有限公司总工程师、副总经理。1983 年毕业于中国科技大学工程热物理专业。1983～2001 年在中国科学院工程热物理研究所从事科学研究与科技开发工作。

YJ，男，1961 年 5 月出生。北京 A 能源环保有限公司副总经理。专科学历。曾供职于机械部中国电工设备总公司、机械部北京电工设备成套公司、机械工业电气协会。

CWJ，男，1967 年 6 月出生。北京 A 能源环保有限公司总经理助理。1990 年毕业于北京联合大学自动化工程学院热能工程专业，专科学历。曾在北京市热力公司、北京通用能源动力公司任锅炉部、中国科学院工程热物理研究所工作。

ZN，女，1968 年 12 月出生。北京 A 能源环保有限公司财务总监。1991 年毕业于北京经济学院经济学专业，2002 年获得美国加州州立大学海沃德分院工商管理硕士学位。曾供职于北京港澳中心瑞士酒店、美国金佰利个人卫生用品公司、美国索尼音乐娱乐（中国）公司、劲量（中国）公司、百事（中国）公司。

（3）其他核心管理层。目前公司的其他核心管理人员情况如下：

ZH，男，1960 年 10 月出生。北京 A 能源环保有限公司采购总监。本科学历。曾在中国科学院工程热物理所从事研究、管理工作。

WFH，男，1966年12月出生。北京A能源环保有限公司技术中心副主任。1988年毕业于西安交通大学锅炉专业。曾在唐山市锅炉厂、唐山巴高克锅炉有限公司工作。

LCQ，男，1964年10月出生。北京A能源环保有限公司运营管理部经理。1988年毕业于合肥工业大学发电专业，本科学历。曾供职于安徽省滁州热电厂、滁州市环境热电厂、协鑫集团、上海新能源宁波环保热电厂。

CJG，男，1967年11月出生。北京A能源环保有限公司项目经理、市场部总监。1989年毕业于江苏工学院热能工程专业。曾在济南锅炉厂、郑州永泰能源新设备公司、济南北郊热电厂工作。

2. 主要结论

A公司高管团队具备强大的科研技术能力，能够创造技术上的核心竞争优势。股权比较分散，董事长股权比例不高，同时又在董事会决策中占据主导地位，容易产生道德风险。公司治理结构不规范，缺乏有效的制衡约束机制，急需规范股东会、董事会及经营管理层的制衡约束机制。高管团队的技术研发能力和生产运营能力较强，但管理能力、市场开发能力及经营创新能力是短板，需要补充更多的经营型人才。

（三）核心竞争力调查

1. 调查获得的信息

北京A能源环保有限公司的核心竞争力在于核心技术优势。公司的核心技术是循环流化床固体废弃物焚烧发电技术。高效循环流化床城市固体废弃物焚烧发电系统集成技术是一种基于循环流化床燃烧技术而发展起来的，集垃圾焚烧、供热、高蒸汽参数发电为一体的垃圾无害化处理技术。它是以生活垃圾焚烧炉为核心，增设垃圾预处理、渗沥液处理、烟气净化处理等单元的垃圾发电系统集成技术。同时，采用自主知识产权的发明专利外置式"换热器"，获取高蒸汽参数，使垃圾焚烧发电效率大大提高。该技术成功地解决了城市生活垃圾高效、环保、经济处理的问题，实现垃圾处理的"减量化、无害化、资源化"。

北京A能源环保有限公司除依靠自身研发外，还十分重视与全国相关领域的大专院校和科研院所保持密切的学术交流和科技合作关系。公司先后与中科院生态中心、浙江大学等单位合作承担了科技部"863"课题"阻滞生活垃圾焚烧过程中二恶英类生成的成套设备开发与工程示范"，"十二五支撑课题"将与中科院生态中心再度合作。2011年公司与中科院工程热物理所的"具有应用示范价值的工业固体废弃物处理技术"项目正在审批中。另外，公司研究中心正在与武汉理工大学就"矿业废物处理技术"进行技术交流。内部研发和外部合作保证了公司在固体废弃物处理技术领域更广的活力、更深的实力。

北京A能源环保有限公司拥有专利35项，其中有12项发明专利，如"换热器""一种污泥干燥焚烧处理方法""垃圾焚烧后烟气降温过程中抑制二恶英生成的系统方法""锅炉热灰处理系统""辐射燃烬的循环流化床垃圾焚烧锅炉"等。其中换热器发明专利彻底解决了垃圾焚烧中酸性气体对金属腐蚀的世界性难题。

2. 主要结论

北京A能源环保有限公司具有强大的技术研发能力，拥有广泛的技术研发合作网络，保证了技术层面的核心竞争力。单纯的技术研发能力并不足以获得良好的盈利回报，公司需要在经营、市场等方面开发更多更强的核心能力。

二、行业尽职调查

(一) 调查获得的信息

1. 国内外垃圾焚烧的技术选择

垃圾焚烧比起填埋法，效率高、占地面积小，还可消灭各种病原体，将有毒有害物质转化为无害物。现代的垃圾焚烧炉皆配有良好的烟尘净化装置，减轻了对大气的污染。

按焚烧原理不同，全球主要分为炉排炉焚烧、流化床焚烧、热解法三种。当前占据主流的燃烧技术主要是炉排炉和流化床技术。国外市场中炉排炉占有率约为 80%，而在国内市场中两种技术平分秋色。

2. 我国城市垃圾焚烧的市场前景

在行业政策方面，2006 年发改委颁布的《可再生能源发电价格和费用分摊管理试行办法》中规定新建垃圾焚烧电厂上网电价每度补贴 0.25 元，同时还将获得市政部门按吨位支付的垃圾处理费，如今各地垃圾处理费为 80~150 元。

2007 年，国家发展和改革委员会发布《中国应对气候变化国家方案》鼓励建立垃圾发电厂，推广垃圾焚烧发电技术。2008 年财政部、国家税务总局下发《关于资源综合利用及其他产品增值税政策的通知》，决定调整和完善部分资源综合利用产品的增值税政策，对符合以垃圾为燃料生产的电力或者热力有关规定的企业，实行增值税即征即退的政策。2010 年环保部等 8 部委发布《关于加强二噁英污染防治的指导意见》，强调应建立健全防治二噁英污染的强制性技术规范体系，加强强制性标准推广。《国家"十二五"规划》中明确指出要加强城市生活垃圾处理，将垃圾焚烧的比重大幅提升。2011 年国务院发布的《关于进一步加强城市生活垃圾处理工作意见》细化了垃圾处理的目标，即到 2015 年全国城市生活垃圾无害化处理率达到 80% 以上，50% 的设区城市初步实现餐厨垃圾分类收运处理。要推广废旧商品回收利用、焚烧发电、生物处理等生活垃圾资源化利用方式，加快存量垃圾治理。

在政策的推动下，我国垃圾焚烧厂的数量及平均处理规模逐年增加，焚烧处理设施在垃圾无害化处理设施中的比例也在增加，这些都说明焚烧技术在我国垃圾处理中所占的分量越来越重。统计数据显示，2001 年，我国垃圾焚烧处理项目仅 36 个，日处理能力约 6520 吨；2007 年，垃圾焚烧处理项目总数已达 66 个，处理能力约为 4.5 万吨/天，焚烧处理量占垃圾无害化处理总量的比例也由 2001 年的 1% 提升到 12.9%。

据权威部门预计，全国 600 座城市，如果每个城市上马两个 1000 吨/日处理能力的垃圾焚烧项目，平均一个城市要投入 4 亿元，全部 600 座城市垃圾焚烧市场规模将在 2400 亿元左右。

(二) 行业尽职调查的主要结论

垃圾焚烧发电行业属于投入期的行业，其风险与机会并存。国内环境问题越来越严峻，环境保护日益重要，政府的环境责任越来越重，垃圾焚烧发电行业属于朝阳产业，政府会鼓励发展，并提供政策与资金支持。目前来看，该行业盈利模式尚不明晰，商业模式有待完善，主要依赖政府补贴来获利，这就导致投资回报存在较大的风险与不确定性。尤其各地方政府财政收入不一，且支出较大，存在多大的决心和预算投入到具体的垃圾焚烧发电项目中，这是行业发展的最大风险。

三、内部价值链尽职调查

（一）调查获得的信息

1. 公司发展规划

根据尽职调查小组的调查了解，北京 A 能源环保有限公司制定了 3 年发展规划，具体内容主要围绕核心研发任务、发展研发任务及种子研发任务，体现出非常明显的技术核心导向（见图 3－5）。

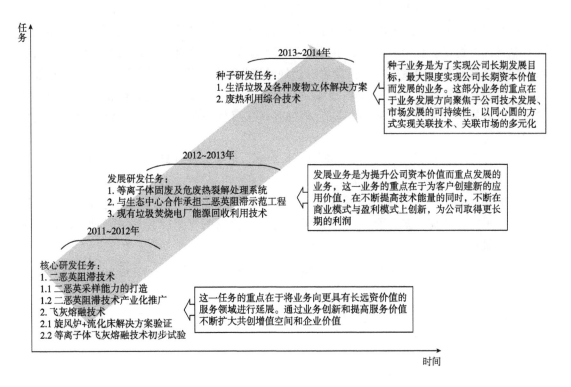

图 3－5　北京 A 能源环保有限公司 3 年发展规划

按照公司 3 年发展规划的阐述，公司研发任务将以提高公司的资本价值为核心进行发展，随着更多的发展业务与种子业务不断地加入到核心业务中，公司的整体价值与服务价值将不断提高，同时对商业模式与盈利模式上的持续创新，在垃圾处理领域从单一技术公司成功转型为全面技术公司的基础上，发展为创新型的技术服务、工程成套公司。

A 公司发展规划指出：实施上述发展战略的措施在于扩张研发队伍和建设研发基础设施。

研发队伍的扩张主要有三方面：一是依托研究中心引进国内外优秀专业技术人才；二是接纳硕士学位以上的毕业生进入到各技术研发岗位；三是加强对老员工培养。

公司已在北京延庆申请固体废弃物处理技术研究中心，建立实验室是公司开展研究的最基本保障。在专业研究机构原理性研究基础上在公司实验室进行小型工业试验，再通过工程完成应用性研究，最终达到实用目的。

2. 垃圾焚烧发电项目运营流程

从 2004 年起，北京 A 能源环保有限公司一直致力于以 BOT 模式或 BOO 模式实施垃圾焚烧发电项目，采用的业务策略是与有意向的投资者合作，在当地政府的主导下，建造垃圾焚烧电厂，公司负责设备安装，提供技术支持，以及在建成后的运营维护。整个项目运营分五个阶段。

（1）项目分析阶段。公司对某城市进行调研后，与当地政府就成立垃圾焚烧电厂的可行性进行交流研究，若可行则签订框架协议，最后在当地成立公司来进行项目实施。这个阶段一般用时 2 年以上，进度取决于当地政府的决策流程。

（2）项目准备阶段。成立的项目公司资本额在 50 万 ~ 200 万元。项目公司会和当地政府签署许可协议。这个阶段一般用时 1.5 ~ 2 年。在这个阶段初期，北京 A 能源环保有限公司将寻找有意愿经营电厂的投资者，当地政府批准环评报告后，该投资者将资本投入电厂，成为大股东。之后北京 A 能源环保有限公司与电厂签署专利和设备供应合同。通常该投资者要求北京 A 能源环保有限公司持有该项目少数股权，这样可以规避技术风险和营运风险。

（3）工程施工阶段。这个阶段用时 1 ~ 1.5 年。北京 A 能源环保有限公司与供应商签署购买协议，向项目公司提供设备。

（4）试运行阶段。这个阶段用时 6 个月，由北京 A 能源环保有限公司负责管理。当电厂运行平稳，北京 A 能源环保有限公司将向电厂的股东移交运营权，同时出让其持有的小部分股权。

（5）许可运营阶段。在这个阶段，电厂的股东将运营管理电厂项目，许可运营一般长达 25 ~ 30 年。

3. 垃圾焚烧发电项目成果

调查中了解到，截至 2011 年 7 月，公司已经完成垃圾焚烧电厂项目 8 项，在建电厂 2 项，筹划中的项目为 9 项。

在调查中，尽职调查小组重点考察了北京 A 能源环保有限公司在泰安的焚烧发电厂。该电厂是北京 A 能源环保有限公司的 BO 项目，由马来西亚某公司与 A 公司共同投资，双方根据投资比例分享投资收益。该项目 2009 年运营，有两台垃圾焚烧炉。电厂垃圾焚烧产能设计为 1000 吨/日，每日上网电量为 14 万千瓦，实际处理能力为 1400 吨/日，上网电量为 32 万千瓦。垃圾上网电价加上政府补贴之后为 0.647 元/千瓦。垃圾焚烧发电厂建成后，环保局等多部门来厂做全方位环境监测，各项指标均处于优等。电厂厂区入口处立有排放指标 LED 屏，实时公示各项指标。厂区内空气清新，仅在靠近垃圾存储坑附近略有异味，二恶英排放达标，垃圾焚烧后含重金属的废渣经压块后，填埋在防渗漏处理的坑内。

（二）内部价值链调查的主要结论

公司的发展规划、项目运营都非常重视技术核心以及技术导向。实践证明 A 公司的技术能力具有明显的竞争优势，也取得了良好的社会效益，得到了环保部门的认可。然而，公司发展不能仅仅依靠技术能力和技术优势，成熟的项目开发与管理能力，与项目各方的沟通、协调、共赢机制的探索是 A 公司的短板，也是 A 公司未来发展的重中之重。

四、A 公司商业尽职调查的基本结论

（一）A 公司具备明显的技术优势

北京 A 能源环保有限公司在垃圾焚烧发电项目上具有明显的技术优势，且具有强大的技术研发团队，团队养成机制完善，可以保证 A 公司技术上的核心竞争力的可持续性，这种竞争力可以为公司带来持续的创利能力。

北京 A 能源环保有限公司所处行业处于投入期，属于朝阳行业，由于政府的环境责任及环境压力，未来存在较大的成长发展空间。

（二）A 公司股权结构与治理结构有待完善

北京 A 能源环保有限公司股权比较分散，股权结构不够合理，存在明显的内部人控制现象。

公司治理结构不够完善，董事长股权比例不高，权力过大，存在一定的道德风险。股东会、董事会职责未能得到有效发挥，进一步完善股东会、董事会职责，增加对董事长的制衡机制。

（三）A 公司与合作投资方存在利益输送

尽职调查小组注意到：A 公司与马来西亚某公司是经常的项目投资合作关系，在合作中，存在某些项目的利益输送关系。内部有人透露 A 公司董事长 KJ 与马来西亚某公司存在个人利益关系。这种不正常的利益相关者关系值得注意。

（四）A 公司的经营能力有待提升

北京 A 能源环保有限公司技术能力很强，但项目开发能力、项目共赢机制欠缺，未来需要在经营能力，尤其是在项目开发、管理能力以及项目各方的沟通、共赢机制的探索上取得突破。

总而言之，通过 A 公司的商业尽职调查，调查小组发现：该公司具备较大的发展潜力与空间，具备一定的投资价值，同时在治理结构、经营能力等方面存在缺陷，需要采取适当的措施防范风险。

第四章 财务尽职调查

第一节 财务尽职调查概述

财务尽职调查主要是在收购（投资）等资本运作活动时进行，但企业上市发行时，也会需要事先进行尽职调查，以初步了解其是否具备上市的条件。

一、财务尽职调查定义

财务尽职调查（Due Diligence Investigation），又称谨慎性调查，一般是指投资人在与目标企业达成初步合作意向后，经协商一致，投资人对目标企业一切与本次投资有关的事项进行现场调查、资料分析的一系列活动。在整个尽职调查体系中，财务尽职调查主要是由财务专业人员针对目标企业中与投资有关财务状况的审阅、分析等调查内容。

在企业的投资并购等资本运作流程中，财务尽职调查是投资及整合方案设计、交易谈判、投资决策不可或缺的前提，也是判断投资是否符合战略目标及投资原则的基础。对了解目标企业资产负债、内部控制、经营管理的真实情况，充分揭示其财务风险或危机，分析盈利能力、现金流，预测目标企业未来前景起到了重大作用。

二、财务尽职调查内容

财务尽职调查包括两部分内容：对目标企业总体财务信息的调查和对目标企业具体财务状况的调查。

（一）对目标企业总体财务信息的调查

在进行财务尽职调查时，首先需要了解的是目标企业的一些基本财务情况。

1. 出资设立及历史沿革

查阅公司的设立批准文件、营业执照、公司章程、验资报告、工商变更登记资料、年度检验等文件，了解公司的成立时间、注册资本、股东、投入资本的形式、性质、是否属于合法存续等基本情况。

2. 经营模式

查阅公司的组织架构图，通过询问公司管理层、查阅财务报告、结合公司行业属性和公司规模等情况，了解公司的商业模式、销售模式和盈利模式。

3. 财务管理模式

通过与公司管理层及财务部门负责人交谈，结合查阅公司的账簿记录，了解公司是否实施 ERP 系统。

4. 对客户和供应商的依赖风险

通过与公司管理层及采购部门和销售部门负责人交谈，查阅公司账簿记录，计算对前十名客户的销售额及合计分别占当期主营业务收入的比例，计算从前十名供应商的采购额及合计分别占当期采购总额的比例，判断公司对客户和供应商的依赖程度及可能存在的经营风险。

5. 了解公司的薪酬政策

通过与公司管理层及人力资源部门负责人进行交谈，查阅公司薪酬考核文件，了解职工薪资的计算方法，特别关注工资的计算依据和方法，关注公司缴纳社会保险的政策及情况。

（二）对目标企业具体财务状况的调查

目标企业财务报表的可靠性会影响到财务尽职调查结果的可靠性，而财务报表的可靠性与企业本身内控程序是否完善有关，因此，在对目标企业进行具体财务状况调查前，在一般情况下，应考虑目标企业内部控制情况，以明确目标企业的制度实施和风险情况。在了解目标企业的内部控制制度之后，就可以对其财务状况、盈利能力、现金流进行详细调查。

在对目标企业的财务状况进行调查时，着重对资产负债表中的货币资金、应收账款、存货、长期投资、在建工程、固定资产、无形资产、银行贷款、应付账款、应付税金等项目进行调查。

在对目标企业盈利能力进行调查时，着重对利润表中的销售收入和成本、三项费用、其他业务利润、投资收益、营业外收支等项目进行调查。

在对目标企业现金流进行调查时，应着重关注对现金流量表中的经营净现金流情况。

三、财务尽职调查的目标

本书的尽职调查主要是围绕着企业的尽调展开的，而在重组并购的财务尽职调查中，对被重组方或并购方企业的整体情况进行"摸底"，在中介的配合下，对被重组并购方的历史财务数据、管理人员的背景、市场风险、管理风险、技术风险及资金风险做全面深入的审核，使得购买方尽可能充分地掌握被购方的情况，进而选择是否收购及重组。具体目标包括：

（1）充分揭示财务风险或危机；

（2）分析目标企业盈利能力、现金流，预测企业未来前景；

（3）了解目标企业资产负债、内部控制、经营管理的真实情况，是如何设计投资方案、如何交易谈判、是否投资或缺的基础；

（4）判断投资是否符合战略目标及投资原则。

四、财务尽职调查的作用

以并购为例，面对并购过程中所出现的种种财务陷阱，为尽量减小和避免并购风险，在并购开始前对目标公司进行财务尽职调查就显得非常必要和重要。作为收购活动中的一个重要环节，财务尽职调查的作用具体包括以下三方面：

（一）合理评估并购风险

在并购活动中，并购企业可能要面临来自目标企业各方面的风险。第一，可能面临目标企业的道德风险，即目标企业提供与实际不符的资料，导致信息误导；第二，可能面临目标企业的财务风险，如未来面临的资金压力、短期资金短缺等；第三，可能面临目标企业的经营风险，如销售压力、内部控制失效等；第四，可能面临法律风险，目标公司可能存在不为人知的法律诉讼、劳动纠纷等问题。还有其他很难预见的在并购整合中可能存在由于两家公司的企业文化差异、管理方式不同等带来的非常大的风险。

通过尽职调查，可以帮助收购企业获取更多的包括财务、人事、管理、市场等各方面的高质量信息，从而缓解信息不对称性，尽可能地减少由于缺乏信息或信息错误等原因而引发的风险。

（二）为确定收购价格和收购条件提供依据

在收购谈判过程中，双方的焦点一般集中在收购价格的确定上，然而价格又是基于对目标企业本身价值的估算。如在尽职调查中发现被并购企业存在着大量的或有负债和不良资产，收购方在对各项或有负债和不良资产进行逐一评估后，即可作为向出售方就收购价格进行谈判的依据，并确定在收购协议中是否应加入一些限制性条款等。

（三）便于合理构建整合方案

并购是一项复杂的系统工程，不管出于何种动机，收购工作的完成仅仅是完成了并购的第一步，收购后的整合是并购成败的关键。通过尽职调查，可以了解到收购后的整合能否使并购双方在管理、组织、文化等方面融为一体。

五、基本流程

财务尽职调查的项目阶段一般分为三个阶段：前期准备、中期现场复核、后期报表出具。

（一）前期准备

一般来讲，在接受项目邀请后即可开展财务尽职调查的前期准备工作。

以最小企业规模的项目来举例，项目组接到尽职调查邀请后，按照尽职调查项目需要，列出所需的财务、法务（主要是工商登记类的证件信息）的资料清单，与目标企业对接人取得联系，发送邮件给到对方，其中包含：①资料清单；②项目入场时间及人员安排；③指定需要目标企业进行配合的相关人员。以上属于通知范畴的事情，主要由现场负责人来进行沟通和操作。

（二）中期现场复核

按照约定时间入场进行现场财务复核。

1. 按照前期准备的资料清单收集资料

相关科目资料分发至相关项目组成员，即可开始按照财务复核流程进行财务报表的梳理和复核，在复核过程中有重大发现，进行记录，涉及账务处理差错，需要进行账务差错更正。

2. 现场访谈

分别与标的企业负责人、财务总监进行现场访谈。

与企业负责人的访谈内容主要涉及企业的沿革、股权变动，以及重大事件。了解事情发生的原委以及对企业的影响。

与企业财务总监进行访谈的内容主要涉及企业所采用的会计制度类型、税率、相关减免补贴政策。

3. 财务报表数据定稿

根据目标企业提供的财务资料进行账务梳理（要注意关于以前年度损益的调整），与财务对接人确认调整原因及调整数字。确认无误后告知企业负责人及财务总监调整所涉及的影响利润的数字，以及重大发现中涉及的税务问题。

（三）后期报表出具

财务尽职调查报告的出具主要包括四部分：

1. 目标企业背景介绍

目标企业背景介绍主要包含企业自身的历史变动沿革，以及所处的行业情况。在所处的行业中目标企业所处的位置以及优劣势。

2. 重大发现

重大发现主要包含在整个财务尽职调查过程中发现的企业的财务、法务的重大事件，及其对企业的影响。

3. 财务报表分析

财务报表分析主要是将目标企业的账务数据进行梳理，而后对经营以及管理方面进行分析。若有必要，可对资产负债表的资产负债率、资产可变现能力进行分析和评估。

4. 收购风险建议

收购风险建议主要是在上述目标企业沿革、重大发现以及报表分析的基础上对收购方的收购风险进行的评估和建议。

以上就是财务尽职调查的基本步骤。任何一项大规模或者深层次的财务尽职调查都可以说是在上述基础上对每个节点进行细致化、丰富化的落地实施。

六、基本方法

在调查过程中，财务专业人员一般会用到以下一些基本方法：

（一）审阅

通过财务报表及其他法律、财务、业务资料审阅，发现关键及重大财务因素。

（二）分析性程序

对各种渠道取得的资料进行分析，发现异常及重大问题，进行趋势分析、结构分析等。

（三）访谈

与企业内部各层级、各职能人员，以及中介机构的充分沟通。

（四）小组内部沟通

调查小组成员来自不同背景及专业，其相互沟通也是达成调查目的的方法。例如：在进行某企业基本情况的调查中，财务调查人员查阅了目标企业的营业执照及验资报告，注册资金为 3600 万元，但通过与律师的沟通，得知该企业在工商登记的注册资本仅为 1000万元。又如：与业务调查人员沟通，分析应收账款的信息、设备利用的信息等。

由于财务尽职调查与一般审计的目的不同，因此财务尽职调查一般不采用函证、实物盘点、数据复算等财务审计方法，而更多地使用趋势分析、结构分析等分析工具。

第二节　财务报表的解读

财务报表是反映企业或预算单位一定时期资金、利润状况的会计报表。财务报表包括资产负债表、利润表、现金流量表或财务状况变动表、附表和附注。财务报表是财务报告的主要部分，不包括董事报告、管理分析及财务情况说明书等列入财务报告或年度报告的资料。通过对企业的资产负债表、利润表、现金流量表分别进行分析，立足报表整体，通过判断比较资产负债表、利润表和现金流量表的相关数据一致性来评价企业的财务状况、经营成果和现金流量，评估公司财务风险。

一、三大报表独立解读

下面分别从资产负债表、利润表和现金流量表各个报表层面分别进行解读。

（一）资产负债表层面

1. 资产的初步解读

资产负债表的左方列示的企业资产，代表了该企业的投资规模。资产越多表明企业可以用来赚取收益的资源越多，可以用来偿还债务的财产也越多。但是，这并不意味着资产总是越多越好。资产并不代表收益能力，也不代表偿债能力。资产规模只是代表企业拥有或控制的经济资源的多少。

（1）货币资金。资产负债表中的"货币资金"项目反映企业库存现金、银行存款和其他货币资金的期末余额。企业持有货币资金的目的主要是为了经营的需要、预防的需要和投机的需要。企业持有过多的货币资金，会降低企业的获利能力；持有过少的货币资金，不能满足上述需要并且会降低企业的短期偿债能力。货币资金过多和过少，都会对扩大股东财富产生不利的影响。

（2）应收款项。应收款项包括应收账款和其他应收款。资产负债表的"应收账款"项目，反映企业尚未收回的应收账款净额；"其他应收款"反映尚未收回的其他应收款净额。"坏账准备"项目是"应收账款"项目和"其他应收款"项目的抵减项目，反映企业已提取、尚未抵消的坏账准备。"应收账款"项目和"其他应收款"项目的合计，减

"坏账准备"项目后的余额是应收款项净额。

应收款项增长较大，应当分析其原因。一般说来，应收账款增加的原因主要包括以下三方面：

一是销售增加引起应收账款的自然增加。

二是客户故意拖延付款。

三是企业为扩大销售适当放宽信用标准，造成应收账款增加。

（3）存货。在资产负债表上，"存货"项目反映企业期末在库、在途和在加工中的各项存货的实际成本，"存货跌价准备"项目反映计提的存货跌价准备，"存货"项目减"存货跌价准备"项目的余额为"存货净额"项目，反映存货资产的可变现净值。存货资产分为原材料、库存商品、低值易耗品、包装物、在产品和产成品等。存货规模的变动取决于各类存货的规模和变动情况。

（4）其他流动资产。资产负债表中的"其他流动资产"指除流动资产各项目以外的其他流动资产，通常应根据有关科目的期末余额填列。当其他流动资产数额较大时，应在报表附注中披露。

（5）长期股权投资。长期股权投资是指投资方对被投资单位实施控制、有重大影响的权益性投资，以及对其合营企业的权益性投资。

在确定能否对被投资单位实施控制时，投资方应当按照《企业会计准则第33号——合并财务报表》的有关规定进行判断。投资方能够对被投资单位实施控制的，被投资单位为其子公司。投资方属于《企业会计准则第33号——合并财务报表》规定的投资性主体且子公司不纳入合并财务报表的情况除外。

重大影响是指投资方对被投资单位的财务和经营政策有参与决策的权力，但并不能够控制或者与其他方一起共同控制这些政策的制定。在确定能否对被投资单位施加重大影响时，应当考虑投资方和其他方持有的被投资单位当期可转换公司债券、当期可执行认股权证等潜在表决权因素。投资方能够对被投资单位施加重大影响的，被投资单位为其联营企业。

在确定被投资单位是否为合营企业时，应当按照《企业会计准则第40号——合营安排》的有关规定进行判断。

（6）固定资产。在资产负债表上，固定资产价值是通过以下项目反映的：

一是"固定资产"项目反映报告期末固定资产的原值。

二是"累计折旧"项目反映企业提取的固定资产折旧累计数。

三是"固定资产减值准备"项目反映企业已提取的固定资产减值准备。

四是"固定资产净值"项目反映固定资产原值减累计折旧、固定资产减值准备后的余额。

五是"工程物资"项目反映各种工程物资的实际成本。

六是"在建工程"项目反映企业各项在建工程的实际支出。

七是"固定资产清理"项目反映企业转入清理的资产价值及在清理中发生的清理费用等。

将工程物资、在建工程和固定资产清理项目纳入固定资产总额中，是因为它们具有固定资产的特点。

影响固定资产净值升降的直接因素包括固定资产原值的增减、固定资产折旧方法和折旧年限的变动及固定资产减值准备的计提。

（7）无形资产。无形资产按取得时的实际成本作为入账价值，在取得当月起在预计使用年限内分期平均摊销，计入损益。无形资产应按账面价值与可收回金额孰低计量，对可收回金额低于账面价值的差额，应计提无形资产减值准备。在资产负债表中无形资产通过以下三个项目反映：

一是"无形资产"项目，反映无形资产的摊余价值。

二是"无形资产减值准备"项目，反映无形资产可收回金额低于账面价值的差额。

三是"无形资产净额"项目，反映无形资产的可收回金额，是"无形资产"项目减"无形资产减值准备"项目的差额。无形资产是以净额计入资产总值的。

（8）递延所得税资产。就是未来预计可以用来抵税的资产，递延所得税是暂时性差异对未来纳税的影响，是根据可抵扣暂时性差异及适用税率计算，影响（减少）未来期间应交所得税的金额。

2. 负债的初步解读

（1）流动负债。流动负债是指在一年内或超过一年的一个营业周期内偿还的债务。一般包括：短期借款、应付票据、应付账款、预收账款、应付职工薪酬、应付股利、应交税费等项目。

流动负债具有两个特征：一是偿还期在一年内或超过一年的一个营业周期内；二是到期必须用流动资产或新的流动负债偿还。

（2）长期负债。长期负债是指偿还期在一年或超过一年的一个营业周期以上的债务。企业的长期负债一般包括：长期借款、应付债券、长期应付款等项目。

在我国的会计实务中，除长期应付债券按公允价值入账外，其他长期负债一般直接按负债发生时的实际金额记账。

（3）递延所得税负债。"递延所得税负债"项目反映企业尚未转销的递延所得税负债的贷方余额。与"递延所得税资产"不同的是"递延所得税负债"项目反映由于暂时性差异，对未来纳税的影响（未来多缴税）。

3. 股东权益的初步解读

企业组织形式不同，所有者权益的表现形式也不同。在股份有限公司中所有者权益以股东权益的形式表示。

（1）股本。股本是股份有限公司通过股份筹资形成的资本。股份公司在核定的股本总额和股份总数的范围内发行股票，股票面值与股份总数的乘积为股本。在一般情况下，股本相对固定不变，企业股本不得随意变动，如有增减变动，必须符合一定的条件。

（2）资本公积。资本公积是指由股东投入，但不构成股本，或从其他来源取得的属于股东的权益，主要包括两项内容：一是股票溢价；二是资本本身的增值。资本公积在资产负债表的"资本公积"项目列示，表示会计期末资本公积的余额。

（3）盈余公积。盈余公积是指企业按规定从净利润中提取的各种累计留利。主要包括以下三部分：①法定盈余公积；②任意盈余公积；③法定公益金。

盈余公积按实际提取数计价，资产负债表的"盈余公积"项目反映会计期期末盈余公积的余额。

（4）未分配利润。从数量上来说，未分配利润是期初未分配利润，加上本期实现的净利润，减去提取的盈余公积和分出利润后的余额。

4. 从资产负债表剖析企业风险

$$净营运资本 = 流动资产 - 流动负债 \qquad (4-1)$$

从净营运资本的角度，依照流动资产对流动负债的覆盖程度（公式4-1），风险主要分为三种类型，如表4-1所示：

表4-1　从资产负债表剖析企业风险

序号	流动资产对流动负债的覆盖程度	风险评价
1	流动资产的购置全部或绝大部分由流动负债承担；固定资产的购买和更新由企业自有权益和少部分长期负债承担	这类资产构成具有安全稳定的特点，财务风险很小
2	流动资产的购置完全由流动负债承担；企业固定资产的购置除了需要由长期负债承担，还需要一部分流动负债来承担风险	一方面说明筹资困难，另一方面也可能说明企业经营出现问题，必须警惕企业财务危机
3	全部自有权益被消耗殆尽，企业固定资产的购置完全依赖于流动负债	在这种情况下，企业基本上很难还清相应债务，属于极端风险，必须采取诸如破产清算、企业重组等强制措施

（二）利润表层面

1. 利润表的初步解读

利润表的初步分析主要是针对净利润形成的分析，对净利润形成的初步分析如下：

净利润的形成过程反映在利润表的上半部分。它包括四个步骤：主营业务收入的形成、营业利润的形成、利润总额的形成和净利润的形成。在进行分析时，一般应与会计核算的综合过程相反，从净利润开始，逐步寻找净利润形成和变动的原因。

在分析上述利润形成各步骤时，应特别关注是否存在报表粉饰问题。报表粉饰的主要途径有：

（1）提前确认收入，例如提前开具销售发票、滥用完工百分比法、存在重大不确定性时确认收入、在仍需提供未来服务时确认收入等；

（2）延后确认收入，例如不及时确认已实现收入等；

（3）虚构收入，例如年底虚作销售并在第二年退货、利用一个子公司出售给第三方而后由另一子公司购回以避免合并抵消等；

（4）不当的费用资本化，例如将不应资本化的借款费用予以资本化处理、研究开发费用的资本化等；

（5）递延当期费用，例如广告费用跨期分摊、开办费和递延资产摊销期变动等；

（6）潜亏挂账，例如少转完工产品成本和已销产品成本、报废的存货不在账面上注销、不良资产挂账、高估存货价值、少计提折旧、不及时确认负债等；

（7）利用关联方交易操纵利润，例如托管、经管、转嫁费用负担、资产重组和债务重组；

（8）利用非经常性损益操纵利润，例如出售、转让和资产置换、债务重组等；

（9）变更折旧方法和折旧年限；

（10）变更长期股权投资的核算方法等。

为了发现报表粉饰的线索，分析时应注意以下几方面的资料：

（1）注册会计师的审计报告；

（2）公司管理当局对审计报告的解释性说明或保留意见的说明；

（3）会计报表附注中关于会计政策和会计估计变更的披露、会计报表合并范围发生变动的披露、关联方交易的披露、非经常性损益项目的披露等。

此外，连续观察若干年度的财务报表，也有助于发现报表粉饰情况。

2. 从利润表剖析企业风险

从企业收益表分析公式（4-2）、公式（4-3）、公式（4-4），用三个等式将其分为三个层次并进行定义：

经营收益 = 营业收入 - 营业成本 - 营业费用（只含管理费用、销售费用）[①]　　　　（4-2）

经常收益 = 经营收益 - 财务费用　　　　（4-3）

利润总额 = 经常收益 + （-）营业外收支　　　　（4-4）

对这些公式的收益变化进行对比研究，就可以揭开其隐藏的财务风险。鉴于个别情况讨论无实际意义，下面主要讨论四种情况，如表4-2所示：

表4-2　从利润表剖析企业风险

序号	项目	风险评估
1	经营收益 >0； 经常收益 =0； 利润总额 >0	正常经营状况
2	经营收益 >0； 经常收益 <0； 利润总额 <0	一方面，说明企业盈利能力有限；另一方面，企业在筹资方面出现了问题，财务费用负担较重，存在一定的风险
3	经营收益 >0； 经常收益 >0； 利润总额 <0	可能出现了灾难、捐赠、非季节性和非修理性期间的停工损失、法律赔偿及出售资产损失等突发情况，问题不严重的话，可以正常经营，若问题不十分突出，可能引发财务危机，必须高度重视
4	经营收益 <0； 经常收益 <0； 利润总额 >0	可能是由于非流动资产处理利得、非货币性资产交换利得、债务重组利得、盘盈利得等非主营业务或偶然发生事件所形成营业外收入的增加，说明企业正常的生产经营已经难以持续

（三）现金流量表层面

在现金流量表中，企业的净现金流量是由经营现金净流量、投资现金净流量、筹资现

---

①　此公式专门用于衡量财务费用（筹投融）在利润表中所占比重，分析其中隐藏的财务风险。

金净流量三者合计组成。

1. 经营活动产生的现金流量

经营活动是指企业投资活动和筹资活动以外的所有交易和事项。经营活动产生的现金流量主要包括销售商品或提供劳务、购买商品、接受劳务、支付工资和交纳税款等流入和流出的现金和现金等价物。

2. 投资活动产生的现金流量

投资活动是指企业长期资产的购建和不包括在现金等价物范围内的投资及其处置活动。投资活动产生的现金流量主要包括购建固定资产、处置子公司及其他营业单位等流入和流出的现金和现金等价物。

3. 筹资活动产生的现金流量

筹资活动是指导致企业资本及债务规模和构成发生变化的活动。筹资活动产生的现金流量主要包括吸收投资、发行股票、分配利润、发行债券、偿还债务等流入和流出的现金和现金等价物。偿付应付账款、应付票据等商业应付款等属于经营活动，不属于筹资活动。

三者关系如下：

企业净现金流量 = 筹资活动净流量 + 投资活动净流量 + 经营活动净流量 　　(4－5)

现金流量总量相同，但经营活动、投资活动、筹资活动分布不同，意味着企业不同的发展周期和财务状况。我们把企业的现金流大致分为以下几种类型（见表4－3），表中是一般情况下的分析结论。在实际操作的过程中，首先应加总筹资活动、投资活动、经营活动的净流量，并结合企业大额收支活动进行分析，从现金流量表中选取有关指标（现金比率、经营净现金比率、经营净现金与全部负债之比等）来判断企业的偿债风险。除此之外，我们也需要对企业未来现金流量能力风险进行判断。我们从现金流量表不仅可以判断企业目前的现金状况，而且可以分析企业产生未来现金流量的能力。通过观察连续数期的企业会计报表，找出有关项目并进行跟进对比，根据其增减变动情况，预测其发展趋势，以此判断企业未来现金流量能力上可能存在的风险。

表4－3　从现金流量表剖析企业风险

序号	项目	风险评估
1	CFO > 0；CFI > 0；CFF > 0[①]	主营业务在现金流方面能自给自足，投资收益良好，处于兴盛期
2	CFO > 0；CFI > 0；CFF < 0	公司经营和投资良性循环，筹资活动的负数由偿债引起，正常经营不会有太大影响，处于成熟期
3	CFO > 0；CFI < 0；CFF > 0	公司经营状况良好，投资活动净现金流量为负，处于扩张时期，应着重分析投资项目的盈利能力
4	CFO > 0；CFI < 0；CFF < 0	公司经营状况良好，但面临偿债和继续投资双重压力，要及时关注其经营状况的变化
5	CFO < 0；CFI > 0；CFF > 0	公司靠借钱维持生产经营的需要，财务状况可能恶化，应着重分析投资活动的现金净流入是来自投资收益还是收回投资，如果是后者，企业的形势将非常严峻

① CFO（Cash Flows from Operating activities）代表经营活动净现金流；CFI（Cash Flows from Investing activities）代表投资活动净现金流；CFF（Cash Flows from Financing activities）代表筹资活动净现金流。

序号	项目	风险评估
6	CFO <0；CFI >0；CFF <0	经营状况不佳，如果投资活动现金流入主要来自收回投资，属衰退期，则企业很可能处于破产的边缘
7	CFO <0；CFI <0；CFF >0	企业靠借债维持日常经营和生产规模的扩大，财务状况不稳定。如果是处于投入期的企业，渡过难关后，还可能发展；如果是处于成长期和稳定期的企业，则非常危险
8	CFO <0；CFI <0；CFF <0	企业财务状况出现问题，必须及时扭转。这种情况往往发生在扩张时期，由于市场变化导致经营状况变化，加上扩张时投入了大量资金，会使企业陷入进退两难的境地

二、三大报表综合解读

资产负债表、利润表、现金流量表这三张表是紧密相连的，利润表中当期的净利润就是资产负债表中本年利润当期增加额，也是现金流量表补充资料中的净利润。报表使用者在进行报表解读的过程中不能将三张报表相互独立，应站在整体的角度进行分析比较（见表4-4），表中是一般情况下的分析结论。在实际运用中，为了更好地了解企业的经营状况，不仅要分析过去发生的业务，还要根据报表预测未来；不仅要定量分析，还要结合定性分析；不仅要关注大额变化，还要考虑异常情况。同时报表使用者应该结合企业经营环境、企业所处的行业进行分析，然后对企业自身的经营战略进行分析，最后做出对一个企业较为准确的分析和评价。

表4-4　综合三大财务报表剖析企业风险

序号	项目	风险评价
1	NI >0；TA >0；CF >0①	总资产、利润、现金流量均增加，企业正常经营
2	NI >0；TA >0；CF <0	可能说明企业的收入主要是赊销而来的，这样的收益质量不高，在这种情况下，即使企业盈利，也可能发生现金短缺，严重时会导致企业的破产
3	NI >0；TA <0；CF >0	利润、现金流量均增加，资产减少，可能是将资产用于利润分配（实物分配等）或偿还债务（处于上升期），属于正常范围
4	NI >0；TA <0；CF <0	用收益还债，而且是还了以前期间发生的短期经营性负债，现金流量为负，极有可能是企业经营效益不佳，原材料不能赊购而产品却是赊销的。也有可能是企业增加虚拟资产，高估企业利润导致，需要进一步分析
5	NI <0；TA <0；CF >0	企业现金流量为正，需分析其是否源于收回投资，还应结合企业亏损金额及比例来做进一步判断

---

① NI（Net Income）表示利润表中的净利润变动额；TA（Total Assets）表示资产负债表整个会计年度总资产的变动额；CF（Cash Flow）表示净现金流量的变动额（不考虑汇兑损益）。

续表

序号	项目	风险评价
6	NI < 0；TA > 0；CF > 0	在当期尚未新增投资的情况下，净利润下降，总资产项目也会下降。总资产项目不降反升，说明企业通过借款等方式增加了负债，现金流为正也是基于筹资活动。应详细对公司偿债能力进行分析
7	NI < 0；TA > 0；CF < 0	利润为负，企业通过借款增加了负债，尽管如此，现金流量仍为负，说明企业面临经营困境，同时也应详细考察公司偿债能力
8	NI < 0；TA < 0；CF < 0	企业经营发生困难，情况严重时濒临破产

财务指标分析，是指总结和评价企业财务状况与经营成果的分析指标，包括偿债能力指标、运营能力指标、盈利能力指标和发展能力指标，通过四大能力的分析更能详细地了解目标公司的财务状况，发现潜在的财务风险。四大能力以及计算公式、分析如下：

1. 偿债能力分析

企业的偿债能力是指企业用其资产偿还长期债务与短期债务的能力，是反映企业财务状况和经营能力的重要标志。企业有无支付现金的能力和偿还债务能力，是企业能否生存和健康发展的关键，包括偿还短期债务和长期债务的能力。

反映企业短期偿债能力的有流动比率、速动比率和现金流动负债比率。

（1）流动比率 = 流动资产 ÷ 流动负债。流动比率越高，则企业短期偿债能力越强，表明企业可以变现的资产数额越大，债权人的风险越小。一般维持在 2:1 是比较合理的。

（2）速动比率 = 速动资产 ÷ 流动负债。速动比率过低，企业的短期偿债风险较大；速动比率过高，企业在速动资产上占用资金过多，会增加企业投资的机会成本。速动比率维持在 1:1 较为正常。

（3）现金流动负债比率 = 年经营现金净流量 ÷ 年末流动负债。该指标较大，表明企业经营活动产生的现金净流量较多，能够保障企业按时偿还到期债务。但也不是越大越好，太大则表示企业流动资金利用不充分，收益能力不强。

反映企业长期偿债能力的指标有资产负债率、产权比率、负债与有形净资产比率和利息保障倍数。

（4）资产负债率 = 负债总额 ÷ 资产总额 × 100%。不同的人对资产负债率有不同的要求。债权人希望该比率越低越好，此时，其债权的保障程度就越高；对所有者而言，企业的总资产收益率高于借款的利息率，举债越多，即负债比率越大，所有者的投资收益越大。

（5）产权比率 = 负债总额 ÷ 所有者权益总额 × 100%。该指标越低，表明企业的长期偿债能力越强，债权人权益的保障程度越高，承担的风险越小，但企业不能充分地发挥负债的财务杠杆效应。

（6）负债与有形净资产比率 = 负债总额 ÷ 有形净资产 × 100%。该比率越低，表明企业长期偿债能力越强。

（7）利息保障倍数 = 税息前利润 ÷ 利息费用。利息保障倍数越高，表明企业支付利息费用的能力越强，该比率越低，说明企业难以保证用经营所得来及时足额地支付负债利息。

2. 营运能力分析

营运能力是指企业的经营运行能力,即企业运用各项资产以赚取利润的能力。企业营运能力的财务分析比率有:应收账款周转率、总资产周转率和固定资产周转率等。这些比率揭示了企业资金运营周转的情况,反映了企业对经济资源管理、运用的效率高低。

(1) 应收账款周转率(次数)= 主营业务收入净额 ÷ 平均应收账款余额。存货周转率越高越好,存货周转率越高,表明其变现的速度越快,周转额越大,资金占用水平越低。存货占用水平越低,存货积压的风险就越小,企业的变现能力以及资金使用效率就越好。

(2) 总资产周转率 = 主营业务收入净额 ÷ 平均资产总额。总资产周转率越高,表明全部资产的经营效率越高,取得的收入越多;该周转率越低,表明全部资产的经营效率越低,取得的收入越少,最终会影响企业的盈利能力。

(3) 固定资产周转率 = 主营业务收入净额 ÷ 固定资产平均净值。固定资产周转率高,不仅表明企业充分利用了固定资产,同时也表明企业固定资产投资得当,固定资产结构合理,能够充分发挥其效率。反之,固定资产周转率低,表明固定资产使用效率不高,提供的生产成果不多,企业的营运能力欠佳。

3. 盈利能力分析

盈利能力就是公司赚取利润的能力。一般来说,公司的盈利能力是指正常的营业状况。通常使用的主要有主营业务毛利率、主营业务利润率、资产净利率、净资产收益率等。

(1) 主营业务毛利率 = 销售毛利 ÷ 主营业务收入净额 × 100%。主营业务毛利率越高,表明取得同样销售收入的销售成本越低,销售利润越高。

(2) 主营业务利润率 = 利润 ÷ 主营业务收入净额 × 100%。该指标越大,表明企业经营活动的盈利水平较高。

(3) 资产净利率 = 净利润 ÷ 平均资产总额。资产净利率越高,表明企业资产利用的效率越好,整个企业盈利能力越强,经营管理水平越高。

(4) 净资产收益率 = 净利润 ÷ 平均净资产 × 100%。企业净资产收益率越高,企业自有资本获取收益的能力越强,运营效益越好,对企业投资人、债权人的保障程度越高。

(5) 资本保值增值率 = 期末所有者权益总额 ÷ 期初所有者权益总额。该指标越高,表明企业的资本保全状况越好,所有者的权益增长越好,债权人的债务越有保障,企业发展后劲越强。一般情况下,资本保值增值率大于1。

4. 发展能力分析

发展能力是指企业扩大规模、壮大实力的潜在能力,又称成长能力。分析发展能力通常考察的指标有:销售增长率、资本积累率、总资产增长率、固定资产成新率等。

(1) 销售增长率 = (本年销售额 - 上年销售额) ÷ 上年销售总额。该指标若大于零,表明企业本年的销售(营业)收入有所增长,指标值越高,表明增长速度越快,企业市场前景越好;若该指标小于零,则表明企业或是产品不适销对路、质次价高,或是在售后服务等方面存在问题,产品销售不出去,市场份额萎缩。

（2）资本积累率 = 当年所有者权益增长额÷年初所有者权益×100%。该指标越高，表明企业的资本积累越多，企业资本保全性越强，持续发展的能力越大。该指标如为负值，表明企业资本受到侵蚀，所有者利益受到损害，应予充分重视。

（3）总资产增长率 = 本年总资产增长额÷年初资产总额×100%。该指标越高，表明企业一个经营周期内资产经营规模扩张的速度越快。

（4）固定资产成新率 = 平均固定资产净值÷平均固定资产原值×100%。该指标越高，表明企业固定资产越新，对扩大再生产的准备比较充足，发展的可能性比较大。

第三节　财务报表项目的调查

在进行投资、收购等资本运作时，财务尽职调查能充分揭示目标企业的财务风险或危机，辅助判断投资是否符合战略目标及投资原则。通过对资产、负债、收入、费用等方面对企业财务科目进行梳理，指出各类科目重点核查思路及核查程序，以最大限度地修正目标企业提供的错误或失真信息。

一、对目标企业总体财务信息的调查

（一）对目标企业出资设立及历史沿革的调查

查阅目标企业工商登记文件、股权结构图、股东名册、资产评估报告等；查询中国证监会证券期货市场失信信息公开查询平台、中国人民银行征信系统、全国企业信用信息公示系统、国家税务总局的重大税收违法案件信息公布栏、最高人民法院失信被执行人信息查询平台等。

1. 历史沿革

目标企业设立情况、重大资产重组情况及报告期末的前十大股东情况。

2. 股权结构

3. 控股股东、实际控制人基本情况及最近3年内实际控制人变化情况

目标企业的控股股东及实际控制人的基本情况及变更情况，实际控制人应当调查到最终的国有控股主体或自然人为止。

若目标企业的控股股东或实际控制人为自然人，调查其简要背景、与其他主要股东的关系及直接或间接持有的目标企业股份/股权被质押或存在争议的情况，及该自然人对其他企业的主要投资情况。

若目标企业的控股股东或实际控制人为法人，调查该法人的名称及其主要股东，包括但不限于该法人的成立日期、注册资本、主要业务、主要资产情况、最近一年合并财务报表的主要财务数据（注明是否经审计）、所持有的目标企业股份/股权被质押或存在争议的情况。

（二）对目标企业经营模式的调查

查阅目标企业营业执照、从事业务需要的许可资格或资质文件；针对目标企业的经营

模式，开展相关访谈工作。

（1）目标企业所从事的主要业务、主要产品的用途。

（2）所在行业状况及目标企业面临的主要竞争状况、经营方针及战略。

（3）采购模式、生产或服务模式和销售模式。

（4）供应商和客户情况。目标企业对供应商和客户的依赖程度，以及供应商和客户的稳定性。

（5）报告期内主要产品（服务）的产能、产量、销量、销售收入变动情况、原材料及能源供应变动情况。

（三）对目标企业公司治理及内部控制的调查

查阅目标企业公司章程、会议记录、会议决议等，咨询律师或法律顾问；查阅目标企业公司治理有关文件；查阅目标企业三会的议事规则；查阅会议记录、规章制度等，访谈管理层及员工，咨询审计机构等。

1. 组织结构及董监高基本情况

目标企业现任董事、监事、高级管理人员的基本情况（至少包括姓名、现任职务及任期、从业简历、兼职情况、持有目标企业股份/股权和债券的情况），董事、监事、高级管理人员的任职是否符合《公司法》及《公司章程》的规定。

2. 内部管理制度的建立及运行情况

目标企业会计核算、财务管理、风险控制、重大事项决策等内部管理制度的建立及运行情况。

3. 独立性

目标企业与控股股东、实际控制人业务、资产、人员、财务、机构等方面的独立性。

4. 关联交易

目标企业的关联方、关联关系、关联交易及关联交易的决策权限、决策程序、定价机制。

二、对目标企业具体财务状况的调查

（一）对资产负债情况的调查

1. 货币资金

货币资金是企业资产的重要组成部分，是企业归还小额信贷机构贷款本息的直接资产。可以从以下五方面进行分析核查：

（1）将企业的月末银行对账单与其报表的银行存款进行核对；

（2）跟踪企业的资金流向，大额划款去向是否与贷款用途、企业经营范围不相符；

（3）提现是否正常；

（4）贷款回流情况，可以通过月均存款与月平均货币资金余额来反映；

（5）付息能力、月平均付息额与月平均货币资金余额。

在对目标企业的财务状况进行调查时，对货币资金除了核实它的真实性之外，还应该关注是否有冻结资金的存在。

2. 应收款项

调查公司应收款项的真实性、准确性、完整性和合理性。

（1）查阅公司应收账款明细资料，结合公司行业特点和业务收入状况等因素，评价应收账款余额及其变动是否合理；

（2）抽查大额应收账款，调查其真实性、可收回性及潜在的风险；

（3）取得公司其他应收款明细资料，了解大额其他应收账款余额的形成原因，分析其合理性、真实性、收回可能性及潜在的风险；

（4）核查大额预付账款产生的原因、时间和相关采购业务的执行情况；

（5）调查应收票据取得、背书、抵押和贴现等情况，关注由此产生的风险；

（6）分析应收账款账龄，评价账龄的合理性，了解账龄较长款项的形成原因及公司采取的措施，查核公司是否按规定提取坏账准备以及提取是否充分。

一般国内企业会将投资、开办费、前期亏损或待摊费用支出暂列其他应收款，因此在对其他应收款进行调查时，应具体查询有关内容，评析会计处理是否合适，并做出合适的建议会计调整。

3. 存货

调查公司存货的真实性、准确性、完整性和合理性。

（1）通过查阅公司存货明细资料，结合生产循环特点，分析原材料在产品、产成品余额之间的比例及其变动是否合理；

（2）通过实地查看存货，评估其真实性和完整性；

（3）分析比较公司存货账龄，评价账龄是否合理，了解是否有账龄较长的存货，查核是否按规定提取存货跌价准备，提取是否充分。

4. 长期投资

调查公司投资的真实性、准确性、完整性和合理性。

（1）通过与公司管理层及相关负责人交谈，了解公司投资的决策程序、管理层对投资风险及其控制所采取的措施，重点关注风险较大的投资项目；

（2）采用与公司管理层交谈，查阅股东大会、董事会、总经理办公会等会议记录，查阅投资合同，查阅账簿、股权或债权投资凭证等方法，调查公司长短期投资的计价及收益确认方法是否符合会计准则的相关规定；

（3）关注公司对纳入合并范围子公司的投资核算方法是否恰当；

（4）听取注册会计师的意见，关注影响子公司财务状况的重要方面，评价其财务报表信息的真实性。

5. 在建工程及固定资产

调查公司在建工程、固定资产和折旧的真实性、准确性、完整性和合理性。

（1）对在建工程则要了解工程项目预算、完工程度、工程项目的用途，是否存在停工工程等。

（2）固定资产的调查，土地房屋则通过包括审阅房屋、土地的产权证明文件，如土地证、房产证等来调查。

（3）通过查阅公司经审计的财务报告，询问会计人员，了解公司固定资产的计价政策、折旧方法、使用年限和残值率的估计，评价相关会计政策和估计是否符合会计准则的相关规定。

（4）通过查阅账簿、实地查看等方法，考察公司固定资产的构成及状况。

（5）根据公司固定资产折旧政策，对固定资产折旧进行重新计算。

（6）分析累计折旧占固定资产原值的比重，判断固定资产是否面临淘汰、更新、大修、技术升级等情况，并评价其对公司财务状况和持续经营能力的影响；关注公司构建、处置固定资产等是否履行了必要的审批程序，手续是否齐全。

6. 无形资产

调查公司无形资产的真实性、准确性、完整性和合理性。

（1）对无形资产的调查，则要分析无形资产的种类及取得途径，无形资产的寿命、计价依据。

（2）通过查阅公司经审计的财务报告，询问会计人员，了解公司无形资产的计价政策、摊销方法、摊销年限，评价相关会计政策和估计是否符合会计准则的相关规定，判断其合理性。

（3）通过查阅投资合同、资产评估报告、资产权属证明、账簿等方法，关注投资方取得无形资产的方式是否合法。

（4）对公司购买的无形资产，关注出售方与公司是否存在关联方关系，无形资产定价是否合理。

（5）对公司自行开发的无形资产，关注其确认时间和价值是否符合会计准则的相关规定。

（6）关注处置无形资产是否履行了必要的审批程序，手续是否齐全。

（7）当预计某项无形资产已经不能带来未来经济效益时，关注公司是否已将该项无形资产的账面价值予以转销。

7. 资产减值准备

调查公司资产减值准备的真实性、准确性、完整性和合理性。

（1）通过查阅公司经审计的财务报告、询问会计人员等方法，了解公司各项资产减值准备的计提方法是否符合会计准则的相关规定，依据是否充分，比例是否合理。

（2）采用重新计算、分析等方法，考察公司资产减值准备的计提情况是否与资产质量状况相符。

（3）关注公司资产减值准备的计提、冲销和转回是否履行了必要的审批程序，计提方法和比例是否随意变更，金额是否异常，分析是否存在利用资产减值准备调节利润的情况。

8. 短期借款

调查公司短期借款的真实性、准确性、完整性和合理性。

（1）取得和查阅明细表，明细表应注明利率、还款期、抵押、承诺等情况。

（2）查阅贷款合同，了解是否存在资产抵押和担保。

（3）资本借贷比例的分析（注：借贷比例反映财务风险以及举债能力）；根据借款期限，结合经营情况，综合判断公司是否具备偿还能力。

（4）测算贷款利息是否已足额提取，并已入账。

（5）查阅是否有违反贷款合同条款的情况（注：违反贷款合同可导致银行要求提早还款或停止信贷，使"目标企业"出现资金周转问题）。

9. 应付账款

调查应付账款的真实性、准确性、完整性和合理性。

（1）结合预付账款等往来项目的明细余额，检查有无同时挂账的项目、异常余额或与购货无关的其他款项（如关联方账户或雇员账户）。

（2）供应商分布情况，分析应付账款周期（可反映企业占用供应商资金的能力）。

（3）获取被核查单位与其供应商之间的对账单（应从非财务部门，如采购部门获取），并将对账单和被核查单位财务记录之间的差异进行调节（如在途款项、在途货物、未记录的负债等），查找有无未入账的应付账款，确定应付账款金额的准确性。

（4）针对资产负债表日后付款项目，检查银行对账单及有关付款凭证（如银行划款通知、供应商收据等），询问被审查单位内部或外部的知情人员，查找有无未及时入账的应付账款。

（5）复核截至审查现场工作日的全部未处理的供应商发票，并询问是否存在其他未处理的供应商发票，确认所有的负债都记录在正确的会计期间内。

（6）对本期发生的应付账款增减变动，检查至相关支持性文件，确定会计处理是否正确。检查应付账款长期挂账的原因并做出记录，注意其是否可能无须支付。对确实无须支付的应付款的会计处理是否正确，依据是否充分。

10. 预收账款

调查公司预收账款的真实性、准确性、完整性和合理性。

（1）结合应收账款等往来款项目的明细余额，检查是否存在应收、预收同时挂账的项目，必要时做出调整。

（2）获取或编制预收账款账龄分析表，并对期末账龄在上年账龄基础上递增的合理性进行分析，关注预收账款长期挂账的原因。

（3）抽查预收账款有关的销货合同、仓库发货记录、货运单据和收款凭证，检查已实现销售的商品是否及时转销预收账款，确定预收账款期末余额的正确性和合理性；对预收账款期后交易及12月份结转收入情况进行重点检查。

11. 应付职工薪酬

调查公司应付职工薪酬的真实性、准确性、完整性和合理性。

（1）比较被审查单位员工人数的变动情况，检查被审查单位各部门各月工资费用的发生额是否有异常波动，若有，则查明波动原因是否合理。

（2）比较本期与上期工资费用总额，要求被审查单位解释其增减变动原因，获取公司所在地平均工资水平进行比较分析，是否明显异常。

（3）结合员工社保缴纳情况，明确被审查单位员工范围，检查是否与关联公司员工工资社保混淆列支情况。

（4）比较本期应付职工薪酬余额与上期应付职工薪酬余额，是否有异常变动。

（5）检查应付职工薪酬的期后付款情况，并关注在资产负债表日至财务报表批准报出日之间，是否有确凿证据表明需要调整资产负债表日原确认的应付职工薪酬事项。

（6）抽查核心员工的劳动合同，关注核心员工的稳定性。

12. 应交税费

调查公司应交税费的真实性、准确性、完整性和合理性。

（1）取得各项应付税金变动明细表，结合纳税申报表并查阅。

（2）了解被审查单位适用的税种、附加税费、计税（费）基础、税（费）率，以及征免、减税（费）的范围与期限，询问各项税种是否均已如期申报、完税，是否存在漏报、虚报、少报的情况。

（3）分析所交税金是否合理（如结合收入测算增值税的合理性、结合利润测算所得税的合理性）。

13. 其他应付款

调查公司其他应付款的真实性、准确性、完整性和合理性。

（1）结合应付账款、其他应收款等往来项目的明细余额，核查有无同时挂账的项目、异常余额或与本科目核算无关的其他款项。

（2）检查其他应付款长期挂账的原因并做出记录，对确实无须支付的其他应付款的会计处理是否正确。

（3）对本期其他应付款的增减变动，检查至支持性文件，确定会计处理是否正确。

（4）检查于资产负债表日至审查现场工作日已支付的金额较大的其他应付款项，确定有无未及时入账的其他应付款。检查付款凭证、银行对账单等支持性凭证，并注意入账日期发生的合理性。

（二）对利润情况的调查

1. 收入

对反映目标企业盈利能力的销售收入及成本进行调查时，调查人员应计算近几年销售收入、销售量、单位售价、单位成本、毛利率的变化趋势，近几年产品结构的变化趋势，目标企业大客户的变化及销售收入集中度，关联交易与非关联交易的区别及对利润的影响，成本结构、发现关键成本因素，并就其对成本变化的影响做分析，对以上各因素的重大变化寻找合理的解释。对目标企业的销售收入分析，可按主要地区、主要产品、主要客户进行分类。结合上述的各项分析，可以对目标企业的过去和将来的盈利前景有所启示。

调查公司各项收入的真实性、准确性、完整性和合理性。

（1）询问会计人员，查阅银行存款、应收账款、收入等相关账簿，查阅公司销售商品或提供劳务的合同、订单，发出商品或提供劳务的凭证、收款凭证，发票、增值税、关税等完税凭证，销售退回凭证等，了解公司的收入确认会计政策是否符合会计准则的相关规定，核查公司是否虚计收入、是否存在提前或延迟确认收入的情况。

（2）了解公司收入构成，分析公司产品的价格、销售等影响因素的变动情况，判断收入是否存在异常变动或重大变动，并调查原因。

（3）关注公司销售模式对其收入确认的影响及是否存在异常。

2. 成本

调查公司各项成本的真实性、准确性、完整性和合理性。

（1）查阅公司的生产流程管理文件和财务文件，与公司业务人员、会计人员访谈等，了解公司生产经营各环节的成本核算方法和步骤，确认公司的成本核算方法是否与业务情况相符，报告期内是否发生变化。

（2）取得公司主要产品或服务的成本明细表，分析产品或服务的单位成本构成情况，并结合公司生产经营情况、市场和同行业企业情况（如原材料市场价格、燃料和动力的耗用量、员工工资水平等），判断公司成本的合理性。

（3）关注公司是否存在未及时结转成本的情况。

3. 费用

调查公司各项费用的真实性、准确性、完整性和合理性。

（1）查阅重要广告合同、付款凭证等，分析广告费的确认时间和金额是否符合会计准则的相关规定，关注公司是否存在提前或延迟确认广告费的情况。

（2）查阅账簿、凭证，询问相关业务人员等，调查公司是否存在将研究费用资本化的不合理情况。

（3）查阅资本支出凭证、利息支出凭证、开工证明等资料，现场查看固定资产构建情况，重新计算利息费用等，调查公司利息费用资本化的情况是否符合会计准则的相关规定。

（4）对计入当期损益的利息费用，通过查阅借款合同、资金使用合同、利息支出凭证，重新计算等方法，调查公司利息费用是否真实、完整，关注逾期借款利息、支付给关联方的资金使用费等，评价公司是否存在财务费用负担较重的风险以及有关利息费用支付合同的有效性和公允性。

4. 非经常性损益

调查公司非经常性损益的真实性、准确性、完整性和合理性。

取得非经常性损益明细表，计算非经常性损益及其占利润总额的比例，对非经常性损益占利润总额比例较高的，应通过查阅相关事项法律文件、审批记录、账簿、凭证、合同等方法，分析相关损益同公司正常经营业务的关联程度以及可持续性，判断其对公司财务状况和经营成果的影响。

（三）对现金流量情况的调查

对目标企业现金流的调查，调查人员应特别关注经营净现金流，并通过一些比率的计算来检验经营净现金流是否能满足融资活动的利息支出净额，并应结合资产负债表及利润表，以此寻找除销售收入以外是否还存在主要的经营资金来源，对经营净现金流的贡献如何。

第四节　其他重要事项的调查

对财务状况、盈利能力和现金流量情况调查之后，还需重点关注目标企业的重大债务、税务遵循、持续经营能力、关联方交易、资金情况等。

一、对目标企业重大债务情况的调查

公司的重大债务包括是否存在重大诉讼、仲裁及未决诉讼、未决仲裁情况。

（1）询问公司管理层及法律部门负责人，取得管理层对公司重大诉讼、未决仲裁及未决诉讼、仲裁事项情况及其影响的书面声明；通过查阅公司账簿记录、与公司产品质量管理部门负责人交谈，了解公司或有负债情况；查阅公司账簿记录，与公司员工交谈，了解公司在工商、税务、食品、安全、社会保险等方面可能存在的风险；与公司管理层交谈，查阅公司近期签订的重大合同，了解公司应承担的义务。

（2）通过与公司管理层及法律部门负责人进行交谈，查阅相关合同、董事会决议，调查公司债务状况，重点关注将要履行、正在履行以及虽已履行完毕但可能存在潜在纠纷的重大合同的合法性、有效性；是否有因环境保护、知识产权、产品质量、劳动安全、人身权等原因产生的债务；公司金额较大的其他应付款是否因正常的生产经营活动发生，是否合法。

二、对目标企业税务遵循情况的调查

（1）询问公司财务负责人，查阅公司税务登记证，获取公司调查期间的税收优惠政策和相关规定、批文，公司执行的税种、税率是否符合法律、法规和规范性文件的要求。

（2）查阅公司的纳税申报表、税收缴款书、税务处理决定书或税务稽查报告等资料，关注公司是否存在拖欠税款的情形，是否受过税务部门的处罚。

（3）查阅公司有关税收优惠、财政补贴的依据性文件，判断公司享受优惠政策、财政补贴是否合法、合规、真实、有效。

三、对目标企业持续经营能力情况的调查

持续经营是指被审计单位在编制财务报表时，假定其经营活动在可预见的将来会继续下去，不拟也不必终止经营或者破产清算，可以在正常的经营过程中变现资产、清偿债务。在竞争日益激烈的市场经济环境下，企业可能因财务危机而面临持续经营问题。如果投资人在与目标企业达成初步合作意向后，对目标公司持续经营能力关注不够，将会承担更大的投资风险。

持续经营能力着眼于未来，要求公司在报告期内有持续的投入、产出、研发、支出等各项生产经营活动，阐明基于现状公司在可预见的未来，有能力按照既定目标持续经营下去，让监管机构、投资者看到公司具有良好的发展前景。

对于目标公司持续经营能力是否存在重大不确定性的核实主要包括以下三方面：财务方面、经营方面和其他方面。

（一）持续经营能力财务方面的核实

在财务方面核实目标公司持续经营能力的事项或情况主要包括：

（1）核实是否存在无法偿还到期债务；

（2）核实是否存在无法偿还即将到期且难以展期的借款；

（3）无法继续履行重大借款合同中的有关条款；

（4）是否存在大额的逾期未缴纳税款；

（5）是否存在累计经营性亏损数额巨大；

（6）是否过度依赖短期借款筹资；

（7）是否存在无法获得供应商的正常商业信用的情况；

（8）是否存在难以获得开发必要新产品或者进行必要投资所需资金的情况；

（9）是否资不抵债；

（10）营运资金是否出现负数；

（11）经营活动产生的现金流量净额是否为负数；

（12）大股东是否长期占用巨额资金；

（13）是否有重要子公司无法持续经营且未进行处理；

（14）是否存在大量长期未作处理的不良资产；

（15）是否存在因对外巨额担保等或有事项引发的或有负债。

（二）持续经营能力方面的核实

在经营方面核实目标公司持续经营能力的事项或情况主要包括：

（1）是否有关键管理人员离职且无人替代的情况；

（2）主导产品是否存在不符合国家产业政策的情况；

（3）是否失去主要市场、特许权或主要供应商；

（4）是否存在人力资源或重要原材料短缺情况；

（5）是否出现非常成功的竞争者。

（三）持续经营能力其他方面的核实

在其他方面核实目标公司持续经营能力的事项或情况主要包括：

（1）是否严重违反有关法律法规或政策；

（2）是否存在异常原因导致停工、停产；

（3）是否有关法律法规或政策的变化可能造成重大不利影响；

（4）是否经营期限即将到期且无意继续经营；

（5）投资者是否有未履行协议、合同、章程规定的义务情况；

（6）是否存在有因自然灾害、战争等不可抗力因素遭受严重损失的情况。

四、对目标企业关联方交易情况的调查

上市公司往往利用非公平交易基础上的关联方交易来粉饰财务报表。为避免投资损失，投资人应该核实目标企业管理层是否按照企业会计准则的要求识别、处理和披露所有关联方及关联方交易的相关情况。

对关联方交易的核实需要实施风险评估程序，即采取询问、检查的程序来进行，以及进一步调查程序。

（一）风险评估程序

1. 询问程序

投资方尽职调查组应当向目标企业管理层询问下列事项：

（1）关联方的名称和特征，包括关联方自上期以来发生的变化；

（2）目标公司与关联方之间关系的性质；

（3）目标公司在本期是否与关联方发生交易，如发生，询问交易的类型、定价政策和目的。

如果目标企业管理层建立了下列与关联方关系及其交易相关的控制，尽职调查人员应该询问管理层和目标公司内部的其他人员，进一步检查核实，以获取相关控制的了解：

（1）按照适用的财务报告编制基础，对关联方关系及其交易进行识别、会计处理和披露；

（2）授权和批准重大关联方交易和安排；

（3）授权和批准超出正常经营过程的重大交易和安排。

2. 检查程序

尽职调查小组应该检查下列记录或文件，以确定是否存在管理层以前未识别或者未披露的关联方关系或关联方交易：

（1）注册会计师实施审计程序时获取的银行和律师的询证函回函。

（2）股东会和治理层会议的纪要。

（3）尽职调查小组认为必要的其他记录或文件。

（二）进一步调查程序

如果调查组识别出可能表明存在管理层以前未识别或者未向调查组披露的关联方或者关联方交易的安排或信息，调查组成员应该确定相关情况是否能够证实关联方或关联方交易的存在。

如果识别出管理层以前未识别出或者未向调查组成员披露的关联方关系或重大关联方交易，调查组成员还应该实施进一步的调查程序，包括如下：

（1）立即将相关信息向调查组其他成员通报。

（2）在适用的财务报告编制基础对关联方作出规定的情况下，要求管理层识别与新识别出的关联方之间发生的所有交易，以便调查组作出进一步的评价。询问与关联方关系及其交易相关的控制为何未能识别或披露关联方关系或交易。

（3）对新识别出的关联方或重大关联方交易实施恰当的实质性调查程序。

（4）重新考虑可能存在管理层以前未识别出或未向注册会计师披露的其他关联方或重大关联方交易的风险，如有必要实施追加调查程序。

（5）若显示管理层不披露关联方关系或关联方交易可能是有意的，并显示可能存在由于舞弊导致的重大错报风险，且评价这一情况对调查的影响。

对于识别出来的超出正常经营过程的重大关联方交易，调查组成员应该：

（1）检查相关合同或协议；

（2）获取交易已经恰当授权和批准的证据。

当检查相关合同或协议时，调查组应该评价：

（1）交易的商业理由是否表明目标公司从事交易可能视为对财务信息做出虚假报告或是为了隐瞒侵占资产的行为；

（2）交易条款是否与管理层解释一致；

（3）关联方交易是否已按照适用的财务报告编制基础得到恰当会计处理和披露。

五、对目标企业资金情况的调查

根据资金流向可以分成两类问题：流入企业的资金可能涉及关联方之间的资金拆借、向内部员工借款等问题，而流出企业的资金可能涉及关联方资金占用等问题。

（一）流入资金

如果在尽职调查过程中发现上述情况，需要从以下几个角度展开核查：

（1）资金拆借的背景和原因。

（2）是否履行了必要的决策程序，是否签署了借款协议；如果前期因为规范意识较差导致相关决策程序确定，需要及时改正。

（3）是否约定了借款利息，利息的标准是否公允（不能比银行借款利息高）；如果是向股东借款，取得了金额较大的无息借款，还需要关注借款利息对申请企业财务费用的影响，及其最终对企业净利润的影响。

（4）借款的人群构成是否构成非法集资。

（5）企业对资金拆借是否存在重大依赖。

（6）企业对于资金拆借事项的内部控制及其有效性。

（7）如果是向员工借款，还需要额外关注出借资金的员工对其付出的资金是认定为借款还是投资，如果员工与公司在这一点的认定上存在差异，则可能存在未来发生重大纠纷的风险。

（二）流出资金

企业作为一个法人，拥有独立的法人财产权，但在现实情况下，企业的控股股东、实际控制人在一开始往往未能清楚认识到公司法人财产的独立性，而出现随意占用公司资金的问题。

对资金的占用情况，企业应对其进行清理。清理的思路是：在报告期内股东或其他关联方将资金归还入账，同时公司完善其相关内部制度文件。如占用金额较大、时间较长时，则可以考虑计算收取历史占用资金的利息，这部分利息一般作为股东捐赠或非经常性损益进行会计处理，而不作为财务费用核算。

第五节　财务尽职调查的创新

由于财务尽职调查在我国实践的历史不长，所以，在企业并购实践中还存在很多问题，需要对传统的财务尽职调查模型进行适当地改造和重建，以期能够满足企业日益增长的对外投资需求。

一、我国传统的财务尽职调查存在问题

（一）缺少战略层次的谋划

我国传统财务尽职调查更多地落实在战术层面上，缺少更高战略层次的谋划，而未来

企业的竞争主要是战略层面的竞争。因此，企业对外并购如果仅着眼于战术层面，而忽视战略机遇，就会失去宝贵的战略资源，不能形成并购目标企业和企业之间的战略优势互补。只可惜，目前很多财务尽职调查有关战略板块的内容还尚欠缺。为此，财务尽职调查模型重建首当其冲地要考虑战略谋划。

（二）缺乏合理配备的人员

通常投资并购业务一般事发突然，企业都会临时从各个部门抽调一些人员去完成财务尽职调查业务，团队组建混乱。这些人员虽然在各自的岗位上都可能是业务专家，但是，由于财务尽职调查属于专业性很强的工作，调查过程中难免出现自身的业务素质和调查规范相冲突等情况，人员缺乏统一的培训。这就需要在事前组建团队人员时做到人员素质和技能的合理搭配，并对其进行系统的培训。

（三）忽视现场沟通协调

重视书面调查资料而忽视现场沟通协调的情况比较严重。事前，企业一般都会对调查进行问卷、表格等文本的设计，实施完后再进行系统的归纳和整理。因此，就会出现调查人员习惯坐办公室里审阅书面材料，而忽略了去工作现场发现、核实、询问以及交流一些隐蔽性强而不容易发现的潜在信息和资料。由此，为避免财务尽职调查信息的不对称甚至信息欺诈，调查人员的现场沟通协调就显得尤为重要。

（四）缺乏对材料的多方面对比

在实际调查中，由于各方面的原因，在对数据和资料进行分析时，缺乏多方面比较，从而使得决策科学依据性不强。加强对调查数据和资料的纵向和横向的比较，并从中发现并购目标企业重要和显著的业务发展的规律和特点，并及时对其未来的市场进行预测，为最终的投资并购决策提供科学的依据。也就是说，要透过"冰冷"的财务和业务数据，来把握投资并购目标企业的商业形态和商业模式，进而发现其当前以及潜在的投资价值。比如调查企业的经营能力水平时，可以对企业近几年以来的收入和成本进行对比分析，分析的维度可以集中在销售额、销售量、产品价格、产品成本以及产品利润率等变动情况上。也可以针对企业集团拟投资并购目标企业的投资价值和企业集团的战略目标进行比较分析等。

二、财务尽职调查模式重建

在实际调查中，可以针对上述存在的问题，引入创新机制，对财务尽职调查模式进行重建（见图4-1），并通过新建板块的加入，完善财务尽职调查模型各个板块之间的沟通协调机制，使得高绩效的财务尽职调查工作能够顺利得以实现。

从图4-1中可以看到，具体财务尽职调查模型的重新建构涉及以下几个方面，即将财务尽职调查工作划分为几个环节，即瑕疵调查→风险调查→价值确定→证据保存。在此体系下，将财务尽职调查划分为三个阶段，即调查前、调查中和调查后，并且不同阶段确定不同的工作任务，保证财务尽职调查工作的系统化和有序化。

（1）在调查前的阶段，积极组织开展战略规划，并组织构建高质量的投资调查团队，对投资调查工作者实施统一的教育和培训，保证投资调查工作者的工作质量，并完成调查前的准备工作。在财务尽职调查的中期阶段，则应该保证现场调查效果，对现场调查相关数据进行整合分析，在撰写调查报告的过程中还需要与并购目标企业进行适当的沟通和协调，更为全面地调节并购目标企业的各类型信息，实现对风险的有效规避。

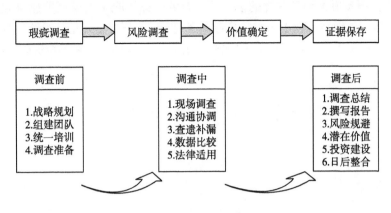

图 4 - 1　财务调查新模式

（2）在完成沟通和协商的基础上，需要注意积极开展查缺补漏和数据比较工作，提炼有价值的信息，为企业投资并购工作提供相应的信息参照。在此基础上，在完成调查报告的撰写后，需要对调查报告的法律适用情况进行适当的研究，保证调查报告的法律效力，为财务尽职调查工作的全面贯彻落实提供坚实的保障。

（3）财务尽职调查后阶段，即对调查结果进行总结，完成调查报告的撰写和上交，相关投资并购决策人员结合调查报告信息制定风险规避措施，对投资并购可能产生的潜在市场价值加以把握，最终提出有效的投资建议，为投资并购工作的开展提供相应的指导。在此基础上，还能为后期信息整合提供相应的参照，确保投资并购目标的实现。

三、财务尽职调查模式创新的意义

创新是企业发展的原动力。企业财务尽职调查模式的创新是企业在战略性投资并购业务工作中不断总结经验以及不断提炼升华的结果。

（1）随着经济全球化和网络新技术革命浪潮在全球的兴起，影响企业投资并购业务的变量因素不断增多，实时地对财务尽职调查模型进行调整和优化，有利于满足企业战略性投资并购业务的内在需求，编织一张全方位的安全网，有效防止和减轻因交易最终损害了企业股东利益而带来的投资失败打击。

（2）强化对财务尽职调查模式创新的研究，可以使调查人员强化风险责任意识，提高调查的效率和质量，真正把投资并购目标企业中的关键性重要事项披露出来，把存在的风险和面临的挑战如实摆在决策者的面前，一份高质量的财务尽职调查报告需要借助调查模式的创新而充分揭示出投资目标并购企业的投资价值与企业投资战略的关联性和匹配性，提高企业投资并购业务的效率和成功率。

（3）注重财务尽职调查模式创新，可以在企业内部培养和打造一支思路开阔、业务精湛和投资管理高绩效团队，为企业战略性投资业务提供稳定高效的人力资源支撑。特别是在与第三方专业调查机构合作的过程中，企业调查人员要主动学习，善于总结经验。实践证明，一切财务尽职调查的成败关键在于人，靠着一个信得过、素质高的团队去实施。否则，再好的模型重建、再好的模式创新，都无法落到实处。

（4）在多重投资并购活动并存的情况下，企业财务尽职调查模型重建也应具体问题具体分析，调查模式的创新有利于企业决策者利用现有的投资资金对备选投资项目进行有效识别和甄选，做到取舍得当，真正把资金用在"刀刃上"，以期企业获得投资效益的最大化。

第六节　财务尽职调查案例①

一、基本情况

根据《全国中小企业股份转让系统主办券商尽职调查工作指引（试行）》中对于财务尽职调查的相关规定，主办券商对江苏×××汽车股份有限公司截至2014年9月30日的财务状况进行尽职调查，以供其在全国中小企业股份转让系统挂牌事项中使用。

本次尽职调查的目的：真实、准确地描述公司截至2014年9月30日的财务状况，判断其是否符合全国中小企业股份转让系统所规定的挂牌条件，为投资者做出投资判断提供参考。

公司基本情况如表4-5所示：

表4-5　江苏×××汽车股份有限公司基本情况简介

公司名称	江苏×××汽车股份有限公司		
注册号	—	注册资本	2520万元
实收资本	2520万元	法定代表人	×××
员工人数	356人	注册日期	2010年2月11日
公司类型	股份公司	公司性质	民营
主营业务	汽车销售、汽车维修、汽车配件销售以及汽车保险代理业务		
公司简介	本公司主要从事品牌乘用车整车销售、售后服务及汽车装潢业务等其他售后市场服务业务，是一个典型的以汽车4S店为主要商业模式的汽车经销集团。截至2014年9月30日，公司拥有5家子公司，其中4家汽车4S店、1家汽车检测服务公司，同时受托管理1家汽车4S店。公司的4S店分布在江苏省苏州市和盐城市，主要经营一汽—大众、斯柯达、上海大众（受托经营管理）等品牌。公司的业务主要通过子公司即各汽车4S店实施，报告期内营业收入主要来自4家汽车4S店		

二、尽职调查程序

项目立项后，主办券商与公司董事、监事、高级管理人员、财务人员及部分员工进行

———————
① 江西汉辰尽调信用服务股份有限公司尽调案例手册。

了交谈，查阅了中介机构出具的审计报告以及法律意见书，查阅了公司章程、三会（股东（大）会、董事会、监事会）会议记录、公司各项规章制度、会计凭证、会计账簿、工商行政管理部门年度检查文件、纳税凭证等；了解公司生产经营状况、内控制度、规范运作情况和发展规划。

三、分析过程

(一) 企业财务报表及指标分析

公司执行财政部于 2006 年 2 月 15 日颁布的《企业会计准则》（财会〔2006〕3 号）及其后续规定；财务报表以持续经营为基础进行编制，合并范围包括其控股的 5 家子公司。

1. 资产负债表（合并）

报告期内企业资产规模不断扩大，公司合并资产负债表具体如表 4-6 所示：

表 4-6 合并资产负债表　　　　　　　　　单位：万元

科目	2014-09-30	2013-12-31	2012-12-31
货币资金	6098.26	2865.63	2707.66
应收票据	5.00	0.00	0.00
应收账款	390.51	468.40	274.84
预付款项	2582.55	2443.98	900.73
其他应收款	150.08	2750.57	2305.73
存货	4214.63	2711.42	1970.29
其他流动资产	266.27	0.00	0.00
流动资产合计	13707.30	11672.07	8161.08
固定资产	4113.60	3056.31	2499.21
在建工程	72.66	534.17	0.00
无形资产	1912.49	1946.44	995.98
长期待摊费用	5.44	7.16	10.74
递延所得税资产	6.71	9.21	5.06
非流动资产合计	6110.89	5553.28	3510.99
资产总计	19818.19	16793.27	11672.07
短期借款	4185.80	3719.72	3705.13
应付票据	8620.00	3850.00	2500.00
应付账款	525.98	731.97	196.36
预收款项	191.21	643.60	396.04
应付职工薪酬	79.09	64.32	54.32
应交税费	29.85	71.59	166.06
其他应付款	2667.37	2357.89	1289.18
流动负债合计	16299.30	11439.11	8307.08
非流动负债合计	0.00	0.00	0.00

续表

科目	2014 - 09 - 30	2013 - 12 - 31	2012 - 12 - 31
负债合计	16299.30	11439.11	8307.08
股本	2520.00	1500.00	1500.00
资本公积	—	2990.42	1700.40
盈余公积	—	33.22	14.80
未分配利润	-552.78	-772.63	-573.15
归属于母公司股东权益合计	1967.22	3751.01	2642.05
少数股东权益	1551.67	1603.16	722.94
股东权益合计	3518.89	5354.16	3364.99
负债和股东权益总计	19818.19	16793.27	11672.07

2. 利润表（合并）

报告期内公司营业收入缓慢增长，净利润却持续为负，公司合并利润表具体如表4-7所示：

表4-7 合并利润表　　　　　单位：万元

项目	2014 - 09 - 30	2013 - 12 - 31	2012 - 12 - 31
一、营业收入	31473.09	30641.21	30099.06
减：营业成本	28660.24	28087.92	27629.91
营业税金及附加	48.28	48.28	51.13
销售费用	1666.37	1659.49	1567.68
管理费用	551.87	448.31	296.05
财务费用	593.76	504.66	518.47
资产减值损失	-7.64	10.65	8.26
二、营业利润	39.79	-112.69	27.56
加：营业外收入	67.26	27.85	17.41
减：营业外支出	5.07	7.78	70.98
三、利润总额	22.40	-92.62	-26.01
减：所得税	71.65	118.20	50.33
四、净利润	-49.25	-210.83	-76.34

3. 主要财务指标

以报告期内的合并资产负债表及合并利润表的财务数据为基础，计算出有利于直观分析出公司财务状况的各项财务指标，具体如表4-8所示。

表4-8 主要财务指标情况

序号	指标	2014年1~9月	2013年	2012年
一、盈利能力				
1	销售毛利率（%）	8.94	8.33	8.20
2	销售净利率（%）	-0.16	-0.69	-0.25
3	净资产收益率（%）	-0.96	-7.10	-3.44
4	扣除非经常性损益后净资产收益率（%）	0.56	-0.44	2.95
5	基本每股收益（元/股）	-0.02	-0.12	-0.06
6	稀释每股收益（元/股）	-0.02	-0.12	-0.06
二、偿债能力				
7	资产负债率（%）	82.24	68.12	71.17
8	流动比率	0.84	0.98	0.98
9	速动比率	0.42	0.53	0.64
10	权益乘数	5.63	3.14	3.47
三、营运能力				
11	资产周转率	2.29	2.15	2.96
12	应收账款周转率	91.07	75.82	127.89
13	存货周转率	11.03	12.00	14.55
四、现金获取能力				
14	每股经营活动产生的现金流量净额（元/股）	0.41	0.11	0.72

（1）盈利能力分析。报告期内，公司销售综合毛利率分别为8.20%、8.33%、8.94%，毛利率较为稳定。报告期内综合毛利率呈小幅逐步上升，主要由于随着公司及子公司所在经营区域业务的发展，销售规模逐步扩大，客户及经销的品牌汽车保有数量逐步增长，毛利率较高，代办保险手续费、上牌服务费、金融信贷服务业务等后市场服务业务收入规模不断增长所致。

（2）偿债能力分析。报告期内，公司资产负债率分别为71.17%、68.12%、82.24%，公司资产负债率较高并呈现上升趋势，主要由于公司业务规模扩大和新增两家4S店开始营业，公司采购整车及零配件大幅增加，由于公司采购整车需要全额预付款，造成公司应付票据及短期借款不断增加。扣除公司开具银行承兑汇票已陆续存入票据兑付保证金及对应的应付票据后，2014年9月30日，公司资产负债率实际为75.16%，处于较为合理的水平。

报告期内，公司流动比率分别为0.98、0.98、0.84，处于较低水平，主要由于公司业务规模扩大，采购存货增加，应付票据及短期借款不断增加，流动资产和流动负债增长幅度相对均衡，而公司无长期负债，造成流动比率较低。

由于公司流动资产中存货及用于采购存货的预付账款占比较高，造成报告期内公司速动比率处于较低水平，分别为0.64、0.53、0.42。

公司资产负债率、流动比率和速动比率指标与同行业公司接近，公司经营性现金流较好，有效地保障了公司偿债能力。

（3）营运能力分析。报告期内，公司资产周转率分别为2.96、2.15、2.29，公司资产周转率较快。主要由于公司汽车销售周转较快。资产周转率呈现下降趋势，主要由于公司新增两家4S店固定资产增加，以及公司业务规模扩大造成存货和预付款项增加，总资产增加，而新增4S店处于市场开发阶段，收入规模较小，造成资产周转率下降。

公司应收账款周转率分别为127.89、75.82、91.07，应收账款周转速度较快，主要由于公司以预收款销售为主，应收账款余额较小。

公司存货周转率分别为14.55、12.00、11.03，存货周转速度较快，主要由于公司根据销售预测情况制定采购计划，并将采购订单细分到月度及每周进行采购，合理地控制了公司存货量。

（4）现金获取能力分析。报告期内，公司经营活动产生的现金流量净额分别为1083.93万元、166.68万元、1036.80万元，公司每股经营活动产生的现金流量净额分别为0.72元、0.11元、0.41元，公司经营活动产生的现金流正常。2013年每股经营活动产生的现金流量净额较小，主要由于公司2013年新增东台×××4S店，2013年末开始营业，销售较少，采购存货和支付职工工资及其他销售宣传费用造成现金流出较多，以及2013年新增射阳××4S店未开始营业，采购商品和职工工资也形成较大经营活动现金净流出。

（二）毛利率变动趋势及原因

毛利率是衡量企业盈利能力的重要指标之一，从毛利率的变动趋势能够判断公司商业模式的稳定性、盈利的持续性等，公司毛利率变动趋势如表4-9所示：

表4-9　公司毛利率变动趋势　　　　　　　　　　　　　　　　单位：万元

项目	2014年1~9月	2013年	2012年
营业收入	31473.09	30641.21	30099.06
主营业务收入	30778.54	30285.43	29714.40
其中：整车销售	28370.80	27587.17	27778.92
售后服务	2063.65	2372.75	1478.18
汽车装潢	344.10	325.51	457.31
其他业务收入	694.54	355.78	384.65
营业成本	28660.24	28087.92	27659.91
主营业务成本	28647.53	28080.99	27623.39
其中：整车销售	27110.23	26208.56	26455.76
售后服务	1175.75	1674.57	880.03
汽车装潢	361.55	197.86	287.60
其他业务成本	12.71	6.93	6.52
毛利率（%）	8.94	8.33	8.20
主营业务毛利率（%）	6.92	7.28	7.04
其中：整车销售（%）	4.44	5.00	4.76

续表

项目	2014 年 1~9 月	2013 年	2012 年
售后服务（%）	43.03	29.43	40.46
汽车装潢（%）	-5.07	39.21	37.11
其他业务毛利率（%）	98.17	98.05	98.31

报告期内，公司整车销售毛利率较为稳定，波动较小；公司整车销售毛利率较低，主要由于近年来随着汽车行业销量不断增加，行业竞争加剧，各汽车厂家通过授权建设更多的 4S 门店以提高市场占有率，汽车经销企业不断增加，汽车销售价格逐年走低，而经销商汽车采购端，受汽车厂家纵向垄断地位议价能力较差以及整车制造成本呈增加趋势，整车销售毛利率较低成为行业普遍特征。

公司售后服务毛利率略有波动，受 2013 年度公司子公司吴江×××、东台×××维修服务毛利率的影响，主要由于维修服务业务类别较多，定价差异较大，2013 年度低附加值的养护服务收入较多；公司 2014 年汽车装潢业务毛利率波动较大，主要由于汽车装潢业务由母公司经营，2014 年销售价格下降、成本上升造成毛利率下降，合并抵销前毛利率为 13.81%；同时子公司从母公司采购部分装潢业务作为促销费用计入销售费用，合并抵消收入和销售费用减少，造成毛利率为负。

与同行业公司比较来看，公司综合毛利率与同行业公司接近。同行业上市公司汽车销售环节毛利率均较低，售后维修业务毛利率均较高，公司整车销售和维修服务毛利率与同行业水平接近。

（三）财务风险分析

1. 公司连续亏损的风险

公司 2012 年、2013 年和 2014 年 1~9 月的净利润分别为 -76.34 万元、-210.83 万元和 -49.25 万元。公司的主营业务是由整车销售、售后服务两部分构成的，受行业经营模式的影响，整车销售毛利率普遍偏低，售后服务和其他增值服务对 4S 店的利润贡献较大。但售后服务需要整车销售达到一定的规模化，售后服务的利润贡献才能体现。

4S 店对汽车展厅建设、维修养护车间建设、岗位人员配备要求较高，市场推广发生的广告宣传费较大，造成汽车 4S 销售费用和管理费用较大。

2. 公司存货积压或发生大幅减值的风险

报告期内，公司存货余额分别为 2711.42 万元、1970.29 万元、4214.63 万元，占总资产的比例分别为 16.88%、16.15%、21.27%，公司存货余额呈增长趋势。而公司存货余额中整车占比较高，截至 2014 年 9 月 30 日，公司存货中整车余额为 3814.93 万元，占存货余额比例为 90.52%。报告期内，公司整车存货周转情况良好，周转速度较快，周转时间平均在 30 天左右，截至 2014 年 9 月末，公司整车余额中库龄在 6 个月以内的占比 97.64%，公司整车不存在大量积压的情形，公司存货不存在大幅减值的情形。

但是随着公司业务规模扩大，公司存货将进一步增加，如果市场环境发生重大不利变化或公司存货管理水平不能相应提高，公司存货将面临大幅积压，进而造成公司存货发生大幅减值的风险，并影响公司盈利能力。

3. 整车销售依赖汽车供应商返利的风险

报告期内，公司收取汽车供应商返利（销售折让）情况如表4-10所示：

表4-10　公司收取汽车供应商返利情况

单位：万元

项目	2014年1~9月	2013年	2012年
返利（销售折让）	1313.37	1340.67	1318.6
整车毛利额	1260.57	1378.61	1323.16
返利占整车毛利额比例（%）	104.19	97.25	99.64
综合毛利额	2812.84	2553.29	2469.14
返利占综合毛利额比例（%）	46.69	52.51	53.39

报告期内，公司4S店的整车销售毛利主要来源于汽车供应商的返利，该部分占公司各期综合毛利额比例较高，公司业绩对汽车供应商的返利存在依赖，这是由行业特点造成的。由于汽车经销行业备案制度和一家4S店只能经营一种品牌汽车相关行业管理政策，造成汽车供应商获得纵向垄断地位，经销商话语权和议价能力差，汽车供应商为控制汽车经销商按要求完成业绩目标、提高市场占用率，通常以较高的价格对经销商销售整车，并按照各自的商务政策，对各4S店在约定考核期间的提货量、销售量、售后服务情况、客户满意度调查结果等因素计算给予4S店返利（销售折让）。

报告期内，公司下属4S店按照汽车供应商考核要求，考核目标完成情况良好，报告期内持续获得了供应商的返利。汽车供应商对返利制定了明确的商务政策，公司通过加强营销水平和服务质量完成汽车供应商考核目标，能够持续获得相应的返利，公司对返利的依赖是稳定的。但是，如果未来汽车经销行业管理未发生有利于经销商的变化，且公司不能较好地完成汽车供应商的考核目标，公司下属4S店面临不能获得汽车供应商返利的风险，这将对公司正常生产经营和盈利能力造成不利影响。

四、结论意见

综上所述，江苏××汽车股份有限公司具有较好的市场发展环境，公司主营业务明确，经营状况良好，现金流正常，公司规模在不断地发展壮大，有一定的市场前景，商业模式稳定且可持续，具备持续经营能力，符合挂牌条件。

第五章　法律尽职调查

第一节　法律尽职调查概述

一、法律尽职调查的概念

法律尽职调查是指在公司并购、证券发行、融资及对外投资等重大公司行为中，由律师对目标公司或者发行人的主体合法性存续、企业资质、资产和负债、对外担保、重大合同、关联关系、纳税、环保、劳动关系等各方面，从法律的角度进行的审慎和适当的调查和核查，并在此基础上进行法律分析，出具尽职调查报告，为委托人做出法律判断提供依据。

法律尽职调查的目的是为了解决信息的真实性及信息不对称的问题。每一种尽职调查都必须遵循一定的规范及操作流程，采取各种必要及可能的手段、方法和途径，通过搜集有关信息和数据，并对之按照该方面合法合规性的要求进行分析、判断和评估。实务中，客户通常会要求律师在尽职调查结束后，并就尽职调查中发现的某些问题（如土地使用权、关联交易等）出具专项法律意见书，尽职调查报告正是律师后续出具法律意见书的基础和依据。

二、法律尽职调查的工作流程

法律尽职调查一般要经历以下几个过程：

一是与委托人尽调企业签订《专项法律服务协议》及《保密协议》。开展法律尽职调查工作前，首先应当明确双方的权利和义务，并承诺对尽职调查过程中所知悉的当事人的商业秘密负保密义务，是为了让被调查对象能放心配合并支持律师的尽职调查工作。

二是提供"尽职调查清单"以及附随的"保密承诺函""资料真实性承诺函"等，发送给目标公司，请目标公司按照清单准备资料。尽职调查清单是法律尽职调查最经常使用的工具，项目投资、收购兼并、公司股票发行和上市使用的清单不同，但都包括：被调查企业组织结构的基本法律文件、重大资产、重大合同、税务、劳动人事管理、重大债权债务、诉讼、仲裁和行政处罚等基本内容。法律尽职调查清单应当围绕尽职调查的重点目标起草，例如，在公司股权并购尽职调查中，尽职调查清单内容要更加侧重公司的历史沿革、股东出资是否充实、股权是否存在质押等权利负担；在资产并购尽职调查中，尽职调查清单内容要更加侧重并购资产的权属合法性，是否存在抵押、出租或其他权利负担等。尽职调查清单最好制作成表格形式，让目标公司在备妥相关材料后在相应的空格中打钩确认，并由其在提供的全部材料上加盖单位公章和骑缝章。

承办律师事务所应当签署"保密承诺函"，并对被调查企业提供的全部文件资料承担保密义务；同时由被调查企业签署"资料真实性承诺函"，由被调查企业对全部资料的真实、完整、有效性负责。

三是实施调查，并对获取的资料进行系统的整理、分析。一方面，阅读目标公司提供的资料，并对照"尽职调查清单"，查点复印件，核对原件。目标公司未按照"尽职调查清单"准备全部资料的，或者准备的资料不足以说明问题，进一步发送补充调查清单，或者对目标公司有关人员进行访谈，直至查明问题。与此同时，在目标公司人员陪同下到工商、税务、土地、社保、规划、银行等部门查询核实相关档案信息。另一方面，对资料的整理和分析主要围绕资料的真实性、完整性、有效性和合法性展开。通过整理、分析，最大限度地甄别、排除虚假事实，尽可能地发现非被隐藏或忽视的事实，最终全面展现相应的客观事实。

四是完成尽职调查报告并出具法律意见。法律尽职调查报告的内容应当有针对性，并与尽职调查清单所涉及的范围相一致，应将调查中发现的问题逐一列明、说明问题的性质、可能造成的影响、可行的解决方案，并就重大法律问题按照客户的要求出具专项法律意见。

三、法律尽职调查清单

在律师进入目标公司现场调查前，可发送《尽职调查清单》要求目标公司先行准备调查材料。以问卷清单方式向目标公司提出收集文件的要求，是法律尽职调查非常重要的手段。法律尽职调查清单应当根据拟进行交易的目的、方式、目标公司所处的行业特点、目标公司及其资产的特点等情况，并征求委托人对法律尽职调查有无特殊需求后拟定。

比如，目标公司是一家房地产开发公司，毫无疑问，土地、房产和在建工程是其核心资产，那么包括土地使用权的取得情况，建设用地的规划情况，在建工程的立项、规划、施工许可及验收，以及建成房屋的权属情况、销售经营情况等，都是需要我们重点关注和核查的，这也是委托方最想了解的信息，因此在尽职调查清单里面就必须详细罗列涉及的文件和材料。

又如，目标公司是一家互联网初创公司，成立年限短，业绩乏善可陈，投资方更看重的是核心团队，因此对于团队成员，律师需要重点关注他的学历水平、创业经验、岗位设置、劳动关系是在职还是兼职、是否签署保密协议、竞业限制协议、中途退出的赔偿责任等。

为保证拟定的清单内容既具有针对性又具有全面性，律师可以上网查询、研究与调查对象主营业务相同或相似的上市公司公开披露的招股说明书、年度报告、投资交易或者资产交易的信息披露文件，发现其中值得关注的问题和规律；也可以参考其他尽职调查清单或者尽职调查报告，确定调查清单的具体内容。

尽职调查清单主要包括以下几部分：

（一）前言

说明本次法律尽职调查的目的、清单填写的要求、资料整理归档及装订要求，清单中特定用语的解释性说明，按照尽职调查清单准备资料的方法，以及项目负责人的联系方式。

致：×××公司

本尽职调查清单旨在完成×××项目（简称本项目）之事宜作初步尽职调查之用。

本清单设计的范围系根据截至本清单发出之日我们所掌握的本项目的情况而确定的调查内容。随着本项目进程和相关尽职调查工作的深化，尽职调查的范围可能会有所增加，可能会要求贵公司对相关问题进行进一步的解释、说明，以及进一步提供文件和材料。对此，我们希望能够获得贵公司的理解和配合，促进尽职调查工作的顺利开展并完成。

就本次尽职调查，请参考以下指引：

（1）请以书面形式并按本清单所列的顺序，答复其中的各项问题，并提供所有如下要求的相关协议、文件及材料（包括任何附件和附录）的完整、齐全的原件或复印件。如无本清单所列的任何一类文件，请在答复中注明"无"；对不适用的项目请注明并说明原因。如果文件和/或材料稍后才能提供，请相应注明。对于提供的资料，请详细、明确地注明每份协议、文件或资料的名称、有关各方的名称、日期和编号（如果有编号）。

（2）"全资子公司"指公司持有100%权益的企业；"控股公司"指公司持有50%以上权益或对其有实质性影响力的企业；"参股公司"指公司持有其50%以下权益的企业。

（3）请公司及其附属公司按本调查的要求，以公司、各附属公司为独立建档单位，各自独立上报文件和调查表。

（4）为便于归档和审阅，请公司将文件资料统一按本清单所列的各类问题进行分类，并按本清单内对应的序号顺序排放。文件资料统一用A4纸复印，复印件务必字迹清晰，纵向装订，左侧打孔（A4纸标准两孔），各类问题所涉资料之间应有明显的分隔标识。

（5）如果在按清单的要求提供了相关资料或回答了相关问题后，在本项目进行期间出现任何新的协议、材料或文件，且该等新情况或文件对先前作出的任何答复起到说明、补充、修改、肯定或否定作用的，也请务必及时完整地以书面形式将该材料或文件及解释补充提供给我们。

（6）目标公司对本清单的反馈务请真实、准确、完整，确保书面、电子文件的一致性，确保文件扫描件或复印件与原件相符，并由相关反馈人员和公司在承诺函上签字及加盖公章。对于回答本清单涉及的公司、单位的名称应采用全称。

（7）我们的联系方式：

联系人：×××，电话：×××，电子邮箱：×××。

×××律师事务所
年　月　日

（二）所需材料清单

向目标公司等被调查对象发送尽职调查清单，要求被调查对象提供文件资料，实务中一般以表格的形式列明所需要的资料，如表5-1所示：

表 5 - 1 目标公司尽职调查清单

编号	文件名称	完成情况	参考附表	备注
1. 基本情况				
1.1	目标公司的基本信息，包括但不限于：			
(1)	现行有效的营业执照；			
(2)	批准证书或设立批文（如有）；			
(3)	组织机构代码证；			
(4)	国税地税登记证；			
(5)	外汇登记证（如有）；			
(6)	出口退税登记证（如有）；			
(7)	公司章程；			
(8)	验资报告；			
(9)	若存在非现金出资方式，请提供非现金资产的评估报告。			
1.2	目标公司的历次工商登记变更的股东会决议和工商局备案的变更页，包括但不限于注册资本变更/法定代表人变更/章程变更/股东变更等。			
1.3	目标公司股东的基本情况，包括但不限于：			
(1)	非自然人股东性质（国有/民营/中外合资）；			
(2)	自然人股东个人简介；			
(3)	若存在股东以外的实际控制人，请以文字说明该实际控制人的姓名或名称、通过什么途径对公司进行实际控制；			
(4)	股东所持股权是否设定质押、查封、托管、一致行动人或其他权利限制？如有，请说明原因。			
1.4	除章程外，其他涉及利润的规定的协议/发起人协议/合资合同/合作合同/股东会决议/董事会决议。			
1.5	目标公司的财务资料：			
(1)	最近 3 年的审计报告；			
(2)	最近一期的资产评估报告（如有）；			
(3)	最近一期的年度税务审核报告（如有）；			
(4)	现行所享有的税收优惠及财政补贴的政府批文或其他确认文件（如有）。			
1.6	对外投资情况：			
(1)	控股子公司的名称；			
(2)	分公司的名称；			
(3)	参股子公司（非控股子公司）的验资报告（控股子公司及分公司已另行单独提交 1 套尽调资料，因此在此栏无须再考虑）。			

续表

编号	文件名称	完成情况	参考附表	备注
2. 资质和管理体系				
2.1	目标公司持有的资质证书，包括但不限于：			
(1)	公路工程施工总承包；			
(2)	市政公用工程施工总承包；			
(3)	房屋建筑工程施工总承包；			
(4)	铁路土建工程施工；			
(5)	桥梁工程专业承包；			
(6)	公路路面工程专业承包；			
(7)	公路路基工程专业承包；			
(8)	公路交通工程专业承包交通安全设施；			
(9)	公路交通工程专业承包公路机电工程；			
(10)	公路养护工程施工；			
(11)	境外公路工程经营承包；			
(12)	预拌商品混凝土专业承包；			
(13)	隧道工程专业承包；			
(14)	其他资质。			
2.2	目标公司的管理体系证书，包括但不限于：			
(1)	质量管理体系；			
(2)	环境管理体系；			
(3)	职业健康安全管理体系；			
(4)	其他管理体系。			
2.3	目标公司的内部管理制度汇编，包括但不限于：			
(1)	招投标制度；			
(2)	合同管理制度；			
(3)	分包管理（包括劳务）制度；			
(4)	采购管理制度；			
(5)	施工管理制度；			
(6)	安全生产管理制度；			
(7)	财务制度；			
(8)	其他重要的管理制度。			
3. 资产情况				
3.1	土地：			
(1)	土地使用权证；			
(2)	他项权利证；			
(3)	租赁登记证明；			
(4)	抵押登记证明；			

编号	文件名称	完成情况	参考附表	备注
(5)	政府机关关于土地处置方案的批复;			
(6)	与土地使用权有关的协议和批准文件（如土地使用权出让合同、转让合同、租赁合同、抵押协议等）;			
(7)	国有土地使用权划拨的批文、征地费用支付凭证，包括但不限于土地补偿费、安置补助费、青苗补偿费;			
(8)	土地使用权出让、租赁、转让所涉及的出让金、租金、转让费和土地使用费的支付凭证，对于出租的土地，出租方有权出租的证明;			
(9)	如有占用集体土地的，提供相关的协议文件;			
(10)	与土地使用权有关的合作开发合同、联营或合作协议。			
3.2	房屋:			
(1)	目标公司自有房屋的购买协议;			
(2)	自有房屋所有权证、国有土地使用权证;			
(3)	自有房屋抵押协议;			
(4)	自有房屋抵押登记证明文件;			
(5)	租赁使用房产的，房屋租赁协议及租赁登记文件、出租方的房屋所有权证及国有土地使用权证;			
(6)	自有或租赁使用房产如存在行使限制的，请提供相关合约及承诺的协议文本，包括但不限于房产的抵押协议、担保协议、抵押登记文件、主债务合同。			
3.3	在建工程:			
(1)	提供公司有关在建工程的立项批复，并根据在建工程的具体进展，提供相关文件，包括但不限于土地使用权证、审定设计方案通知书、建设用地规划许可证、建设工程规划许可证、施工许可证等，如已竣工，提供竣工核验证书、项目竣工验收文件、环保部门关于建设项目环境影响评价文件的批复、环保设施验收文件;			
(2)	工程承包合同或施工合同、监理合同、采购合同等;			
(3)	请说明在建工程的实际使用情况，以及是否存在未取得竣工验收即投入使用的情况;			
(4)	是否设定了任何抵押、担保，如有，请提供主债务合同、抵押合同以及抵押登记等相关合同、文件。			
3.4	其他固定资产:			
(1)	公司现行所有的或使用的除土地、房产外的其他资产清单及公司购置或租赁相关资产的凭证;			

续表

编号	文件名称	完成情况	参考附表	备注
(2)	上述固定资产是否设定了抵押、担保，如有，请提供抵押协议、担保协议、抵押登记文件、主债务合同。			
4. 业务、产品质量与技术标准				
4.1	公司业务：			
(1)	公司主要业务简介，包括但不限于产品/服务类型及经营方式、业务流程、业务管理的说明、主要供应商、客户等；			
(2)	开展业务所适用的法律法规，包括但不限于业务制度及操作规程；			
(3)	目标公司开展所有业务清单及所必需的执照许可/批准/登记/备案的清单，并提供该等业务资质、产品生产批准文件（如食品药品的批准文号文件等）；			
(4)	经营范围和方式需要第三方特许经营的，提供特许经营合同、支付相关费用的凭证；			
(5)	本行业企业认定证书；			
(6)	本行业产品认定证书（如软件产品认定证书）；			
(7)	主要业务合同文本；			
(8)	报告期内前五大销售客户；			
(9)	报告期内前五大供应商；			
(10)	生产或者服务流程简介、示意图，包括但不限于原材料的采购、产品设计、生产及销售；			
(11)	产品或者服务的营销机构、营销队伍及销售半径；			
(12)	公司竞争对手名单及其市场份额。			
4.2	产品质量与技术标准：			
(1)	产品符合标准的有关证明文件（如检验报告、质量检验证书、型号合格证、型号认可证等文件）；			
(2)	公司获得的质量认证证书，包括但不限于质量管理体系认证证书、环境管理体系认证证书、视频安全管理体系认证证书；			
(3)	质量达标、认证、获奖证书或证明材料，如相关证明材料系立体物的，可拍照后复印，并提供照片电子版；			
(4)	产品、服务所遵循的标准（包括国际、国内、行业及企业标准等）；			
(5)	因违反产品质量和技术监督标准而受到处罚的文件。			
5. 安全生产和环境保护				
5.1	安全生产：			
(1)	目标公司自设立起是否发生过任何工业事故、意外，如有，请详细描述该事故、意外的发生过程、伤亡人数、赔偿金额及有关诉讼或行政程序；			

编号	文件名称	完成情况	参考附表	备注
(2)	目标公司自设立起因安全生产问题所受到的政府主管部门的处罚情况;			
(3)	工业生产安全的保障措施、标准和监管守则及与安全生产有关的法律、法规、政策、条例和行政规定;			
5.2	环保:			
(1)	选址环保评价报告;			
(2)	环境管理体系认证证书;			
(3)	排污污染物许可证;			
(4)	排水许可证;			
(5)	环境保护设施合格证;			
(6)	排污标准合格证;			
(7)	环境检测报告;			
(8)	大气污染、噪声污染、工业固体废物申报登记文件;			
(9)	由环保部门出具的工业废物或危险物质外溢或释放的报告和通知;			
(10)	自行处理污染物,包括但不限于收集、储存、运输、处理的全部政府授权、执照、批准许可;			
(11)	所有项目的防治污染设施、设备的竣工验收合格证明及其设计和被批准使用年限的文件;			
(12)	适用的环保地方规章,以及具体须执行的环保标准;			
(13)	历年来接受环保部门或其他环保监督管理部门监督检查的所有环保证明和相关文件;			
(14)	请确认最近报告期是否有因违反环保法律、法规或涉及环保文件而已经发生、正在发生或有明显迹象表明将可能发生的诉讼、仲裁、行政调查或处罚,如有,请提供有关文件(如行政处罚通知书、判决书、裁决书);			
(15)	历年来缴纳排污及其他一切与环境保护相关的费用的证明或者凭证。			

6. 关联交易

编号	文件名称	完成情况	参考附表	备注
6.1	与关联方的股权关系构架图;说明关联方的营业执照中使用的法定全称、注册资金、成立时间、法定代表人及股东构成;一方的高级管理人员是否存在关联双方双重任职情形。			
6.2	公司所投资企业的企业法人营业执照、投资协议(包括但不限于出资人协议、发起人协议、股权转让协议等),其现行有效的公司章程以及所投资企业历次注册资本缴付到位的验资报告和注册地主管工商行政管理局出具的、该有"工商档案查询专用章"的企业成立至今的所有工商底档; 公司境外投资所设立企业(包括境外分支机构,下同)在设立时及历次变更时所有的境内审批文件。			

编号	文件名称	完成情况	参考附表	备注
6.3	一切以公司的任何董事、监事、高级管理人员为受益人的贷款协议、担保协议和其他协议（不包括聘用协议）；记录公司的董事、监事、高级管理人员与公司之间存在任何应收或应付账款的一切文件等关联交易付款凭证。			
6.4	尚未履行的关联交易情况。			
6.5	关联交易的内容、数量、金额及在公司相关业务中的比重；关联方的应收、应付款项金额占公司应收、应付款项余额的比例。			
6.6	关联交易是否履行了公司内部必要的审批程序的决策文件。			
7. 重大债权债务、重大合同				
7.1	目标公司的债权债务：			
(1)	公司未清偿的贷款；			
(2)	公司其他应付账款；			
(3)	公司应收账款；			
(4)	公司为其他单位或个人提供的担保；			
(5)	境外借贷款；			
(6)	并购重组安排；			
(7)	其他重大融资安排。			
7.2	重大合同：			
(1)	公司运营方面的合同，包括但不限于原材料供应协议、基础服务协议、知识产权协议、销售或分销协议、融资租赁或经营性租赁协议；			
(2)	借贷、融资协议；			
(3)	保险合同；			
(4)	担保合同；			
(5)	其他重要合同。			
8. 劳动关系及社会保险				
8.1	目标公司的员工名册，包括员工总数、员工结构（在岗/待岗/劳动派遣）。			
8.2	劳动合同样本。			
8.3	保密协议样本。			
8.4	竞业限制协议样本及履行说明。			
8.5	劳动派遣协议，以及被派遣人员的工资发放记录。劳动派遣岗位是否属于临时性、辅助性或者替代性的工作岗位。			
8.6	社会保险登记证及缴费凭证。			

尽职调查理论与实务

续表

编号	文件名称	完成情况	参考附表	备注
8.7	是否欠缴基本养老保险、失业保险、医疗保险、工伤保险、计划生育保险及住房公积金。如有，就请列出欠缴清单及金额。			
8.8	任何与员工的聘用、奖惩、劳动保护、安全生产、福利待遇、劳动纪律等相关的员工手册及相关规章制度。			
8.9	高级技术人员、高级工程师、高级管理人员（董事、监事、党组成员、总经理、副总经理）名单及简历。			
8.10	注册建造师、注册造价工程师、注册结构工程师、注册土木工程师、注册建筑师等的人员情况清单及职业证书。			
8.11	离休和退休职工人数、养老金支付方式、统筹外费用项目和数额，以及相应法律、政策依据，包括省、市的相关规定、政策等。			
8.12	下岗、内退、停薪留职等其他不在岗人员人数、费用项目和数额。			
9. 诉讼和仲裁				
9.1	目标公司在过去3年内已决仲裁和民事、刑事、行政诉讼的最终文件，包括仲裁裁决、法院判决等。			
9.2	目标公司未决仲裁和民事、刑事、行政诉讼的全部文件，包括受理通知、仲裁申请书、起诉状、答辩状、上诉状、上诉答辩状、已做出但尚未生效的判决、裁定等。			
9.3	目标公司可能发生争议的全部文件，包括律师函、催款函及相对应的合同、往来函件等。			
9.4	目标公司在过去3年内有否因违反建筑（资质管理、安全生产管理、招投标管理等）、规划、工商、治安、外汇、环保、卫生、消防、劳动、税务、质量监督等方面法律法规而受到行政处罚的情况，如有，提供行政处罚决定等相关文件。			
10. 知识产权				
10.1	目标公司所拥有的、被许可使用的，或正在申请的所有知识产权，包括但不限于专利、商标、软件著作权、服务标识、商号、品牌、专有技术、域名、商业秘密、技术工艺等，提供专利权证书、商标注册证、软件著作权登记证明、其他知识产权证明及有关申请文件。			
10.2	所持有或主张的前述知识产权，已缴纳相应的费用（如专利年费）的缴费凭证。			
10.3	所有现行有效的公司作为乙方的知识产权许可使用合同、转让合同以及技术开发合同等，包括但不限于商标、服务标记、著作权、专利和/或专有技术的许可/转让/开发合同及相关登记/备案文件。			

续表

编号	文件名称	完成情况	参考附表	备注
10.4	拥有的特许经营权的相关证明文件。			
10.5	公司对上述知识产权是否设定了任何质押或其他权利受限制的情况，如有，请提供质押协议、担保协议、质押登记证明、主债务合同。			
10.6	有关上述知识产权的资产评估报告。			

（三）专项调查表

尽职调查清单中某一项内容涉及多项具体项目，需要进一步详细列明的，可以附上一些专项调查表格，请目标公司填写。以下表5-2~表5-6为几个常用的表格：

表5-2 公司现有股东及持股比例

序号	股东名称	认缴出资额	实缴出资额	实际出资比例	享受收益比例	股权设置担保情况	股权被查封情况	股东间的控制关系	备注

单位名称（盖章）：

填表人（签字）： 填表时间： 年 月 日

表5-3 前10名供应商情况

序号	供应商名称	采购金额	占比	备注

单位名称（盖章）：

填表人（签字）： 填表时间： 年 月 日

表5-4 土地汇总

序号	项目名称	位置	土地证证号	面积	使用权人	实际使用人	登记用途	实际用途	使用权类型	是否抵押	终止日期	备注

注：本表包含公司拥有的无证土地，如无证，则请在"土地证证号"一栏注明"无证"。

单位名称（盖章）：

填表人（签字）： 填表时间： 年 月 日

表5-5 房产汇总

序号	房产名称	房产证证号	对应的土地使用权证证号	地址	用途	面积	取得方式	是否抵押	备注

注：本表包含公司拥有的无证房产，如无证，则请在"房产证证号"一栏注明"无证"。

单位名称（盖章）：

填表人（签字）： 填表时间： 年 月 日

表5-6 专利情况汇总

序号	知识产权类别	知识产权证号	知识产权名称	权利人	法律状态	有效期间	是否质押	备注

单位名称（盖章）：

填表人（签字）： 填表时间： 年 月 日

第二节　目标公司基本情况尽职调查

法律尽职调查业务因被调查的企业所属行业、领域不同而各有其特点，本节关于法律尽职调查的内容仅涉及企业法律尽职调查业务中具有普遍共性的事项。

一、主体资格审查

在尽职调查中，律师应当首先对目标公司的主体资格进行审查。公司主体资格是指公司独立经营、对外承担民事责任的资格和能力。目标公司是否合法延续、是否具有交易所要求的主体资格是直接影响到交易能否实现的首要条件。

对目标公司主体资格的审查包括现状及历史沿革两部分。

（一）现状审查

对目标公司现状的调查，主要内容包括公司的营业执照（正副本）、组织机构代码、税务登记证（目前已三证合一）、外商投资企业批准证书（如目标公司系外商投资企业）、银行开户许可证、贷款卡、财政登记卡（正副本）、企业征信报告、对外贸易经营许可证（如有）、海关登记证、外汇登记证及公司已经取得的所有政府许可文件、证书和行业相关资质文件，最新公司章程等，结合从工商管理部门所调取的工商登记档案，对目标公司的名称、注册号、住所、法定代表人、注册资本、实收资本、企业类型、所属行业、经营范围、营业期限、成立日期及股东情况等现状予以说明，作为公司目前基本情况的直接证据，如表 5 - 7 所示：

表 5 - 7 公司目前基本情况

公司名称			
住所地			
注册号		登记机关	
公司类型		法定代表人	
成立时间		经营期限	
注册资本		实缴资本	
股权结构		实缴，占注册资本实缴____%	
		实缴，占注册资本实缴____%	
经营范围			

同时注意在调取工商登记档案时，应要求目标公司配合出具营业执照、组织机构代码原件和复印件（加盖公章），以及介绍信和前去调档人员的身份证复印件（加盖公章）。在调取档案时，应当去目标公司注册地工商局查询目标公司是否有股权质押和工商行政处罚记录。

（二）历史沿革审查

目标公司历史沿革是指目标公司的设立、股权、所有制形式或者实际控制人的历次变化，历次改组、改制、重组、合并、收购、增资、减资、出售重大资产，历次名称、注册地的变更等。历史沿革调查以发现风险为目的，主要是发现股权瑕疵、资产瑕疵，并寻求完善方法。对目标公司历史沿革情况的核查主要包括公司设立情况的核查和对历次变更的核查。

1. 目标公司的设立情况核查

目标公司是否依法设立，直接关系到公司的产生及其存在是否具有合法性的问题。核查目标公司的设立重点关注的内容包括公司设立的名称、注册资本、经营范围、股东及其出资、股权比例等方面是否符合法律规定。在审查过程中需要审查的材料应包括但不限于公司设立时的以下文件和资料：公司名称；预先核准通知书；股东签署的文件（公司章程、股东协议、发起人协议等）；公司（包括其分支机构、子公司）设立时的批复、批准文件；验资报告；企业法人营业执照（正副本）；非货币资产的评估报告及过户证明文件；国有资产评估报告及国有资产评估结果的确认或备案文件；股东名册；股东出资证明书及公司设立时的其他登记文件等。

2. 目标公司历次变更情况核查

历史沿革调查要以目标公司演变过程中的法律文件为依据，了解公司的历史演变是否符合法律法规的规定及公司章程的要求，以及对交易可能产生的影响。调查的内容一般包括：公司设立以来的变更情况，如名称、地址、经营范围、股东等；公司成立以来股权结构的变化及增资扩股情况；公司成立以来主要发展阶段及每一阶段变化发展的原因。

目标公司历史沿革需要审核的法律文件一般包括：

（1）公司设立的协议、主管机关批文、股东会决议、评估报告、审批、出资缴付以及工商、税务、外汇、海关登记行为及其证明文件；

（2）公司成立以来历次增资、股权转让的决议、协议、批复、交割、登记等行为及其证明文件；

（3）公司合并、分立、变更及重大改组、重大投资的可行性研究、决议、协议、批复、交割、登记等行为及其证明文件；

（4）公司年检记录；

（5）影响公司合法存续的重大法律文件，包括但不限于责令整顿、责令关闭，甚至吊销、注销的决定书。

有关公司历史沿革情况的资料和信息，可以从工商登记信息、公司文件档案以及财务档案中获取。由于历史的原因，长期以来企业对于设立及历史演变过程中的变更注重的是结果，而对于是否依法依规设立及变更重视度不够，但是在设计并购重组、IPO及挂牌新三板时管理部门对此高度重视，所以，作为尽调律师，应当根据有关规定仔细审核，发现问题后分门别类地予以调整，重新对公司的历史进行梳理，避免潜在的法律后的瑕疵影响到以后的经济活动。

二、股权结构、股东资格及股权合法性审查

股权结构是指公司总股本中，不同性质的股份所占的比例及其相互关系。股权结构是公司治理结构的基础，公司治理结构则是股权结构的具体运行形式。不同的股权结构决定了不同的企业组织结构，从而决定了不同的企业治理结构，最终决定了企业的行为和绩效。

从尽职调查的角度来看，对目标公司股东及其股权结构的调查，主要是审查目标公司股权设置的合法性和股权结构变动过程的合法性，防止出现因股权结构混乱、矛盾、不清晰或其设置、演变、现状不合法而影响或制约交易实施的情况。其中股权合法性受股东资格、股东出资的合法性和有效性的影响，对于通过受让方式取得的股权，其合法性还受受让程序合法性的影响。因此在调查过程中需要审阅的文件主要包括以下几方面：

（1）修正前后目标公司章程。

（2）注册资本变更前后的股东名册。

（3）关于股东背景的情况说明。

（4）股东或交易双方主体资格证明。

（5）股东出资协议、发起人协议或者股权转让协议。

（6）决定注册资本变更或同意转让股权的股东会决议、董事会决议。

（7）股权变更前后的出资证明书。

（8）对非货币资产出资的评估报告。

（9）非货币资产过户的证明文件。

（10）对目标公司出资的审批文件，如国有资产管理部门、发展改革部门、商务主管部门以及为获得该文件等所报送的申请文件等。

（11）不涉及转让股权的其他股东放弃优先购买权的承诺书。

（12）转让股权所涉及的政府主管部门审批文件及为获得该等审批文件所报送的申请文件。

（13）与转让股权相关的资产评估报告、审计报告等文件。

（14）关于股权是否存在质押情况的说明。

（15）关于目标公司是否存在集资入股情况的说明。

（16）关于股东是否存在代持股或者信托情况的说明。

（17）关于目标公司是否实行期权计划的说明。

（18）关于目标公司实际控制人情况的说明。

三、下属机构情况审查

目标公司的下属机构包括具有独立法人资格的子公司和不具有独立法人资格的分公司。

（一）核查的内容

（1）查阅目标公司下属分、子公司的营业执照及其他工商登记资料，了解分、子公司的相关信息，包括名称、地址、登记工商局、成立时间、注册资本、实收资本、主营业务等，重要的子公司还需详述其历史变迁。

（2）查阅目标公司的对外投资制度、董事会、股东（大）会、总经理办公会议资料、财务凭证等文件，核查目标公司是否存在申购新股、委托理财行为，如有，该等行为是否已履行相应的内部决策程序，是否存在纠纷或潜在的法律纠纷。

（3）查阅目标公司的相关会议资料、财务报告、长期股权投资清单，了解目标公司控股子公司、参股公司的股东构成及持股情况、最近一年及一期的总资产、净资产、净利润等有关财务数据，重点关注是否存在员工持股及持股情况。

（4）目标公司投资设立或向控股子公司、参股公司增资的，查阅该等公司成立后增资时的目标公司内部批准文件、营业执照、公司章程、合资合同、批准证书、投资协议或增资协议、验资报告、资产评估报告（涉及以非货币资产出资）、工商变更登记文件等，提供与目标公司高级管理人员谈话、问卷调查等方式，核查目标公司对该等公司权益的形成过程是否合法、合规、真实、有效。

（5）对于目标公司向第三方收购的公司，查阅目标公司收购该等公司时的内部批准文件、股权转让协议、批准股权转让的相关管理部门批准文件、该等公司营业执照、公司章程、合资合同或投资协议、审计报告、资产评估报告、支付凭证、工商变更登记文件等，核查目标公司与该等公司权益的形成过程是否合法、合规、真实、有效，是否存在纠纷或潜在法律纠纷。

（6）对目标公司的长期股权投资，应该注意如下问题：

1）目标公司对被投资公司是否有控制权；

2）被投资公司所处的行业是否符合长期投资要求，并购方是否能够进入；

3）被投资公司的经营状况；

4）被投资公司的股东情况。

（二）核查的重点

对下属公司与目标公司集团的关联关系进行尽职调查时，重点关注以下问题：

1. 子公司与集团、子公司之间是否人格混同

在尽职调查过程中应关注子公司与目标公司集团之间、子公司与子公司之间是否存在人格混同。在实务中，比较常见的问题是集团公司与下属的子公司或者子公司与子公司之间存在经营地址相同、管理人员兼任、实际控制人相同、财产混同等情形。

《公司法》第二十条规定，公司股东应当遵守法律、行政法规和公司章程，依法行使股东权利，不得滥用股东权利损害公司或者其他股东的利益；不得滥用公司法人独立地位和股东有限责任损害公司债权人的利益。公司股东滥用股东权利给公司或者其他股东造成损失的，应当依法承担赔偿责任。公司股东滥用公司法人独立地位和股东有限责任，且逃避债务，严重损害公司债权人利益的，应当对公司债务承担连带责任。该条从字面上理解为，公司人格混同是存在于母子公司之间，但司法实践中，已将人格混同延伸至同一控股股东控制下的两个或两个以上的子公司之间①。两个公司，地址相同、管理人员兼任、股东相同，甚至财产也混在一起，那么就可以判断已具备公司人格混同的法律要素，应连带承担债务。

混同的公司是关是合，还是承受风险保持现状，对目标公司集团的利益会构成影响，尽职调查时应当进行风险评估。

2. 子公司员工持股是否合法合规

员工持股数量大时，会对公司管理造成影响。如果是国有企业，还存在违规风险。《关于国有企业职工持股、投资的意见》（国资发改革〔2008〕139 号）第二条规定：

（1）严格控制职工持股企业范围。职工入股原则限于持有本企业股权。国有企业集团公司及其各级子企业改制，经国资监管机构或集团公司批准，职工可投资参与本企业改制，确有必要的，也可持有上一级改制企业股权，但不得直接或间接持有本企业所出资各级子企业、参股企业及本集团公司所出资其他企业股权。科研、设计、高新技术企业科技人员确因特殊情况需要持有子企业股权的，须经同级国资监管机构批准，且不得作为该子企业的国有股东代表。

国有企业中已持有上述不得持有的企业股权的中层以上管理人员，自本意见印发后 1 年内应转让所持股份，或者辞去所任职务。在股权转让完成或辞去所任职务之前，不得向其持股企业增加投资。已持有上述不得持有的企业股权的其他职工晋升为中层以上管理人员的，须在晋升后 6 个月内转让所持股份。法律、行政法规另有规定的，从其规定。

（2）严格执行企业改制审批制度。国有企业改制引入职工持股，必须履行批准程序，严格执行国家有关规定。由集团公司批准的引入职工持股的企业改制，完成改制后须由集团公司将改制的相关文件资料报送同级国资监管机构。

（3）国有企业是规范职工持股、投资的责任主体，要认真贯彻执行本意见的各项要

---

① 参见《最高人民法院公报》2008 年第 10 期最高人民法院（2008）民二终字第 55 号"中国信达资产管理公司成都办事处与四川泰来装饰工程有限公司、四川泰来房地产有限公司、四川泰来娱乐有限公司借款担保纠纷案民事判决书"。

求，加强领导，认真组织，规范企业改制，强化内部管理，做好职工思想工作。各级国资监管机构要加强监督管理，对本意见的贯彻执行情况进行督促检查，发现违反本意见要求的，要立即予以制止和纠正，并按照相关规定追究有关责任人的责任。

为了防止利益输送，原则上禁止国有企业员工持有下属企业的股份，电力系统管控最为严格。如果目标公司集团员工持有下属企业股份的，属于中层以上管理人员的，应当按照上述文件要求转让所持股份，或者辞去所任职务；其他员工如果因为持股人数众多，难以就清退达成一致意见或者因为清退资金短缺等原因，导致清退存在重大困难的，建议在保证国务院国资委和省国资委监管的情况下，不做大规模的员工持股清退，但在程序上，应由目标公司集团控股子公司组织员工签署股权托管协议及对股东代表的授权手续，并加强股东会决议等档案的管理，以规避股权管理风险。

3. 对子公司的资产是否进行了剥离

目标公司在收购子公司时，如果协议将被收购的子公司的部分或者全部债务剥离给原子公司的股东，实际上是将被收购的子公司的债务转移给了该公司的原股东。债务转移未经债权人同意，不得对抗债权人。如果债权人向子公司索偿，子公司负有向债权人偿还的义务。虽然《股权转让协议》约定，目标公司有权从购买价款或业绩奖励款中抵消子公司原股东未依约向债权人偿还的负债，但仍存在购买价款及业绩奖励款不足支付的风险。建议与目标公司协商时，请子公司原股东提供相应债务的担保，或者在进行本次收购时，扣留相应的收购价款。

另外，子公司原股东如果同时带走部分债权，实质上是子公司将债权转移给子公司原股东，虽然无须征得债务人同意，但未经通知债务人，不对债务人发生法律效力。因此，需要在本次收购协议签署前完成书面通知债务人的程序。

除上述常规尽职调查中通常包括的内容之外，不同行业具有不同的特点，律师需要根据不同行业的特点调整和把握调查重点。

四、公司治理审查

公司治理（Corporate Governance），从广义角度来理解，是研究企业权力安排的一门科学；从狭义角度来理解，是基于企业所有权层次，研究如何授权给职业经理人，并针对职业经理人履行职务行为行使监管职能的科学。

公司治理方面的文件通常包括公司内部组织结构图、公司股东会、董事会及监事会（以下简称"三会"）文件、职工代表大会文件、工会文件、高管人员构成。在审查"三会"文件、职代会文件、高管人员构成时，要考虑有关约定、议事规则、决议，以及其对拟议的交易产生的影响。

（一）公司组织机构

（1）公司股东会、董事会、监事会的设置、成员构成及成员任职情况。

（2）董事会、监事会以及董事会战略、审计、提名、薪酬与考核等专门委员会的设置情况及其构成，是否符合法律、法规、规范性文件和公司章程的规定。

（3）公司内部组织机构及部门职责，各部门职责分工是否明确、清晰。

（二）公司章程

在尽职调查阶段掌握目标公司章程的相关信息，对于拟定针对目标公司章程的修改方案，对于评估交易后对目标公司控制权及整合的难易度，都是十分有必要的。对公司章程的审查内容包括：

（1）审查最新公司章程的合法性、完整性和一致性。对于经过历次修订的公司章程，应当关注修订的内容以及修订是否履行了公司内部的决定或者批准程序；章程规定的内容是否存在与法律强制性规定不一致的情况，并将章程中的有关内容与调查对象的营业执照、批准证书、出资协议、合资（或合作）合同等进行核对，确认是否一致。需要注意的是，如果是外商投资企业的章程与合资（或合作）合同存在不一致的地方，应当以合资（或合作）合同为准。

（2）审查公司章程是否向政府主管部门履行了备案或者批准手续。对于有关法律、法规规定需要报经有关部门批准或者备案的公司章程，应当办理相关批准或者备案手续。

（3）审查公司章程中关于股东权利的特别规定。公司章程中对于原有股东转让股权或者增资扩股有无特别规定或者限制；对股东行使表决权或者分红有无特别规定；股东是否享有优先股待遇等。

（4）审查公司章程对"三会"决议事项及表决程序的特别规定，以确定拟交易事项是否符合公司章程的规定。

（5）审查公司章程中是否存在防御性条款。比如，在公司章程中是否设置反收购条款或者其他反收购措施，主要包括：公司章程的修改，公司合并、分立，出售主要资产时，适用"超级多数条款"；选举或者辞退董事时，适用"董事会分期、分级选举条款"；特别事项的决定权属于股东大会或董事会；董事轮换制①等。反收购条款的存在，可能对收购本身以及收购后对目标公司的整合造成障碍。

（三）"三会"规范运作情况

公司的"三会"是公司治理的核心和基本框架，一个公司的运作是否规范，就要看三会的运作是否正常，是否合法合规，以及小股东的利益是否得到尊重等。通过审核"三会"的相关文件，包括股东大会、董事会及监事会议事规则，董事会专门委员会议事规则，总经理工作制度，内部审计制度以及相关会议资料，可以了解企业在一些重大决策上是如何操作的，是否存在法律上的瑕疵。

（1）是否具有健全的股东会、董事会及监事会议事规则，该议事规则是否符合相关法律、法规和规范性文件的规定。

（2）目标公司股东（大）会、董事会和监事会是否按照规定的期间召集、通知、举行和做出决议的记录。

（3）会议文件是否完整，会议记录中的时间、地点、出席人数等要件是否齐备，会议文件是否归档保存。

（4）历次股东会、董事会与监事会的召开、决议内容及签署是否合法、合规、真实、

---

① 董事轮换制，也称分期分级董事会，是指在公司章程中规定，每年只能更换 1/4～1/3 的董事，且辞退董事必须具备合理的理由。

有效。

（5）董事会和监事会是否按照有关法律法规和公司章程及时进行换届选举。

（6）对重大投融资、资产重组、经营决策、对外担保、关联交易等事项的决策，是否履行了公司章程和相关议事规则规定的程序。

（7）对董事会、经理层历次授权是否履行了公司章程和相关议事规则规定的程序，授权范围是否合法有效。

（8）涉及关联董事、关联股东或其他利益相关者应当回避的，该等人员是否回避了表决。

（9）董事会下设的专门委员会是否正常发挥作用，是否形成相关决策记录。

（10）"三会"决议的实际执行情况；未能执行的会议决议，相关执行者是否向决议机构汇报并说明原因。

（11）目标公司按照内部治理规则决定董事、监事、经理及其他高级管理人员的任免、薪酬、奖惩的决议、决定等记录。

（12）董事、监事和高级管理人员持股情况。

（13）监事会是否正常发挥作用，是否具备了切实的监督手段，包括职工代表监事履行职责的情况。

（四）公司法定代表人

公司法定代表人是公司登记事项之一，查明公司法定代表人对于分清管理层的责任、交易谈判及合同缔结都具有意义。

《公司法》规定，公司法定代表人依照公司章程规定，由董事长、执行董事或者经理担任，并依法登记。公司法定代表人变更，应当办理变更登记。

（五）公司的董监高及其限制

1. 董监高任职资格调查

（1）了解董监高的简历，包括学历及工作经历，概括了解其学习、工作经历，从而初步判断其是否具备与其任职职位相匹配的任职经验和能力。

（2）调查公司管理层的诚信情况，取得经公司管理层签字的关于诚信状况的书面申明、承诺。书面申明至少包含以下几方面的内容：

1）最近 3 年内是否因违反国家法律、行政法规、部门规章、自律规则等受到刑事、民事、行政处罚或纪律处分；

2）是否存在因涉嫌违法违规行为处于调查之中尚无定论的情形；

3）最近 3 年内是否对所任职（包括现任职和曾任职）的公司因重大违法违规行为而被处罚负有责任；

4）是否存在个人负有数额较大债务到期未清偿的情形；

5）是否有欺诈或其他不诚实行为等情况。

2. 董监高任职限制性规定

从改制、出资、历史沿革、资金往来、破产企业与高管关系等方面，关注董事、高管是否履行了忠实、勤勉义务，是否符合相关法律法规所规定的任职资格要求。相关法律法规规定的任职资格要求如表 5-8 所示：

尽职调查理论与实务

表5-8 相关法律法规规定的任职资格要求

规范名称	条款	内容
《公司法》	第二十一条第一款	公司的控股股东、实际控制人、董事、监事、高级管理人员不得利用其关联关系损害公司利益
	第一百四十六条	有下列情形之一的，不得担任公司的董事、监事、高级管理人员： （一）无民事行为能力或者限制民事行为能力； （二）因贪污、贿赂、侵占财产、挪用财产或者破坏社会主义市场经济秩序，被判处刑罚，执行期满未逾五年，或者因犯罪被剥夺政治权利，执行期满未逾五年； （三）担任破产清算的公司、企业的董事或者厂长、经理，对该公司、企业的破产负有个人责任的，自该公司、企业破产清算完结之日起未逾三年； （四）担任因违法被吊销营业执照、责令关闭的公司、企业的法定代表人，并负有个人责任的，自该公司、企业被吊销营业执照之日起未逾三年； （五）个人所负数额较大的债务到期未清偿。 公司违反前款规定选举、委派董事、监事或者聘任高级管理人员的，该选举、委派或者聘任无效。 董事、监事、高级管理人员在任职期间出现本条第一款所列情形的，公司应当解除其职务
	第一百四十七条	董事、监事、高级管理人员应当遵守法律、行政法规和公司章程，对公司负有忠实义务和勤勉义务。 董事、监事、高级管理人员不得利用职权收受贿赂或者其他非法收入，不得侵占公司的财产
	第一百四十八条	董事、高级管理人员不得有下列行为： （一）挪用公司资金； （二）将公司资金以其个人名义或者以其他个人名义开立账户存储； （三）违反公司章程的规定，未经股东会、股东大会或者董事会同意，将公司资金借贷给他人或者以公司财产为他人提供担保； （四）违反公司章程的规定或者未经股东会、股东大会同意，与本公司订立合同或者进行交易； （五）未经股东会或者股东大会同意，利用职务便利为自己或者他人谋取属于公司的商业机会，自营或者为他人经营与所任职公司同类的业务； （六）接受他人与公司交易的佣金归为己有； （七）擅自披露公司秘密； （八）违反对公司忠实义务的其他行为。 董事、高级管理人员违反前款规定所得的收入应当归公司所有
《首次发行股票并上市管理办法》	第十五条	发行人的董事、监事和高级管理人员已经了解与股票发行上市有关的法律法规，知悉上市公司及其董事、监事和高级管理人员的法定义务和责任
	第十六条	发行人的董事、监事和高级管理人员符合法律、行政法规和规章规定的任职资格，且不得有下列情形： （一）被中国证监会采取证券市场禁入措施尚在禁入期的； （二）最近36个月内受到中国证监会行政处罚，或者最近12个月内受到证券交易所公开谴责； （三）因涉嫌犯罪被司法机关立案侦查或者涉嫌违法违规被中国证监会立案调查，尚未有明确结论意见

第三节　目标公司财产及保险状况尽职调查

一、主要资产与经营设施尽职调查

目标公司的清产核资是一项重要工作，关系到企业净资产及其股票的估值问题。一般而言，目标公司的资产包括土地、房产、主要的机械设备、专利、商标等。土地、房产等资产的价值取决于其权利状态，因此，需要事先对土地和房产权利状况加以核查。对土地、房产等资产的核查，主要是核查其权属、是否存在权利负担或限制，以及资产的品种和效能。

（一）土地使用权核查

土地使用权获得的方式多样，而不同的获得方式需要审查的文件也是不相同的。除要求资料提供方提供相关信息外，可以到土地所在地的国土资源部门调取调查对象拥有的全部土地的登记档案文件，有针对性地进行核查。

1. 自有土地

目标公司使用的自有土地清单，包括对土地性质、面积、坐落、取得方式和当时购买协议、购买价格（租赁价格）、使用权利、权利性质、年限、抵押情况等的详细说明，以此了解土地的用途是否符合区域土地利用总体规划或者出让协议约定的用途，土地使用权剩余年限，权利限制情况，是否已经取得土地使用权证，土地的转让是否符合法律法规规定的或者原有土地转让合同约定的条件，是否需要办理相关土地性质变更或补缴土地出让金等手续。如果需要办理前述手续，是否存在法律风险及需要缴纳的费用；若土地正在使用应当对建设项目情况及具体项目所用土地情况进行说明。

2. 出让取得的土地

如果土地为目标公司直接从土地管理部门出让取得，需审查：国有土地使用权证、国有土地使用权出让合同及其附件、土地出让金缴付专用收据、土地基准地价公告、公有土地使用成交确认书（中标通知书）。

3. 通过转让、划拨取得的土地

如果土地为目标公司直接从土地管理部门以划拨方式取得，需审查：国有土地使用权证、政府批准用地的文件；如果该出让地为目标公司从第三人以转让方式取得，需审阅：国有土地使用权证、国有土地使用权出让合同、土地转让金缴付凭证、土地基准地价公告。

4. 以租赁方式取得的土地

如果目标公司土地是以租赁方式取得，需审阅：国有土地租赁合同、国有土地租金缴付凭证以及国有土地租赁登记证明。

5. 尚未确权或存在权属纠纷的土地

如果目标公司使用的土地目前尚未确权或存在权属纠纷，需要目标公司说明相关情况及提交有关政府确认土地权属的批复或其他确权文件。

6. 属于集体建设用地的土地

如果目标公司使用的土地为集体建设用地，需审阅：农村集体建设用地土地权属证书、土地管理部门出具的批准、登记文件、村民（代表）大会批准有关土地流转协议的会议决议、土地价款交付凭证。

7. 属于农用地并用于农业用途的土地

如果目标公司使用的土地为农用地并用于农业用途，需审阅：土地流转协议，村民（代表）大会批准有关土地流转协议的会议决议，土地管理部门对农用地流转的登记文件，土地价款交付凭证。

（二）房产核查

核查目标公司房产的范围、取得方式、用途及实际使用情况、使用期限、是否存在抵押等他项权利等，核查房屋以及建筑物是否均已办理产权证明，检查已有产权证明的房屋建筑物和房屋占用范围内的土地使用权是否在目标公司名下、房屋占用范围内的土地使用权性质，核查是否存在房产所有权人与其占用范围内的土地使用权人为不同主体的情形，确认目标公司占用的房屋建筑物是否存在重大权属纠纷。按房产的类别进行核查：

1. 拥有所有权的房产

对于拥有所有权的房产需要核查目标公司的房屋所有权证（共有权证）、他项权利证和房屋权属登记簿复印件，目标公司拥有及正在使用的房屋建筑物等物业设施清单及其情况说明，了解目标公司房产的坐落位置、建筑面积、占地面积、权属、使用年限、原值、净值、累计折旧、取得方式、抵押情况，所对应的土地权属及房、地权属是否一致，是否存在重大权属纠纷等。

2. 自建的房产

对于自建房产但尚未领取房屋所有权证书的房屋，需审阅该房屋所对应的工程规划文件，但不限于：

（1）建设项目核准/备案文件；

（2）建设用地规划许可证；

（3）建设工程规划许可证；

（4）建设项目施工许可证；

（5）建设工程竣工验收报告；

（6）建设工程竣工验收备案表；

（7）房屋测绘报告；

（8）法律、行政法规规定应当由公安消防、环保等部门出具的认可文件或者准许使用文件。

3. 以租赁方式取得的房产

对于以租赁方式取得的房产，需审阅：租赁房产清单、租赁房产的房屋所有权证和土地使用权证（如果没有领取土地使用权证，需审阅：土地规划许可证或政府批准用地或确权文件）；房屋租赁合同以及房屋租赁合同的登记证明。

如果目标公司存在无法继续使用租赁房产，并对公司的生产经营存在重大法律风险的，应当提供对以下事项的说明文件：是否存在其他替代房产的可行性；搬迁的时间周期和成本；因搬迁造成的停产损失金额；访谈调查笔录和其他有关文件。

4. 以其他方式取得的房产

对于通过购买二手房方式取得的房屋，需审阅：房屋原始权属证明、购房合同和购房款项支付凭证；对于通过购买商品房方式取得的房屋，需审阅：出售房屋的预售/销售许可证明、购房合同和购房款项支付凭证。

（三）在建工程核查

对目标公司在建工程进行核查时，应重点核查在建工程的手续是否完备，是否合法施工；在建工程与其占用的土地是否匹配，是否出现房地不匹配的情况；是否存在工程负债、抵押、租赁三方面的内容。在调查过程中具体需要审阅以下文件资料：

1. 项目的立项审批文件包括的要素

（1）项目的地形图、现状图；

（2）项目的初步规划设计方案（项目总平面图、立面图、剖面图、分层平面图）；

（3）固定资产投资建设项目立项登记备案通知书；

（4）项目建议书（含可行性研究报告）的批复。

2. 项目规划审批文件包括的要素

（1）建设项目建设地点征求意见函；

（2）坐标系 1:500 或 1:2000 比例尺的地形图；

（3）建设项目规划意见复函；

（4）规划意见书及附图。

3. 项目建设用地规划审批文件包括的要素

（1）政府关于征地的批准文件；

（2）国土房管局的批准意见；

（3）项目用地钉桩成果通知单；

（4）建设用地规划许可证及其附件。

4. 项目设计方案审核审批文件包括的要素

（1）项目初步设计的申报和审批文件，包括建设项目的规划设计方案和审批文件；

（2）建设项目抗震设防要求（标准）审查意见书；

（3）城市规划管理机构审定审计方案通知书。

5. 项目建设工程规划审批文件包括的要素

（1）项目施工图（包括各层平面图、各向立面图、剖面图、基础平、剖面图）；

（2）工程勘察成果报告；

（3）结构计算书和计算软件名称；

（4）工程档案登记证明；

（5）是否存有限制外销售的楼层或房屋，如有请详细说明；

（6）建设工程规划许可证及其附件。

6. 项目土地使用权取得的审批文件包括的要素

（1）土地评估报告；

（2）审定地价水平通知单；

（3）国有土地使用权出让合同及附图和所有的补充协议；

（4）国有土地使用证。

7. 项目开工建设的审批文件，建设工程开工证

8. 项目人防审批文件，人民防空工程设计审核批准通知单

9. 项目绿化审批文件包括的要素

绿地布置图和政府部门对绿化规划方案的审核意见。

10. 项目消防审批文件包括的要素

项目室内、室外的消防设计图和建筑消防设计防火审核意见书。

11. 项目环境审批文件，环境影响报告书的批复

12. 项目交通审批文件包括的要素

项目的交通设计方案和项目交通规划设计审查意见。

13. 项目地名审批文件包括的要素

地名预先核准通知书和正式的地名核准文件。

14. 项目用地范围内临时建筑审批文件包括的要素

项目临时建筑的政府批准文件和临时建筑的施工许可证。

15. 代征代建及项目配套工程要素

（1）是否有代征代建市政道路、市政基础设施、绿地，如有应请目标公司予以说明并提供履行情况证明文件；

（2）是否有代建工程配套项目，如幼儿园、学校、体育馆、配套公建，如有应请目标公司予以说明并提供履行情况证明文件。

16. 项目预售，预售许可证

17. 项目建筑面积的预测、实测文件，项目建筑面积预测、实测报告

18. 项目竣工验收备案的相关文件资料包括的要素

（1）项目目前是否已经通过四方验收；

（2）是否已经取得工程竣工验收备案表；

（3）如已经通过四方验收，或已经取得工程竣工验收备案表，应请目标公司提供相关文件、资料；

（4）如尚未通过四方验收，或尚未取得工程竣工验收备案表，应请目标公司详细说明未通过四方验收或未取得工程竣工验收备案表的原因。

19. 工程资料包括的要素

（1）城市建设工程办理竣工档案登记表（建筑安装工程）；

（2）监理资料，包括但不限于建立工作记录、会议纪要等文件；

（3）工程施工中发生的历次会议记录，洽商签证文件等文件资料。

对在建工程的核查，可以参考《中华全国律师协会办理建设工程法律业务操作指引》。

另外，还有两个需要特别关注的问题：

第一，负债问题。建设工程的承包方对建设工程享有优先受偿权①。如果在建工程转让中存在未清偿的工程欠款，且目标公司隐瞒了该事实，则将使并购方蒙受损失。在实务操作中，一般要对未付工程款核实确认，必要时可以要求施工方出具声明对收购前的工程款放弃优先受偿权。

第二，权利限制和租赁问题。如果在建工程存在抵押情况，且目标公司未经抵押权人同意转让该在建工程，并购方将面临转让合同无效或者代为清偿债务的风险。此外，如果在建工程在转让前目标公司已经与第三人签订了长期租赁合同并预收了租金，则在建工程转让后合同继续有效，并购方应继续履行租赁合同约定的义务，从而承受因此带来的损失。

（四）机器设备等其他固定资产核查

机器设备等其他固定资产分为需要在有权机关办理登记和不需要办理登记两大类。对于车辆等需要在有权机关办理登记的固定资产，需审阅相关的登记文件。以车辆为例，审阅的内容如表5－9所示：

表5－9　车辆审阅内容

序号	车辆类型	型号	车辆号牌	产权人	机动车登记证书	车辆行驶证

对于不需要办理登记的固定资产，律师一般仅能通过目标公司提供的固定资产明细清单、购买合同及款项支付凭证、评估报告、海关进口报关单等证明文件，了解固定资产的种类、数量、原值、净值、使用及折旧情况、技术先进程度。另外，对于大宗或者关机的机器设备要进行实地勘察。

（五）矿业权

矿业权是指矿产资源使用权，包括探矿权和采矿权。矿业权的价值是矿业权人在法定的范围内，经过资金和技术的投入而形成的，依法受法律保护。

尽职调查涉及矿产的，应重点关注矿产勘查许可证、采矿许可证以及矿业项目主要涉及的税费等事项。具体可以通过查询自然资源部和省级国土资源主管部门门户网站的"矿业权人勘查开采信息公示系统"专栏核查相关信息。

1. 矿产勘查许可证

主要核查矿业权人以下信息：

（1）探矿权基本信息。包括勘查许可证号、探矿权人名称、探矿权人地址、勘查项目名称及地理位置、勘查面积、有效期限、勘查单位名称、发证机关、发证时间和勘查活动依据的勘查实施方案等。

（2）探矿权人履行义务信息。包括实际勘查矿种、年度勘查投入情况、探矿权使用

---

① 《物权法》第一百九十一条第二款规定："抵押期间，抵押人未经抵押权人同意，不得转让抵押财产，但受让人代为清偿债务消灭抵押权的除外。"

费和探矿权价款缴纳情况等。

（3）矿产勘查项目合作情况。包括合作人、股权比例、出资方式等。

通过核查明确：①目前勘查所处阶段。我国的矿产勘查工作分为预查、普查、详查及勘探 4 个勘查阶段，在不同的勘查阶段工作的程度不同，可以帮助我们判断能够控制的资源量的情况。②在规定期限内是否申请过探矿权延续。勘查许可证有效期最长为 3 年（石油、天然气勘查许可证有效期最长为 7 年），需要延长勘查工作时间的，探矿权人应当在勘查许可证有效期届满的 30 日前，到登记管理机关办理延续登记手续，每次延续时间不得超过 2 年。探矿权人逾期不办理延续登记手续的，勘查许可证自行废止。除法律规定的情形外，非油气探矿权延续时，应当提高符合规范要求的勘查阶段，未提高勘查阶段的，应当缩减不低于首次勘查许可证载明勘查面积的 25%。③探矿权转让是否涉及探矿权主体变更。根据《国土资源部关于进一步规范矿产资源勘查审批登记管理的通知》（国土资规〔2017〕14 号），以申请在先、招标、拍卖、挂牌方式取得的非油气探矿权申请变更主体，应当持有探矿权满 2 年，或者持有探矿权满 1 年且提交经资源储量评审备案的普查及以上地质报告。以协议方式取得的非油气探矿权申请变更主体，应当持有探矿权满 10 年；若未满 10 年，按协议出让探矿权的要件要求及程序办理。

2. 采矿许可证

查询并核查采矿证基本信息，确保采矿证的真实性，并关注采矿许可证上如表 5 – 10 所示的信息：

表 5 – 10 采矿证基本信息

采矿权人	与营业执照上的企业名称是否一致，以确定权属
	个人独资企业可能为自然人
	采矿权人不能将矿山企业承包给他人经营
采矿权 有效期	首先，应关注采矿权的到期日。到期日前需要向国土部门了解该采矿权证是否可以续期；如果已经设定抵押的，续期是否需要解除抵押
	其次，还应核查在有效期内，采矿权人是否按规定缴纳了相关的费用
生产规模	对于煤矿企业尤为重要，各省都在不同程度地推行煤矿的技改扩能，关闭小煤窑，将其整合成大矿
	如煤矿需要技改扩能，则应当重新申请采矿证，并重新核实储量（有可能进行矿区扩界）、编写开发利用方案，取得国土部门的各项批复
发证机关	矿权根据储量大小确定国土资源主管部门的级别
	探矿权、采矿权的变更、延期、扩界、抵押、转让等手续都应当在采矿许可证的发证机关办理
	应亲自前往发证机关询问当地采矿权、探矿权相关政策，并留下联系方式

此外，还应查询矿业权的评估报告。矿业权评估在矿业权市场的全程运作中起着重要的作用，包括：在矿业权授予、转让、抵押时的矿业权评估，股票上市和交易时的矿业权评估，矿业公司及勘查公司之间重组、兼并、分设、收购时的矿业权评估，政府为加强对矿业权市场的宏观调控，对某些具有典型意义的矿业项目的矿业权评估，为公司董事层决

策服务的矿业权评估等。国家出资形成的矿业权转让，必须依法进行评估，并由国土资源主管部门对其评估结果进行确认。查阅矿业权评估报告有助于更加准确地了解和掌握矿业权资源的市场价值。

二、知识产权尽职调查

知识产权是指人们对智力创造成果和工商业标记依法享有的排他性专有权，包括专利权、商标权、著作权及商业秘密权、植物新品种权、特许经营权、集成电路布图设计专有权、地理标志权及与企业或商品相关的网络域名等其他知识产权。

（一）尽职调查的范围

知识产权尽职调查是必不可少的一个环节，进行调查的目的是确认知识产权资产是否存在，所有权属于谁，拥有人的控制权有多大，知识产权的经济价值和战略价值，侵犯他人知识产权的潜在责任。其审查的共性主要涉及以下几个方面：

1. 权属审查

对已经注册的知识产权，要到有关政府部门查阅所有权登记状况，权属关系（是否存在共有人、担保、许可第三人使用等），权利的期限，可能发生无效、被撤销的风险，有无第三人侵权，以及权利被保护的范围，如为申请专利的发明，是否为职务发明；商标则需审查是否已注册，是否属于驰名商标等相关信息。

对知识产权权属的审查包括权利证书、与雇员签订的关于知识产权权利归属的合同、委托开发的研发费用支付、权属约定及注册权利申请以及维持费负担等，据此分析知识产权的权属状况即实际权益人。

目标公司的知识产权如属于许可他人使用或被他人许可使用，还需了解许可或被许可的权利类型、许可或被许可使用的商品或服务的范围、地域范围、期限、使用费支付条件等内容。

2. 有效性审查

注册的知识产权的专有权均有一定的年限限制，因此还应注意审查知识产权的有效性。对于专利问题，应审查企业是否按时缴纳年费以维持其有效性，必要时可通过查询专利登记簿来确定尽职调查时的法律状态，审查其是否被申请无效，或因其他原因可能失去权利。对于注册商标，则要注意审查商标有效期及其是否在期限届满前申请续展并获批准。

3. 关联性审查

知识产权的关联性审查比较容易被忽略，单个的专利或商标看起来是独立的，可以单独购买，其实不然。专利有基础专利和从属专利之分，一般基础专利的技术含量比较高，从属专利是基于基础专利的再次开发，其权利的实施对基础专利形成依赖，而基础专利要将其技术产品化，也可能使用从属专利。如果选择购买某些关键专利技术，就必须考虑其关联性的专利。商标也同样有主商标和防御性商标之分，防御性商标是企业将已注册的商标覆盖更多的商品或服务，或把与自己的商标的图案、文字形似音近的都作为联合商标注册，原商标为主商标，其余为防御性商标。注册防御性商标的方式有两种：第一，商标所有人在原注册商标使用的商品（或服务）类别外，跨行业申请注册若干相同商标；第二，商标所有人为了防范他人在同类别商品（或服务）上申请类似商标，在同行业、同类别内申请注册和原商标近音、同音或字形近似的商标。在转让商标时，同一申请人名下在相同商品或近似商品上申请或注册的相同或近似商标必须一并转让，因此，不能忽略对相似商标的审查。

4. 保护范围审查

对于专利，在尽职调查时需要确定专利说明书中关于专利的保护范围，必要时，可以向国家知识产权局申请出具专利评价报告，以了解专利的"三性"。对于特别重要的专利或者待颁专利，不仅要研究其授权状态或授权后被宣告无效的可能性，还要弄清楚该专利的实施是否需要从竞争企业获得其他核心专利许可。如果存在这种可能性，就必须对交易价格乃至交易的必要性重新做出评估。

商标的尽职调查，审查的重点在于目标公司的注册商标所核准的商品范围是否覆盖了己方所从事的商业范围，或是否拥有己方所期望开拓的海外市场的商标专有权。如果目标公司仅是从第三方获得商标使用权，则还需审查其是否享有再许可的权利。同时，还要注意在商标许可协议中是否有股东变更后，商标许可将会收回等的类似条款。

5. 地域性审查

知识产权的保护具有地域性，一项知识产权只在授予其权利的国家或确认其权利的国家产生，并且只能在该国范围内发生法律效力，受法律保护，其他国家对其没有必须给予法律保护的义务。同一项技术可以在很多国家取得专利，同一个商标也可以在很多国家获得注册，购买某一个国家的专利或商标并不意味着当然获得其他国家的专利或商标。在涉及跨境交易时，必须进行知识产权的地域性审查。

6. 风险审查

知识产权能给权利人带来利益，但有时也可能会给权利人带来风险。在进行知识产权尽职调查时，必须审查目标公司与他人是否有知识产权的诉讼或者纠纷，或者其他可能的侵害他人知识产权的情形。如果有，则须在了解相关情况后再评估已有的诉讼或者侵权对目标公司运营的影响和潜在的纠纷可能及其后果等。此外，对目标公司的设计软件、制图软件甚至日常办公软件是否有合法来源也要进行审查。

7. 价值审查

对以知识产权投资入股的，还需由有关机构对其价值进行评估，并出具评估报告；如果是国有企业的技术入股，还需要有国有资产管理部门出具的对国有资产评估结果的确认或备案文件。

（二）尽职调查的具体内容

（1）知识产权登记清单，包括目标公司所有、与共有人共同所有及本企业只具有使用权的专利、商标、商号、商誉、软件等著作权、商业秘密、专有技术、与企业/商品相关的网络域名等，以及相关的权利证书、缴费凭证、变更手续通知书、登记簿副本、他项权协议及登记备案文件、使用许可或转让协议/合同等法律文件，是否存在纠纷或争议等，正在申请的知识产权清单、使用许可合同、共同技术开发合同、委托合同、权利转让合同等；

（2）目标公司内部关于职务发明、商业秘密保护的规章制度；

（3）与知识产权有关的股东（大）会、董事会、重要的会议决议、记录；

（4）知识产权管理部门人员名单、知识产权管理规章制度；

（5）过去或限制发生的知识产权诉讼、仲裁情况说明、判决书及行政机关的处罚通知书；

（6）聘请律师事务所、知识产权代理机构等知识产权顾问单位的名单及相关的委托合同。

（三）尽职调查的途径

对知识产权的调查，主要采取以下几种方式：

（1）网络检索；

（2）咨询有关代理机构；

（3）查询专利公报/商标公告、登记簿副本；

（4）走访政府部门或单位，包括国家及地方知识产权局、科技部门、行业协会或主管部门，专利代理机构等专业机构或人员，住所地人民法院。

三、财产保险尽职调查

财产保险是指以各种财产物资和相关利益为保险标的，以补偿投保人或被保险人的经济损失为基本目的的一种社会化经济补偿制度。尽职调查中通过对企业是否购买了财产保险进行全面的核查，全面地了解企业财产保险覆盖的广度、范围以及险种，是否足额购买了财产保险，从而确定企业主要房产、机器设备等生产资料是否处于一种安全的状态，一旦发生火灾或者其他自然灾害能获得什么样的补偿以及补偿程度，从而确定其不会因意外事故或自然灾害等影响到企业的持续生产经营能力，同时也可以了解企业财产的成本情况等。

对目标公司财产保险的情况调查的范围是，企业参与的所有财产保险合同、保险证明和保险单，包括但不限于：

（1）第三者责任险、一般责任保险、财产保险、火灾、失窃和意外损失保险等所有保险（社会保障基本保险除外）。

（2）一切保险索赔清单以及有关保险或拒延的信函往来。

（3）目标公司已按期缴清所有应缴保费的证明文件。

此外，在尽职调查过程中应重点关注：

（1）主要的生产厂房、机器设备是否已足额投保，投保的险种是否正确；

（2）保险费率是否合理，每年保险费是否按时缴纳，是否存在因未及时足额缴纳保险费造成脱保的情况；

（3）历史上是否发生过保险事故，是否足额赔偿到位；

（4）有无对重点部分采取更加有力的安全保障措施和方案。

第四节　目标公司生产经营情况尽职调查

一、业务、产品质量、技术及安全生产尽职调查

通过查阅公司营业执照、许可证照、公司章程、业务制度、财务报告、董事会、股东（大）会文件，实地考察公司经营过程涉及的业务环节，并通过与目标公司主要供应商和客户访谈等方法，结合公司的行业特点，进行下列事项的核查：

（一）核查业务总体情况

（1）目标公司的主营业务范围及所采取的主要经营模式。

核查目标公司的经营范围是否符合有关法律、法规和规范性文件的规定及实际经营范围是否与工商登记一致；详细说明公司采用的主要商业模式、销售模式、盈利模式，对最近 3 年已经或未来将发生经营模式转型的，应予重点核查。

（2）主要业务的具体说明。

包括公司成立以来业务类型、种类；生产能力、实际产量、销售情况、盈利能力、产品结构的主要变化情况；业务流程、工艺流程；各业务在整个业务收入中的重要性及占比。

（二）核查目标公司产品质量

在尽职调查过程中，应重点关注：目标公司目前实行的产品质量标准、级别及质量控制和检验系统；目标公司产品质量保险的相关文件和资料；目标公司近 3 年是否收到过质量技术监督部门的行政处罚；相关产品质量认证属于强制认证还是自愿认证，认证机构是否具有认证资质，认证标准是否符合国家相关标准要求。

（三）核查目标公司的技术与研发

对公司技术与研发的核查主要内容包括：目标公司的行业技术标准、是否有国家标准、国际标准；目标公司所使用的技术和生产工艺的性质、来源、权属及其在行业中的领先程度；目标公司主要产品的设计生产能力和历年产量；目标公司研究机构和研究人员及研发费用投入情况；政府对目标公司的技术以及技术创新的支持情况。

（四）核查目标公司安全生产情况

主要核查目标公司是否具有生产经营活动合法证明材料，如安全生产经营许可证；项目是否经过相关部门的立项批复；安全措施是否落实了"三同时"（安全预评价、安全验收评价并在安全主管部门备案）；项目是否严格执行了有资质单位的设计、施工、监理等；是否通过了职业病危害控制效果评价、环境影响评价等专项审查；是否建立了齐全的安全生产管理制度及安全技术操作规程汇编；是否设置了安全生产管理组织机构或专职的安全管理人员；主要负责人、各级安全生产管理人员等从业人员是否进行了相关培训并取得相关证书；是否建立了齐全的安全管理台账；是否有专项安全资金投入等所有与安全相关的内容。

此外，需要说明的是，如果对目标公司所在的行业比较陌生，以及对相关准入制度及法律法规不熟悉，一个有效的方法是查阅目标公司所在的行业同类上市公司的招股说明书。招股说明书一般会介绍行业管理规定，所需要的业务资质，以及原材料采购、产品生产及销售方式、销售渠道等业务情况。

二、重大债权债务尽职调查

目标公司的债权债务，关系到公司净资产、流动资金充足率和公司准确估值的问题，是尽职调查的重要内容，也常常是陷阱所在。

（一）目标公司主要债权、债务

调查的内容主要包括：

（1）主要债权或者债务种类及其数额、期限、产生的原因、有无担保及担保方式、偿还情况、逾期情况及其对本次收购、发行上市或挂牌的影响等。

（2）债权人或债务人名单，相关债券、债权数量清单。

（3）债权/债务合同或证明发生债务关系的其他文件。

（4）有关债权债务争议的文件。

（5）目标公司将要履行、正在履行以及已履行完毕的重大合同，是否存在潜在的风险和纠纷；如有风险和纠纷，应说明对本次收购、发行上市或挂牌可能产生的影响。

（6）是否有因环境保护、知识产权、产品质量、劳动安全、人身权等原因产生的侵权之债；如有，应说明对本次收购、发行上市或挂牌可能产生的影响。

通常还需要目标公司的股东或者管理层对债权债务特别是或有债权债务做出承诺。

（二）目标公司民间借贷情况

涉及银行贷款方面的情况，可以通过查询中国人民银行征信系统来确定企业融资及其担保方面的情况。但对于民间借贷，因为一般不入公司财务报表，如果目标公司不主动提供资料，很难了解到其具体真实的状况，因此，民间借贷成为尽职调查中的难点。

针对民间借贷的隐蔽性特点，可采取如下方式进行核查：

（1）通过核查目标公司的银行流水账单，寻找目标公司存在民间借贷的线索。银行流水账单是账户的收支明细或历史明细，因为有收、支、银行三方参与，因此银行流水是所有企业财务数据中比较真实的部分。

如果目标公司存在以下情形，则需考虑该目标公司是否存在民间借贷：存在大额交易且交易对手为个人，后者名字中带有"投资""咨询""担保"等字眼的企业、非上下游或关联企业却有大额资金往来的、定期或频繁出现大额公转私的。

（2）核查目标公司的现金存量，对于资金需求量大的企业，如果现金常常只有几百万元，就要注意账外负债问题。

（3）在圈内打听。以房地产企业为例，业内人士称"再小的房地产企业也有几亿资产"，行业链条长，而且，地产商要借高利贷肯定会在市场上进行询价，因此，有许多渠道可以打听企业内部情况。

（三）目标公司对外担保情况

对于包括目标公司已经披露的担保情况和未披露的潜在担保情况及其可能带来的代为

清偿的风险或者代为清偿后的追偿风险，应给予持续的关注。

在实务中，可以通过下列途径核查目标公司的担保情况：

（1）要求目标公司填报抵押、质押担保情况调查表，查阅公司正在履行的所有贷款合同，检查是否存在以公司资产进行抵押、质押贷款的情况，并取得相关文件和资料。

（2）要求目标公司填报对外提供担保的情况调查表，并提供担保合同、公司章程、董事会或股东（大）会决议等相关文件和资料，检查文件是否齐备，是否履行相关规定程序，是否存在管理层和董事会越权情况；通过查阅目标公司的董事会或者股东（大）会决议，可以查找到潜在的对外担保。

（3）核查目标公司的《企业信用报告》。如果目标公司向银行申请贷款，中国人民银行征信中心会应目标公司的要求出具一份《企业信用报告》，记载目标公司与银行发生信贷关系，包含曾经和现在信贷业务记录、民事判决记录、强制执行记录和行政处罚记录等方面的内容。

（4）与担保有关的主债务合同及其履行情况的说明。

（5）若公司存在重大或有事项（指涉及金额或 12 个月内累计金额占公司最近经审计净资产值的 10% 以上的或有事项），取得独立董事对其是否影响上市条件和持续经营能力的书面意见，检查其相关依据，并与会计师沟通，分析上述事项对公司财务状况和经营业绩的影响。

（6）取得公司全体董事的书面承诺，确认有关公司所有抵押、质押和对外提供担保的信息均已披露，材料均已提供。

三、重大合同尽职调查

所谓重大合同，也是相对而言的，根据企业的经营性质及行业、生产经营规模、采购及销售规模、与企业主营业务的关联度、合同金额、合同内容的重要性及对企业的影响等因素综合考虑而确定的。

（一）合同审查的范围

就审查范围而言，在对合同进行分类的基础上，通过合同金额、对目标公司可能产生的重大影响等方面进行界定。

1. 合同分类

对目标公司各类合同的审查贯穿于整个尽职调查工作的始终。根据与主营业务的关联性，将合同分为主营业务类合同和非主营业务类合同，如表 5 - 11 所示：

表 5 - 11 合同分类

主营业务类合同	非主营业务类合同
原材料采购合同	投资合同
委托加工合同	建设工程合同
设备采购/租赁合同	贷款合同
产品销售合同	担保合同

续表

主营业务类合同	非主营业务类合同
售后服务委托合同	供水、电、气、热等服务合同
战略合作协议	技术研发合同
其他	保险合同等

2. 对重大合同的判断

在多数情况下，将目标公司的所有合同都审查一遍是不现实的。在尽职调查中，要善于选择对目标公司生产经营产生较大影响的重大合同进行审查。是否为重大合同，主要根据企业经营性质及行业、生产经营规模、采购和销售规模、合同金额、与主营业务的关联度及对企业经营业绩或者中长期利益产生的影响等多方面进行判断。

根据重要性原则，重点核查目标公司对外签订的以下合同：

（1）在一定金额以上的，且尚未履行完毕的所有合同。例如，合同金额占目标公司净资产5%以上的合同；涉及的合同金额，单项在人民币50万元以上的合同；就同一合同标的，与同一合同当事人在12个月内发生的全部交易金额在300万元以上的合同；等等。

（2）虽然合同金额较小，甚至不含金钱给付义务，但对目标公司持续运营具有重大影响的合同。例如，各类政企合作协议、银企合作协议、购销年度框架协议、战略合作协议以及对目标公司有重大限制的协议等。

（3）虽已经履行完毕，但已有迹象显示或根据律师执业判断可能存在争议纠纷的合同。

（4）所有关联交易合同，无论金额大小。

（5）其他对目标企业持续运营及对本次交易具有重大影响的合同。

（二）合同审查的内容

律师应以每份合同及其配套文件作为审查对象，针对合同的不同特点，审查合同内容本身是否存在法律问题、法律风险以及合同的履行情况。

审查合同主要从以下几方面着手：

（1）审查合同的有效期限。

（2）合同内容是否完备，核心条款是否存在缺漏。

（3）目标公司在协议项下应享受的权利和承担的义务、权利和义务是否基本对等。

（4）是否存在纯义务性条件和其他限制性条款。

（5）合同为目标公司设定了哪些义务及违反义务需承担的法律责任。

（6）合同是否可以转让。

（7）合同在什么情况下可以解除或者终止及由此可能带来的影响。

（8）是否存在交叉违约条款[1]。

---

① 交叉违约条款是指如果合同项下的债务人在其他合同或类似交易项下出现违约，那么此种违约也将被视为对本合同的违约，本合同的债权人可以对该债务人采取相应的合同救济措施条款。

（9）目前合同履行的进展情况，是否存在违约等纠纷。

（10）是否有特别的表决、审批及通过程序条款。

（11）争端解决方式。如果是涉外合同，应重点关注是否有仲裁条款；若没有，一旦涉讼，成本多少，判决结果能否顺利执行。

通过对企业重大合同及其履行情况的全面审阅、调查，可以基本了解企业生产经营、对外投资、借款及担保以及合同履行中存在的法律风险，从而对企业基本的经营状况做出适当的评估与判断。

第五节 目标公司其他情况尽职调查

一、关联交易与同业竞争尽职调查

对于许多企业来说，关联交易不仅可以节约成本，而且具有更多的战略意义，提高企业的经营效率和销售能力。但是，关联交易往往也会被用来作为虚增销售收入或者利润的一种方式。在并购交易中，为能反映目标公司的真实价值，关联交易是尽职调查的一项重要内容。

（一）关联交易

1. 关联交易的定义

关联交易（Connected Transaction）是企业关联方之间的交易，包括业务及资金的交易、往来。根据财政部 2006 年颁布的《企业会计准则第 36 号——关联方披露（2006）》的规定，在企业财务和经营决策中，如果一方控制、共同控制另一方或对另一方施加重大影响，以及两方或两方以上同受一方控制、共同控制或重大影响的，构成关联方。所谓控制，是指有权决定一个企业的财务和经营政策，并能据以从该企业的经营活动中获取利益。所谓重大影响，是指对一个企业的财务和经营政策有参与决策的权利，但并不决定这些政策。参与决策的途径主要包括：在董事会或类似的权力机构中派有代表，参与政策的制定过程，互相交换管理人员等。凡以上关联方之间发生转移资源或义务的事项，不论是否收取价款，均被视为关联交易。

根据《公司法》第二百一十六条第一款第四项的规定，关联关系是指公司控股股东、实际控制人、董事、监事、高级管理人员与其直接或者间接控制的企业之间的关系，以及可能导致公司利益转移的其他关系。但是，国家控股的企业之间不应因为同受国家控股而具有关联关系。

《上海证券交易所股票交易规则》（2018 年修订）和《深圳证券交易所股票交易规则》（2018 年修订）对关联交易有类似的规定，即上市公司的关联交易是指上市公司或者其控股子公司与上市公司关联人之间发生的转移资源或者义务的事项，上市公司的关联人包括关联法人和关联自然人。

表 5-12 是《深圳证券交易所股票交易规则》关于上市公司关联人的规定：

表5－12　上市公司关联人规定

	关联自然人	关联法人
判断标准	10.1.5　具有下列情形之一的自然人，为上市公司的关联自然人： （一）直接或者间接持有上市公司5%以上股份的自然人； （二）上市公司董事、监事及高级管理人员； （三）本规则10.1.3条第（一）项所列法人的董事、监事及高级管理人员； （四）本条第（一）项、第（二）项所述人士的关系密切的家庭成员，包括配偶、父母及配偶的父母、兄弟姐妹及其配偶、年满十八周岁的子女及其配偶、配偶的兄弟姐妹和子女配偶的父母； （五）中国证监会、本所或者上市公司根据实质重于形式的原则认定的其他与上市公司有特殊关系，可能造成上市公司对其利益倾斜的自然人	10.1.3　具有下列情形之一的法人或者其他组织，为上市公司的关联法人： （一）直接或者间接地控制上市公司的法人或者其他组织； （二）由前项所述法人直接或者间接控制的除上市公司及其控股子公司以外的法人或者其他组织； （三）由本规则10.1.5条所列上市公司的关联自然人直接或者间接控制的，或者担任董事、高级管理人员的，除上市公司及其控股子公司以外的法人或者其他组织； （四）持有上市公司5%以上股份的法人或者其他组织及其一致行动人； （五）中国证监会、本所或者上市公司根据实质重于形式的原则认定的其他与上市公司有特殊关系，可能或者已经造成上市公司对其利益倾斜的法人或者其他组织
例外情形	10.1.4　上市公司与本规则10.1.3条第（二）项所列法人受同一国有资产管理机构控制而形成10.1.3条第（二）项所述情形的，不因此构成关联关系，但该法人的董事长、总经理或者半数以上的董事属于本规则10.1.5条第（二）项所列情形者除外	

以董事、监事及高级管理人员（以下简称"董监高"）为例，关系密切的家庭成员如图5－1所示：

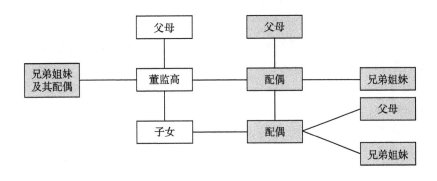

图5－1　关系密切的家庭成员（以董监高为例）

对于关联方的认定，可以参考表5－13：

2. 关联交易的类型

在经济活动中，存在着各种各样的关联方关系，也经常发生多种多样的关联方交易。《企业会计准则第36号——关联方披露》第八条规定，关联方交易的类型包括以下十一项：

表 5 - 13　关联方的认定参考表

序号	与目标公司的关系	关联关系的延伸认定
1	母公司	（1）母公司（直接或间接）控制的其他企业； （2）母公司的董事、监事和高管及其关系密切的家属成员
2	实际控制人	（1）控制、共同控制或者施加重大影响（如担任董事、高管）的其他企业； （2）关系密切的家庭成员及其控制、共同控制或者施加重大影响的其他企业
3	董事、监事和高管	
4	持股5%以上自然人股东	
5	持股5%以上的法人股东或者一致行动人	
6	合营企业或者联营企业	
7	子公司	
8	依据"实质重于形式"的原则确定的其他情形	

（1）购买或销售商品。

（2）提供或接受劳务。

（3）购买或销售商品以外的其他资产。

（4）担保。

（5）提供资金（贷款或股权投资）。

（6）租赁。

（7）代理。

（8）研究与开发项目的转移。

（9）许可协议。

（10）代表企业或由企业代表另一方进行债务结算。

（11）关键管理人员薪酬。

《深圳证券交易所股票交易规则》10.1.1 规定：上市公司的关联交易包括：

（1）本规则9.1条规定的交易事项[①]；

（2）购买原材料、燃料、动力；

（3）销售产品、商品；

（4）提供或者接受劳务；

（5）委托或者受托销售；

（6）关联双方共同投资；

（7）其他通过约定可能造成资源或者义务转移的事项。

---

①《深圳证券交易所股票交易规则》9.1　本章所称"交易"包括下列事项：（一）购买或者出售资产；（二）对外投资（含委托理财、委托贷款、对子公司投资等）；（三）提供财务资助；（四）提供担保；（五）租入或者租出资产；（六）签订管理方面的合同（含委托经营、受托经营等）；（七）赠与或者受赠资产；（八）债权或者债务重组；（九）研究与开发项目的转移；（十）签订许可协议；（十一）本所认定的其他交易。上述购买、出售的资产不含购买原材料、燃料和动力，以及出售产品、商品等与日常经营相关的资产，但资产置换中涉及购买、出售此类资产的，仍包含在内。

此外，关于关联方的范围，具体可由图 5 - 2 所示：

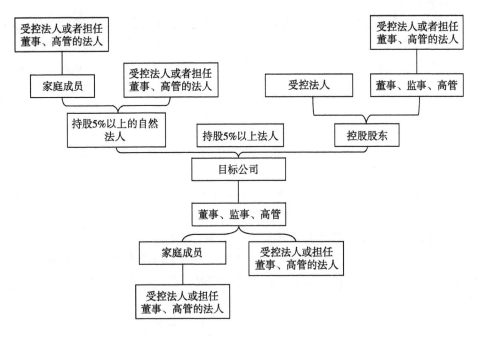

图 5 - 2　关联方范围示意图

3. 关联交易尽职调查的内容

（1）对关联方进行核查。对目标公司的主要客户和供应商的情况进行核查，取得客户和供应商的工商登记资料；根据重要性原则，对主要客户和供应商进行实地核查或电话访谈，并记录于工作底稿；对比历年主要客户和供应商名单，对报告期新增的主要客户核查其基本情况，必要时通过实地核查等方式核实其交易的真实性；对于与原有主要客户、供应商交易额大幅减少或合作关系取消的情况，应关注变化原因。

（2）要对关联交易进行核查。对关联交易的核查，主要包括以下几方面：

1）关联交易比例的合理性。阅读目标公司的财务报表，了解目标公司关联交易在交易总额中的比例，在不超过 30% 的前提下，综合目标公司的业务结构、营业收入、客户层次等各方面，判断关联交易是否影响有效目标公司的业务独立性，以及是否构成关联方的重大依赖。

2）关联交易的公允性。判断一个关联交易是否公允，既要考察交易价格，也要考察其他交易条款，判断其是否偏离了正常的商业价格和条款；比较同品种同型号的产品，在同一时期、同一地域内关联方的交易价格与非关联方的交易价格是否相同或者相近；交易商业条款包括但不限于结算周期、运输、仓储、质量检验、退换货、交易方式，相比较其他同类客户或供应商是否具备可比较的公平性。

交易后果是否损害目标公司或者关联方的利益（如关联方长期处于亏损状态或交易不利形态）。

3）关联交易的必要性。关联交易是否属于目标公司日常经营相关的交易；核查财务报表中财务数据是否与关联交易的协议相吻合；核查关联交易是否真实发生，如涉及采购的，核查是否真实入库并使用。

4）关联交易的程序规范性。核查目标公司章程、各项议事规则，确定关联交易的决策程序、授权及是否有限制性规定，判定是否存在健全的内部关联交易管理制度；核查关联交易金额是否与决策机构匹配，出具有效的股东大会或董事的相关会议决议；核查在涉及关联事项表决时，有关会议决议和会议记录中是否记载了关联董事/股东的回避表决程序。

5）关联交易逐年递减。核查目标公司的财务报告及关联交易协议，判断目标公司的关联交易是否确实存在逐年下降的趋势；关联交易的下降是否存在关联交易非关联化的行为。

关联交易常常被用于转移利润或费用，在尽职调查过程中，可以将目标公司的关联交易分为以下三类，并对关联交易的风险进行判定：

第一类是偶然的单笔关联交易，这类关联交易一般不构成风险。

第二类是长期的持续性关联交易，比如目标公司的原料或能源由其控股股东供应，或者长期使用股东提供的配套件等。对于这类关联交易，必须注意其是否构成经营上的风险及税务上的风险。

第三类是目标公司与其关联公司之间出于转移利润或费用而进行的关联交易，这类关联交易一旦被税务机关发现和认定将构成重大风险。

（二）同业竞争

1. 同业竞争的含义

同业竞争是指目标公司所从事的业务与其控股股东、实际控制人及其所控制的企业所从事的业务相同或者相似，双方构成或者可能构成直接的或间接的利益冲突关系。

由于目标公司与其控股股东或者实际控制人之间存在特殊的关系，如果两者之间构成直接的或者间接的竞争关系，则可能出现后者利用相互之间的控制与从属关系进行各种利己的内部活动和安排，有意识地削弱目标公司的市场竞争力，牺牲目标公司的市场空间来扩大自己的市场利益，等等。

2. 同业竞争的判断

关于同业竞争，在调查中要从以下方面进行判断：

（1）同业竞争的主体。同业竞争应发生在特定的关联当事人之间。可能与目标公司构成同业竞争关系的主体包括：目标公司的第一大股东；通过协议或公司章程等对目标公司财务和经营政策有实际控制权力的股东；可以控制目标公司董事会的股东；与其他股东联合可以共同控制公司的股东；上述股东直接或间接控制的公司，也就是目标公司的并行子公司。

（2）同业竞争的内容。不仅限于从经营范围上进行判断，而应遵循"实质重于形式"的原则，从业务的性质、业务的客户对象、产品或劳务的可替代性、销售渠道、细分市场区域等方面进行判断。

从目前的实践看，除非有强有力的反证，否则，"同业即存在竞争"。同业不竞争一般是指目标公司与其控股股东、实际控制人及其所控制的企业所从事的业务相同或近似，但由于销售区域不同、销售对象不同等原因而不发生业务竞争及利益冲突的状况。比如，产品销售区域不重叠。

3. 同业竞争尽职调查的方式

可以通过以下方式对拟挂牌公司的同业竞争情况进行尽职调查：

(1) 对拟挂牌公司和关联方的相关负责人进行访谈，了解关联方与拟挂牌公司的同业竞争情况；

(2) 查阅拟挂牌公司和关联方的营业执照所载明的经营范围，核查关联方的经营范围中有无与拟挂牌公司的经营业务存在同业竞争的情况；

(3) 查阅拟挂牌公司和关联方的《资产负债表》《账务明细账》等公司账务会计资料，核查关联方实际经营的业务是否与拟挂牌公司存在同业竞争的情况。

二、税收和财政补贴尽职调查

(一) 对目标公司税务的核查

税务尽职调查的目的在于通过对目标公司纳税情况及税收优惠情况的调查，尽可能发现潜在的税务风险以及因此对交易本身和交易后的经营产生的影响。

1. 对纳税主体概况的核查

通过查阅目标公司的税务登记证及相关税务登记信息，结合目标公司主体审查的有关信息，核查以下事项：

(1) 目标公司及其分公司是否已经办理了税务登记，包括开业登记、变更登记、复业登记、外出经营报验登记，纳税人税种登记，扣缴税款登记等；

(2) 税务登记证是否仍在有效期内；

(3) 税务登记各项内容是否与最新的营业执照记载内容相一致，是否通过了年检；

(4) 公司及其控股子公司执行的税种、税率是否符合现行法律、法规和规范性文件的要求；

(5) 公司享受税收优惠政策的，该政策是否合法合规、真实有效，是否有相关政府文件支持，具体的优惠政策、优惠税率及幅度、税收优惠期及其未来的影响；

(6) 公司近 5 年的缴纳情况，以及被税务部门处罚的情形（若有）。

2. 需要调查的文件

(1) 报告期目标公司及其控股子公司、分公司的税务登记证、纳税登记表及税收转账专用完税凭证或税收缴款书原件；

(2) 公司及其控股子公司所指向的税种、税基、税率的说明；

(3) 税收优惠及相关文件；

(4) 税务主管部门出具的关于目标公司是否依法纳税的说明书或者证明；

(5) 目标公司营业执照、年度财务会计报告等文件资料。

(二) 对目标公司政府补贴的核查

政府补助是指企业从政府无偿取得货币性资产或非货币性资产，但不包括政府作为企业所有者投入的资本。政府补助分为与资产相关的政府补助和与收益相关的政府补助。

对目标公司政府补贴要重点关注以下几个问题：

（1）目标公司取得补贴的法律依据及政府批文，且公司应在实体上和程序上符合规定的补贴条件，并且要特别注意区分是补助性质还是资本性投入，是否负有返还义务。

（2）是否根据批文中明确的指定用途使用。

（3）在收到补贴时，是否需要根据财政部、国家税务总局《关于专项用途财政性资金有关权益所得税处理问题的通知》和《关于财政性资金、行政事业性收费、政府性基金有关企业所得税政策问题的通知》等文件要求缴纳企业所得税。

（三）税收和财政补贴的调查程序

（1）核查公司报告期的纳税资料的原件并取得复印件，调查公司及其控股子公司所执行的税种、税基、税率并取得公司的说明，判断公司纳税是否符合现行法律、法规的要求及报告期是否依法纳税；

（2）核查公司税收优惠或财政补贴文件的原件并取得复印件，判断公司享有的税收优惠或财政补贴是否符合财政管理部门和税收管理部门的有关规定，调查税收优惠或财政补贴的性质、来源、归属、用途及会计处理等情况，关注税收优惠期或补贴期及其未来影响；

（3）走访税务主管部门取得公司是否依法纳税的说明书或证明。

三、人力资源尽职调查

（一）对公司管理架构的核查

对公司管理架构的核查，主要包括以下内容：

（1）核查目标公司的各子公司、各部门组成及上下级隶属关系；

（2）公司部门设置与职责划分、各部门人员配备情况及每个员工的岗位职责说明；

（3）人力资源管理部门的组织结构、岗位设置和人员配置、人力资源信息系统的使用等。

此外，对管理人员的情况也需要进行核查：

（1）公司和下属企业的中层、高层管理人员的名单和简历；

（2）管理层的工作范围、职责、薪金、奖励、福利、考核、评议情况及其激励机制；

（3）高级管理人员在公司以外的其他企业的任职情况；

（4）高级管理人员自设立以来的变化情况；

（5）公司聘请的外部顾问清单，包括但不限于法律顾问、会计师事务所、审计师事务所、财务顾问、技术顾问、管理顾问等。

（二）对劳动用工情况核查

通过查阅公司书面用工协议文本，包括劳动合同、兼职协议、在校实习协议，以及员工花名册、工资表等资料，核查以下信息：

（1）公司及子公司用工总人数，并按用工学历结构、工龄结构、年龄结构、职称构成、性别比例、各职能人员地域分布进行分类。

（2）员工劳动合同签订情况（包括签订时间、期限和次数）以及社会保险缴纳情况。

（3）用工方式包括劳动用工、劳动派遣用工和劳务外包、兼职用工的人数和签订合同的相关情况。

（4）现行工时制度有几种，是否依法履行了审批手续。

（5）公司福利待遇具体内容和适用范围。

（6）员工休息、休假的情况及相关制度。

（7）公司目前停薪留职、待岗、病休及其他不在岗人员的数量和形成的原因。对协议期限、待遇、履行情况进行审核，是否符合现行法律规定。

（8）工伤、工亡人员的具体数目、工伤级别、参加工伤保险情况及获得相应待遇和补偿的情况。

（9）患病职工医疗期的期限和待遇情况。

（10）患有职业病人员的人数和情况，目标公司的处理方法及负担情况。

（11）离休、退休、病退、预退人员的情况及公司的负担情况。

（12）目标公司对特殊工种、岗位是否采取了劳动保护措施，提供了劳动保护条件。

（13）处于"三期"（孕期、产期、哺乳期）女员工的具体人数及相关待遇方面的规定。

（14）劳动合同解除或终止后，为员工办理社保、档案关系转移手续，开具离职证明、支付经济补偿金等相关情况。

（15）目标公司近3年解除或终止劳动关系的人员数量和处理结果，以及劳动争议案件数量情况（包括潜在的劳动争议和以调解结案的案件）。

（三）对研发团队情况的核查

在尽职调查中主要核查以下事项：

（1）研发人员数量及核心成员背景情况（学历、工作背景、目前工作内容、劳动合同期限等）。

（2）研发人员管理及考核模式。

（3）研发人员激励制度，如薪酬体系、利润分享、期权和股票激励等措施介绍。

（四）社保及住房公积金缴纳情况

通过查阅目标公司员工名册、工资表经年检的社会保险登记证及社保缴费凭证等资料，了解以下信息：

（1）社会保险缴纳险种情况：目标公司为员工办理"五险"（养老保险、失业保险、医疗保险、工伤保险、生育保险）的起始时间、缴费金额及缴费基数等。

（2）住房公积金的缴纳情况：开始缴纳住房公积金的时间、累计缴费金额等。

（3）是否存在违反社保、住房公积金管理等法律法规的情形。

（4）公司在社会保险之外向员工提供的其他商业保险费、退休福利计划、退休安排和其他雇员福利计划的情况，包括相关的政策、内部规则、合同和计划。

（五）对员工培训和发展的核查

在对员工培训和发展的核查过程中，主要核查以下事项：

（1）员工培训制度、目标、年度计划、专制培训人员。

（2）培训预算和成本、培训需求评估、培训效果后续跟踪、员工职业发展规划。

（3）中、高层管理人员选拔任免管理规范及流程、能力评价系统和职位后续计划。

（4）对关键人员的能力评估和培训，员工升迁、降职、调动程序等。

（5）员工岗位培训、专业技术培训、出资培训及培训的档案情况。

（六）对规章制度效力的核查

1. 企业规章制度生效的必要条件

根据《劳动法》及《最高人民法院关于审理劳动争议案件适用法律若干问题的司法解释》的规定，企业制度的规章制度发生法律效力需要具备以下几个条件：

（1）经过民主程序制定。民主程序包括：①召开职工大会或职工代表大会通过；②由企业工会参与制定；③通过其他适当方式，在制定规章过程中使员工有提出意见、建议的权利，并且员工的建议和意见应充分反映在规章制定过程中。

企业在采取上述方式制定规章制度的过程中，应注意保留职工大会、工会或员工参与制定规章的证据。

（2）内容不违反国家法律法规和政策的规定。企业规章如果存在违反法律法规强制性规定的内容，这部分内容是无效的，比如一星期 6 天工作制的规定。

（3）已向劳动者公示。规章公示的方式可以是：①将规章交由每个员工阅读，并且在阅读后签字确认；②在厂区将规章内容公告，并且将公告的现场以拍照、录像等方式记录备案，并可由厂区的治安、物业管理等人员见证；③召开职工大会公示，并以适当方式保留证据；④委托工会公示，并保留证据。

2. 规章向劳动行政部门备案

企业规章制度送交劳动行政部门审查备案不是其生效的法定条件，是否经劳动行政部门审查备案并不影响规章的效力。但遇到劳动纠纷需要适用企业规章时，如果证明规章生效的三个条件存在一定的困难，那么，经过劳动行政部门审查和备案的程序在一定程度上能够起到证明和使规章合法化的作用。

因此，如果企业当地的劳动行政部门对企业规章提供审查和备案服务，建议企业在规章制定后送交劳动行政部门审查和备案。

（七）对保密与竞业禁止的核查

《劳动合同法》第二十三条规定：用人单位与劳动者可以在劳动合同中约定保守用人单位的商业秘密和与知识产权相关的保密事项。

对负有保密义务的劳动者，用人单位可以在劳动合同或者保密协议中与劳动者约定竞业限制条款，并约定在解除或者终止劳动合同后，在竞业限制期限内按月给予劳动者经济补偿。劳动者违反竞业限制约定的，应当按照约定向用人单位支付违约金。

第二十四条规定：竞业限制的人员限于用人单位的高级管理人员、高级技术人员和其他负有保密义务的人员。竞业限制的范围、地域、期限由用人单位与劳动者约定，竞业限制的约定不得违反法律、法规的规定。

在解除或者终止劳动合同后，前款规定的人员到与本单位生产或者经营同类产品、从事同类业务的有竞争关系的其他用人单位，或者自己开业生产或者经营同类产品、从事同类业务的竞业限制期限，不得超过两年。

根据上述规定，用人单位支付给垄断者的保密费并不能代替竞业限制的经济补偿金。如果企业要求劳动者履行竞业限制义务的，必须在劳动者离职后向劳动者支付竞业限制经济补偿金，与员工协商确定竞业限制补偿金的数额、支付时间、支付方式等。

四、环境保护尽职调查

企业为社会提供产品或服务的过程中，不同的行业对环境保护的要求不同。是否需要进行环境保护尽职调查，与调查对象实际从事的行业有关，如果调查对象属于服务业，基本不涉及环境保护，而如果调查对象属于重度污染企业，则肯定涉及环境保护。

（一）尽职调查的内容

无论是 IPO 及新三板挂牌，还是企业之间的并购，环保问题都是其审核时重点关注的问题。目前，环保尽职调查审核的内容有：

（1）目标公司生产工艺及流程是否符合环境保护相关法律法规，公司在环境保护方面的投入及未来可能的投入情况；

（2）建设项目清单（包括已建、在建和拟改扩建项目）；

（3）建设项目所涉环境影响报告书、环境影响报告表或者填报的环境影响登记表；

（4）环保部门（省级以上）对公司拟投资项目出具的证明或环保影响评价报告及其审批文件；

（5）环保设施检测报告（表）或者环境保护验收调查报告（表）；

（6）建设项目环保验收批准文件；

（7）公司出具的关于环保设施建设、运转使用情况的说明；

（8）公司出具的关于产品及其生产过程中是否含有或使用禁用物品的说明；

（9）关于环境事故的情况说明；

（10）环保部门对公司做出的任何命令、罚款、整改或调查的有关通知、文件；

（11）当地环保部门执行的排水、排气、噪声、废渣的排放标准，"三废"监测报告；

（12）公司排放的主要污染物应达到国家或地方规定的排放标准及污染物排放水平的说明；

（13）处置固体废物的情况说明；

（14）水污染物排放许可证或临时排污许可证；

（15）大气排污许可证；

（16）排放污染物申报登记表；

（17）排污核定通知书；

（18）排污费缴纳通知单；

（19）排污费缴纳凭证；

（20）公司涉及危险品情况的说明；

（21）危险物处置协议及处置方的资质证明文件；

（22）危险废物转运联单及跨市转移批准文件；

（23）环保部门出具的环保核查意见；

（24）重点排污单位"如实向社会公开其主要污染物的名称、排放方式、排放浓度和总量、超标排放情况，以及防止污染设施的建设和运行情况，接受社会监督的"证明文件；

（25）因环保问题而引发的诉讼、仲裁、行政复议事项（概况但不限于侵害赔偿等）

的文件决定书，判决书，仲裁裁决及其履行、执行的最新状况说明；

（26）访谈调查笔录和其他有关文件。

除核查相关文件外，还要实地勘察目标公司的环保设施建设或配备情况、污染物实际排放情况，调查目标公司环保设施是否正常运行及设施的配备与污染处理能力是否匹配等情况；走访目标公司当地环境监测站或当地环保局、周围居民等，核查目标公司是否发生过环境污染事件及质量情况，判断目标公司生产经营是否符合环保要求。

（二）建设项目环境保护管理的内容

目标公司项目在建设过程中处于不同的阶段，环境保护管理的内容也有所不同，表 5 - 14 具体列示了建设项目在不同阶段环境保护管理的内容以及核发文件。

表 5 - 14　建设项目环境保护管理内容

项目建设阶段	环境保护管理内容	核发文件
项目建议书阶段	审查项目建议书有关环保部分，确定立项初步意见	项目立项初步意见
可行性研究阶段	审批环境影响报告书（表）；审查可行性研究报告（设计任务书）有关环保内容	环境评价审批意见
初步设计阶段	审查初步设计中的环保篇（章），出具初步设计审查意见	初步设计审查意见
施工图设计阶段	审查建设项目施工设计图，核发建设项目"三同时"审核通知单	"三同时"审核通知单
施工阶段	对建设项目"三同时"执行情况进行现场监理	
试生产阶段	审批建设项目试生产（运转）申请报告，核发试生产（运转）审核通知单	试生产审核通知单
竣工验收阶段	审查竣工验收报告，核发建设项目"三同时"竣工验收单	竣工验收单

"三同时"是指建设项目中防止污染的设施，应当与主体工程同时设计、同时施工、同时投产使用。

对建设项目的环保核查，律师需要核查：

（1）调查对象是否存在可能对环境造成影响的新、改、扩建和技术改造项目、区域开发建设项目、自然资源开发项目或其他建设项目。

（2）项目建设各阶段的环保审批文件是否齐全。

（3）进行环评审查的批准单位，是否属于法律规定的审批权限内的单位。

（4）政府环保主管审批的内容与建设项目实际情况是否相符。

（5）竣工验收的文件与审批文件、项目建设实际情况是否相符。

（三）环保方面的处罚和纠纷

调查对象环保方面的法律风险主要有两方面：行政处罚和民事赔偿责任。为核查此类风险，律师应收集核查的相关文件有：

（1）调查对象自设立以来接受环保部门监督检查的所有环保证明和相关文件。

（2）因环保问题与第三方发生争议、冲突的往来文件或者诉讼材料等。

（3）调查对象是否受到过行政处罚，是否按照要求进行整改并达标。

（四）环保尽职调查的程序

对环保尽职调查的程序主要包括以下内容：

（1）取得国家环保主管部门的书面证明，确认公司的生产经营活动和有关环境保护的要求，公司最近 2 年是否存在因违反有关环境保护方的法律法规而被处罚的情况；

（2）取得环保主管部门（省级以上）对公司拟投资项目出具的证明或环保评价报告，确认公司拟投资项目符合有关环境保护的要求；

（3）与公司进行会谈（会谈记录）并实地考察，了解公司生产过程中"三废"的排放情况及其他污染情况，取得国家地方有关该行业、企业的排污标准及公司污染排放指标，检查是否在国家规定范围之内；

（4）与公司进行会谈（会谈记录）了解公司近 3 年治理污染采取的具体措施及资金投入，讨论对公司产品成本及未来生产经营的影响，并分析其可能产生的风险。

五、诉讼、仲裁和行政处罚情况尽职调查

目标公司及其控股股东或者实际控制人如果存在未决诉讼、仲裁事项，或者目标公司存在未执行的行政处罚、法院判决、仲裁裁决，其不利的法律后果将减损目标公司的价值。尽职调查有利于了解并发现企业经营管理中存在的问题和法律风险，从而全面评估与公司有关的诉讼、仲裁及行政处罚事项对公司的生产经营、财务状况、企业声誉、未来前景等可能产生的影响。

（一）核查的范围

（1）核查目标公司近 3 年来的诉讼、仲裁或者行政处罚情况；

（2）核查持有拟转让股权股东、控股股东或者实际控制人、高级管理人员是否存在尚未了结或者可以预见的诉讼、仲裁或者权利请求，以及行政调查、行政处罚或者其他法律程序。

在尽职调查时，可以要求目标公司提供书面文件，说明涉案事由、涉及金额，以及涉案事项对目标公司及其股东、实际控制人以及高级管理人员可能造成的最大风险等情况。

（二）诉讼、仲裁

对于目标公司存在的尚未了结的或可以预见的重大诉讼、仲裁案件，律师应查阅诉讼仲裁案件的相关法律文件，通过与目标公司的相关人员、代理律师谈话，必要时可以采取取得代理律师法律意见等方式，调查诉讼案由、诉讼标的、诉讼请求，以及当事人、争议金额、争议焦点、诉讼程序进展等情况。

一般而言，诉讼、仲裁案件的相关法律文件包括：

（1）立案通知书、传票或者仲裁受理通知书；

（2）起诉书或者仲裁申请书；

（3）答辩状或者仲裁答辩状；

（4）反诉状或者仲裁反请求书；

（5）判决书、调解书或者仲裁裁决书、仲裁调解书，行政处罚决定书或者行政复议决定书；

（6）上诉状或者上诉答辩状；

（7）二审判决书、调解书或者裁定书；

（8）与行政机关、司法机关对调查对象采取查封、冻结及其他强制执行措施相关的通知书等文件。

（三）行政处罚

调查目标公司是否因工商、税务、环境、质量、海关、劳动、卫生、消防、建筑、规划、安全等方面原因而受到过或正在接受相应行政处罚，及目标公司在上述方面的守法情况。查阅行政处罚案件的相关法律文书，包括但不限于行政处罚决定、行政处罚通知、行政处罚通知送达证明文件、听证文件、行政复议申请、行政复议决定，调查行政处罚事由、依据、金额、争议焦点及行政程序进展情况。

律师应关注目标公司是否可能因重大违法、违规行为而被剥夺或者限制某项从业资格。比如，因受行政处罚导致投标资格被取消。

（四）法院判决及仲裁裁决的执行情况

目标公司是否存在由于诉讼、仲裁或者行政处罚导致股权或者资产面临或者已经被执行查封、扣押、冻结等强制措施的情况。

对于目标公司为执行申请人的案件，应当关注待执行款的金额及执行的可能性、是否已经超过了申请执行时限。

对于目标公司存在的诉讼或者仲裁情况，可以要求目标公司提供相关文件进行核查；如果目标公司为上市公司，也可以通过查询其公告了解相关案件情况。除此之外，还可以通过下列途径核查案件信息：

（1）中国裁判文书网，http：//www. court. gov. cn/zgcpwsw。

（2）中国法院网"被执行人查询"栏目，http：//zhixing. court. gov. cn/search。

通过该平台可以查询全国法院（不包括军事法院）2007 年 1 月 1 日以后新收及此前未结的执行实施案件的被执行人信息。

通过审计报告载明的诉讼费、律师费等信息，也能找到目标公司存在诉讼、仲裁或者行政处罚的信息。

第六节　法律尽职调查工作成果

律师在尽职调查结束后，应当将其发现的问题，对问题存在的法律风险的分析、处理建议等编制法律尽职调查报告，以及专项法律意见书，提供给委托方。

一、法律尽职调查报告的撰写

尽职调查报告通常由前言、正文以及附件三大部分组成。

（一）前言

该部分的主要内容一般包括以下几方面：

1. 承办律所受委托情况

2. 承办律所进行法律尽职调查的过程

3. 出具《尽职调查报告》的材料和依据

这一部分需明确写明，法律尽职调查和《尽职调查报告》的撰写所依据的资料范围和法律依据范围。

4. 出具《尽职调查报告》的基准日

需明确强调的是，《尽职调查报告》仅表明基准日前被调查企业的法律状况。

5. 承办律所及承办律师责任限制

法律尽职调查最重要的方式就是依赖目标公司提供的相关资料。在实践中，由于各种条件的限制，律师不可能对所有这些资料的真实性和完整性等一一予以核实，只能假定目标公司提供的资料是真实的、准确的和完整的。

这一假设性前提需要律师在法律尽职调查报告的前言部分予以明确，承办律师仅依据已经开展的调查活动、已经取得的现有资料和基准日前的法律、法规和法律实务经验出具《尽职调查报告》，以此划清责任边界。

以下是关于股权收购业务法律尽职调查前言部分内容的模板：

致：××公司

××律师事务所律师根据贵公司与本所签订的《××专项法律顾问合同》，作为贵公司的专项法律顾问，就贵公司拟实施的××发展有限公司股权收购，对××发展有限公司及其下属单位的设立、历史沿革、存续状况，主要财产业务，主要债权和债务，税费，劳动与社保，诉讼、仲裁、争议和行政处罚等情况进行了法律尽职调查。现根据贵公司指示，出具本法律尽职调查报告。

前　言

一、目的

本报告的目的主要在于协助贵公司在实施××发展有限公司股权收购项目过程中，对××发展有限公司尽量全面地做出法律方面的分析及了解，以帮助贵公司依法进一步针对××发展有限公司股权收购项目做出决策。

二、简称与定义

本报告中，除非根据上下文应另作解释，否则下列简称和术语具有以下含义：

"本报告"，指由××律师事务所与××年××月××日出具的关于××公司的律师尽职调查报告。

"本所"是指××律师事务所。

"本所律师"或"我们"是指××律师事务所法律尽职调查律师。

"中国"是指中华人民共和国，为本报告之目的，不包括香港特别行政区、澳门特别行政区和台湾地区。

"目标公司"或"公司"，是指××发展有限公司。

……

本报告所使用的简称、定义、目录以及各部分的标题仅供查阅方便之用；除非根据上下文应另作解释，所有关于参见某部分的提示均指本报告中的某一部分。

三、调查过程及材料、依据

应××公司的要求，我所××律师、××律师接受贵公司之委托，于××年××月××日到达目标公司收集资料，内容包括：

（1）目标公司设立及存续之合法性和有效性；

（2）目标公司股东及其所持股权之法律状况；

（3）目标公司的土地、房屋、资产情况；

（4）目标公司的相关资质及审批批复情况；

（5）目标公司重大合同及资产债务情况；

（6）目标公司的财务及对外投资情况；

（7）目标公司的知识产权情况；

（8）目标公司股东的诉讼、仲裁争议情况；

（9）目标公司劳动、人事管理情况；

（10）能影响目标公司的其他情况。

随后，我们到目标公司进行资料搜集、实地调查，并走访了相关政府主管部门，收集了目标公司法律方面的部分资料。截至××年××月××日，以我们取得的书面资料、实地调查、电子文档和访谈了解到的情况为限，根据法律、法规和规范性文件的规定，我们出具本法律尽职调查报告。

四、报告前提

（1）所有目标公司提交的文件均是真实的，所有复印件均与原件一致。

（2）所有目标公司提交的文件均由相关当事方合法授权、签署和递交。

（3）所有目标公司提交的文件上的签字、印章均是真实的。

（4）所有目标公司相关人员对本所做出的有关事实的阐述、声明、保证均为真实、准确的，不存在欺诈或故意遗漏的现象。

五、限制

（1）本报告系根据截至××年××月××日本所收到的所有资料而做出，全面性和完整性会受到获取资料的制约，本所不对本尽职调查被告的完整性和准确性做出任何保证，本尽职调查报告仅供参考；如果目标公司随后提供了补充材料，本所可能需要对本尽职调查报告及其附件进行修正。

（2）本报告所给出的法律意见与建议，也是以截止到本报告出具日所适用的我国现行有效的法律、法规和政策文件为依据。如果相关法律、法规和政策文件发生变更，将可能影响本尽职调查报告的相关结论。

（3）本所深知有关法律意见可能影响贵公司的决策，在出具本报告时已经做到了应有的谨慎。但本报告系法律方面的尽职调查，不应视为财务、审计、评估、税务、技术、矿权等方面的尽职调查后意见，就该类问题，贵公司还应咨询相关专业机构。

（4）本报告涉及目标公司及相关机构的商业机密，应仅限于贵公司收购目标公司之目的的使用。本报告被用于其他目的以致目标公司及相关机构造成损失的，本所不承担任何法律责任。

（二）正文

正文是法律尽职调查报告中具有实质内容的部分。在这一部分，律师需要就法律尽职调查过程中发现的具体问题逐项进行陈述、评论与分析，指出其中可能存在的法律瑕疵或者风险，并给出相应的法律意见或者解决方案。

法律尽职调查报告正文的内容，一般按照尽职调查文件清单将文件所属事项类别划分为若干个板块，如目标公司设立与变更、股本及其变更、组织机构、对外投资及主要资产、负债及担保、财务、税务、环境保护、海关监管、外汇管理、诉讼、仲裁及行政处罚、劳动关系及人力资源等。每一板块又可以根据项目的具体情况做进一步的细分，这样就形成了若干个层次。在每一层次内分为两部分，先写法律事实，然后做小结，即对目标公司存在的法律问题发表法律意见。最后根据全文的小结，综合写出尽职调查的结论性意见。

1. 法律事实综述

在该部分，一般按照时间等逻辑顺序，明确列举通过尽职调查而获悉的法律事实发生的时间、地点及内容等。在涉及多重数据或者多项内容涉及同样几个项目的情况下，借助表格、图表等形式展示相关内容，可以使法律尽职调查报告在形式上更为简洁清晰。

2. 存在的法律问题及其律师意见（风险提示）

在对每一层次的法律事实进行综述后，法律尽职调查报告应该就该部分内容所涉及或存在的法律问题或风险的重大问题进行总结和分析。具体表述上，首先，表达对综述法律事实的观点及态度；其次，列明与该部分事实对应的法律适用，充分阐述提出基本论点的理由和法律依据，并合理运用论证方法进一步强调相关问题所存在的法律风险。

发现问题只是法律尽职调查的一部分，作为律师，法律尽职调查更重要的目的是，通过对在尽职调查中发现的问题或风险分析和判断，提出法律意见和建议，帮助客户做出判断和决定：是撤出交易，重构交易，还是要去降低交易价格或者延长付款时限，或者在交易文件中使交易对方进行补偿或者作出赔偿安排或提供令客户满意的担保。

比如，在一份关于收购矿业公司股权的尽职调查报告就"关于××探矿权延期"的法律风险及律师意见部分，律师进行了如下陈述与分析：

如前所述，××探矿权是目标公司最重要的资产，也是本次收购的目的所在，如探矿权延期无法办理，将直接预示本次收购的终结。因此，探矿权延期是本次收购的最重要的法律风险，必须予以高度防范。

律师意见：在投资协议中将限期完成探矿权延期作为本次投资合同生效或终止的前提条件；如最终未能办理延期手续或探矿权保留，本投资协议不生效或终止。同时，亦可将限期完成探矿权延期作为投资款支付的先决条件。

在该类法律事实不存在法律瑕疵或风险的情况下，法律意见可以是对该等情况的直接确认。比如，经审查，××公司初始设立过程及历次变更已在政府相关机构办理了工商登记、变更或备案手续，履行了必要的法律手续，符合当时法律、行政法规的有关规定。

（三）附件

该部分内容主要包括：

（1）正文中，以表格、图表等形式展示的内容，为了避免正文部分显得杂乱无章，可以放在附件部分。

（2）目标公司提交的文件目录，在政府部门查阅档案文件的目录以及在尽职调查过程中收集、整理的其他文件作为尽职调查报告的附件。

二、专项法律意见书

在正文的尾部，通常律师要就重要法律问题发表法律意见。该部分主要为律师依据法律法规的规定就尽职调查过程中发现的问题（如国有企业并购重组中的内部职工持股问题、目标公司已签订未履行完毕的合同履约风险等）进行分类分析，就其对本次交易的影响发表法律意见，提示法律风险，并根据委托书的要求提出解决方案或建议等。

实践中，有关法律意见书的格式基本形成了如下写作模式：

（一）首部

1. 标题

在文书顶端居中标明"关于××的法律意见书"字样。

2. 致送单位（或人）的称谓

在标题的下一行顶格写明接受文书的单位名称或人的名称。如："××有限责任公司""尊敬的××国××××先生（女士）""××董事长"等。

3. 说明解答内容的缘起和依据

要求用简明扼要的文字概括交代解答的是什么内容，即就提出的什么问题予以答复，这是法律意见书的开头部分。

（二）正文

这部分是法律意见书的主体部分。正文通过法律、法规来详细解答询问人所提出的问题。一般而言，这一部分需要进行严密的论证、科学的分析，从而给询问人一个圆满的答案。正文的内容既可单列一项，就问作答，也可以分为若干个问题，并用分题标号形式一一作答，具体如何写，要根据询问人所提问题的多少来决定。

（三）结尾

正文写完之后，应对所述问题进行总结，加以概括，起到归纳全文的作用。最后在文末右下角写出律师的工作单位、职务及姓名，并注明制作日期。

（四）附件

法律意见书如有附件，应在正文之后列出附件名称，并编好顺序。

第六章　融资类项目尽职调查

融资类项目的尽职调查是计划或已实施融资行为的主体，针对融资项目进行的调查，对融资活动中涉及的资金融出方与融入资金用途目标两个方向进行客观评价，为主体的融资决策提供有价值的信息。

与投资类项目的尽职调查相比，融资类项目的尽职调查在国内企业真正应用的历史比较短，其发展也相对更不成熟。对于尽职调查的框架与重点内容的确定，也尚未出现系统的整理。

第一节　融资类项目尽职调查概述

尽职调查是企业对外融资时的一种重要步骤。投资机构通过尽职调查报告可以对融资企业的人员、业务、财务、发展等各方面进行深入全面的调查与了解，从而做出最具价值的投资决策。与银行贷前调查报告、发债前信用评级报告相比，尽职调查不仅关注被投企业项目的财务的可持续性与盈利能力，同时也重视项目负责人、团队、项目前瞻性等一些一般报告甚少反映的东西。随着融资市场的成熟与融资渠道的多样化，尽职调查不再局限于银行借款、ABS 融资、融资租赁等项目，商业保理和供应链金融的发展使得融资渠道选择越加多元，每一类融资项目尽职调查的侧重点也不尽相同，但不管融资方式如何变化，对于融资类项目来说，其尽职调查核心还是对项目未来还款能力的调查分析。

一、企业的融资方式

从发展的角度看，企业融资活动是比投资活动、经营活动更重要的现金流活动。企业从诞生、成长、成熟直到最后衰老的整个周期都与融资活动息息相关。随着国际与国内金融市场的不断创新发展，企业可供选择的融资方式正在不断增多，大致可分为股权性融资与债券性融资两大类。不管是哪一种融资方式，金融市场中资金供求双方充分的信息沟通都是融资成功的关键。这也是尽职调查在投融资活动中的重要性所在。

（一）股权性融资

股权性融资主要是指企业股东通过出让股份或增发新股的方式引入外部投资者投资，使得权益性资本与现金流增加的融资方式。企业不必为这些资金支付利息、偿还本金，但是需要实现足够的业绩增长以回馈股东的投资。这种融资方式，可以吸引不同风险偏好的投资者，在企业的各个生命周期阶段参加，以满足企业的各阶段不同的融资需求。股权性融资按企业不同发展时期依次可分为创始人投资、天使投资、股权投资、首次上市发行、股权再融资。

从天使投资开始，尽职调查报告在融资过程中的作用开始显现，此时更侧重于市场、业务发展团队成员；股权投资阶段的投融资一般被称为私募股权融资（PE），在这一阶段的尽职调查报告需要从财务状况、产品与模式的可行性、企业团队的氛围与能力等多个角度对企业进行调查，以提供足够的证据使投资者认可其未来发展潜力；企业IPO需要满足严格的要求，主承销商对上市企业的完善尽职调查可以有效确保较长发审流程的顺利、快捷；股权再融资是一种企业在业务发展过程中扩大经营规模、发展业务、提高企业资信的融资行为，此时的尽职调查也是不可或缺的。

（二）债务性融资

债券融资主要是指企业通过发行债券、抵押质押等方式，与个人或机构投资者缔结债券债务关系，从而获得所需的资金流。企业需要为这一部分的资金使用支付约定好的利息，并到期偿还本金，同时可以最大限度地占有企业发展红利，并避免控制权的分散。根据债务类型，可以分为银行贷款、债券融资、商业信用、其他融资四类（见表6-1）。

表6-1　债务性融资途径分类

银行贷款	担保贷款	担保贷款是商业银行传统的业务之一，全面细致的贷前调查是其控制风险与坏账率的重要手段。这种贷前调查与一般的尽职调查内容稍有区别，相较而言更关注企业的持续经营与偿债能力，而非企业未来的发展潜力
	信用贷款	信用贷款不需要企业提供相应的担保，而仅以自身的信用作为未来如期还款保证。由于不需要企业提供担保，将比担保贷款更加重视贷前阶段的调查，对融资企业的经营效益、管理水平、发展前景等诸多方面都会进行详细的考察
	票据贴现	与票据质押不同，票据贴现后，票据的所有权就会转移，获得的资金将取决于票据金额与贴息。为了到期可以顺利地收回资金，银行在提供贴现融资时往往也会对付款企业与背书企业的到期偿还进行一定的调查
债券融资	公司债	公司债券是由股份制公司面向不特定人群进行的一种债务融资方式。公司债在我国属于证监会监管的有价证券，可以在证券交易所或银行间市场中进行买卖。因此，发行公司债需要在证券公司的调查与辅导后，向证监会提交审批申请
	企业债	企业债与公司债类似，但是其发行人可以是非股份制的企业，监管机构是发改委。以往企业债多为国有企业发行，随着我国金融市场化进程与私企发债的增多，主承销机构对融资企业的相关调查也越来越重视
	中期票据	中期票据是一种独特的票据，一般为期限在5~10年的票据。公司发行中期票据，通常会通过承销商安排一种灵活的发行机制，即通过一次发行计划，安排发行多次期限不同的票据，以切合公司实际融资需求
	短期融资券	短期融资券是指企业发行的一种一年内无担保短期债务凭证。与中期票据一样，在国内，短期融资券也是由中国人民银行监管，并主要在银行间市场进行交易

续表

	融资租赁	出租人一般根据承租人的独特要求对出租设备进行选购，并约定了一个接近设备使用寿命的长租期，而承租人则分期向出租人支付租金。这种租赁在本质上也是一种融资行为
其他融资	资产证券化	资产证券化是指以优质基础资产预期未来现金流作为支持，通过结构化设计进行信用增级，并在此基础上发行资产支持证券的融资方式。从广义上看，不仅仅是信贷，实物资产、现金资产以及证券资产也可以作为证券化的基础资产
商业信用	预收账款与应付账款	预收账款与应付账款是企业凭借商业信用占用上下游厂商资金的经营行为。这笔资金往往也是企业债务性融资资金的重要来源，基于企业所处行业、销售模式的不同，其占用的资金额大小也有不同。因此，企业的应收与预付款项也是企业债权的重要部分

二、融资类项目尽职调查的框架

随着我国经济社会的不断发展，市场经济愈加开放和完善，越来越多的融资形式在国内出现，相比于传统的银行借款和融资租赁，ABS 融资、供应链金融等新融资方式能满足更多融资主体的需求，且在一定程度上具有独到的优势。

尽管各类融资方式千差万别，但是基本模式都类似，都存在资金的融入方和融出方，资金融出方在把资金借出前要对资金融入方展开详尽的尽职调查，以核实融入方的还款能力，再决定是否将资金借出，根据项目风险的大小调整资金利率，一般来说，风险越大，利率水平越高。

融资类项目尽职调查的一般框架如下：

1. 对融资相关主体的尽职调查

（1）企业基本情况。

（2）企业经营情况。

（3）企业财务状况。

（4）企业资信状况。

（5）企业对外担保情况。

2. 对融资项目的尽职调查

（1）资金用途及方案。

（2）标的物介绍及可处置性分析。

（3）项目风险防范措施。

（4）项目的未来收益。

如果涉及 ABS 则要对应以上内容对基础资产进行调查，供应链金融则要调查应收账款的真实性、合法性，所有调查都指向一个目的，就是确保融出的资金在未来能够按合同约定到期收回，将风险扼杀在摇篮里。

本章并没有把所有融资方式的尽职调查内容全部纳入，而是取传统融资方式中具有代表性的银行借款、融资租赁以及近年来出现且比较常用的 ABS 融资、商业保理、供应链金融项目进行梳理，至于其他未尽融资方式的尽职调查可以参照这些项目进行。

第二节　银行借款尽职调查

　　银行借款尽职调查是风险管理部门和信贷业务部门明确分工的直接结果，是银行管理风险部门对各业务部门授信初评及风险初审情况进行的调查，是商业银行发放贷款的重要一环，也是商业银行审批贷款的重要依据，是确保信贷资金安全的第一道防线。目前我国商业银行的不良资产率居高不下，加强控制信贷风险是解决银行目前所面对的难题的重要方法，而控制信贷风险又以贷前控制最为有效，因而银行借款尽职调查对商业银行来说非常关键。

一、银行借款的分类

（一）按提供贷款的机构分类

　　按提供贷款的机构分类可分为政策性银行贷款、商业性银行贷款和其他金融机构贷款。

　　（1）政策性银行贷款，是指执行国家政策性贷款业务的银行向企业发放的贷款，通常为长期贷款。如国家开发银行贷款，主要满足企业承建国家重点建设项目的资金需要；中国进出口信贷银行贷款，主要为大型设备的进出口提供买方信贷或卖方信贷；中国农业发展银行贷款，主要用于确保国家对粮、棉、油等政策性收购资金的供应。

　　（2）商业性银行贷款，是指由各商业银行，如中国工商银行、中国建设银行、中国农业银行、中国银行等，向工商企业提供的贷款，用以满足企业生产经营的资金需要，包括短期贷款和长期贷款。

　　（3）其他金融机构贷款，如从信托投资公司取得实物或货币形式的信托投资贷款，从财务公司取得的各种中长期贷款，从保险公司取得的贷款等。其他金融机构的贷款一般较商业银行贷款的期限要长，要求的利率较高，对借款企业的信用要求和担保的选择比较严格。

（二）按机构有无担保要求分类

　　按机构对贷款有无担保要求可分为信用贷款、担保贷款、保证贷款、抵押贷款、质押贷款。

　　（1）信用贷款，是指以借款人的信誉或保证人的信用为依据而获得的贷款。企业取得这种贷款，无须以财产作抵押。对于这种贷款，由于风险较高，银行通常要收取较高的利息，往往还附加一定的限制条件。

　　（2）担保贷款，是指由借款人或第三方依法提供担保而获得的贷款。担保包括保证责任、财务抵押、财产质押，因此，担保贷款包括保证贷款、抵押贷款和质押贷款。

　　（3）保证贷款，是指以第三人作为保证人，承诺在借款人不能偿还借款时，第三人按约定承担一定保证责任或连带责任而取得的贷款。

（4）抵押贷款，是指以借款人或第三人的财产作为抵押物而取得的贷款。抵押是指债务人或第三人不转移财产的占有，将该财产作为债权的担保，债务人不履行债务时，债权人有权将该财产折价或者以拍卖、变卖的价款优先受偿。如果贷款到期借款企业不能或不愿偿还贷款，银行可取消企业对抵押品的赎回权。抵押贷款有利于降低银行贷款的风险、提高贷款的安全性。

（5）质押贷款，是指以借款人或第三人的动产或财产权利作为质押物而取得的贷款。质押是指债务人或第三人将其动产或财产权利移交给债权人占有，将该动产或财务权利作为债权的担保，债务人不履行债务时，债权人有权以该动产或财产权利折价或者以拍卖、变卖的价款优先受偿。

（三）按企业贷款的用途分类

按企业取得贷款的用途可分为基本建设贷款、专项贷款和流动资金贷款。

（1）基本建设贷款是指企业因从事新建、改建、扩建等基本建设项目需要资金而向银行申请借入的款项。

（2）专项贷款是指企业因为专门用途而向银行申请借入的款项，包括更新改造技改贷款、大修理贷款、研发和新产品研制贷款、小型技术措施贷款、出口专项贷款、引进技术转让费周转金贷款、进口设备外汇贷款、进口设备人民币贷款及国内配套设备贷款等。

（3）流动资金贷款是指企业为满足流动资金的需求而向银行申请借入的款项，包括流动基金借款、生产周转借款、临时借款、结算借款和卖方信贷。

二、银行借款尽职调查的内容

银行借款尽职调查的目的是掌握借款企业基本情况、生产经营情况、财务状况、资信状况、发展前景和管理中存在的问题。

尽职调查的重点在于：企业融资项目是否符合银行的信贷政策导向；各项业务的初评初审程序是否符合有关规定，业务部门所做的风险分析和项目评估方案是否全面合理；业务部门所报的基础资料和对这些资料的分析是否真实、深入；行业分析是否合理；法律方面分析、财务方面分析、采用的风险评估参数取值是否合理；等等。

银行借款尽职调查无须做到面面俱到，应着重分析借款人的偿债能力和潜在风险，为贷款决策提供准确的信息和依据。可根据项目的风险性质，对一线部门工作尽职调查方面的可疑点、风险点进行重点调查，而对重大项目则可进行全面调查。

（一）企业基本情况

通过调查掌握借款企业以下信息：

（1）借款人名称（营业执照上的全称）、注册资本、注册地址、法定代表人及身份证号、主营业务范围、生产技术水平、生产经营状况等。

（2）股东出资及股权占比情况、公司的历史沿革、企业性质等基本情况。

（3）公司的相关资质情况。

（4）公司治理结构情况，有无设立股东会、董事会、监事会及高级管理层形成四层次的规范的公司治理结构；企业决策机构设置、决策机制（董事会成员人数、议事规则）等。

（5）企业内设部门及员工总数、整体素质、知识结构。

（6）企业法定代表人及主要经营负责人姓名、年龄、性别、学历、职业经历。

（7）如有关联企业，还应详细提供主要子公司及主要关联企业（一级关联及二级关联）明细，借款人出资情况（并注明是控股还是参股），关联企业生产经营情况，与借款人是否存在会计报表并表关系等。

（8）重大事项披露，信贷调查不仅要反映申请人真实的生产经营状况和资产负债状况，还要全面披露申请人的表外重大事项，以合理评估授信业务风险。

（9）行业特点和所在地区经济环境，在行业和所在地区经济发展中的位置。

（10）对外投资及收益情况，有无重大经济纠纷。

（11）经营者素质情况，了解法定代表人和领导班子成员品性、学历、经历、业绩、合作情况和经营能力。

（12）借款人与银行的关系；是否为银行的基本结算户或可否争取为基本户；是否是银行的重点客户或是银行授信集团客户。

（13）在银行的贷款余额、结构、存款、结算情况、所占份额以及其他业务合作情况。

（二）企业经营情况

（1）主营业务结构：包括主营业务范围、所属行业类别、产品或服务结构、销售能力等；企业主营业务收入的组成，各产品、服务占总收入的比例，各项业务收入的变化趋势，各项业务的盈利能力等，以确定企业的主要收入来源、收入稳定性和未来的发展趋势。

（2）经营模式：主要包括企业的产品运作模式、销售模式及销售政策、上下游重点客户情况、市场份额及地位等。对于生产型企业要对其主要技术及生产线、产能产量进行介绍，贸易型企业则要说明其自营及代理的比例、销售网络、主要贸易环节等。

（3）重要事件：介绍企业近年来的重大投资项目、转改制情况、重大人事变动、重大事故及赔偿责任、重大或有负债风险及法律纠纷等。

（4）非财务因素：对客户公司治理、管理层素质、履约记录、生产装备和技术能力、产品和市场、行业特点以及宏观经济环境等方面的风险进行识别。

（三）企业财务状况

通过调查借款企业财务状况，主要是对借款企业提供的近3年的资产负债表、利润表、现金流量表进行分析，以此了解企业发展变化趋势，发现企业可能存在的问题。通过对借款企业财务状态进行调查，可以评估借款人的偿债能力，并预测借款人的未来发展前景。

1. 资产负债表和损益表分析

（1）借款企业主营收入主要构成，变化幅度说明，盈利能力及增减变化说明。生产型企业的生产成本分析、异动分析。

（2）资产规模、资产负债率。资产主要构成，应收账款绝对额及增减情况、账龄分布情况、坏账损失风险，负债主要构成，银行融资总额（其中短期借款万元、应付票据万元、长期借款万元）。

（3）主要科目明细：

货币资金，以及其中的保证金存款及已质押定期存款的金额。

应收账款，说明主要欠款单位明细及目前与申请人的往来情况，并要进行应收账款的账龄分析，列出2年以上应收账款的金额及占比。

存货，分别列出存货中的原材料、在产品、产成品的金额，同时还要对照存货实物、会计账簿、申请人的《盘存报告》核实存货的入账成本、目前市价及其流动性，估算其中冷、次、残、背部分的金额，并与企业计提的存货跌价损失准备进行比较。

其他应收款，说明主要欠款单位的明细、往来款项性质以及账龄结构，并调查其中关联企业往来占比、是否存在不合理占用等。

长期投资，说明长期投资种类（债权或股权）、被投资企业明细、申请人投资占比、被投资企业基本情况以及申请人的投资收益水平，并要了解申请人长期投资的核算方式，是否应计提长期投资减值准备等。

固定资产、无形资产，说明主要固定资产明细及使用情况，土地使用权或工业产权的明细内容、取得时间及权属状况，以及折旧、摊销费用计提是否合理，资产是否已设定抵押等。

短期借款、应付票据、长期借款，说明企业银行负债的债权银行明细、每笔债务金额及期限、担保方式、贷款分类、是否存在不良记录等，并与企业贷款卡信息核对一致。该项内容与下述的贷款卡信用记录不必重复反映。

实收资本，调查其增减是否与《验资报告》内容相符，若有不符的须说明原因。

资本公积，调查形成原因是否符合会计核算规定，并说明企业增减资本公积是否合理、是否存在虚增资本嫌疑以及对其生产经营有何影响等。

未分配利润，说明未分配利润与企业历年生产经营情况、主营业务盈利能力、利润分配政策以及纳税水平是否衔接，是否存在水分。对于未分配利润累积时间较长、余额或占净资产比例较大的则要详细调查形成原因，对于其中应列入应付利润科目的部分应进行相应调整，同时对企业股东分配该部分利润可能会对其资产负债结构、未来现金流量产生的不利影响进行提示。

2. 现金流量分析

列出企业近3年的经营性现金流量净额、投资性现金流量净额、筹资性现金流量净额以及现金净流量。从总量上分析企业经营、投资、筹资等活动在年度内的活跃程度并及时发现企业现金流的非正常动向，分析这些非正常动向对企业经营、还款能力的影响；从结构上分析经营、投资、筹资活动对企业现金净流量的贡献，侧重分析并预测其经营活动现金流量净额的发展趋势以及对其还款能力的影响，同时预测其筹资、投资现金流出压力及其筹资能力的强弱。对于企业未来现金流量可按以下方法进行粗略预测：

净利润 = 销售收入 – 销售成本 – 经营费用 – 管理费用 – 财务费用 – 税金

经营性现金流量净额 = 净利润 + 折旧 ± 应收应付款的变化

现金净流量 = 经营性现金流量净额 – 资本化支出 – 到期贷款或到期应付票据 – 应付利润

3. 常用财务分析指标

下面列出对借款企业进行财务分析时常用的指标,通过有效的财务比率分析可以使财务数据尽可能详细地与潜在的经营要素相关联,尽管财务分析不可能使分析人员全面了解公司的经营业绩,但是它有助于分析人员确定一些需要进一步了解的问题或提示可能出现的风险。偿债能力应该被重点关注,但偿债能力分析是基于历史数据的,反映的是历史信息,各报表期间变动较大,可根据发展能力和营运能力分析企业的未来偿债能力。

(1) 偿债能力分析。

短期偿债能力比率:

营运资本 = 流动资产 – 流动负债

流动比率 = 流动资产/流动负债

速动比率 = 速动资产/流动负债

现金比率 = 货币资金/流动负债

现金流量比率 = 经营活动现金流量净额/流动负债

长期偿债能力比率:

资产负债率 = 总负债/总资产

产权比率 = 总负债/股东权益

权益乘数 = 总资产/股东权益

长期资本负债率 = 非流动负债/(非流动负债 + 股东权益)

利息保障倍数 = 息税前利润/利息费用 = (净利润 + 利息费用 + 所得税费用)/利息费用

现金流量利息保障倍数 = 经营活动现金流量净额/利息费用

现金流量债务比 = 经营活动现金流量净额/债务总额

(2) 获利能力分析。

股东权益收益率 = 净利润/股东权益

资产收益率 = 净利润/总资产

销售净利润率 = 净利润/销售总收入

成本费用利润率 = 净利润/销售总成本

(3) 营运能力分析。

营业营运资本周转率 = 销售收入/营业营运资本

应收账款周转率 = 销售收入/应收账款

存货周转率 = 销售成本/存货

应付账款周转率 = 销售成本/应付账款

(四) 企业资信状况

信用余额,包括贷款余额、银行承兑汇票、其他融资以及不良记录。深入借款企业,实地查阅企业的应付账款账簿及其明细账,从中找出该企业拖欠他人的账款金额、赊欠原因、时间等,对企业的信用状况进行评估,另外还可以通过电话或函询的方式向被赊欠企业了解有关借款企业赊欠的原因、还款的基本情况,从而真正摸清借款企业的信誉状况。

（五）企业对外担保情况

对借款企业进行担保情况调查，一是实地调查担保人或物的真实性、合法性和合规性。二是对担保方提供的有关证件和资料要与有关部门进行核实，确保担保财产的真实性和有效性。三是对担保财产做严格的市场评估，确保有足额的第二还款来源。

三、银行借款尽职调查的方法和信息获取渠道

（一）银行借款尽职调查方法

银行借款尽职调查一般采取查阅有关资料与实地调查相结合、定性与定量分析相结合的方法。具体方法分述如下：

（1）通过人民银行征信系统查询，了解借款人存量贷款质量和还本付息情况，掌握借款人信誉状况和偿债能力变化情况。

（2）查阅借款人提交的有关资料和近3年的财务报表，了解借款人生产经营和资金使用情况，分析生产经营变化趋势和资金变化趋势。

（3）日常管理情况，分析经营管理现状和存在的问题，必要时，可深入客户的生产单位、营业场所，了解客户生产经营情况。

（4）到有关综合管理部门，如工商、税务及主管部门调查，利用网络、报纸、杂志等传媒工具获取行业及客户的发展前景。

（二）银行借款尽职调查信息获取渠道

银行管理风险部门应搜集与这项业务有关的基础数据、生产与市场数据、财务数据等。

1. 基础数据取得的渠道

基础数据取得的渠道包括：营业执照、税务登记证、法人机构代码证、贷款卡、验资报告、公司章程、行业资质证书、机构信用代码证、开户许可证等；翔实的企业简介（含企业的成立时间、注册地址、注册资金、法定代表人主要业务范围及主要产品；股东结构及占比、员工人数及知识结构、主要经营团队的基本情况和企业的发展情况）；企业（和实际控制人）获得的各项荣誉证明；企业详细的银行账户开立情况；最近的人民银行的征询查询报告；根据公司章程规定由股东会或董事会同意申请贷款的决议；借款申请书（包括贷款金额、用途、担保措施及还款来源）。

2. 企业经营情况取得的渠道

首先，查阅该企业的各种会计账簿，通过其中记载的各种数据，计算出相应的经营指标，从而分析和了解企业的经营情况。其次，深入车间、厂房和库房，实地调查企业的生产环境、生产工作流程、产品质量监督情况和原材料及产成品的库存情况，并用数码相机、摄像机等设备做好记录，从而真实反映企业的生产经营状况。再次，通过查看借款企业近两年的会计报表计算出各项指标增长率、增长幅度，分析企业竞争力的变化。最后，还可以核实贷款企业在税务部门的纳税情况，从而反映出企业的真实生产效益；通过企业近几个月缴纳水电费等情况的对比分析，了解企业的实际生产经营情况。

3. 财务数据主要来源

财务数据主要来源于企业提供的经过审计的财务报表，包括资产负债表、损益表、现

金流量表及会计附注；审计报告必须确保完整（包括审计结论、财务报表、会计附注说明、执业资质信息），不得缺页；近 3 年的收入构成明细及占比说明；产品成本构成说明；纳税申报表及纳税凭证；完整年度的银行对账单或银行流水单据（需加盖银行业务章）。

4. 市场数据来源

市场数据来源于企业提供的上下游名单，包括近 3 年的合作明细等。了解借款人行业发展情况及在当地同行业的排名情况。

以上数据的取得，要通过到企业双人实地调查，并对调查过程进行拍照留证。实地调查过程应采取查阅账务、清点实物的方式进行，如果需要可通过第三方对相关情况进行核实。通过网络等渠道对借款人所处行业的发展情况进行调查了解，并根据企业情况对比分析。

第三节　ABS 融资尽职调查

资产证券化的目的在于将缺乏流动性的资产提前变现，解决流动性风险。资产证券化提高了资本市场的运作效率，为商业银行和投资者带来了便捷和利益，因此在我国，资产证券化得到了银行和资产管理公司的青睐。由于在资产证券化的过程中，主要涉及了证券化基础资产、原始权益人、其他业务参与人三方面，因此，在 ABS 融资项目的尽职调查中，主要是针对证券化基础资产、原始权益人、其他业务参与人分别展开调查。

一、ABS 融资概述

我国企业在产业结构升级过程中，形成了巨额资产。企业可以通过资产证券化融资的方式，盘活这些资产，以其中具有稳定现金流的资产作担保，解决长期困扰企业发展的融资难问题。

（一）ABS 融资的定义

ABS 融资（Asset – Backed Securitization），也称资产证券化，是以项目所属的资产为支撑的证券化融资方式，即以项目所拥有的资产为基础，以项目资产可以带来的预期收益为保证，通过在资本市场发行债券来募集资金的一种项目融资方式。简单来说就是企业将那些缺乏流动性，但能够产生可以预见的、稳定的现金流量的资产，通过资产结构组合和资产信用分离的方式，以部分优质资产作为担保，由专门的特设机构发行证券，在资本市场上以发行证券的方式予以出售，获取融资，以此最大化提高资产的流动性。

ABS 融资模式于 20 世纪 70 年代末兴起于美国，当时的美国政府国民抵押协会首次发行以抵押贷款组合为基础资产的抵押支持证券——房贷转付证券完成首笔资产证券化交易。20 世纪 90 年代，资产证券化开始在全球扩展，逐渐成为一种被广泛采用的金融创新工具。在此基础上，现又衍生出风险证券化这一类产品。目前，以美国和欧洲为首的西方世界的资产证券化市场已具相当规模，加拿大、澳大利亚、拉美各国在资产证券化推行方面已有一定的经验。我国资产证券化试点之路颇为漫长，2005 年，央行和银监会联合发布《信贷资产证券化试点管理办法》，随后建设银行和国家开发银行获准进行信贷资产证券化首批试点，在央行和银监会主导下，基本确立了以信贷资产为融资基础、由信托公司组建信托型 SPV、在银行间债券市场发行资产支持证券并进行流通的证券化框架。

ABS 融资模式作为一种创新金融工具，无疑为发起人——企业开辟了一条新的融资渠道。这种融资工具已作为沟通直接融资和间接融资的有效通道，并不断深化和完善。资产证券化融资方式灵活、筹资规模不限、筹资时间选择性强、筹资成本低，且不受企业效益的影响，尤其是对那些无法从银行正常获得信贷以及不能从资本市场上获取资金的企业来讲，资产证券化融资是目前为止最佳的融资选择。中小企业融资恰好符合这些特点，其发展阶段性强，资产结构不理想，自身信用级别较低，但只要通过资产剥离和信用增级，完全可以达到资产证券化融资要求的条件。因而，资产证券化无疑是中小企业除传统融资方式以外一条更为切实可行的途径。

（二）ABS 融资的分类

我国资产证券化大致包括两大类：一是企业资产和项目资产，包括应收账款，供电、供油、供气合同，机构、公路的收费以及运输费用的应收账款。这些资产容易剥离，统计资料较完备，收益较稳定，也符合建立证券化资产的规模，可以将这部分企业资产或项目资产用于实施资产证券化业务。二是银行资产，主要有以住房抵押贷款为主的个人消费信贷和商业抵押贷款。这部分资产规模大，具有不断膨胀的势头，若使其证券化将有一个不断扩张的市场出现。根据不同的划分标准，有以下几种分类：

（1）根据基础资产分类。根据证券化的基础资产不同，可以将资产证券化分为不动产证券化、应收账款证券化、信贷资产证券化、未来收益证券化（如高速公路收费）、债券组合证券化等类别。

（2）根据资产证券化的地域分类。根据资产证券化发起人、发行人和投资者所属地域不同，可将资产证券化分为境内资产证券化和离岸资产证券化。

国内融资方通过在国外的特殊目的机构（Special Purpose Vehicles，SPV）或结构化投资机构（Structured Investment Vehicles，SIVs）在国际市场上以资产证券化的方式向国外投资者融资称为离岸资产证券化；融资方通过境内 SPV 在境内市场融资则称为境内资产证券化。

（3）根据证券化产品的属性分类。根据证券化产品的金融属性不同，可以分为股权型证券化、债券型证券化和混合型证券化。

值得注意的是，尽管资产证券化的历史不长，但相关证券化产品的种类层出不穷，名称也千变万化。最早的证券化产品以商业银行房地产按揭贷款为支持，故称为按揭支持证券（MBS）；随着可供证券化操作的基础产品越来越多，出现了资产支持证券（ABS）的称谓；再后来，由于混合型证券（具有股权和债权性质）越来越多，干脆用 CDOs（Collateralized Debt Obligations）概念代指证券化产品，并细分为 CLOs、CMOs、CBOs 等产品。最近几年，还采用金融工程方法，利用信用衍生产品构造出合成 CDOs。

（三）ABS 融资的模式

一次比较完整的证券化融资的基本流程是：首先发起人将证券化资产出售给一家特殊

目的机构（Special Purpose Vehicle，SPV），或者由该机构主动购买可证券化的资产，其次该机构将这些资产汇集成一个初具规模的资产池（Assets Pool），以该资产池所产生的现金流为支撑在金融市场上发行有价证券融资，最后用资产池产生的现金流来清偿所发行的有价证券。

过去有很多资产成功进行了证券化，例如汽车贷款、应收账款等；当前出现了更多不同种类的资产，例如水电气费应收账款、电影特许权使用费、公园或乐园门票收入、高速公路收费等，但核心条件是一样的，即这些资产必须能产生可预见的稳定的现金流。

简单通俗地了解一下资产证券化（见图6-1）：

A：在未来能够产生现金流的资产

B：上述资产的原始所有者

C：枢纽（受托机构）SPV

D：投资者

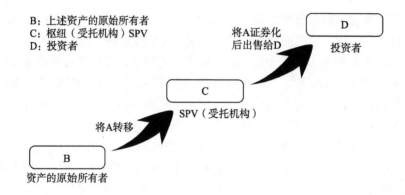

图6-1　资产证券化的一般过程

资产证券化的一般过程：

B 把 A 转移给 C，C 以证券的方式销售给 D。

B 低成本地（不用付息）拿到了现金；D 在购买以后可能会获得投资回报；C 获得了能产生可见现金流的优质资产。

投资者 D 之所以可能获得收益，是因为 A 不是垃圾资产，而是被认定为在将来的日子里能够稳妥地变成钱的好东西。

SPV 是个中枢，主要是负责持有 A 并将 A 与破产等麻烦隔离开来，并为投资者的利益说话做事。

SPV 进行资产组合，不同的 A 在信用评级或增级的基础上进行改良、组合、调整。目的是吸引投资者，以发行证券。

二、对原始权益人的尽职调查

原始权益人也称发起人，是证券化基础资产的原始所有者，通常是金融机构或大型工商企业。由于都是对某一特定主体进行调查，因此此处对原始权益人的尽职调查内容可以参考本章第二节银行存款尽职调查的内容，具体内容不再赘述。

（一）原始权益人基本信息调查

原始权益人基本情况和实际控制人情况调查清单：

原始权益人的相关概况、历史沿革、组织结构、控股股东、实际控制人工商基本情况表。

（二）原始权益人主营业务及财务情况调查

通过对公司访谈及对公司最近3年及一期审计报告或财务报表的审核查验，了解公司近年来盈利能力、负债情况、现金流稳定情况。通过公司的资产负债表、现金流量表及利润表三表对重点的财务指标进行分析，并尽可能与同行业其他公司相应指标进行横向对比，形成对公司发展能力、偿债能力及盈利能力等的客观的初步判断。当然，仅仅停留在财务三张报表层面还是不够的，还一定要细微观察审计报告中财务附注部分，从中发现公司是否涉及关联交易、对外担保及诉讼事件等。

（三）原始权益人行业状况及经营情况

企业能够健康持续发展与企业所处的行业环境有着极大的关系，如果企业所处行业属于朝阳企业，那么我们可以给予美好的发展预期；如果企业处于低创新、低技术、高耗能、高污染等性质的夕阳产业，那么企业未来的发展前景将会极不乐观。

（四）原始权益人公司治理情况

一个具有良好公司治理的企业往往代表该企业能够健康、可持续发展。良好的公司治理一方面能够降低代理成本，另一方面也有助于保护股东特别是中小投资者的利益。下面我们将给出原始权益人公司治理情况尽调清单：

（1）原始权益人内部组织结构图、各机构职能；

（2）原始权益人董事、监事、高级管理人员名单、身份证复印件、简历；

（3）原始权益人公司治理制度：包括但不限于三会议事规则、董事会专门委员会议事规则、董事会秘书制度、总经理工作制度、内部审计制度等文件资料。

三、对业务参与人的尽职调查

在ABS的过程中，除了原始受益人以外，还有其他众多业务参与人，对他们的尽职调查是整个ABS融资尽职调查的重要内容，尤其是担保人和托管人，在ABS过程中扮演了重要的角色，对他们的尽职调查体现了谨慎性和重要性的原则。

（一）对担保人的尽调

对于担保人的尽调，除了其所处行业及主营业务财务情况尽调外，需额外关注公司是否存在大额对外担保事项。目前，企业之间互保现象广泛存在、情况严重。如果担保人涉及了大量对外担保，即使其自身保持了比较好的发展态势和具有较强的盈利能力，一旦外部环境发生变化，被担保企业因为经营不利或其他原因导致无法按期偿还款项时，担保企业难以置身其外，往往会被拖累。

除了上述担保人尽调之外，对于托管人、托管银行以及增信机构、资产服务机构和其他业务参与者的尽调也是很重要的环节。下面我们分别给出了不同参与者的尽调清单。

（二）对托管人（托管银行）的尽调

（1）托管人经营情况及资信水平（基本情况介绍、公开财务资料、公开评级资料等）；

（2）托管业务资质批复文件；

（3）托管人的托管业务资质：管理制度、业务流程、风险控制措施等。

（三）对增信机构尽调

1. 设立及存续情况

（1）设立时的政府批准文件、营业执照、工商登记文件；

（2）发起人协议、创立大会文件或出资协议；

（3）增信机构设立时的公司章程；

（4）历次变更的营业执照、历次备案的公司章程以及相关的工商登记文件。

2. 股权架构、组织架构及治理结构

（1）股权结构图；

（2）最近一次验资报告；

（3）增信机构的组织结构（参控股子公司、职能部门设置）；

（4）职能部门职责说明；

（5）公司治理制度规定，包括三会议事规则、董事会专门委员会议事规则、董事会秘书制度、总经理工作制度、内部审计制度等文件资料。

3. 授信使用状况及对外担保情况

（1）银行授信合同或协议（母公司口径）；

（2）内部决策文件、相关批文、提供对外担保的授权文件、担保协议、担保函或担保合同（母公司口径）。

4. 增信业务内控及管理

（1）业务管理制度及业务审批流程；

（2）风险控制制度；

（3）历史上有无发生代偿情况的说明及相关资料。

（四）对重要债务人的尽调

（1）对于信贷类或应收账款类的基础资产、重要债务人基本情况（对于单一应收款债务人的入池应收款的本金余额占资产池比例超过15%，或者债务人及其关联方的入池应收款本金余额合计占资产池的比例超过20%）。

（2）主营业务情况、行业基本情况、竞争地位的相关资料。

（3）报告期内财务状况。

1）报告期内的财务报告及审计报告；

2）债务人经营情况与偿债能力分析；

3）会计师事务所及注册会计师对非标审计意见涉及相关事项及影响的意见。

（4）历史信用表现、征信报告、资信评级报告（如有）。

（五）对资产服务机构的尽调

1. 设立及存续情况

（1）设立时的政府批准文件、营业执照、工商登记文件；

（2）发起人协议、创立大会文件或出资协议；

（3）发行人设立时的公司章程；

（4）历次变更的营业执照、历次备案的公司章程以及相关的工商登记文件。

2. 主营经营、财务及资信情况

（1）资产服务机构最近一年的经营情况；

（2）最近一年的财务报告及审计报告；

（3）征信报告、资信评级报告（如有）。

3. 与基础资产管理相关的业务情况

（1）相关业务资质以及法律法规依据；

（2）资产服务机构提供基础资产管理服务的相关制度、业务流程、风险控制措施；

（3）基础资产管理服务业务开展情况的说明；

（4）基础资产与资产服务机构自有资产或其他受托资产相独立的保障措施。

（六）对其他重要业务参与人的尽调

这部分主要是对律师事务所、评级机构、审计机构、评估机构等不参与业务本身的相关参与人所做的尽职调查。

（1）业务参与人的营业执照、公司章程；

（2）业务参与人报告期内审计报告；

（3）业务参与人征信报告；

（4）业务参与人的资信水平、相关业务资质、过往经验以及其他可能对证券化交易产生的因素。

四、对 ABS 基础资产的尽职调查

ABS 基础资产是未来现金流量的来源，是回报证券投资者的保证，基础资产一旦出现问题，会使投资者蒙受巨大的损失，因此，对基础资产的尽职调查是整个尽职调查中的重中之重。

（一）ABS 基础资产

企业资产证券化基础资产主要分为两大类：一类是收益权类资产；另一类是债权类资产。

对于收益权类基础资产，第一，我们要关注经营主体收益权的合法合规性，确定其是否拥有土地使用权、项目建设及验收文件、安保与消防文件等；第二，我们要关注经营主体的稳定性和可替代性；第三，还要结合经营主体所在行业特点分析同类竞争者出现的可能性；第四，我们要关注未来收益权是否处于抵押状态。

对于债权类基础资产，第一，我们要审核原始权益人合同权利的真实性、有效性、合法性和完整性，并且要对原始权益人必须充分履行的债务责任进行明确；第二，我们接着要审核债务人有哪些抗辩权，防止因债务人行使抗辩权而导致现金流入不稳定因素；

第三，要审核基础资产是否附带抵押、质押等担保负担或其他权利限制；第四，我们最后要审核基础资产合同的可转移性，债权人是否有权利在无须取得债务人同意的前提下将债权转移，或是否存在第三人享有的债权主张权。

下面我们列出了基础资产的尽调清单：

1. 基础资产的法律权属及状态说明

（1）基础资产形成和存续的真实性和合法性；

（2）基础资产权属、涉诉、限制和担保负担等情况；

（3）基础资产特定化情况；

（4）基础资产完整性。

2. 基础资产合法性

（1）原始权益人应当拥有基础资产相关权属证明或运营许可；

（2）主要基础资产的构建合同（如为非股权资产）或资金投入凭证、验资报告、基础资产工商登记资料、公司章程（如为股权）；

（3）原始权益人关于基础资产是否附带担保负担或者其他权利限制的说明；

（4）按照穿透原则，对基础资产对应抵押、质押登记部门的查询资料原始权益人关于基础资产是否涉及诉讼的说明及相关资料；

（5）对当地法院及相关网站的查询结果（中国执行信息公开网）。

3. 基础资产的可转让性及相关程序说明

（1）原始权益人关于基础资产是否存在禁止或者不得转让的情形的说明；

（2）基础资产（包括附属权益）转让需履行的批准、登记、通知等程序及相关资料（如政府、监管机构等）；

（3）基础资产转让的完整性；

（4）基础资产转让的通知义务及该义务的履行方法和可行性；

（5）基础资产转让登记的履行情况；

（6）基础资产转让附属权益的处理。

4. 基础资产行业分析

（1）基础资产行业的基本情况和竞争地位等相关资料；

（2）预测期内相关业务发展战略、规划。

5. 基础资产现金流状况

（1）基础资产期限、账龄及质量状况说明；

（2）基础资产现金流历史情况（历史数据，5年）；

（3）基础资产现金流归集、划转程序和路径。

6. 未来现金流的合理分析（覆盖倍数）

7. 本期债券相关内容调查分析

（1）风险因素及防范措施（包含混同风险）；

（2）原始权益人风险自留的相关情况。

8. 偿债计划及其他保障措施

（1）原始权益人制订的具体偿债计划及资金安排；

（2）原始权益人安排的其他具体偿债保障措施，包括偿债专户、偿债基金、违约时拟采取的具体偿债措施和赔偿方式；

（3）原始权益人做出的可能影响债券持有人利益的其他承诺；

（4）原始权益人为维持基础资产正常的生产经营活动提供合理支持性安排的相关承诺。

9. 债权类资产

（1）债权合同；

（2）债权明细、账龄；

（3）历史违约情况、还款凭证以及与还款相关的银行流水；

（4）抵质押物的评估报告。

10. 收益权类资产

（1）收益权合法性文件；

（2）与主要客户的合同；

（3）历史收款记录；

（4）记载单价、数量或流量的统计表（年度、季度、月度）；

（5）预测期内预计收入相关原始资料（预计销售单价、预计销售量）；

（6）抵质押物的评估报告。

11. 基础资产各期专项审计报告（如有）或财务数据

12. 基础资产其他资料、基础资产业务管理制度及风险控制制度（包括但不限于确保基础资产正常运行的生产、采购、销售、安全等制度）

13. 基础资产重要交易参与人情况

（二）ABS 产品的抵、质押担保情况（若有）

（1）抵质押协议。

（2）抵质押物的基本情况。

（3）抵质押物清单（包括名称、数量或面积、账面价值和评估价值等相关信息）。

（4）抵质押物权属证明。

（5）抵质押物评估报告（若有）。

（6）抵质押物的登记、保管及相关法律手续办理情况。

（7）抵质押物发生重大变化时的安排。

（三）ABS 产品的决议文件

（1）董事会决议。

（2）股东（大）会决议。

（3）主管部门的批复文件（若有）。

资产证券化尽职调查框架（见图 6－2）。

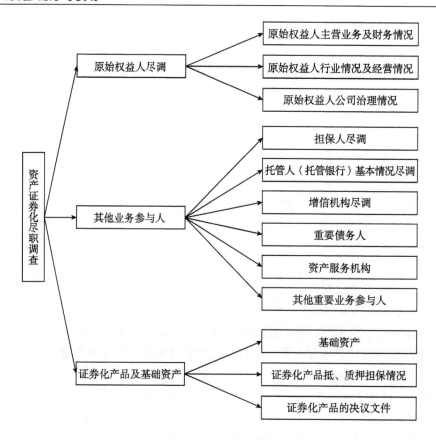

图6-2 资产证券化尽职调查框架

第四节 融资租赁尽职调查

融资租赁尽职调查是融资租赁项目中风险管理和控制的第一步，也是十分关键的一步，是对目标企业资产状况进行客观核实的重要途径。融资租赁尽职调查是对目标企业的法律、财务和经营状况等全方面的调查与相关资料的核实，全面、严格的尽职调查可以有效降低项目前期风险中的信用风险，对于融资租赁中项目风险的控制有很重要的作用。

一、融资租赁概述

中国租赁联盟统计数据显示，截至2017年底，全国融资租赁企业总数约为9090家，融资租赁业务余额为60600亿元人民币。当前，我国融资租赁业务正处于发展阶段，多种原因诱发了潜在的风险，而我国对于融资租赁项目的风险管理和控制仍然处于起步阶段。

（一）融资租赁的概念

融资租赁又称设备租赁或现代租赁，是指出租人根据承租人对租赁物和供货人的选择，从供货人处购买出租物件，并出租给承租人使用，从而向承租人收取租金的交易活动。在租赁期内，承租人只拥有租赁物的使用权，而所有权则归属于出租人。出租人与承租人双方签订的租赁合同不因一方的行为而作废，当租赁合同到期后，承租人可以选择继续租赁或者放弃租赁。

融资租赁于20世纪50年代起源于美国，由于它适应了现代经济发展的要求，当今已成为企业更新设备的主要融资手段之一。自20世纪80年代初我国引进融资租赁业务方式后，融资租赁在我国得到迅速发展，但相比发达国家，融资租赁的优势还未完全发挥出来，其市场潜力依旧很大。融资租赁业务之所以能在我国获得快速的发展与业务增长，是因为融资租赁既帮助部分企业解决了购买大型设备时资金不足的融资问题，同时又为融资租赁企业提供了融资业务的渠道。

（二）融资租赁的主要特征

1. 所有权与使用权相分离

租赁期内，出租人享有对租赁物件的所有权，而承租人付出一定资金后享有对租赁物件的使用权，租赁期满后，承租人只需象征性地支付款项，便可获得对租赁物件的所有权。融资租赁这一特征，使所有权和使用权分离得更加彻底。

2. 租金支付采取分期模式

在租赁物的所有权与使用权相分离的基础上，承租人只需支付部分租金便可获得对资产的使用权，从而使得承租人保持了资金的流动性；同时，承租人将租赁来的设备投入使用进行生产，先期便获得了收益。

3. 融资与融物相结合

出租人出资购买承租人指定的生产设备，并出租给承租人使用，从而使得出租人以融物方式解决了承租人购置生产设备的资金需求，而出租人则通过收取租金来获得投资回报。融资租赁把借钱与借物两者有机地结合起来，并以借物还钱的形式来实现租赁的全过程，这种方式使得承租方同时解决了资金和设备双重问题，提高效率的同时增加了融资渠道。

二、融资租赁的业务分类

融资租赁业务分类主要有：直接融资租赁、售后回租、转租赁、杠杆租赁和委托租赁等。其中，我国融资租赁业务最主要的商业模式是直接融资租赁和售后回租。

（一）直接融资租赁

是指由承租人指定租赁物及出卖人，委托出租人融通资金购买并提供设备，由承租人使用并支付租金，租赁期满承租人以约定价格从出租人处购买租赁物，获得设备的所有权。它以出租人保留租赁物所有权和收取租金为条件，使承租人在租赁期内对租赁物取得占有、使用和收益的权利。这是一种最典型的融资租赁方式。

直接融资租赁的特点：首先，受承租人资信状况影响较小；其次，可借助融资租赁公司的运作能力和谈判能力，降低设备的购置成本；最后，出租人没有设备库存，流动性快，可获得较高的投资收益。

（二）售后回租

是指承租方将其自制或外购的设备或其他资产出售给融资租赁公司，然后与融资租赁公司签订融资租赁合同，再将设备或其他资产从融资租赁公司租回使用的模式。

售后回租的特点是利用承租的方式可迅速回收购买物品的资金，是承租人在流动资金不足时的一种重要的融资方式，能够增加流动资金比例。

（三）转租赁

是指以同一物件为标的物的多次融资租赁业务。在转租赁业务中，上一租赁合同的承租人同时又是下一租赁合同的出租人，称为转租人。转租人向其他出租人租入租赁物件再转租给第三人，以收取租金差为目的。租赁物品的所有权归第一出租人。

其优势是转租方（融资租赁公司）能够充分借助自身融资便利获取收益，而劣势在于相比直接融资租赁，转租赁获得的收益更低，且由于交易环节增多，使得出现经济纠纷的可能性更大。

（四）杠杆租赁

是指租赁公司只需承担购买租赁物的一小部分支出，而其他资金通过银行贷款或其他方式筹集。出租人筹备购买租赁设备全款的 20% ~ 40%，而剩余的 60% ~ 80% 则由银行或其他方贷款获得。

杠杆租赁的特点是某些租赁物特别昂贵，租赁公司无力或不愿独自购买并将其出租，这时，杠杆租赁往往是唯一可行的方式；同时，在杠杆租赁过程中，出租人购买设备所用的款项，无论是自有资金还是以贷款的形式获得，都可享受一定程度的税收优惠待遇。

（五）委托租赁

是指出租人接受委托人的资金或租赁标的物，根据委托人的书面委托，向委托人指定的承租人办理融资租赁业务。在租赁期内，租赁标的物的所有权归委托人，出租人只收取手续费，不承担风险。

委托租赁的特点是可以帮助没有融资租赁经营资质的企业开展融资租赁业务；另外，由于委托租赁增加了交易的环节，有可能降低委托方的收益。

三、融资租赁尽职调查的内容

对于融资租赁企业来说，在贷前对承租人进行尽职调查是最重要的风控手段，融资租赁公司会对每一个潜在的承租人进行尽职调查，多维度分析潜在承租人情况，确保能给融资租赁企业的最终决策提供准确的依据。

了解目标企业当期货币资金状况，从而衡量企业内部管理水平和现金支付能力；通过对企业当期存货的核实，了解企业的库存积压状况，从而评判企业是否具有较高的库存管理水平；对企业当前的销售情况和在建工程进行调查，可以评价企业的盈利状况；而对企业银行贷款合同与担保合同进行核实，则可以看出一个企业的借款能力与信誉。

（一）企业相关信息

融资租赁尽职调查是指对融资租赁项目中的目标企业进行详细调查与情况核实。完整的尽职调查一般包含企业法律、财务以及经营状况等方面，然而，在实际操作过程中，由于涉及的行业不仅范围广，而且跨度大，与此同时，同行业内的企业也存在明显的个体差异，因此，为了提高在尽职调查中的工作效率，对目标企业进行实地考察便成为了尽职调查流程中尤为重要的一个环节。实地考察既可以了解企业当地的生产经营环境状况，同时又可以核实企业生产经营业绩及相关财务状况的真实性。

对拟承租人实地考察的主要内容包括以下几方面：

1. 核实企业当期货币资金

对企业当期货币资金的核实是尽职调查实地考察的重要内容，可以反映企业提供的财务报表的真实客观性，作为企业内部管理水平和现金支付能力的衡量标准，其内容包括：

第一，在对企业的当期货币资金进行核实时，首先查验该企业银行对账单、余额调节表反映的金额数，与财务报表反映的当期货币资金期末余额出入是否较大。若差值较大，证明可能有未到账的在途资金存在，项目负责人要以银行提供的余额调节表为依据进行验算。除此之外，如果在企业当期货币资金中，银行存款较大时，可能是由于核实期为季度末、半年末或者是年末，银行为完成大额存款指标而要求企业存入大量资金所导致的。当银行存款和借款金额都相对较大时，就可以反映该企业并不具有相对较高的资金管理水平。

第二，对银行对账单中的资金流入和流出情况进行核实。关注是否存在银行对账单中数额较大的流入流出，销售现金额并不占主要地位，而绝大多数是由企业账户之间相互划拨或其他渠道所形成的现金流；留意企业是否存在应收账款回收不好、应付账款拖欠很久以及欠款严重等状况；当银行对账单中反映了一笔较大金额支出时，应当对该笔资金的入账凭证进行抽查。

第三，对企业实际的短期偿债能力做出评价，这就要求在考察过程中，不仅要了解企业日常生产经营活动中的实际现金支付能力的资金存量，还要了解银行借款还款高峰期的还款总量。最后，在实地考察时，还要注意可能存在的两种特殊情况：一是银行为了完成存款指标，可能会将民营企业原账户下的资金另开一个新的个人账户（一般是指企业法人的个人账户）；二是有些企业为了达到粉饰报表、降低资产负债率的目的，故意不将银行借款以及商业汇票的保证金等内容在报表中反映。

总之，通过对企业当期货币资金的核实，既可以证实企业所提供的财务报表的真实性，又可以反映出企业资金管理水平和现金支付能力。

2. 核实企业当期存货

对企业当期存货进行核实需要进行实地考察，核实存货一是可以查清企业存货的真实数量；二是能够及时掌握企业的损益情况，以便真实地把握经营绩效，并尽早采取防漏措施；三是可以核实企业的管理成效。具体内容分析如下：

第一，核实存货实际数量是否与财务报表上所显示的数据相吻合。在实地考察企业存货数量的前提下，根据该企业储存存货的仓库的面积与体积大小来推测该仓库能储存多少存货，将二者数据相对比，便可得到企业存货的真实数量，从而也能够了解该企业是否存在产成品囤积、原材料过多与将废料充当存货等情况。若该企业生产的产品销售情况不好，或者对企业存货进行核实时，恰恰是该企业的存货备货期，都会导致实地考察时该企业存货数量比较大，故而，应当视企业生产的产品市场销售情况以及该企业所处行业生产特征区别对待。

第二，在核实企业当期存货时，应当选择抽调部分企业的购货合同、销售合同、入库单以及出库单，并对比同一时间或相近时间的货物的采购价格，以及供应商名称，从而确定是否存在关联交易（即企业关联方之间的交易，关联交易可能使交易的价格、方式等存在非竞争的情形，并导致不公正状况的发生，对股东或部分股东权益形成侵犯，也易导致债权人利益受到损害），同时也可核实企业存货的真实性与可靠性。

第三，应当关注企业提供的财务报表上应付账款、预付账款以及应付票据的期末余额，因为这些科目均有可能反映一定数量的存货，并应当询问企业存货有无计提跌价准备。

因此，通过对企业当期存货的核查，可以反映出该企业存货管理水平、企业的生产销售情况、存货周转速度以及积压状况等。可见，核实企业当期存货也是必不可少的一个环节。

3. 核实企业当期销售情况

通过核实企业当期的销售数据，可以了解企业的销售规模，因为直观的销售数据才是对企业销售规模最真实且最直接的反映，而这也正是推测企业盈利能力的基础，在销售数据不准确的前提下，测算的利润也无法保证准确性。由此可见，核实企业当期销售情况是对企业进行实地考察整个过程中最为重要的环节。

第一，在核实企业当期销售情况时，应当查看企业近期增值税纳税申报表，并将纳税单上显示的销售数据与企业本身所提供的当期销售数据作比较，这样一来，不仅可以检验企业披露的财务报表的真实性，而且可以查实企业当期真实的销售状况。

第二，对企业当期或近期的销售提货单进行核查。现行的企业销售运输环节大多数都是以提货单为依据，并且通过计算机打印单据，从而确认发货，汇总得来的销售数据的正确性和真实性可以得到保障。

第三，在对企业当期销售情况进行核实时，还应当抽查企业近期的销售合同，确定是否有关联企业的存在，并核实企业是否存在关联交易，从而通过虚增或转移利润的形式对股东与债权人的利益造成损害，同时还应当注意销售价格是否存在异常情况。此外，还应当了解销售合同中约定的付款方式和付款期限，从而对企业的应收账款、应收票据的数额大小以及回收周期有一个大概的了解。如若要对企业的盈利水平做较为客观的考量，就需要核实企业当期和近期的销售收入，因为在以签订的合同为主要依据的基础上，这两个指标可以反映出企业这段时期的生产销售水平。

4. 核实企业当期在建工程情况

在对企业当期在建工程情况进行核实时，关键是了解企业是否存在表外负债的情况。因此，在对融资租赁项目进行尽职调查时，项目负责人的主要任务就是考察企业在建工程，并对体现在财务报表中的在建工程科目明细进行一一核实。需警惕企业是否通过设置错误的会计科目来修饰企业财务报表，从而提高流动性、速动比以及少计提折旧来达到虚增利润、夸大盈利水平的目的。

5. 核实企业银行贷款合同与担保合同

在我国，企业和银行长期以来的合作关系已经使它们之间形成了一种固定的合作模式。通过实地核实企业贷款金额、贷款利率和担保方式，有利于评价企业的借款能力和判断企业是否具有相对良好的信誉。

（二）融资租赁项目信息

1. 资金用途及方案

融资资金用途，租赁方案简介，租赁融资额、租赁期限、租赁利率、付款总额、保证金/首付款、租金计算方式、各期租金（含利息）、支付方式等。

2. 标的物介绍及可处置性分析

标的物介绍，可处置性分析，评估租赁标的物市场价值、在承租人生产经营中的作用，并做可处置性分析（承租人退租、续租、留购；出租人处置变现，二次出租；设备制造商回购；等等）。

3. 项目风险防范措施

项目存在的主要风险（政策变动、资产重组、债务重组、关联资产交易、控股股东变化、增减资事项、高管人员变动、安全与技术事故、重大质量纠纷、重大诉讼等或有事项）；主要风险防控措施；担保方案分析；担保方介绍（基本情况、经营状况、财务状况、信用状况）；担保能力分析。

4. 预测项目收益

影响合同收益的因素有：租赁融资额、租赁期限、每期月数、折合占用1年的资金、租金在各期期末还是期初支付，支付时是等额付租、等额还本还是依合同约定的时间和金额还本、租赁综合年利率、筹资综合年利率、营业费用率、营业税率和所得税率（预测的前提条件是假设合同被严格履行）。

第五节　商业保理尽职调查

自2012年下半年商务部在全国部分地区开展商业保理试点以来，我国商业保理行业发展迅猛。商业保理市场认知度不断提高，业务需求不断扩大，截至2017年12月31日，我国注册商业保理法人企业及分公司共8261家，比2016年增长了48%，自2012年以来，商业保理融资余额从2012年的50亿元增长至2017年的2500亿元。商业保理在我国迅速发展，但风险不可忽视，2017年度《保理司法判例分析研究报告》显示，占比最大的风险类别是欺诈风险，占比41.6%。第二大风险类别是信用风险，占比约20%，因此，商业保理尽职调查十分必要。

一、商业保理概述

供应商需要资金采购原材料、支付劳动力和运营费用，采购商希望延长账期，并持有更多的现金以优化营运资本；所以账期始终存在，不可能消除。商业保理的出现缓解了买卖双方在支付账期上存在的矛盾，能达到双方心理上的"平衡点"。保理具有天然的信用替代机制，即用应付账款人的信用替代应收账款人的信用，能有效解决中小企业融资难问题。与其他融资渠道相比，它的融资成本更低、审批周期更短。

（一）商业保理的定义

商业保理是指供应商将基于其与采购商订立的货物销售或服务合同所产生的应收账款转让给保理商，由保理商为其提供应收账款融资、应收账款管理及催收、信用风险管理等综合金融服务的贸易融资工具。商业保理的本质是供货商基于商业交易，将核心企业（即采购商）的信用转为自身信用，实现应收账款融资。商业保理流程如图6-3所示：

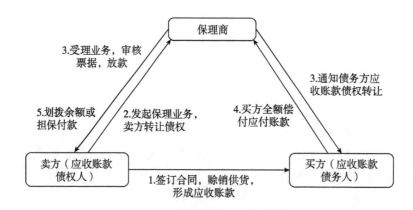

图6-3　商业保理流程示意图

（二）商业保理尽职调查的必要性

1. 风险控制

风险控制是尽职调查的首要作用，通过尽职调查最大限度地了解目标标的现状，进而控制因交易而可能发生的风险，减少交易后的不确定风险。

2. 差异定价

决定一项交易价格的因素很多，除成本、预期收益外，还包括经营风险、财务风险、市场占有率、获利能力等，而这些都需要通过尽职调查才能进一步确定。尽职调查所获取的信息越充分，其定价的参考因素的确定性也就越高。

3. 证据固定

尽职调查一般是调查方向被调查方提供一份清单，由被调查方根据清单提供书面材料，必要时调查方可对被调查方相关人员进行访谈，并进一步提出补充清单，整个过程主要是书面审查，在多数情况下还会要求被调查方在其提供的全部资料上加盖印章，从而实现证据的收集与固定。

二、商业保理尽职调查的主要内容

商业保理中，保理商关注的不仅是债权人（应收账款人）自身的信用，还包括债务人（应付账款人）的信用，同时，除了最常见的欺诈风险和违约风险，虚构贸易伪造应收账款转让也在商业保理风险中占到一定的比例，在尽职调查中，除了了解供销双方的基本情况外，还要确认基础交易的真实性和应收账款转让的合法性。

（一）供销双方的基本情况

1. 主体资格

通过查阅被调查方的工商档案及经营资质，及其设立、变更、存续状态等，判断被调查方是否具备合法经营和叙作保理的主体资格。

2. 股权与实际控制人

对股东和实际控制人的调查，是识别关联交易、防范虚假交易和商业欺诈的重要步骤。保理商应对企业的股权结构和实际控制人进行调查，实际控制人应披露至国有控股单位或自然人。

3. 独立性

企业的独立性通常包括业务独立性、资产独立性、人员独立性、财务独立性以及机构独立性。企业的独立性是该企业将自身利益独立于控股股东、实际控制人和关联方，企业如不具备独立性，控股股东、实际控制人可以轻而易举地通过关联交易等手段转移企业资产、利润，从而损害债权人或中小股东的利益。故，企业的独立性是保理商利益得以保障的必要条件。

4. 公司治理有效性

公司治理主要是指企业通过合理地设置"三会一层"的治理架构，实现企业的规范运作。良好的公司治理是各方的合法权益得以保障的重要屏障，保理商在进行尽职调查时应搜集和审阅标的被调查方的公司治理结构和"三会一层"的具体制度，并核查其有效性。

5. 企业及个人信用情况

保理商应充分利用各种途径和方法去理解基础交易参与方及其董事、监事、高级管理人员的信用情况。

6. 财务状况及或有事项

保理商应尽可能地去查阅基础交易各方最近的审计报告和财务报表，核实其财务报表的真实性和合理性。同时，应特别关注其对外担保、未决诉讼或仲裁等或有事项。

7. 所属行业及行业发展前景

对特定行业及其发展前景的分析往往是保理商进入新的行业领域的必修课程，这也正是商业保理相对于银行保理的重要优势所在。

（二）基础交易的真实性

商业保理在业务办理过程中，始终面临着虚假交易、关联交易、应收账款重复转让、重复质押等风险，对基础交易真实性的审核可以说是商业保理尽职调查过程中最重要的环节之一。交易真实性往往是通过单据的真实性进行判断的，在整个交易真实性的审查过程中需要重点对商业发票、运输单据、保险单据、包装单据、原产地证书、检验证书、结汇单据、退税和核销单证等进行审核，其中发票审核最为常见。

随着监管手段的不断丰富，伪造发票的行为已不多见，而且保理商也可直接向税务局查询发票真伪。然而发票审核，除了要审核其合法性和真实性外，还需对发票信息进行详细审核，如收款人与债权人是否一致、货物描述与基础交易合同中的货物描述是否一致、票据金额与基础交易合同的约定是否一致等。

除通过发票判断基础交易的真实性外，运输单据、保险单据等单据的审核亦会对交易真实性的核查起到有效佐证的效果。如对运输单据的审核，即是对发票审核的一项重要补充，可以通过根据发货人、收货人、发货时间、货物描述、货物数量及重量等与发票信息进行核对，通过各单据的相互印证，进一步对基础交易的真实性做出有效判断。

（三）应收账款转让的合法性

基础交易真实、应收账款合法可转让是商业保理业务得以进行的根本。在调查基础交易真实性的同时，也需要着力调查和判断应收账款的合法性。衡量一笔应收账款是否适合开展商业保理业务，可以从以下几方面入手：

1. 可转让性

应收账款对应债权是否完整、有无法律上禁止转让的限制等是判断商业保理业务是否可行的前提。根据《合同法》第七十九条的规定，除当事人约定情况外，依据合同性质或法律规定不得转让的债权，不具有可转让性。通常来说，以下债权不得转让：①以特定身份为基础的债权，如扶养费请求权、养老金请求权；②以特定债权人为基础的债权，如工资、伤亡补助金等；③从权利不得单独转让。

2. 权利的完整性

应收账款债权转让除包括该笔款项的全部债权之外，还应包括在法律许可的范围内要求债务人依法对债权人行使债权而产生的各项费用和损失给予赔偿和补偿的权利，在债务人发生破产、清算、被关闭或其他类似的情况下，作为债权人参加清算或其他类似程序的权利，就全部或部分债权进行放弃、给予豁免或延期等权利，从属于应收账款的各项担保权益，实现债权的其他实体性权利和程序性权利，包括但不限于抗辩权、抵销权、管辖异议、时效抗辩等。

三、商业保理尽职调查的主要方法与流程

（一）商业保理尽职调查的主要方法

1. 查阅

查阅是尽职调查的基础方法，调查方主要是通过查阅被调查方的基础资料了解该企业的基本信息、法律状态、日常运行与财务状况等。

2. 访谈

访谈主要是指通过与被调查方有关的高级管理人员、财务、销售等部门的相关人员进行对话，从而更为全面地掌握被调查方的基本情况，并可对已有资料进行核实。

3. 列席会议

调查方通过列席被调查方关于本次交易事项的股东会、董事会、总经理办公会等会议，对被调查方相关决议的真实性、产生过程进行明确，并能够对被调查方进行本次交易的商业目的进行深入了解。

4. 实地调查

实地调查可以更直观地对企业的经营管理水平、设备运行情况、安全生产和环境保护情况等进行了解，直接而有效。

5. 信息分析

调查方通过各种方法对收集到的信息、资料等进行分析，提炼实质性内容，从而得出结论性意见。

6. 印证

主要是指调查方通过有关机构对被调查方提供的资料、实地调查的结果等真实性进行确定。

（二）商业保理尽职调查的主要流程

1. 制定工作计划

工作计划主要包括调查目标、调查范围、工作方式、工作分工、工作时间、工作流程等。

2. 编制和提交尽职调查清单

调查方应根据具体的交易情况编制尽职调查清单，提交给被调查方，并要求被调查方严格按照客观、真实、全面、完整的原则提供清单上所列明的文件资料。清单资料的收集和审查直接关系到尽职调查结果的真实性和全面性，也就是说，尽调清单的编制是调查流程中最基础也最重要的一个环节。

3. 收集尽职调查文件

调查方应督促被调查方严格按照尽调清单提供资料，包括原件、复印件、传真件等。同时，对于无对应原件的资料出具书面说明，对于有对应原件的复印件资料应于双方核对无误后由被调查方加盖印章或签字。

4. 访谈

在对文字性资料进行书面审查后，应在其初步分析的基础上，结合调查过程中存在的疑点、可通过沟通进行更深入了解的问题编制访谈纲要，并针对各相关人员进行有针对性的问答。

5. 形成尽职调查结论

调查方在整理全部工作底稿的基础上，根据调查过程中发现的风险制作调查报告，并形成调查结论。

四、商业保理项目尽职调查的注意事项

（一）资料真实性及完整性的判断

在尽职调查过程中，调查方的调查结果往往是根据被调查方提供的资料而得出的。那么，这个过程就不可避免地会存在被调查方有选择性地提供资料，对部分资料进行毁损、涂改、调换的可能，基于此，调查方可采取现场抽取部分资料的方式对被调查方提供资料的真实性及完整性进行印证。以现场抽取整套交易单据为例，调查方应注意事项如下：

（1）可于考察现场临时提出，不要提前通知客户。

（2）单据/文件必须覆盖交易全流程（招投标程序、商务合同的签订、验收）。

（3）特别是审查商务合同是否有不适合操作保理业务的特殊条款，如不可转让、抵销条款等。

（4）凡是有差异或不符的情形，一律询问并记录。

(二) 对于未来应收账款的处理

在业务实践中，保理业界对于未来应收账款究竟如何认定，是否可以据以开展保理业务一直存在争议，中国银监会先后出台了《关于加强银行保理融资业务管理的通知》（银监发〔2013〕35号）及《商业银行保理业务管理暂行办法》（银监会令2014年第5号），明确规定银行不得基于未来应收账款开展保理融资，但目前并无明文禁止商业保理公司基于未来应收账款开展保理业务，为商业保理业务的创新和实践留下空间。

我国理论界的学者认为，对将来债权的转让，如果已有合同关系存在，但需要等待一定的条件成就或一定时间的经过，或者当事人实施某种行为，才能转化为现实的债权，因其体现了一定的利益，具有转化为现实债权的可能性，从鼓励交易的角度出发，应允许对此类债权进行转让。但是在合同关系尚未发生，以及债权的成立也无现实基础的情况下，即使将来有可能发生，也不能允许对此类债权进行转让。但从业务风险角度考虑，即使有基础交易合同关系存在，未来应收账款保理的风险还是非常大的，因为不确定性的因素太多，需要谨慎对待。

第六节 供应链金融尽职调查

传统的金融服务孤立地关注企业和业务本身，而供应链金融围绕供应链核心企业，基于交易过程向核心企业及其上下游企业提供综合金融服务。供应链金融的融资提供人会关注产业特点，为上下游企业提供金融服务，关注交易过程，整合物流、商流、信息流和资金流，根据产业特点，跨行业提供金融服务。供应链金融是业务全程化的，因此，供应链金融尽职调查要关注行业的核心企业的信用状况及其上下游企业的还款偿债能力。

一、供应链金融概述

由于中国缺乏完善的社会信用制度建设，以及商业保理缺乏央行征信系统的权限，为有效控制风险并提高收益，我国超过81%的商业保理公司采用了基于供应链的、以核心企业信用为依托、为链条上下游中小企业提供资金融通的服务模式。在这个模式中，上下游企业往往因为核心企业的强势地位而被迫承受较长的账期、交货时间，可以保理或者预付款融资方式为企业缓解现金流压力。

(一) 供应链金融的概念

供应链金融 (Supply Chain Finance，SCF) 是指银行向客户（核心企业）提供融资和其他结算、理财服务，同时向这些客户的供应商提供贷款及时收达的便利，或者向其分销商提供预付款代付及存货融资服务（见图6-4）。

供应链金融是商业银行信贷业务的一个专业领域（银行层面），也是企业尤其是中小企业的一种融资渠道（企业层面）。简单地说，就是银行将核心企业和上下游企业联系在一起提供灵活运用的金融产品和服务的一种融资模式。

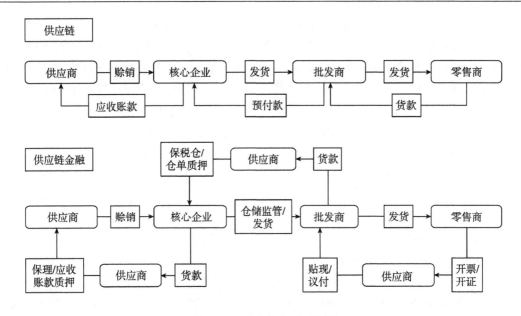

图 6-4 供应链金融示意图

以上定义与传统的保理业务及货押业务（动产及货权抵/质押授信）非常接近，但也有明显区别，即保理和货押只是简单的贸易融资产品，而供应链金融是核心企业与银行间达成的一种面向供应链所有成员企业的系统性融资安排。

（二）供应链金融的优势

一般来说，一个特定商品的供应链从原材料采购到制成中间及最终产品，最后由销售网络把产品送到消费者手中，将供应商、制造商、分销商、零售商直到最终用户连成一个整体。在这个供应链中，竞争力较强、规模较大的核心企业因其强势地位，往往在交货、价格、账期等贸易条件方面对上下游配套企业要求苛刻，从而给这些企业造成了巨大的压力。而上下游配套企业恰恰大多是中小企业，难以从银行融资，结果造成资金链十分紧张，且整个供应链出现失衡。"供应链金融"最大的特点就是在供应链中寻找出一个大的核心企业，以核心企业为出发点，为供应链提供金融支持。

（1）供应链融资让链条中的中小企业可以获得业务和资金管理方面的支持，从而提升供应链整体质量和稳固程度，最后形成银行与供应链成员的多方共赢局面。供应链融资不仅有利于解决配套企业融资难的问题，还促进了金融与实业的有效互动，使银行或金融机构跳出单个企业的局限，从更宏观的高度来考察实体经济的发展，从关注静态转向企业经营的动态跟踪，从根本上改变银行或金融机构的观察视野、思维脉络、信贷文化和发展战略。

（2）对于核心企业来说，则可以借助银行的供应链融资为供应商提供增值服务，使资金流比较有规律，减少支付压力。同时也扩大了自身的生产和销售，而且可以压缩自身融资，增加资金管理效率。核心企业可以通过供应链融资整合供应链上下游企业资源，获得销量、价格、付款方式、账期、股本升息等立体收益，从而叠加更多的金融资产，并使资产和资源向核心企业集中。

（3）对于银行来讲，由于核心企业本来就已经对自己的供应链有很强的过滤效果，所以银行可以通过原有的优质客户开发新的优质客户群体。原先银行主要服务大客户的时期，大客户往往拥有过于集中的授信额度，贷款风险加大，并且有过度竞争的危险，而中小企业却往往得不到贷款，国家的许多政策也无法落实。通过提供供应链融资，银行改变了过于依赖大客户的局面，从而培养出一批处于成长期的优质中小企业，有望会在未来带来更多的回报，而且供应链整体信用要比产业链上单个企业信用要强，有利于降低风险。

供应链金融在我国仍然处于初步发展阶段，不过受益于应收账款、商业票据以及融资租赁市场的不断发展，供应链金融在我国发展较为迅速。目前国内供应链金融集中在计算机通信、电力设备、汽车、化工、煤炭、钢铁、医药、有色金属、农副产品及家具制造业等行业。

（三）供应链金融的业务模式

1. 预付类——保兑仓融资模式

保兑仓融资模式，是指在供应链中作为供应商的核心企业（即卖方企业）承诺回购的前提下，融资企业（即买方企业）以卖方企业在商业银行指定仓库的既定仓单为质押，并以商业银行控制其提货权为条件，向商业银行申请贷款额度的融资业务。

2. 存货类——融通仓融资模式

融通仓融资模式，是指融资企业以其采购的原材料或产成品作为质押物存入第三方物流开设的融通仓，并据此获得商业银行贷款的融资模式。

3. 应收类——应收账款融资模式

应收账款融资模式，是供应链中核心企业的上游中小企业以赊销项下未到期的应收账款作为质押物向商业银行办理融资的融资模式。

二、供应链金融尽职调查的内涵与目的

（一）供应链金融尽职调查的内涵

在开展业务之前，商业银行内部会对核心企业（买方）和融资企业（卖方）进行授信审批，以此来确定融资企业到底能融多少金额，而尽职调查就是授信环节中最重要的一个环节。

供应链金融尽职调查是指对核心企业（买方）和融资企业（卖方）进行详细调查以及对有关资料进行核实。一个完整的尽职调查应该包括企业概况、行业分析、生产经营分析、财务分析、资信分析。由于在实际项目的操作过程中，涉及的行业范围广、跨度大，同行业内的企业也存在明显的个体差异。

为了提高在尽职调查中的工作效率，需对企业的共性问题进行把握，提炼出影响企业履约能力的主要信用特征，抓住重点、有针对性地展开核实调查。

这样一来，对买卖双方企业的实地考察成为了尽职调查流程中尤为重要的一个环节。通过实地走访，一方面可以考察企业当地的生产经营环境状况，另一方面可以核实企业生产经营业绩及相关财务状况的真实性。

（二）供应链金融尽职调查的目的

1. 价值评估

通过收集企业情况，判断企业未来交易量，确定企业对保理公司的价值。

2. 风险评估

通常尽职调查会有至少 2 名人员（业务经理和风险经理）来做风险评估，风险评估是为了评估风险大小并根据风险调查结果来制定风险防范措施。

3. 授信评估

通过尽职调查，来寻求授信的可行性依据。

三、供应链金融尽职调查的主要内容

供应链金融中核心企业的信用调查是尽职调查的关键，因此，对核心企业基本情况的了解有助于把握风险大小。相关内容可以参照本章第二节银行借款尽职调查中对相关主体的调查内容，具体情况不再赘述。

（一）核心企业的基本情况

（1）公司概况：工商登记情况、历史沿革、主要股东、管理层介绍、关联企业情况介绍。

（2）行业分析：行业市场容量、行业竞争情况、行业监管政策。

（3）生产经营分析：公司产品介绍、产品产销量分析、生产经营上下游分析、资产状况。

（4）公司财务分析：财务报表分析、报表科目余额分析、财务指标分析。

（5）公司资信分析：企业征信情况、诉讼及被执行信息、获得荣誉或行政处罚、企业舆情信息。

（二）供应链上下游企业的信用状况

供应链金融尽职调查中需要对上下游的企业进行全面的尽职调查。具体应注意：企业最近两年内是否存在因严重违法失信行为，被有权部门认定为失信被执行人、重大税收违法案件当事人或涉及金融严重失信人的情形及其融资异常行为的情况。

（三）应收账款涉及交易背景的真实性

供应链金融尽职调查中涉及的应收账款应当基于真实、合法的交易活动（包括销售商品、提供劳务等）产生。

在供应链金融尽职调查中，我们应关注应收账款涉及的基础合同是否合法有效。有关合同合法有效性的审查主要的判断原则为该合同的订立是否属于《合同法》第五十二条规定的无效情形："有下列情形之一的，合同无效：①一方以欺诈、胁迫的手段订立合同，损害国家利益；②恶意串通，损害国家、集体或者第三人利益；③以合法形式掩盖非法目的；④损害社会公共利益；⑤违反法律、行政法规的强制性规定。"同时根据具体行业的相关规定进行合法合规性判断。因此，我们可通过对核心企业及债务人的尽调访谈以及网站查询了解承包人（即应收账款债权人）的资质情况。

（四）应收账款的法律确权

在供应链金融尽职调查中，基础资产真实性考量的一个重要方面即为应收账款是否真

实形成。应收账款是一个会计学的概念，根据《指南》，应收账款是指企业因履行合同项下销售商品、提供劳务等经营活动的义务获得的付款请求权，但不包括因持有票据或其他有价证券而产生的付款请求权。从法律角度分析应收账款是否真实形成，主要关注以下两方面：一是核查应收账款涉及基础合同中有关债务人付款的条件是否全都满足；二是核查债权人内部制度对应收账款确权的认定。

1. 核查应收账款涉及基础合同中有关债务人付款的条件是否全都满足

（1）货物贸易应收账款。

如果基础资产系货物贸易应收账款，则需要审查其涉及的货物销售合同对于买方（即债务人）支付货款的相关规定，如果合同约定买方需在收到货物且在收到卖方开具的发票后一定期限内付款，则需关注债务人是否已收到债权人开具的货物发票及货物入库单。

（2）大型设备制造的应收账款。

如果系大型设备制造的应收账款，则其所涉及的合同一般会约定分阶段付款。在此情况下，针对每一阶段制造商（即应收账款债权人）是否享有给付价款的请求权，需判断制造商是否按照合同约定履行了相应阶段的义务，如果相关证据不足以证明制造商已履行合同约定的义务（如是否履行了图纸提供义务、是否完成了30%的制造任务等），则可采用发送确认函的方式来进行确认。

（3）建筑工程应收账款。

如果系建筑工程应收账款，其涉及的合同一般也为分阶段付款，同时项目监理及总承包商出具的报告通常会作为付款的前提条件。因此，在进行法律尽职调查时，需关注是否有监理出具的报告以及监理报告中对于应收账款给付的时间和金额的确认情况。

2. 债权人内部制度对应收账款确权的认定

针对货物类应收账款及机器设备制造类应收账款，通常我们可通过合同约定、发票、订货清单、货物入库单等证据的关联性和一致性形成证据链，并结合债权人的内部管理制度来确认应收账款是否真实形成。如果前述证据不全或无法对应，则可通过向债务人发送询证函的方式进行应收账款确权。针对供应链反向保理，一般可根据债务人的付款确认书及其内部出具的付款审批单并结合合同约定的付款条件（如监理报告等）来确权。

此外，应收账款金额、付款时间应当明确，因此，应收账款的金额和付款时间也是尽职调查的重点。

（五）债务人是否享有对应收账款的抗辩权、抵销权

供应链金融涉及的交易合同应当合法有效，债权人已经履行了合同项下的义务，合同约定的付款条件已满足，不存在属于预付款的情形，且债务人履行其付款义务不存在抗辩事由和抵销情形。

1. 抗辩权

在双务合同中，抗辩权一般分为：先履行抗辩权，同时履行抗辩权和不安抗辩权。在供应链融资业务中，我们主要涉及先履行抗辩权，根据《合同法》第六十七条：先履行抗辩权是指：当事人互负债务，有先后履行顺序，先履行的一方未履行的，后履行一方有

权拒绝其履行要求。先履行的一方履行债务不符合约定的，后履行的一方有权拒绝其相应的履行要求。

针对债务人是否存在抗辩事由的审查，首先应审查应收账款涉及合同中买方或债务人是否在一定条件下享有抗辩权约定。例如，货物在合同约定期限内出现质量问题、建设工程不达标，债务人针对前述情况均享有抗辩权。

2. 抵销权

抵销权一般分为法定抵销权和约定抵销权，根据《合同法》第九十九条，法定抵销权是指：当事人互负到期债务，该债务的标的物种类、品质相同的，任何一方可以将自己的债务与对方的债务抵销，但依照法律规定或者按照合同性质不得抵销的除外。当事人主张抵销的，应当通知对方，通知自到达对方时生效。抵销不得附条件或者附期限。根据《合同法》第一百条，约定抵销权是指：当事人互负债务，标的物种类、品质不相同，经双方协商一致，也可以抵销。

如果应收账款涉及的合同中未存在双方放弃抵销权的承诺条款，且债权人和债务人另行达成了有关抵销权协议，则债务人有权行使约定抵销权。法定抵销权一般难以避免，除非法律规定或者按照合同性质不得抵销，但通常可在交易文件中设置相关条款来避免债务人主张法定抵销权而造成基础资产灭失的风险，例如，可约定资产服务机构/原始权益人将抵销款项等额划付至专项计划账户。

针对上述情况，如果难以从合同、直接证据来进行核查，则可通过访谈、确认函的形式了解抵销权的行使情况，同时向债务人发送询证函或在债权转让通知中明确债务人已放弃抗辩权及抵销权，从而完善债权人的付款请求权。

（六）应收账款转让的合法性

针对应收账款的转让，首先需要确认债权转让的合法性。一般情况下，债权人转让债权无须经债务人同意，但合同另有约定的除外。因此，我们需核查交易合同中是否有对债权转让的限制情形，如果交易合同中约定了"转让债权需要争得债务人、担保人同意，方可转让"的条款，则需要向债务人、担保人发送确认函从而取得债务人的书面同意，以使债权人转让债权的行为合法。

此外，根据《合同法》第八十条的规定："债权人转让权利的，应当通知债务人。未经通知，该转让对债务人不发生效力。"因此债权转让未通知债务人则不对债务人发生效力。

第七节　融资类项目尽职调查案例

融资租赁在基础设施建设中的案例分析：

某交通投资公司（以下简称"A公司"）是一家致力于城市基础设施建设的企业，公司近年来发展势头迅猛。2017年1月，企业的高层管理者敏锐地察觉到某市基础设施建设未来发展前景广阔，收益十分可观。A公司经过反复的研究论证以及项目可行性分析后，决定对该基础设施建设项目进行投资，预计购买基建时所需某设备资金缺口较大，A公司准备以融资租赁方式填补购买该设备的资金缺口。由于该项目具有良好的发展前景，B公司决定买入A公司指定的设备，并以出租人的身份出租给A公司。为确保A公司有能力对租赁物的租金进行分期付款，在决定买入该设备并以融资租赁方式出租给A公司之前，B公司组织了相关的人员对A公司进行调查。通过公司人员的调查，得出以下信息：

一、承租人的基本情况

某市的交通投资公司从公司注册成立开始，为了改善人们的生活环境，一直致力于城市基础设施的建设，先后对城市的改善投入了大额资金，累计约达10亿元，在政府的规划和公司的努力下，建成了一大批的城市公路。由于该市的交通拥挤，为了舒缓交通状况，A公司用1年的时间投入2.8亿元建立了综合交通客运枢纽来缓解交通压力，并与沪宁高铁同时投入使用，在城市的基础设施改善工程中，引进了万达广场、沃尔玛等知名企业来丰富人们的生活。承租人基本情况如表6-2所示：

表6-2　承租人基本情况

客户名称	某市交通投资建设发展公司		
经济性质	国有联营企业	税务登记证	××××××××
注册资本	21006万元	实收资本	21006万元
投资企业	公司名称		控股比
控股公司	××××有限公司		98.33%
参股公司	某高速公路有限公司		12.97%
	某市工程建设有限公司		7.14%
联营企业	某投资有限公司		45%
	某公路客运中心有限公司		37.5%
主营业务	一般经营项目：公路交通建设项目的投资、建设施工和配套项目的开发；交通工程的技术咨询；设计、制作、发布路牌灯箱、霓虹灯、礼品、横（条）幅、展牌、样本画册、展场布置广告；代理国内同类广告及影视、广播、报纸广告业务、土地整理开发、交通工程项目代建管理		
所有制类别	国有独资		
主要投资人			
序号	投资人		持股比例
1	某市资产经营公司（某市国有资产监督管理委员会全资控股）		91.07%
2	某市交通局		8.93%

二、企业沿革

某市交通投资建设发展公司设立于1992年，原名为"某市交通建设供应公司"，原隶属于某市交通工程建设管理处。2001年10月，某市人民政府授予公司承担城市及交通基础设施的资金筹措、投资、建设、管理以及土地前期整理开发和综合开发等企业职能。

2002 年 7 月，某市国有资产监督管理委员会全资控股的某市资产经营公司与某市交通局共同组建紧密型联营企业并办理了变更登记。公司注册资本变更为 21006 万元，公司性质从国有企业变更为联营企业。

三、公司组织结构

公司设立股东会、董事会、监事和总经理，股东会是公司的最高权力机构，总经理负责公司的日常经营管理工作，董事会成员 5 人。现有员工 20 人，其中：高级职称 1 人、中级职称 5 人、初级职称 3 人。目前，公司设立投资开发部、工程技术部、财务资金部和综合办公室四个部门。

四、承租人运作模式

（1）政府注入土地：交投公司按建设项目获取土地，对市政府批准由交投公司建设的城建项目做出投资概算，根据概算对所需土地资产进行选址、测算，并向市政府提出用地申请，由市政府审核，报相关部门备案；办理用地手续，市国土局向交投公司注入土地。

（2）交投公司融资：交投公司以取得的土地使用权作抵押向各金融机构申请融资，筹集资金用于承担的城建项目，确保项目及时实施。

（3）土地前期开发：通过自主开发或与他人联合开发，完成土地的前期开发。

（4）土地上市交易：完成前期开发的土地进入土地交易市场，采用招标、拍卖和挂牌交易的方式进行交易出让。土地交易保护底价应为土地征用费用（包括征地补偿费及各项规费、税收）、前期开发成本费用及适量的地租之和。在确定保护底价时，土地征用费用及前期开发成本费用必须经财政与国土部门审核确认。适量地租一般是考虑土地的区位条件与增值的功能（通常控制在土地征用费用与前期开发费用的 10% ~ 25%）。保护底价由国土、财政会同有关部门共同负责确定。

（5）土地交易资金分配：土地交易资金实行收支两条线，收入全部解交市财政土地出让金专户，由财政、国土部门按有关规定统一分配，财政部门按成本返还、税费上解、适量地租、溢价分配等类别分别拨付至交投公司或其他部门，土地上市交易完成后的净收益 = 入市交易的成交价 - 保护底价 - 入市交易时发生的应由出让方缴纳的交易税费。

（6）交投公司偿还金融机构借款，实施工程建设。项目实际操作时受市政府和市交通主管部门委托，成立工程建设指挥部，作为项目的负责人，对整个工程的规划、招投标、工程的保质保量、准时的完成、成本管理和控制以及完工项目进行管理。

五、收集资料清单

表 6 - 3　资料清单

序号	资料名称	所属性质
1	法人营业执照复印件	法律资料
2	组织结构代码证复印件	法律资料

续表

序号	资料名称	所属性质
3	基本户开户许可证复印件	法律资料
4	税务登记证复印件	法律资料
5	法定代表人身份证明复印件	法律资料
6	2007~2009年经审计财务报告（合并）	财务资料
7	最新资产负债表和利润表及资本公积明细和其他应收款明细	财务资料
8	某交投公司可运作土地利用情况一览表	经营资料
9	土地上市收益情况表	经营资料
10	某交投公司工程项目化运作土地收益分配表	经营资料
11	最新融资情况一览表	筹资资料
12	还款计划表	筹资资料
13	政府融资平台认定意见	筹资资料
14	企业债券说明书	其他资料
15	担保公司资料	其他资料
16	市直政府收支决算总表	其他资料
17	市本级政府性基金收入预算变动情况表	其他资料
18	市直预算外财政专户资金收支决算总表	其他资料

六、定性分析

（一）承租人在行业中的地位和竞争优势

承租人作为某市城市交通基础建设的投资及建设主体，在城市交通基础设施建设领域履行政府公用基础设施建设职能，具有土地一级开发和房地产开发的双重职能，也具有较强的经营和竞争优势。随着某城市化进程的不断推进，公司必将迎来良好的发展机遇。同时，公司的发展得到了某市政府的高度重视，在规划、项目建设、税规费等方面得到了各有关部门的全力支持。发行人主要优势如下：

（1）各级政府长期持续的政策支持。承租人以投资交通基础设施建设、政府重点工程、回迁房建设为主要业务，得到了各级政府的政策支持。

（2）承租人具有较强的融资能力。承租人与金融机构有多年的良好合作关系，具备了较强的融资能力。

（3）承租人拥有大量的土地资源。承租人拥有大量的土地资源，且政府配置给公司的土地地理位置优越，土地资产升值空间大。

（二）承租人主营业务模式、状况及发展规划

（1）主营业务模式。承租人在城市基础设施建设上起着关键作用，作为工程进展的主体，具有三大作用：一是建设投资，经过对重点项目的考评，做出投资的决策。二是土地开发，对工程进展中需要征用的土地进行开发，对土地的使用进行规划，通过土地资本的运营，使土地内在价值达到最大化以及保证土地资本的增值功能。三是建设融资，由于

城市基础项目是一个重点、庞大的项目，因此所需资金的投入也是巨大的，此时承租人可以通过人脉关系和市场的机制来进行建设融资，使社会资本得到合理的利用，实现价值增值。

（2）主要经营状况。某交投自成立以来，积极参与某城市基础设施建设，取得了突出成就。

七、财务分析

（一）资产负债分析

表6-4为承租人2014~2016年资产负债结构。

表6-4 资产负债结构

单位：万元

项目	2014 年		2015 年		2016 年	
	金额	比例（%）	金额	比例（%）	金额	比例（%）
资产总额	949770.33	—	1913639.35	—	2320862.24	—
其中：流动资产	244373.66	25.73	538956.43	28.16	603334.20	27.84
货币资金	128362.53	13.52	338122.70	17.67	374666.24	17.70
无形资产	331991.43	34.95	747623.62	39.07	974912.97	41.86
负债总额	585527.96	—	1128260.83	—	1312787.30	—
其中：流动负债	323177.96	55.19	678810.83	60.16	607637.30	47.43
长期负债	262350.00	44.81	449450.00	39.84	705150.00	52.57
股东权益（含少数股东权益）	364242.36		785378.52		1008074.94	
资产负债率	61.65%		58.96%		56.57%	

1. 资产

从公司资产构成上看，近3年承租人资产规模持续稳定增长，截至2016年12月底，公司资产总额为232亿元，较2015年增长了22%。公司拥有大量的土地资源，无形资产在资产总额中的占比较高，近3年平均占比为38.63%。公司近3年货币资金在流动资产中的占比平均为59.11%，公司流动资金较充沛，流动资产质量较高。

流动资产：主要是在建工程和无形资产大幅增加，从明细账数据可以看出，在建工程主要是土地前期开发费和城建项目，土地前期开发费是公司对于政府配发土地进行前期开发的成本，城建项目是代政府建设的交通道路项目等，因为政府未回购，一直由某交投公司维护和管理，故一直放在资产类在建工程科目中，因为公路项目难以计提折旧，故未转入固定资产科目。

在建工程：在建工程由土地前期开发费用、城建项目和自营项目三个子科目构成，其中土地前期开发费用是某交投公司在政府配地后进行土地拆迁整理等发生的费用，也就是土地开发的成本计入在建工程；而城建项目计入的是代建道路，核实项目竣工决算书后可知是以项目竣工决算造价计入该科目。

2. 负债

随着投资规模的不断扩大，近 3 年公司负债总额持续上升，2014 ～ 2016 年资产负债率分别为 61.65%、58.96% 和 56.57%。同时，由于市政府给予公司持续的土地配置，公司的资本公积数额不断增加，所有者权益在近 3 年逐年增长，未来几年随着政府对公司陆续的土地配置，公司的所有者权益将相应增长。截至 2016 年 12 月，公司融资金额总计 76.895 亿元，期限以中长期为主，担保措施一般为土地抵押和/或第三方企业担保。

（1）短期借款。短期贷款余额为 6.38 亿元，该公司短期贷款主要用于工程配套土地拆迁周转资金。

（2）应付票据。公司会用一部分银行承兑汇票支付工程款给施工单位，大部分银票为全额保证金。

（3）长期借款。交投公司的负债以银行长期借款为主，随着开发项目规模逐年增大，每年均有较大幅度增长，大部分是匹配项目开发期限的长期项目贷款，主要用于道路、两铁等建设项目。基本均为政府信用担保、土地抵押或者第三方企业担保，截至 2016 年 12 月，长期借款余额为 60.52 亿元。

（4）其他借款：主要是与政府部门或其他企业的周转款或往来借款，主要记入其他应付款科目，截至 2016 年 12 月，其他借款余额为 10.15 亿元。与其他企业间的借款均为临时周转使用，有固定还款期限；向市财政局的借款是政府支持临时周转资金，不计利息，无固定还款期限，滚动循环使用。

（5）还款计划表。根据公司提供的 2010 年 11 月银行贷款余额表及以后年度每年还款汇总表及融资情况一览表，推算出公司 2010 ～ 2023 年现有银行借款还本付息情况如表 6 - 5 所示（以长期借款为主，包含短期借款）。

表 6 - 5   还款计划   单位：万元

贷款类型	2018 年	2019 年	2020 年	2021 年	2022 年	2023 年	2024 年
短期借款	17500.00	66300.00	0.00	0.00	0.00	0.00	0.00
长期借款	1000.00	86445.00	112655.00	81200.00	46450.00	30000.00	0.00
其他借款	15000.00	33000.00	0.00	0.00	0.00	0.00	0.00
应付债券（本息）	0.00	5580.00	5580.00	5580.00	5580.00	5580.00	8580.00
合计	33500.00	191325.00	118235.00	86780.00	52030.00	35580.00	8580.00

贷款类型	2025 年	2026 年	2027 年	2028 年	2029 年	2030 年	2031 年
短期借款	0.00	0.00	0.00	0.00	0.00	0.00	0.00
长期借款	0.00	5000.00	117745.00	14129.00	4151.00	0.00	75720.00
其他借款	0.00	0.00	0.00	0.00	0.00	0.00	0.00
应付债券（本息）	108500.00	0.00	0.00	0.00	0.00	0.00	0.00
合计	108500.00	5000.00	117745.00	14129.00	4151.00	0.00	75720.00

可以看出，2019 年、2020 年、2025 年和 2027 年是还款高峰。

（二）盈利能力分析

表6-6为承租人2014~2016年的主要盈利指标。

表6-6 盈利能力指标 单位：万元

项目	2014 年	2015 年	2016 年
主营业务收入	31285.75	100181.55	16.73
主营业务成本	17193.13	76569.17	0.00
利润总额	11874.10	14175.64	43.04
净利润	10092.98	10631.73	43.04
净资产收益率	3.18%	1.85%	—

公司主营业务收入主要来源于土地的一二级开发、广告及管线收入，其中土地一二级开发收入占大部分比例。报表数据反映，2014~2016年公司分别实现主营业务收入3.13亿元、10.02亿元和16.73万元，公司的利润总额逐年上升，2014年实现利润1.19亿元，2015年实现1.42亿元。A公司的主要收入来源于土地出让收益，由于税收筹划考虑以及有些土地出让成本未能及时确认等，2016年12月的报表仅反映了16.73万元的收入。

（三）现金流量分析

表6-7为承租人2013~2015年主要现金流量数据。

表6-7 现金流量数据 单位：万元

项目		2013 年	2014 年	2015 年
经营过程中现金流量	经营现金流入	32363.22	31294.75	118904.36
	经营现金流出	10339.86	6361.91	68748.17
	净流量	22023.36	24932.84	50156.19
投资活动现金流量	投资现金流入	—	122202.16	0.08
	投资现金流出	—	263770.13	215248.05
	净流量	—	-141567.96	-215242.97
筹资活动现金流量	筹资现金流入	12740.00	462760.00	620263.73
	筹资现金流出	16773.96	330616.45	245416.77
	净流量	-4033.96	162113.55	374846.96
现金净流量合计		17989.40	45478.42	209760.17

2013~2015年公司经营活动现金净流量分别为2.20亿元、2.49亿元和5.02亿元。由于经济形势的变化，2014年公司放缓了储备土地的上市出让活动，土地出让收入规模下降，虽然2014年经营活动现金净流量较2013年有所下降，但仍保持了较高水平，有效缓解了因经济形势恶化给企业造成的现金流压力。2015年，随着经济形势的回暖，公司经营活动现金净流量显著提高。未来随着配套基础设施的陆续完工，必将带动公司收储土地的价格，公司盈利能力得到提升，外部融资的依赖程度将有所减缓。

表 6-8 现金流预测　　　　　　　　　　　　　　　　　　单位：万元

项目	2017 年	2018 年	2019 年	2020 年	2021 年
一、经营活动产生的现金流量：					
土地出让收入	362900	334200	303000	343000	255000
（经营）现金流入小计	362900	334200	303000	343000	255000
土地前期开发费用	191000	161000	147000	150000	132000
（经营）现金流出小计	191000	161000	147000	150000	132000
经营活动产生的现金流量净额	171900	173200	156000	193000	123000
二、投资过程中的现金流量：					
收回初始投资的现金	0	0	0	0	0
（投资）现金流入小计	0	0	0	0	0
城建项目支出	150000	150000	150000	150000	150000
（投资）现金流出小计	150000	150000	150000	150000	150000
投资活动产生的现金流量净额	-150000	-150000	-150000	-150000	-150000
三、筹资活动产生的现金流量：					
现有融资续贷	175745	135655	104200	69450	53000
新增融资	50000	50000	50000	65000	50000
（筹资）现金流入小计	225745	185655	154200	134450	103000
银行贷款还款	152745	112655	81200	46450	30000
企业债券还款	5580	5580	5580	5580	5580
信托融资还款	9100	9100	9100	139100	0
其他融资还款	23000	23000	23000	23000	23000
利息支出	29623	22124	14630	11926	9777
公司还款	9397592	9397592	9397592	9397592	9397592
（筹资）现金流出小计	229445.59	181856.59	142907.59	235453.59	77754.59
筹资活动产生的现金流量净额	-3700.59	3798.41	11292.41	-101003.59	25245.41
净现金流	18199.41	26998.41	17292.41	-58003.58	-1754.59
期初现金及等价物	0	18199.41	45197.82	62490.22	4486.63
期末现金及等价物	18199.41	45197.82	62490.22	4486.68	2782.04

资料来源：①收入现金流入根据 2011～2015 年客户规划土地上市计划收入数据得出。②融资现金流入续贷数据时根据 2017～2021 年银行贷款还款本金数据得出，这里假设每年客户可以维持银行续贷。③土地前期开发费用是根据 2017～2021 年客户规划土地上市计划收入减去收益数据得出。④城建项目支出是假设 2017～2021 年城建项目支出每年基本投入保持 15 亿元左右。⑤银行贷款还款数据是根据客户目前贷款余额还款明细推算出 2017～2021 年需还款本金数据；企业债券还款根据客户债券募集说明书数据得出，2017～2021 年仅需支付利息；其他融资还款指客户从关系企业或单位借款，均为短期借款，保守估计其不能再续借；利息支出是按照客户提供的贷款明细推算得出。

八、综合结论

该承租人是政府认可的交通投资公司，经营历史长，资产规模大，实力雄厚，各项财务指标反映其在近几年的发展比较快速，并有持续长期增长的态势，经测算，其现金流在租赁期间内比较稳定，可保证其经营安全。项目风险可控，建议通过。

第七章　投资类项目尽职调查

第一节　投资类尽职调查概述

投资活动的一般程序包括项目接洽、初步发现投资价值、尽职调查、投资条款、投资决策及增值服务和管理，其中，尽职调查在投资过程中占据着重要的地位。

一、企业投资及其程序

（一）企业投资

企业投资是指企业以自有的资产投入承担相应的风险，以期合法地取得资产或权益的一种经济活动。企业投资从投入到产出中间有一个经营过程，稍有不慎投资将化为流水。因此企业投资需要注意客观评估自身条件量力而行，认真研究投资环境，投资项目，要做好市场调查，防止投资失败，这个过程中有效的尽职调查就显得尤为重要。

根据投资方向，企业投资可分为对内投资和对外投资两类。对内投资是指把资金投向公司内部，购置各种生产经营用资产的投资。对外投资是指公司以现金、实物、无形资产等方式或者以购买股票、债券等有价证券方式向其他单位的投资。而对外投资对于企业来说显然更具有吸引力，由于不同于对内投资所能掌握的丰富信息量，对外投资更可能会出现信息不对称，影响投资的效率和回报率，如何才能更快速有效地全面掌握与投资相关的信息呢？尽职调查就是一个得力帮手。下面来了解下一般对外投资项目程序以及尽职调查在这个过程中所发挥的作用。

（二）投资程序

1. 项目接洽

如果风险投资者对项目感兴趣，他会与项目负责人接触，直接了解其背景、管理队伍和企业。

2. 初步发现投资价值

投资者在接洽过程中，会发现问题和价值，决定是否要继续面谈，或者回绝。如果接洽成功，存在投资价值，风险投资者会希望进一步了解更多的有关企业和市场的情况，或许他还会动员可能对这一项目或企业感兴趣的其他风险投资家。

3. 尽职调查

如果面谈较为成功，风险投资者接下来便开始对企业的经营情况进行考察，以尽可能多地对项目进行了解。他们通过审查程序对意向企业的技术、市场潜力和规模以及管理队伍进行仔细的评估,这一程序包括与潜在的客户接触、向技术专家咨询并与管理队伍举行几轮会谈。它通常包括参观公司、与关键人员面谈、对仪器设备和供销渠道进行估价,还可能包括与企业债权人、客户、相关人员以前的雇主进行交谈,这些人会帮助风险投资家做出关于企业家个人风险的结论。尽职调查在整个投资环节的位置如图 7 - 1 所示。

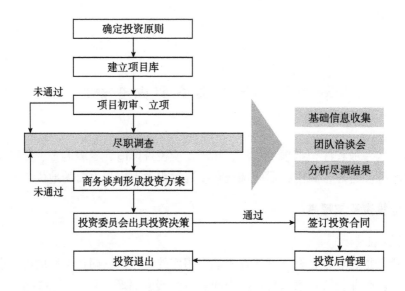

图 7 - 1 尽职调查在投资流程中的位置

4. 投资条款

审查阶段完成之后,如果风险投资者认为所申请的项目前景看好,那么便可开始进行投资形式和估价的谈判。通常企业会得到一个条款清单,通常涉及的内容包括:约定投资者对投资企业的估值和计划投资金额、拟投资企业应付的主要义务和投资者要求得到的主要权利,以及投资交易达成的主要条件等。这三方面的主要关注点是:投资额、作价和投资工具;公司治理结构;清算和退出办法。这个过程可能要持续几个月,因为企业可能并不了解谈判的内容,他将付出多少,风险投资者希望获得多少股份,还有谁参与项目,对他以及现在的管理队伍会产生什么。对于企业来讲,要花时间研究这些内容,尽可能将条款减少。

5. 投资决策

风险投资者力图使他们的投资回报与所承担的风险相适应。根据切实可行的计划,风险资本家对未来 3~5 年的投资价值进行分析,首先计算其现金流或收入预测,其次根据对技术、管理层、技能、经验、经营计划、知识产权及工作进展的评估决定风险大小,选取适当的折现率,计算出其所认为的风险企业的净现值。基于各自对企业价值的评估,投资双方通过谈判达成最终成交价值,签署正式投资决议。

6. 增值服务和管理

投资生效后,风险投资者便拥有了风险企业的股份,并在其董事会中占有席位。多数风险投资者在董事会中扮演着咨询者的角色。他们通常同时介入好几个企业，所以没有时间扮演其他角色。作为咨询者，他们主要就改善经营状况以获取更多利润提出建议，帮助企业物色新的管理人员（经理），定期与企业家接触以跟踪了解经营的进展情况，定期审查会计师事务所提交的财务分析报告。

二、投资类尽职调查的含义

（一）定义

投资项目尽职调查是指投资人在与拟投资企业达成初步合作意向后，经协商一致，对目标公司的一切与本次投资相关的事项进行现场调查、资料分析的一系列活动。投资项目尽职调查的目的是投资人尽可能全面地获取目标公司的真实信息。

（二）分类

根据企业投资的类型不同，有对内投资和对外投资，因此投资类尽职调查也根据投资方向的不同有所区别，但是通常我们所说的投资类尽职调查常为对外投资类型的尽职调查，因为对内企业投资所掌握和了解的信息量远远多于对外投资的信息量，而尽职调查的作用就在获取充足的信息，进行整理分析后，真实、全面、客观地反映被调查对象的实际情况，为公司决策提供依据。

普通企业的对外投资是指公司以现金、实物、无形资产等方式向其他企业单位进行的投资，部分公司会涉及使用资本市场工具，例如股票、债券等有价证券方式投资。本书中的投资类尽职调查聚焦于企业对外投资常用的方式，使用现金、实物、无形资产等方式投资，以期达到控制被投资单位，或对拟投资企业实施重大影响，分散经营风险，最终目的是获得较大的经济利益。

根据被投资项目或公司所处的阶段来划分的投资方式（见表7-1）。

表7-1　各投资分类

天使投资	天使投资（Angel Invest，AI）一般是指具有丰富经验的个人投资者，对自己看好的起步期项目或初创企业进行一次性、额度不大的高风险投资。天使投资也可以视为风险投资的一种，但与一般的风险投资相比，单笔投资金额相对较少、风险更高，对投后管理与辅导的能力要求更高。到了这一阶段，尽职调查报告在融资过程中的作用开始显现，需要更侧重于市场、业务发展团队成员
VC投资	风险投资（Venture Capital，VC）主要是指向初创企业提供资金支持并取得该公司股份的一种融资方式。VC投资公司为专业的投资公司，由一群具有科技及财务相关知识与经验的人组合而成，经由直接投资被投资公司股权的方式，提供资金给需要资金者（被投资公司）。风投公司的资金大多用于投资新创事业或未上市企业（虽然现今法规上已大幅放宽资金用途），并不以经营被投资公司为目的，仅是提供资金及专业上的知识与经验，以协助被投资公司获取更大的利润为目的，所以是一个追求长期利润的高风险高报酬的事业
PE投资	这一阶段投融资一般被称为私募股权融资（Private Equity，PE）。PE投资的主要对象即可预期在未来上市的企业，即PE投资包括Pre-IPO阶段。在这一阶段的投资中，尽职调查的重要性展露无遗。尽职调查报告需要通过对财务状况、产品与模式的可行性、企业团队的氛围与能力等多个角度对企业进行调查，已提供重组的证据投资者认可其未来发展潜力

三、投资类尽职调查的基本内容

投资类尽职调查主要包括以下七个部分的核心内容：公司基本情况、公司的知识产权情况、公司的融资和担保情况、公司的主要供应商和客户情况、公司的潜在诉讼或破产清算情况、公司的土地和建筑等重要不动产情况、公司的员工事务。

（一）公司的基本情况

尽职调查中主要注意目标公司是否是在注册地合法成立并有效成立的法律实体，目标公司是否存在子公司，或者是否与其他实体成立了合资企业。结合财务尽职调查和商业尽职调查，如果发现目标公司的主要资产或企业在该次交易中关注的重要资产实际处于目标公司的子公司或与其他实体成立的合资企业中，应当进一步调查该子公司或合资企业的权属情况。如有必要，可要求目标公司对上述资产的权属情况进行调整，确保上述资产在该次交易交割时不涉及权属争议。

在股权结构方面，应当注意目标公司的股权结构是否明晰，是否存在企业收购的目标公司股权在未来被稀释的可能性，是否存在该部分股权无法保证企业的转让权或收益权的情形，等等。在公司治理方面，首先，应当注意目标公司的决策程序。其次，还应当注意企业在完成该次投资后在目标公司是否具有一定的话语权或决策权。

（二）公司的知识产权情况

我国企业在进行海外投资中，需要重视调查目标公司的知识产权情况。我国正处在由劳动力密集型经济向资本密集型和技术密集型经济转变的过程中，在此过程中，我国企业普遍需要国外先进的技术和知识产权，很多企业进行海外投资的重要目的之一就是获得对目标公司知识产权的使用权甚至所有权。因此，我国企业在进行海外投资过程中，需要重视调查目标公司的知识产权情况。

在法律尽职调查中，首先，应当要求目标公司提供完整的知识产权清单，并分为专利、商标、技术许可合同、自行开发软件、域名、专有技术等各项分别提供。其次，在法律尽职调查中应当审查目标公司的技术许可。技术许可可以分为两种情况考虑，一是目标公司从第三方获得技术许可，二是目标公司将自有知识产权许可给第三方。再次，在知识产权领域的法律尽职调查还可能涉及目标公司的专利与技术标准的审查。最后，目标公司的知识产权与其经营和发展密切相关，因此，对目标公司知识产权的法律尽职调查应当与商业尽职调查结合起来；必要时还可以聘请技术专家，对目标公司知识产权的重要性进行评估。如果目标公司存在未申请专利的专有技术，对该技术效用的评价必须依赖于技术专家。

（三）公司的融资和担保情况

尽职调查中主要注意目标公司是否存在数额较大的融资安排，目标公司的资产是否已经设定了抵押或质押等。对目标公司的融资安排，主要需要考虑融资的数额和时间，融资是否与目标公司的资产和现金流量相匹配。还应当注意，如果目标公司存在数额较大的融资安排，该次投资是否会触发融资文件的特定条款（如控制权变更条款等），从而使得目标公司不得不加速还款，进而影响目标公司的资金运用与安排。

若与上述融资的法律尽职调查相关，还应当注意目标公司的抵押、质押或担保的情况。此种抵押、质押或担保既可以是为目标公司的利益，也可以是为第三方的利益而设定的。为第三方利益而设立的抵押、质押和对外担保，虽然不会立即形成公司债务，但如果第三方缺乏偿债能力，目标公司可能承担的或有债务会因而增加。因此，对于抵押或质押，要通过目标公司或目标公司资产所在地的抵押质押注册机构进行详细核查。如果目标公司为某第三方提供的抵押、质押或担保的数额十分巨大，需要进一步核查该第三方的合法成立存续状况、股权结构和经营状况等。

（四）公司的主要供应商和客户情况

在对目标公司的主要供应商和客户进行法律尽职调查时，需要关注供应或销售合同中，目标公司是否对采购量或供货量有确定性的承诺，在付款、质量检验等方面是否存在对目标公司明显不利的条款。如果存在对目标公司不利的情况，企业可以要求目标公司与供应商或客户协商修改合同条款，以尽可能地争取对目标公司较优惠的安排。

（五）公司的潜在诉讼或破产清算情况

法律尽职调查可以通过破产清算检索，发现目标公司是否已经提交破产清算申请。一般而言，目标公司的诉讼情况可以通过目标公司所在国的法院检索系统进行核实。但对于潜在诉讼，则需要律师事务所全面调查目标公司的以往被诉情况、产品、服务、合同、员工关系、环保、现存未诉争议等各方面情况，必要时还需要目标公司书面承诺或保证其不存在潜在诉讼。

与潜在诉讼不同，目标公司是否存在潜在的破产清算情形，需要根据目标公司的经营情况综合判断，因而法律尽职调查往往无法得出结论性意见。但法律尽职调查可以通过破产清算检索，发现目标公司是否已经提交破产清算申请。如果目标公司已经提交破产清算申请，而企业仍然对目标公司有一定的兴趣，企业应当根据目标公司所申请的破产清算类型，改变投资方案。

（六）公司的土地和建筑等重要不动产情况

如果目标公司持有土地和建筑等重要不动产，需要核查该土地和建筑的权属情况。主要需要关注目标公司对上述不动产是具有完全的所有权，还是仅拥有租赁或使用的权利。如果上述不动产是因转让而取得，或者目标公司仅有租赁或使用的权利，目标公司是否根据不动产转让协议或租赁协议等的约定，在约定的范围内合理使用了该不动产，是否存在违约的情况，等等。

而且，企业还应当注意，不动产所在地政府对该不动产的使用是否有特定限制。例如，当地政府是否会对土地使用进行重新规划，是否会因此而要求该处土地上的厂房迁址等。如果目标公司业务可能会造成环境污染，还要注意当地政府是否要求目标公司采取特定措施，降低环境污染的影响，或者要求目标公司取得特定许可证方可开展相关业务等。

目标公司是否合法、合规经营，是否已经取得了从事相关业务所需要的行政许可等。在西方主要国家，很多商业活动并不需要行政许可。但如果目标公司从事矿产、通信、交通、金融、传媒、医疗等敏感行业，各国一般会要求目标公司取得特定的行政许可。一方面，如果目标公司尚未取得必需的行政许可，或者取得该行政许可存在一定障碍，将会影响目标公司的正常经营，也会减损目标公司的价值。另一方面，还需要特别注意审查目标公司取得的行政许可的范围，如允许从事的业务内容、地域、时间等，是否符合目标公司对企业的描述，以及是否符合目标公司未来发展的要求。

申请需要多个行政许可方可进行的业务时，还要注意各行政许可之间的描述是否一致，防止因为各行政许可之间的差异而影响目标公司的业务范围。此外，如果目标公司的业务或产品会产生环境污染、对普通公众存在健康隐患等负面影响，各国一般也会要求目标公司取得一定的行政许可。

（七）公司的员工事务

尽职调查中应当注意目标公司所在地对劳动合同的要求。在员工事务方面，应当注意目标公司所在地对劳动合同的要求，是否需要目标公司与劳动者签订书面的劳动合同，对于成立、解除和终止劳动合同有何要求，目标公司是否应当为员工缴纳强制责任险，等等。而且，还要注意目标公司是否与员工签订有保密协议和同业禁止协议，签订上述协议的员工范围是否足够完善，是否能够确保目标公司的商业秘密不被泄露。

四、投资类尽职调查的程序

投资类尽职调查的范围很广，调查对象的规模也不统一，但每一个尽职调查项目都是独一无二的。对于一项投资项目，尽职调查通常包括六个程序，即签订前期协议、发清单邮件、阅读材料、现场考察、深度调查和分析资料并撰写报告。

（一）签订前期协议

在通过对拟投资企业的项目初审后，投资者往往要求与拟投资企业签署初步的前期协议。前期协议通常包括承诺函、保密协议、投资意向书等。前期协议中最主要的协议就是投资意向书。投资意向书也称投资备忘录，一般不具有法律效力，但它包含了本次投资的主要条款。这些条款主要包括拟投资企业估值、投资价格、出售的股权数量、保密条款、排他性条款、业绩要求、退出条款等核心条款。

（二）发清单邮件

在做尽职调查时，首先向被调查企业发调查清单邮件，要求拟投资企业准备资料，提高调查工作效率。

对于不同阶段的企业和不同行业的企业，尽职调查的重点内容也有很大的差别，因此所使用的尽职调查清单各有不同。通常情况下，需发给拟投资企业一份统一的调查清单，并要求拟投资企业根据自己的情况酌情提供。

通常，后期投资所需要的尽职调查清单包括公司基本资料、主要产品及服务、市场与竞争对手分析、财务、法律五大部分。

（三）阅读材料

通过阅读拟投资企业提供的文件、资料和信息的真实性、完整性和准确性，可以发现拟投资企业的投资价值和存在的风险。

（四）现场考察

在风险投资实践中，风险投资公司会根据自己的工作风格，针对不同的投资项目的具体情况，灵活采用不同的尽职调查方式。投资者在现场考察时根据不同的考察方式了解企业的价值，可以到企业生产线上亲身体验企业的生产能力、企业员工的生产熟练程度。

投资者要与企业的普通员工进行交流，可利用非正式的机会和员工交流，例如与员工吃一次饭。从员工的谈话中得到的信息，有时比与企业管理者按照商业计划书准备的问题所带来的信息更能反映企业的问题。

　　投资者通过现场考察才能直观地核实商业计划书中陈述的资产状况、市场销售、产品服务及研发的真实情况，对管理团队的经营能力和管理水平形成一个直观的感觉，揭示风险企业或有的财务和法律风险，并进一步发掘企业的潜在价值。但是无论采取哪种方式，其目的都是尽可能地充分获取企业的信息，为风险投资的投资决策提供可靠的依据。

　　（五）深度调查

　　1. 技术专家

　　如果拟投资企业一般是高新技术企业，其产品具有一定的专业性，因此要向该领域的专业人士请教，以对产品的特性和竞争优势进行充分的论证。

　　2. 客户

　　通过与客户的交流，投资人一方面可以了解企业产品的优势和劣势，另一方面可以了解客户对产品的满意程度和对产品价格的敏感程度。

　　3. 供应商

　　通过与供应商交流，投资人一方面可以了解企业生产所需原材料和设备供应是否充足、价格水平和走势如何，以及生产能力是否具有竞争优势；另一方面可以了解企业支付货款的能力和财务信用状况。

　　4. 竞争对手

　　另外，从竞争对手身上了解创业企业的产品、技术研发水平、竞争优势、市场占有率以及管理水平等信息往往很有价值。

　　（六）分析资料并撰写报告

　　尽职调查的目的在于对创业企业做一个全面的评估，了解企业的优势劣势，判断企业的投资价值，揭示投资风险，为是否进行投资提供判断依据。因此，尽职调查要对各个专题的尽调资料做出系统的分析，分析每个专题调查中存在的问题和突出优势，最后对每个专题的调查报告进行整理，并对企业做出整体判断。

　　在投资前期，大多是创业者主动性地展示自己的项目，难免有时候会放大优点，对不足之处避而不谈。而到投资后期，投资人要主动地了解创业项目，拟投资企业应根据投资人给的清单准备相关资料。

五、投资类尽职调查的事后事项

　　尽职调查后，投资经理应形成调研报告及投资方案建议书，提供财务意见及审计报告。投资方案包括估值定价、董事会席位、否决权和其他公司治理问题、退出策略、确定合同条款清单等内容。由于投资企业和项目企业的出发点和利益不同，双方经常在估值和合同条款清单的谈判中产生分歧，解决分歧的技术要求很高，需要谈判技巧以及专业第三方机构的协助，这时候就需要巧妙且合适的结构设计来保证双方利益的最大化。

第二节　天使投资尽职调查

一、天使投资概述

（一）天使投资相关概述

天使投资是自由投资者或非正式风险投资机构，对小型初创企业进行的一次性的前期权益投资。天使投资是一种非组织化的创业投资形式，其资金来源大多是民间资本，而非专业的风险投资商。天使投资的门槛较低，有时即便是一个创业构思，只要有发展潜力，就能获得资金。天使投资在企业初创期投资占比一般为 15% 左右，平均 2～4 年收回投资。

天使投资者是指富裕的、拥有一定的资本金、投资于创业企业以换取可转换债券或所有权权益的专业投资家。在美国，《证券交易委员会 501 号条例》和《1993 证券法》D 条例中明确了可以成为天使投资家的"经鉴定合格投资者"的标准：投资者必须有 100 万美元的净资产，至少有 20 万美元的年收入，或者在交易中至少投入 15 万美元，且这项投资在投资者的财产中占比不得超过 20%。

（二）天使投资的特点

天使投资的投资量级为 200 万～800 万元，公司阶段为有初步的商业模式并生产出产品的雏形，积累了一些核心用户，主要的投资人为天使投资人、天使投资机构。天使投资阶段也有其特殊之处：

（1）天使投资是一种直接投资方式，它由富有的家庭和个人直接向企业进行权益投资，是创业企业最初形成阶段的主要融资方式；

（2）天使投资者不仅向创业企业提供资金，往往还利用其专业背景和自身资源帮助创业企业获得成功，这也是保障其投资的最好方法；

（3）天使投资一般以个人投资的形式出现，其投资行为是小型的个人投资行为，对被投资项目的考察和判断程序相对简单，且时效性更强；

（4）天使投资一般只对规模较小的项目进行较小资金规模的投资。

因此，我们可以知道天使投资针对初创型企业，企业/个人可以通过资金、实物、技术等方式进行投资，拟投资企业处于发展初期，且投资风险较高，尽职调查的重要性也越发凸显，因此在尽职调查中，更应抓住重点分析。图 7-2 针对天使投资，在尽职调查的重要性和可量化上重点突出了四方面内容：团队/创始人、市场及商业环境、产品和技术、盈利预测和财务状况。就重要性而言，对于团队/创始人的尽职调查最为重要，下面将侧重介绍天使投资尽职调查的特点。

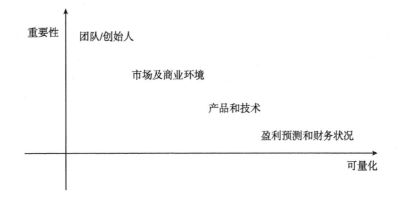

图7-2 天使投资的尽职调查

二、天使投资尽职调查的关注要点

(一) 团队/创始人

如果创业团队比较小,投资人可约见每位成员,调查每位团队成员的智力、忠诚度、优点、弱点、团队合作和管理风格等。一个功能不健全的团队,或者在关键时刻不能专注的团队会极大地影响企业执行的效率。投资者还需了解创业者的信用问题、是否存在未了结的官司、偿付能力等情况。

(二) 市场及商业环境

投资人需要保证产品具有用户购买的潜力。投资人可从公司的市场人群参考表中找一些潜在的客户,与他们谈话,并了解市场情况。投资人也可联系相关行业的技术人士和业务人士,从专业的角度评价市场需要。天使投资人要通过行业分析来确认自己所拥有的差异确实是独一无二的,未来没有潜在的竞争者。

(三) 产品和技术

技术上的调查通常是从工程技术人员和产品营销人员身上开始的。投资人可评估创业的进程或评估产品。投资人的目标是尽可能严格地要求产品所具有的功能和质量,并保证整个团队的研发以及管理过程将来能实现。另外,投资人还需要确认知识产权的保护和状态。

(四) 盈利预测和财务状况

投资人可查验公司之前已有的融资和股权情况,拟定市场投资表。针对已发生业务的公司,可根据资产负债表、利润表和现金流量表评价公司的发展能力。

三、天使投资尽职调查的主要内容

因为初创型企业没有走上正轨之路,各项财务数据的不完善等,天使投资往往带有很强的主观性。但是,我们并不是要总结出一条放之四海而皆准的投资规律,而是希望摸索出一些大致方向上的规则。企业的发展在每一个阶段考察的标准不一样,每一个机构的标准也不一样,在企业初创期,最重要的是人,这也是最难被量化的。

（一）访谈

访谈包括创始人（或 CEO）访谈、核心团队访谈、员工访谈及主要客户访谈。

1. 创始人（或 CEO）访谈

（1）在正式的情况下以及比较随意的情况下分别与创始人（或 CEO）访谈，观察创始人（或 CEO）性格以及状态的各个方面表现是否一致，有无比较大的变化或不稳定的情况。

（2）了解创始人（或 CEO）对公司未来的规划与愿景设想，考虑其长期规划能力与格局视野。

（3）了解创始人（或 CEO）对核心团队以及员工的态度，考量其是否能知人用人，是否具有领导力及向心力，是否具有良好的沟通能力。

（4）详细了解创始人（或 CEO）的过去经历与背景、资源、人脉等，包括每个细节，谨慎判断其自身各方面条件是否足以支撑企业未来的长远发展。

（5）了解创始人（或 CEO）对自己优缺点的评价，判断创始人（或 CEO）是否具有自我认识的能力，以及未来随着企业的发展创始人（或 CEO）是否具备自我发展提升的能力。

（6）了解创始人的财务情况，是否在其他公司任职，是否具有其他公司的股权，判断未来创始人（或 CEO）是否能全身心投入企业运作，是否存在可能的债务危机。

2. 核心团队访谈

（1）了解核心团队成员的详细背景与经历、专业能力、学习能力，判断是否与公司发展相匹配。

（2）了解核心团队成员对于创始人（或 CEO）的看法与认可度，考量创始人（或 CEO）是否具有人格魅力与领导力，判断创始人（或 CEO）与核心团队未来是否能保持一致。

（3）了解核心团队成员之间的评价，判断核心团队成员之间的关系以及沟通状况，能力是否具有互补性。

（4）了解核心团队成员因何种缘由加入企业，判断核心成员企业对于企业或创始人的忠诚度。

3. 员工访谈

（1）对高管层以下的员工进行随机或不经意的访谈，了解员工对管理层、企业文化、公司业务及未来发展、自身待遇的真实想法，了解企业是否具有凝聚力。

（2）观察员工情绪状态，衡量员工的稳定性以及对企业的认可度，是否有意愿支持企业的长期发展。

4. 主要客户访谈

至少访谈 2~3 家主要客户。

（1）了解企业产品质量和受欢迎程度，了解企业真实的销售情况、竞争对手情况以及企业的优劣势。

（2）了解客户自身的档次和经营情况，侧面判断企业的市场地位以及市场需求的潜力和可持续发展程度。

（3）了解主要客户的发展规划，判断是否与企业的发展方向一致。

5. 主要供应商及合作伙伴访谈

至少访谈 2～3 家主要供应商或合作伙伴。

（1）了解企业的采购量，判断企业的真实产量及生产周期，从侧面了解行业竞争格局。

（2）了解供应商及其合作伙伴对企业的认可度，是否可以保持长期稳定的供货或合作关系，判断是否存在潜在的供应链风险。

（二）公司业务

1. 产品技术

（1）研究企业的产品性质，是必需品、可替代品，还是奢侈品，是能解决客户一个重要的问题，还是起辅助性的作用。

（2）研究企业产品在市场的存在价值，是属于市场的空白领域，还是具有较多的竞争产品。

（3）详细了解客户的需求以及所处行业的需求，判断产品是否能解决客户的需求。

（4）了解产品的核心特点和优势所在，与替代品比较是否具有明显竞争力。

（5）了解产品的研发周期以及未来的迭代速度，判断未来产品是否能保持竞争优势。

（6）了解企业技术的来源以及研发过程，判断企业技术是否真实来自企业自身的团队，是否具备持续研发能力。

2. 行业

宏观经济环境的尽职调查可借鉴 PEST 分析的相关框架，并从政治、经济、人口、社会文化、技术五个方面对宏观经济环境进行调查和分析。

行业及行业竞争情况的尽职调查，可借鉴波特五力模型的相关框架，从供应商、购买者、替代品、现有竞争、潜在竞争五方面对目标公司所处行业及目标公司的行业竞争地位进行调查和分析。

（1）调查该行业或市场是否具有广阔发展前景、国家政策支持、较大的成长空间和增长率，判断是否存在政策风险及行业一般风险；

（2）调查行业中是否具有龙头企业或垄断企业，行业中是否有已经上市的企业；

（3）市场占有率：企业在运作的市场上或企业产品在市场上所占有的百分比，反映企业对市场的控制能力，了解企业市场份额的变化趋势可以预测企业的发展前景。（注：企业的预期市场占有率若低于 20%，则企业缺乏足够的市场竞争力，不具备投资价值）

3. 市场

（1）询问企业主要的市场营销渠道及其效果，未来是否可以拓展新的营销渠道。

（2）了解企业的销售策略及其效果，未来如何进一步提升销售水平。

（3）了解公司的销售成本和销售效率如何，是否有途径以低成本获取用户。

（4）了解公司的销售队伍配置与销售人员能力素质，是否能高效地推进企业的销售工作。

（5）比较公司的销售环节与竞争对手是更好还是更糟，如何改进。

4. 竞争

（1）梳理清楚该市场中的竞争格局和主要竞争对手有哪些，了解竞争对手的主要产品和市场份额。

（2）通过各种方式和途径对竞争企业进行考察、访谈或从第三方了解（例如行业协会、共同客户、供应商等），对比市场中的各种竞争力量及其竞争优劣势。

（3）了解企业在目前市场中是否具有竞争优势地位，未来是否能保持或获取竞争优势地位；了解企业的竞争壁垒有哪些，竞争壁垒的高度以及被超越需要的周期。

（4）了解企业的主要竞争优势有哪些方面，从规模、成本、商业模式、管理、人才、其他等各方面判断。

5. 合作伙伴

（1）了解企业的主要客户有哪些，主要客户的自身经营情况是否会对未来企业的生产与采购产生重大影响。

（2）了解主要客户的采购数量和金额，占其自身采购量的比例以及占企业生产量的比例，判断企业的客户是否过于集中或过于分散，企业对主要客户的依赖程度及议价能力。

（3）了解企业的主要供应商有哪些，主要供应商的自身经营情况是否会对未来企业的生产与采购产生重大影响。

（4）了解企业从主要供应商采购的数量和金额，占其自身采购量的比例以及占企业生产量的比例，判断企业的供应商是否过于集中或过于分散，企业对主要供应商的依赖程度及议价能力。

（三）融资计划

（1）详细了解公司的资金需求和资金使用计划，并逐项判断是否合理。

（2）了解企业吸纳投资后股权结构以及出让投资方的股权比例，估值金额以及其估值依据，判断是否合理，并进行必要的谈判。

（3）了解企业希望投资者介入公司管理的程度，是否定期向投资者提供相关报告和资金支出预算。

（4）了解企业未来的投资回报计划与退出规划，若是并购退出，请提供未来可能的收购方的潜在收购意向。

（四）财务状况

1. 财务管理

（1）检查财务制度是否健全，会计标准是否合规，财务报表是否完备并经审计。

（2）检查税务登记及缴纳文件，是否存在依法纳税方面的问题，是否符合税收优惠与减免的条件。

（3）了解财务人员是否配置合理，能力是否符合需求，工作内容是否符合制度规定。

（4）仔细研究企业未来 3 年的财务预测，了解财务预测的依据，判断其业务增长性及财务预算的合理性。

（5）检查公司是否有过往负债、担保、抵押等情况。

2. 财务指标

（1）销售收入：企业主营业务产生的直接销售收入及其增长率，以衡量企业整体的规模及未来的发展趋势。

（2）应收账款周期：应收账款的回收周期大约多长，尤其是大客户的回款周期，衡量企业是否存在账期长、回款难的问题，未来是否存在资金链方面的风险。

（3）毛利率：销售收入扣除直接销售成本和生产成本后相较销售收入的比例，以最直观地反映企业的收入水平和盈利能力。

（4）净利润率：销售收入减去一切销售成本、经营成本、税收成本等最后留存的收益，最直接地反映企业的经营管理效率和最终的盈利能力。

（5）经营活动净现金流：企业在一个会计期间（年度或月份，通常是指年度）经营活动产生的现金流入与经营活动产生的现金流出的差额。这一指标说明经营活动产生现金的能力，最直接地反映企业的资金管理能力以及未来潜在的资金链风险。

（五）法律状况

（1）检查公司法律文件是否真实有效、管理清晰、规范存档。

（2）检查产权是否清晰到位，包括专利、商标、房产等是否归属公司，有无存在纠纷或潜在纠纷的可能。

（3）企业生产经营是否符合环保要求，是否存在搬迁、处罚等隐患。

（4）核实企业是否存在过往诉讼或者正在进行的诉讼，是否会对企业发展产生影响。

第三节　VC 投资尽职调查

一、VC 投资概述

风险投资（Venture Capital，VC）是指具备资金实力的投资家/企业对具有专门技术并具备良好市场发展前景，但缺乏启动资金的创业家/企业进行资助，帮助其实现创业梦，并承担创业阶段投资失败的风险的投资。投资家投入的资金换得企业的部分股份，并以日后获得红利或出售该股权获取投资回报为目的。这个阶段的投资主要以资金方式进行投资，以期企业获得更高的收益率，相对天使投资阶段，投资规模和力度更大，拟投资企业也更为成熟，这时候的尽职调查范围进一步扩大，其覆盖面和深度也有所增强。

风险投资的特色在于甘冒高风险以追求最大的投资报酬，并将退出风险企业所回收的资金，继续投入"高风险、高科技、高成长潜力"等类似的高风险企业，实现资金的循环增值。

VC 投资的特征为投资对象为处于创业期的中小型企业，而且多为高新技术企业；投资期限至少 3~5 年，投资方式一般为股权投资，通常占拟投资企业 30% 左右股权，而不要求控股权，也不需要任何担保或抵押。企业一般积极参与拟投资企业的经营管理，提供增值服务。由于投资目的是追求超额回报，当拟投资企业增值后，风险投资人会通过上市、收购兼并或其他股权转让方式撤出资本,实现增值。

二、VC 投资尽职调查技巧

(一) 尽职调查清单先行

为了避免遗漏,先列出几个大的方面,比如可分为:公司主体情况、股东情况、资质和行政许可情况、盈利和业绩情况(重大经营合同)、固定资产情况、无形资产情况、员工情况(组织结构、薪酬、社会保险以及核心员工名单)、违法和诉讼情况等。财务、法律清单可以合一,也可以分开,但商业中的业务清单和技术清单通常是独立的。

(二) 强调重要性原则

尽职调查前,弄清楚在本次投资中最看重的拟投资企业的价值是什么,再分析这种价值在各个方面的载体,把所需要看的具体内容列入上述各个方面的明细清单中。

比如:看重团队,就重点列出核心人员履历、劳动合同期限、竞业限制条款、期权等福利制度等;看重技术壁垒,就重点列出专利、软件等无形资产的清单、专利和著作权的证书复印件、商业秘密的保护措施;看重用户群,就重点列出商标清单和注册证书、用户的具体统计方法和数值定义等。

(三) 有效规避风险

尽职调查的作用之一就是合理分析和了解风险,并有效防范风险,我们应该尽量了解到拟投资企业的商业模式中最容易发生的风险是什么,再将可能诱发这些风险的因素列入上述各个方面的明细清单。

比如:有构成滥用用户数据侵犯隐私的风险,就重点看拟投资企业经营中是否有适当的个人数据使用协议,是否在搜集和传播个人数据时对用户有足够的提示和"同意"点击;有构成侵犯著作权的风险,就重点看拟投资企业的行为是否符合"避风港"等免责条件;有用户退费的风险,就重点看用户协议中是否有明确的约定或者企业有产品退换机制。

三、VC 投资尽职调查的内容

(一) 公司背景调查

1. 公司历史沿革调查

(1) 调查目标。

了解公司历史上的重大事件,检查其对公司的发展沿革和企业文化形成的重大影响。

(2) 调查程序。

1) 获取公司所在行业管理体制历次改革的有关资料,调查行业管理体制的变化对公司的影响。

2) 获取公司历次产品、技术改造、管理能力等方面的变动及获奖情况的有关资料,判断公司核心竞争力在行业内地位的变化。

3) 调查公司历史上有重大影响的人事变动,判断核心管理者的去留已经和可能对公司产生的重大影响。

4) 审查公司历史上是否存在重大的违反法律法规行为以及受到重大处罚的情况,判断其影响是否已经消除。

2. 股东变更情况调查

（1）调查目标。

1）股东变更是否符合有关法律法规的规范。

2）公司股东变更的行为和程序是否合法、规范。

（2）调查程序。

1）编制公司股本结构变化表，检查公司历次股份总额及其结构变化的原因以及对公司业务、管理和经营业绩的影响。

2）取得公司的股东名册，查看发起人或股东人数、住所、出资比例是否符合法律、法规和有关规定。

3）追溯调查公司的实质控制人，查看其业务、资产情况是否对公司的产供销以及市场竞争力产生直接的或间接的影响。

4）检查公司自然人持股的有关情况，关注其在公司的任职及其亲属的投资情况；如果单个自然人持股比例较大，还应检查是否存在其他人通过此人间接持股的情况，而可能引起潜在的股权纠纷。

5）检查公司是否发行过内部职工股，是否有工会持股或职工持股会持股。

6）调查公司的股份是否由于质押或其他争议而被冻结或被拍卖而发生转移，并导致股权结构发生变化。

7）获取公司与股本结构变化有关的验资、评估和审计报告，审查公司注册资本的增减变化以及股本结构的变化的程序是否合乎法律规范。

3. 公司治理结构调查

（1）调查目标。

1）公司章程及草案是否合法合规。

2）股东大会、董事会、监事会的设立、运作的实质性判断。

3）董事、监事、高级管理人员任职及变动是否合法合规。

（2）调查程序。

1）查阅股东大会的会议记录、董事会的会议记录，确定公司章程及草案的制定和修改过程是否履行了法定程序，其内容是否与《公司法》等相抵触。

2）确认公司是否具有健全的股东会、董事会、监事会的议事规则及其合规性。

3）查阅公司历次的股东会、董事会、监事会的会议记录，确认其决议内容，尤其是确认董事会的对外担保、重大投资、融资及经营决策符合公司章程的规定；通过会议记录了解公司重要管理人员的变化。

4）确认董事、经理是否挪用公司资金或者将公司资金借贷给他人；是否以公司资产为本公司的股东或者其他个人债务提供担保；是否自营或者为他人经营与公司同类的营业或者从事损害公司利益的其他活动。

5）考察公司高级管理人员的激励与约束机制，如设置股票期权，判断这些机制是否有利于吸引人才，保持高级管理人员的稳定。

4. 组织结构调查

（1）调查目标。

1）全面了解公司主要股东（追溯到实质控制人）及整个集团的所有相关企业的业务和财务情况，查找可能产生同业竞争和关联交易的关联方。

2）了解公司内部组织结构模式的设置对公司实现经营管理目标的影响。

（2）调查程序。

1）画出整个集团的组织架构图，标明各经营实体之间的具体组织联系。

2）画出公司组织结构设置图，并以实线和虚线标明各机构之间的权力和信息沟通关系，分析其设计的合理性和运行的有效性。

3）与管理层有关人员进行讨论，进一步获得公司组织结构设置方面、运行方面情况的资料。

5. 管理团队调查

（1）调查目标。

1）主要管理层（包括董事会成员、监事会成员、总裁、副总裁以及财务总监等高级管理人员）是否正直、诚信。

2）主要管理层是否具有与发展公司需要相匹配的开拓精神和经营管理能力。

3）了解关键管理人员的选聘、考核和离职情况及其程序是否合法。

4）了解公司与主要管理人员有关的激励和约束机制，以及其对公司经营和长远发展的影响。

（2）调查程序。

1）取得主要管理人员学历和从业经历简况，对核心人员要取得其详细资料，尤其要关注主要成员在本行业的执业经验和记录。

2）与公司主要管理人员就企业发展、公司文化、竞争对手、个人发展与公司发展的关系等主题进行单独的会谈。

3）调查过去3年中公司关键管理人员离职的情况，调查其辞职的真实原因。

4）调查公司董事是否遵守"竞业禁止"的规定。

5）与公司职员进行交流，获取其对管理团队以及企业文化贯彻情况的直观感受。

6）调查公司内部管理制度规定、年度经营责任书，了解公司是否制定经济责任考核体系以及考核体系的落实情况。

7）了解公司为高级管理者制定的薪酬方案、持有股份及其变动情况。

8）调查主要管理者是否不适当地兼职，并说明必要的兼职是否会对其工作产生影响。

（二）行业和经营调查

1. 行业及竞争者调查

（1）调查目标。

1）调查公司所处行业的现状及发展前景。

2）调查公司提供的产品（服务）较之同行业可比公司的竞争地位。

3）调查公司主要经营活动的合法性。

（2）调查程序。

1）查阅权威机构的统计资料和研究报告（如国家计委、经贸委、行业协会、国务院研究发展中心或其他研究机构），调查公司所处行业国内外的发展现状与前景，分析影响其行业发展的有利、不利因素。

2）调查公司所处行业内企业是否受到国家宏观调控，如果是，其产品定价是否受到限制？是否享受优惠政策？

3）了解公司所处行业的进入壁垒，包括规模经济、资本投入、技术水平、环境保护或行业管理机构授予的特许经营权等方面，分析其对公司核心竞争力的影响。

4）了解公司所处行业的整体特征，是属于资金、技术还是劳动密集型产业；了解该行业对技术（或对资金、劳动力等要素）的依赖程度、技术的成熟度；了解该行业公司是否需要大量的研究开发支出、巨额的广告营销费用；应收账款周转是否慢；产品价格的变动特征；出口占总销售的比例；等等。

5）调查公司近3年内销售产品所处的生命周期阶段，处于导入期、成长期、成熟期、衰退期中的哪个阶段？调查公司产品的寿命。

6）查阅国家的产业结构调整政策、公司相关财务资料和发展规划文件，获取或编制公司最近几个会计年度主要产品产销量明细表，了解公司产品结构构成；了解公司未来产品结构调整的方向。

7）查阅权威机构的研究报告和统计资料，调查影响公司产品需求的相关因素以及产品需求的变化趋势，分析未来几年该产品的需求状况、市场容量；获取公司所处行业中该产品的现有生产能力、未来几年生产能力的变化数据；所处行业是否因过多受到国家政策、技术进步、可替代产品的冲击等外部因素影响而具有较大的脆弱性。

8）对公司产品价格变动做出预测。

9）调查可替代产品的价格和供应状况，调查公司产品目前或在可合理预计的将来多大程度上受到进口同类产品的冲击。

10）对公司现有与潜在的竞争者调查，应包括但不限于整个产品市场容量、竞争者数量、公司与市场竞争者各自的市场份额；对公司与竞争者的比较应包括相对产品质量、相对价格、相对成本、相对的产品形象及公司声誉等。对公司目前、未来的市场地位做出描述和判断。

11）利用各大证券报、主要证券类网站披露的公开信息，与已上市公司进行比较分析。选择5～10家产品结构、生产工艺相同的公司，以这些公司近几年的数据为基础，至少在生产能力、生产技术的先进性、关键设备的先进性、销售收入、销售的地理分布、主要产品销售价格与主营业务利润率、行业平均销售价格与主营业务利润率等方面进行比较。

2. 采购环节业务调查

（1）调查目标。

1）调查公司供应方市场、采购政策及主要的供应商。

2）调查公司采购业务涉及的诉讼及关联交易。

（2）调查程序。

1）调查供应方市场的竞争状况，是竞争还是垄断，是否存在特许经营权等方面因素使得供应方市场有较高的进入壁垒。

2）与采购部门人员、主要供应商沟通，调查公司生产必需的原材料、重要辅助材料等的采购是否受到资源或其他因素的限制。

3）了解公司主要的供应商（至少前5名），计算最近3个会计年度公司向主要供应商的采购金额，占公司、同类原材料采购金额、总采购金额比例，是否存在严重依赖个别供应商的情况。

4）与采购部门人员、主要供应商沟通，调查公司主要供应商与公司的地理距离，分析最近几年原材料成本构成，关注运输费用占采购成本的比重。

5）与采购部门人员沟通，了解公司是否建立了供应商考评制度。

6）调查公司与主要供应商的资金结算情况，是否及时结清货款，是否存在以实物抵债的现象。

7）查阅权威机构的研究报告和统计资料，调查公司主要原材料的市场供求状况，查阅公司产品成本计算单，定量分析主要原材料、动力涨价对公司生产成本的影响。

8）与采购部门与生产计划部门人员沟通，调查公司采购部门与生产计划部门的衔接情况，关注是否存在严重的原材料缺货风险，是否存在原材料积压风险。

9）与主要供应商、公司律师沟通，调查公司与主要供应商之间是否存在重大诉讼或纠纷。

10）如果存在影响成本的重大关联采购，判断关联采购的定价是否合理，是否存在大股东与公司之间的利润输送或资金转移的现象。

3. 生产环节业务调查

（1）调查目标。

1）调查公司生产工艺、生产能力、实际产量。

2）调查公司生产组织、保障。

3）成本分析。

4）调查公司生产的质量控制、安全、环保。

（2）调查程序。

1）调查公司生产过程的组织形式，是属于个别制造或小批量生产、大批量生产或用装配线生产还是用流水线生产等。

2）了解公司各项主要产品生产工艺，获取公司产品生产工艺流程图。调查公司行业中工艺、技术方面的领先程度。

3）调查公司主要产品的设计生产能力、最近几个会计年度的实际生产能力以及主要竞争者的实际生产能力，进行盈亏平衡分析，计算出盈亏平衡时的生产产量，并与各年的实际生产量比较。

4）与生产部门人员沟通，调查公司生产各环节中是否存在瓶颈，是否存在某种原材料的供应、部分生产环节的生产不稳定或生产能力不足而制约了企业的生产能力。

5）与生产部门人员沟通，调查公司的生产是否受到能源、技术、人员等客观因素的限制。

6）采用现场勘察的方法，调查公司主要设备的产地、购入时间，机器设备的成新率，是否处于良好状态，预计尚可使用的时间；现有的生产能力及利用情况，是否有大量闲置的设备和生产能力。

7）调查公司是否存在设备抵押贷款的情形。如有，查阅或查询借款合同的条款及还款情况，判断预期债务是否会对公司的生产保障构成影响。

8）制造成本的横向比较。查阅公司历年来产品成本计算单、同类公司数据，分析公司较同行业公司在成本方面的竞争地位。

9）制造成本的纵向比较。获取或编制公司最近几个会计年度主要产品（服务）的毛利率、贡献毛利占当期主营业务利润的比重，分析公司主要产品的盈利能力；如果某项产品在销售价格未发生重大变化时，某一期的毛利率出现异常，分析单位成本中的直接材料、直接人工、燃料及动力、制造费用等成本要素的变动情况，确认成本的真实发生。

10）与公司质量管理部门人员沟通、现场实地考察、查阅公司内部生产管理规定，调查公司的质量控制政策、质量管理的组织设置及实施情况。

11）调查公司保障安全生产的措施，成立以来是否发生过重大的安全事故。

12）了解公司生产工艺中"三废"的排放情况，查阅省一级的环境保护局出具的函件，调查公司的生产工艺是否符合有关环境保护的要求，调查公司最近3年是否发生过环境污染事故，以及是否存在因环保问题而被处罚的情形。

13）查阅省一级的质量技术监督局文件，调查公司产品是否符合行业标准，是否因产品质量问题受过质量技术监督部门的处罚。

4. 销售环节业务调查

（1）调查目标。

1）调查公司营销网络的建设及运行情况。

2）调查公司产品商标的权属及合规性。

3）调查公司销售回款、存货积压情况。

4）调查公司销售业务涉及的诉讼及关联交易。

（2）调查程序。

1）了解公司的分销渠道，对自营零售的，调查公司销售专卖店的设置；对通过批发商进行销售的，调查经销或代理协议，是否全部委托销售代理而导致销售失控？

2）查阅国家工商行政管理局商标局的商标注册证，调查公司是否是其主要产品的商标注册人。

3）查阅国家质量技术监督局或省一级的质量技术监督局的证明或其他有关批复，调查公司的产品质量是否执行了国家标准或行业标准，近3年是否因违反有关产品质量和技术监督方面的法律、法规而受到处罚。

4）是否存在假冒伪劣产品，打假力度如何。

5）调查公司的主要竞争者及各自的竞争优势，从权威统计机构获取公司产品与其主要竞争者产品的市场占有率资料。

6）获取或编制公司近几个会计年度各项产品占销售总收入比重明细表、各项产品产销率明细表。

7）获取公司近几个会计年度对主要客户（至少前5名）的销售额、占年度销售总额的比例及回款情况，调查其客户基础是否薄弱，是否过分依赖某一客户而连带受到客户所受风险的影响；分析其主要客户的回款情况，以及是否存在以实物抵债的现象。

8）获取近几个会计年度按区域分布的销售记录，分析公司销售区域局限化现象是否明显，产品的销售是否受到地方保护主义的影响。

9）是否存在会计期末销售收入的异常增长，通过追查至会计期末几笔大额的收入确认凭证、审阅复核会计师期后事项的工作底稿等，判断是否属于虚开发票、虚增收入的情形。

10）是否存在异常大额的销售退回，查阅销售合同、销售部门与客户对销售退回的处理意见等资料，判断销售退回的真实性。

11）测算公司最近几个会计年度的应收账款周转率，调查公司坏账、呆账风险的大小情况。

12）对于销售集中于单个或少数几个大客户的情况，需追查销货合同、销货发票、产品出库单、银行进账单，或以函证的方法确定销售业务发生的真实性。如果该项销售系出口，尚需追查出口报关单、结汇水单等资料，以确定销售业务发生的真实性。

13）查阅会计师的工作底稿，调查是否存在大量的残次、陈旧、冷背、积压的存货；与会计师沟通存货跌价准备是否足额计提；计算公司最近几个会计年度产成品周转率，并与同行业可比公司比较。

14）抽查部分重大销售合同，检查有无限制性条款，如产品须经安装或检修、有特定的退货权、采用代销或寄销的方式。

15）调查关联销售的情况。如果存在对主营业务收入有重大贡献的关联销售，抽查不同时点的关联销售合同，获取关联销售的定价数据，分析不同时点的销售价格的变动，并与同类产品当时的市场公允价格比较。如果存在异常，分析其对收入的影响，分析关联销售定价是否合理，是否存在大股东与公司之间的利润输送或资金转移的现象。

5. 技术与研发调查

（1）调查目标。

1）调查公司专利、非专利技术。

2）调查公司研发机构、人员、资金投入。

3）调查公司正在研发的项目。

（2）调查程序。

1）了解公司的行业技术标准，是否有国家标准、国际标准。

2）调查公司核心技术的选择。调查公司较同行业其他企业在技术方面的领先程度。关注其核心技术是否为其他新技术所取代。

3）获取公司专利技术、非专利技术等权利证书、在有权管理部门的登记文件以及相关协议，了解公司的专利技术、非专利技术有哪些。了解公司和新技术的来源，是属于自主开发、股东投资还是购买或及拥有使用权。调查公司基于上述技术拥有的权限，关注公司是否存在与上述技术相关的重大纠纷，核心技术是否超过法律保护期限。

4）了解公司是否建立了相应的机制保障与主要产品生产相关的非专利技术不被泄露。

5）了解研发机构设置，获取公司目前的研发人员构成、近几年来用于研究开发的支出、研发支出占销售收入的比重等数据。

6）了解公司是否存在与科研院所的合作开发，有哪些机构，合作项目有哪些，以及合作方式、合作项目的进展情况。

7）了解公司研究人员的薪酬情况，包括公司核心技术人员的薪酬水平、公司主要竞争者（国内、外公司）同类技术人员的薪酬水平。了解公司研究人员历年来的流失情况，公司是否实行了包括股权激励在内的其他激励措施。

8）调查公司新产品研究开发周期（从产品开发到进入市场的周期），主要研发项目的进展情况，并对项目的市场需求做出描述。

（三）法律调查

1. 独立性调查

（1）调查目标。

公司与具有实际控制权的法人或其他组织及其关联企业是否做到人员、财务、机构、业务独立以及资产完整。

（2）调查程序。

1）公司的业务是否独立于股东单位及其他关联方。

获取股东单位及其他关联方的营业执照、公司与关联方签订的所有业务协议，检查公司与关联方的业务是否存在上下游关系。

2）公司是否具有独立完整的供应、生产、销售系统。

第一，调查公司的部门设置，检查原材料的采购部门、生产部门、销售部门是否与关联方分开，检查发起人与关联方的采购人员、生产人员、销售人员是否相互独立，有无兼职现象。

第二，检查所有采购、销售或委托加工协议，确认是否存在委托关联方采购、销售或委托加工的情况。

第三，获取公司的采购、销售账户，检查原材料的采购、货物销售是否与关联方账务分离。

3）如供应、生产、销售环节以及商标权等在短期内难以独立，公司与控股股东或其他关联方是否以合同形式明确双方的权利义务关系。

第一，获取公司与控股股东或其他关联方签订的如下协议：综合服务协议、委托加工协议、委托销售协议、商标许可协议、其他业务合作或许可协议。

第二，上述合同是否明确了双方的权利义务。

4）拥有的房产及土地使用权、商标、专利技术、特许经营权等无形资产的情况。

获取产权证书、土地使用证书、商标注册证明、专利证书、特许经营证书等，其所有人、使用者是否合法。

5）公司有无租赁房屋、土地使用权等情况，租赁是否合法有效。

检查有关房屋、土地的所有权证明，有租赁情况的，要对相关租赁协议进行检查。

6）检查主要设备的产权归属。

检查固定资产账户，对其产权归属进行调查，并调查有无抵押发生。

7）是否存在产权纠纷或潜在纠纷。

8）公司对其主要财产的所有权或使用权的行使有无限制，是否存在主要财产被担保或者其他权利受限制的情况。

9）是否存在"两块牌子，一套人马"，混合经营、合署办公的情况。

10）控股股东和政府部门推荐董事和经理人选是否通过合法程序进行，公司董事长是否不由主要股东或控股股东法定代表人兼任，公司经理、副经理、财务负责人、营销负责人、董事会秘书等高级管理人员是否在本单位领取薪酬，是否不在股东单位兼职。

11）公司是否已按有关规定建立和健全了组织机构，是否与控股股东相互独立。

12）公司是否设立了独立的财务会计部门，是否建立了独立的会计核算体系和财务管理制度（包括对子公司、分公司的财务管理制度）。

13）是否不存在控股股东违规占用（包括无偿占用和有偿使用）公司的资金、资产及其他资源的情况，如有，需要说明原因。

14）公司是否独立在银行开户，是否不存在与控股股东共用银行账户的情况。

15）公司是否存在将资金存入控股股东的财务公司或结算中心账户的情况。

16）检查控股股东的财务公司或结算中心账户，检查公司与控股股东的往来账项。

17）获取公司与控股股东的税务登记证，公司是否依法独立纳税。

18）与财务部门有关人员进行沟通，检查公司有关财务决策制度，看公司是否能够独立做出财务决策，是否存在控股股东干预公司资金使用的情况。

2. 同业竞争调查

（1）调查目的。

是否存在同业竞争，是否采取了有效措施避免同业竞争。

（2）调查程序。

1）检查公司与控股股东及其子公司的经营范围是否相同或相近，是否在实际生产经营中存在同业竞争。

2）如存在或可能存在同业竞争，公司是否采取了如下有效措施避免同业竞争：

第一，签署有关避免同业竞争的协议及决议，需审查该协议或决议有无损害公司利益的条款。

第二，调查有无其他有效的避免同业竞争的措施，如：针对存在的同业竞争，通过收购、委托经营等方式，将相竞争的业务纳入到公司的措施；竞争方将业务转让给无关联的第三方的措施；公司放弃与竞争方存在同业竞争业务的措施；竞争方就解决同业竞争，以及今后不再进行同业竞争做出的有法律约束力的书面承诺。

·3）查阅公司的股东协议、公司章程等文件，是否有在股东协议、公司章程等方面做出的避免同业竞争的规定。

3. 关联方及关联交易调查

（1）调查目的。

1）关联交易是否公允，是否损害公司及其他股东的利益。

2）关联交易是否履行了法定批准程序。

（2）调查程序。

1）关联方及其与公司之间的关联关系调查。检查所有关联方，主要包括：公司能够直接或间接地控制的企业、能够直接或间接地控制公司的企业、与公司同受某一企业控制的企业、合营企业、联营企业、主要投资者个人或关键管理人员或与其关系密切的家庭成员、受主要投资者个人或关键管理人员或其关系密切的家庭成员直接控制的其他企业。获取公司的主要采购、销售合同，检查公司的主要采购、销售合同的合同方是否是关联方。

2）调查公司与关联企业是否发生以下行为：购买或销售商品、购买或销售除商品以外的其他资产，提供或接受劳务、代理、租赁、提供资金（包括以现金或实物形式的贷款或权益性资金）、担保和抵押、管理方面的合同、研究与开发项目的转移、许可协议、关键管理人员报酬。

3）检查关联交易的详细内容、数量、金额；调查关联交易是否必要；该关联交易是否对公司能够产生积极影响；关联交易的内容、数量、金额，以及关联交易占同类业务的比重如何。

4）关联交易定价是否公允，是否存在损害公司及其他股东利益的情况，如该交易与第三方进行，其交易价格如何，检查关联价格与市场价格（第三方）的差异及原因。

5）检查关联交易协议条款，审查其内容是否公允合理，有无侵害公司利益的条款。

6）对关联交易的递增或递减做出评价，并分析原因，获取为减少关联交易签订的协议、承诺或措施，检查这些承诺或措施的可行性。

7）公司是否为控股股东及其他关联股东提供担保。

4. 诉讼、仲裁或处罚

（1）调查目标。

1）公司是否存在诉讼、仲裁或行政处罚事项；

2）上述事项对财务状况、经营成果、声誉、业务活动、未来前景的影响。

（2）调查程序。

1）调查是否具有对财务状况、经营成果、声誉、业务活动、未来前景等可能产生较大影响的诉讼或仲裁事项。

2）如果有上述事项，需调查提起诉讼或仲裁的原因，诉讼或仲裁请求，可能出现的处理结果或已生效法律文书的执行情况，并对财务状况、经营成果、声誉、业务活动、未来前景等可能产生的较大影响。

（四）资产调查

1. 调查目标

了解并核实固定资产、在建工程和无形资产。

2. 调查程序

（1）了解固定资产规模、类别，并核实期末价值。

1）取得前3年及最近一个会计期末"固定资产""累计折旧"及"固定资产减值准备"明细表，并与会计报表核对是否相符。

2）调查房屋建筑物的成新度、产权归属。

3）调查机器设备成新度、技术先进性、产权归属。

4）了解有无设置抵押的固定资产，并与了解到的借款抵押进行核对。

5）了解并描述计提折旧的方法，并将本期计提折旧额与《制造费用明细表》中的"折旧"明细项核对是否相符。

6）了解并描述固定资产减值准备计提方法，判断减值准备计提是否充分。

（2）了解在建工程规模，若规模较大，则需要进一步调查在建工程价值、完工程度，判断完工投产后对生产经营的影响。

（3）了解并核实无形资产入账依据及价值的合理性。

1）取得无形资产清单及权属证明。

2）调查每项无形资产来源。

3）判断各项无形资产入账及入账价值的合理性。

（4）关注与生产密切相关的土地使用权、商标权、专利技术等无形资产权利状况。

（五）财务调查

1. 销售环节财务调查

（1）调查目标。

1）了解并核实各期主营业务收入、主营业务成本、主营业务利润的真实性。

2）了解并核实各期期末因销售活动产生的债权债务余额。

（2）调查程序。

1）主营业务收入、主营业务成本、主营业务利润调查。

取得前3年及最近一个会计期间主营业务收入、成本和毛利明细表，并与前3年及最近一个会计期间利润表核对是否相符。

价格调查：取得产品价格目录，了解主要产品目前价格及其前3年价格变动趋势，搜集市场上相同或相似产品价格信息，并与本企业进行比较。

单位成本调查：比较各期之间主要产品单位成本变化幅度，对较大幅度的变动（>10%），应询问原因并证实。

销售数量调查：比较各期之间主要产品销售数量的变动比率，对较大幅度的变动（>10%），应询问原因并证实。

毛利率调查：比较各期之间主要产品毛利率的变动比率，若变动幅度较大（>10%），应询问原因并核实；与行业平均的毛利率进行比较，若发现异常，应询问原因并核实。

主要客户调查：取得前3年主要产品的《主要客户统计表》，了解主要客户，检查主要客户中是否有关联方，对异常客户进一步详细调查。

2）应收票据、应收账款、坏账准备、预收账款调查。

取得前3年及最近一个会计期末"应收票据""应收账款""坏账准备""预收账款"余额明细表，检查大额应收票据、预收款项、应收账款的客户是否为主要客户明细表中的主要客户；若不是公司的主要客户，询问原因。

结合销售结算方式，判断各客户账龄是否正常，对异常情况，查明原因；对长期挂账款项，判断可回收性。

了解前 3 年坏账准备计提方法是否发生变化，并了解变化的原因；结合账龄分析，判断坏账准备计提是否充分。

计算应收账款周转率，与同行业进行比较，出现异常情况，需进一步调查原因。

3）销售费用调查。

计算各期之间销售费用变化比率，结合销售收入的变动幅度，分析销售费用变动幅度是否正常，对异常情况，应询问原因并证实。

2. 采购与生产环节财务调查

（1）调查目标。

1）了解企业生产能力利用率、产销比率。

2）了解并核实各期期末存货价值。

3）了解并核实各期期末采购活动产生债权债务的余额。

4）了解并核实各期期末应付工资及福利费。

（2）调查程序。

1）了解前 3 年及最近一个会计期间主要产品生产能力利用率、产销比率，初步判断生产经营情况是否正常。

取得前 3 年及最近一个会计期间主要产品的生产能力、产量、销量统计表。

结合产量，判断生产设备利用情况及产成品库存，计算产销比率。

2）了解并核实各期期末存货价值，为核实年销售总成本提供依据。

3）了解并核实各期期末采购活动产生债权债务的余额。抽查因采购原材料而发生的大额债权债务的对应方是否是本公司的主要客户，若不是，应抽查采购合同，了解业务发生的原因，判断是否正常。对其他大额长期挂账款项，要查明原因。

4）了解并核实各期期末应付职工薪酬。

5）分析前 3 年及最近一个会计期末资产负债表中"长期待摊费用""待处理财产损益"金额是否异常，若为异常，进一步核实。

3. 投资环节财务调查

（1）调查目标。

1）了解并核实各会计期末长期投资余额、减值准备。

2）了解并核实各会计期间投资收益的真实性。

（2）调查程序。

取得前 3 年及最近一个会计期间长期股权投资、减值准备及投资收益明细表，关注大额及异常投资收益；对现金分得的红利，关注是否收现，有无挂账情况。

4. 融资环节财务调查

（1）调查目标。

1）了解债务融资的规模、结构。

2）了解权益融资。

（2）调查程序。

1）取得前 3 年及最近一个会计期间短期及长期借款增减变动及余额表，并与会计报表核对是否相符。

2）取得前3年及最近一个会计期间应付债券明细表，并与会计报表核对是否相符。

3）取得财务费用明细表，以贷款合同规定的利率进行复核。

4）取得前3年及最近一个会计期间长期应付款及专项应付款明细表，与会计报表核对是否相符。

5）取得前3年及最近一个会计期间所有者权益增减变动及余额表，与各年增资、配股情况和各年利润分配方案相核对。

5. 税务调查

（1）调查目标。

1）调查公司执行的税种和税率。

2）调查公司执行的税收及财政补贴优惠政策是否合法、真实、有效。

3）调查公司是否依法纳税。

（2）调查程序。

1）查阅各种税法、公司的营业执照、税务登记证等文件，或与公司财务部门人员访谈，调查公司及其控股子公司所执行的税种（包括各种税收附加费）、税基、税率，调查其执行的税种、税率是否符合现行法律、法规的要求。

2）调查公司是否经营进口、出口业务，查阅关税等法规，调查公司所适用的关税、增值税以及其他税种的税率。

3）如果公司享有增值税的减、免，查阅财政部、国家税务总局法规或文件，调查该项法规或文件是否由有权部门发布，调查公司提供的产品（服务）的税收优惠是否合法、合规、真实、有效，该项税收优惠的优惠期有多长。

4）如果公司享有所得税减、免的优惠政策或其他各种形式的财政补贴，查阅有权部门的法规或文件，调查该政策是否合法、合规、真实、有效，该项税收优惠的优惠期有多长。

5）获取公司最近几个会计年度享受的税务优惠、退回的具体金额，依据相关文件，判断其属于经常性损益，还是非经常性损益，测算其对公司各期净利润的影响程度。

6）查阅公司最近3年的增值税、所得税以及其他适用的税种及附加费的纳税申报表、税收缴款书等文件，调查公司最近3年是否依法纳税。

7）获取公司所处管辖区内的国家税务局、地方税务局以及直属的税收分局征收处的证明，调查公司是否存在偷、漏税情形，是否存在被税务部门处罚的情形，是否拖欠税金。

8）如果公司企业组织形式发生变化，如外资企业转变为内资企业，是否补足了以前减免的税款。

6. 或有事项调查

（1）调查目标。

1）调查或有事项的具体情况。

2）判断上述事项对公司财务状况、经营成果、声誉、业务活动、未来前景等可能产生的影响。

（2）调查程序。

1）调查公司因诉讼或仲裁情况可能引起的或有负债，引证诉讼专题。

2）如果企业对售后商品提供担保，参照历史情况，估量顾客提出诉求的可能性。

3）公司为其他单位的债务提供担保，调查提供担保的债务数额，是否承担连带责任，是否采取反担保措施，估算可能发生或有负债金额，确认公司是否以公司资产为本公司的股东、股东的控股子公司、股东的附属企业或者个人债务提供担保。

4）环境保护的或有负债。

查阅公司有关环保方面的批文，明确是否达到环境保护的相关标准。

调查公司是否有污染环境的情况发生。

测算出公司可能发生的治理费用数额或者可能支付的罚金数额。

（六）发展规划与财务预测调查

1. 公司发展规划调查

（1）调查目标。

调查企业未来几年的发展规划。

（2）调查程序。

1）取得企业所提供的商业计划书，或直接要求拟投资企业提供未来 3 ~ 5 年公司的发展规划，获知企业未来几年的发展目标、发展方向、发展重点、发展措施。

2）取得企业计划投资项目的可行性研究报告，评估报告的可行性。

2. 公司财务预测调查

（1）调查目标。

调查企业在未来几年的发展目标、发展规模、发展速度、发展的可能。

（2）调查程序。

1）取得企业所提供的商业计划书，或直接要求拟投资企业提供未来 3 ~ 5 年公司的财务预测表，获知企业未来几年的财务发展目标、发展规模、发展速度。

2）以销售为起点，核实企业所提供的各项预测指标制定的依据。

3）根据企业所处的外部环境，调查企业各项指标实现的可能性。

4）根据企业的经营管理水平与生产经营的其他条件，判断企业各项指标实现的可能性。

第四节　PE 投资尽职调查

一、PE 投资概述

私募股权投资（Private Equity，PE）从投资方式角度看，是指通过私募形式对私有企业，即非上市企业进行的权益性投资，在交易实施过程中附带考虑了将来的退出机制，即通过上市、并购或管理层回购等方式，出售持股获利。

在交易实施过程中，PE 会附带考虑将来的退出机制，即通过公司首次公开发行股票（IPO）、兼并与收购（M&A）或管理层回购（MBO）等方式退出获利。简单地讲，PE 投资就是 PE 投资者寻找优秀的高成长性的未上市公司，注资其中，获得其一定比例的股份，推动公司发展、上市，此后通过转让股权获利。

PE 投资的特点为对非上市公司的股权投资，因流动性差被视为长期投资，所以投资者会要求高于公开市场的回报；没有上市交易，所以就没有现成的市场供非上市公司的股权出让方与购买方直接达成交易。

PE 投资通常以基金方式作为资金募集的载体，由专业的基金管理公司运作，如凯雷集团、KKR、黑石集团和红杉资本等国际知名投资机构就是 PE 投资基金的管理公司，旗下都运行着多只 PE 投资基金。PE 投资包括 Pre‒IPO 投资，Pre‒IPO 基金的投资具有风险小、回收快的优点，并且在企业股票受到投资者追崇的情况下，可以获得较高的投资回报。

二、PE 投资尽职调查特殊关注

PE 投资最佳的退出机制就是拟投资企业成功实现上市，这个阶段的投资不仅要关注普通企业尽职调查所要关注的问题，更有其特殊性，例如持续的盈利能力、关联交易、企业合并过往等，都不同于其他类型的对外投资尽职调查。

（一）持续盈利能力

如果一个项目 3 年内要上市，投前尽职调查关注其是否有上市的硬伤或者可能造成上市推迟的问题。PE 投资非常看重盈利能力和成长性，如果公司 3 年一期（主板、中小板）或两年一期（创业板）的财务报表显示其盈利高且呈稳步上升趋势，则可忽略一些较小的问题。

（二）关联交易

证监会关注公司过往的关联交易是否必要、公允，程序是否规范，关联交易发生频率是否呈递减的趋势。关联交易并非 IPO 前可突击解决的问题，须详细核查，识别所有的关联方，判断是否和关联方有过交易。对于民营企业，尤其要注意隐藏的关联关系。

（三）同业竞争

不仅要关注控股股东、实际控制人和公司的同业竞争，对于持股 5% 以上或对公司有重大影响的股东，都要看是否和公司有业务趋同状况，一般都需要出具不竞争承诺函。目前证监会很难接受"同业但不竞争"的解释。若有竞争，解决方法是转让股份或收购。

（四）外资企业

外商投资企业可以在中国上市，但如有境外母公司从事相关业务，可能存在潜在的同业竞争及独立性问题，从而给上市造成障碍。目前成功在国内上市的外资企业以台资和港资企业居多。

（五）企业合并

如果拟投资企业在上市前有收购计划，投资人要重点关注该收购计划是否会对公司上市进程造成影响。非同一控制下的合并与同一控制下的合并会因收购标的占公司特定财务指标的不同比例导致对上市时点安排产生不同的影响。

（六）国资程序

如果公司有部分资产是从国企收购的，但未充分履行国资程序，可要求补办相关国资流程，补足评估价格和当时交易价格之间的差价，并请国资主管部门确认没有国有资产流失，以确认不产生被追责的风险。否则考虑剥离这部分资产。

（七）上市公司出售

如果拟投资企业曾经从上市公司购买过资产，要核查交易是否经过上市公司董事会/股东大会的批准，是否构成关联交易；如是，关联方是否回避。另外，还需要关注拟投资企业是否系上市公司近期募资所得投入的资产，是否可以再次上市。

（八）上市前应规范事宜

可在上市前予以规范整改的问题，包括治理结构、代持、出资瑕疵、土地使用手续合规性、税收优惠的可持续性、股东和董监高资格等，亦需关注，但不作为阻碍上市的重大问题。

三、PE 投资尽职调查主要内容

PE 投资尽职调查主要内容大范围上基于 VC 投资尽职调查的主要内容，尽职调查也是为了帮助企业对拟投资企业加深了解，减少信息不对称带来的弊端，合理有效地防范投资风险，以实现企业价值最大化的目标。而 PE 投资的尽职调查相对于 VC 投资尽职调查目标性更为明确，大多以上市为标准对拟投资企业进行评估分析，下面针对 PE 投资尽职调查主要内容有选择性地介绍，不再赘述之前 VC 投资中反复提及的内容：

（一）公司基本情况

公司基本情况包括以下几方面：公司基本资料、历史沿革、公司控股股东与其他主要股东或实质控制人的基本情况、公司架构、公司组织机构设置、员工情况。

（二）公司财务状况

1. 公司最近两年经审计财务报告（如有）或财务报表

2. 公司重要资产情况

包括土地、房屋、设备（含车辆）等。

（1）公司开户银行、银行账号、税务登记号等；

（2）公司所有的房屋产权证明；

（3）公司所有的土地使用权证明；

（4）公司所有的其他形态资产所有权证明。

3. 公司借款以及对外提供的抵押、担保情况

（1）公司为其他企业、事业单位的债务提供保证的情况。如有，请提供保证合同。

（2）公司借款与银行间关于销售的信贷安排等。如有，请提供相关协议。

4. 重大合同

公司正在履行或即将履行的标的金额人民币 500 万元以上的重大合同。

5. 税务情况

（1）公司需要缴纳的税种和费用的资料，依法应缴纳的税种名称、税率等，包括但不限于营业税、增值税、所得税等。

（2）公司税务登记证明、公司历年完税证明和最近两年实际纳税情况说明。

（3）公司享受的税收优惠及税务部门的批准文件。

（4）公司最近 3 年是否受到税务部门处罚。如有，请说明并提供处罚凭证。

（三）公司近 3 年重组和产权界定情况

（1）重组过程及重组方案；

（2）相应审计报告、评估报告；

（3）法律意见书，相关的董事会、股东会决议文件；

（4）股权、产权交割凭证；

（5）政府相关批复。

（四）公司高级管理人员与核心技术人员

高级管理人员与核心技术人员简历与基本情况：

（1）高级管理人员是指：董事、监事及总经理、副总经理、财务负责人、技术负责人和董事会秘书等；

（2）上述人员的基本情况：包括姓名、性别、国籍和是否有在境外的永久居留权，年龄、学历、职称、曾经担任的重要职务及任期，主要工作经历及在企业的现任职务和兼任其他单位的职务，核心技术人员的主要成果及获得的奖项；

（3）董事长、监事会主席及总经理、技术负责人在最近 24 个月内变动的经过及原因。

（五）诉讼及行政处罚

（1）公司过去 3 年中，所发生的诉讼、仲裁或其他法律程序、行政法规，以及它们的结果和对公司经营状况的影响。

（2）公司所涉及的现有或经合理预期可能产生的诉讼、仲裁、行政处罚或其他纠纷的情况。

（六）拟投资企业本轮融资及上市计划调查

1. 与本轮融资有关事项调查

拟投资企业与本轮融资有关事项调查，其目标是获知拟投资企业所提出来的与本轮融资有关的事项。通过拟投资企业所提供的商业计划书或与公司领导人交流，获知与本轮融资有关的如下信息：

（1）本轮的融资是股份转让，还是增资扩股，抑或二者兼而有之。

（2）企业价值的估计、本轮融资的金额、所占的投资比例。

（3）拟引入的投资者的数量，对投资者的具体要求；目前已接触过的、有倾向性的投资者。

（4）募投项目及资金的具体用途。

（5）本轮融资时间计划。

（6）融资后的管理制度安排及人事安排。

（7）信息披露的程度及具体措施。

（8）拟投资企业能够接受的对赌协议的内容。

（9）是否有管理层或核心技术人员的股权激励计划及具体内容。

2. 未来上市计划调查

未来上市计划调查的调查目标，是获知拟投资企业的上市计划及已做的工作。通过拟投资企业所提供的商业计划书，或与公司领导人交流，获知如下与上市有关的情况：

（1）上市的时间进度计划。

（2）上市地点的选择及理由。

（3）已经接触的、有倾向性的中介机构，是否与其签订意向书或协议，是否已经支付部分款项。

（七）其他资料

其他资料包括以下内容：公司规章和管理制度；公司自成立以来历次股东大会、董事会、监事会决议；公司历年来取得的各种荣誉、称号及其依据；公司的对外宣传资料；其他中介机构出具的相关分析报告等。

第五节　投资类尽职调查报告的解释

以下主要根据尽职调查报告，对部分尽职调查条目进行解释。

一、拟投资企业基本情况

（一）改制与设立情况

详细说明拟投资企业在改制时业务、资产、债务、人员等重组情况，分析判断是否符合法律、法规，是否符合证券监管、国有资产管理、税收管理、劳动保障等相关规定。

说明改制完成后，原企业或主要发起人的资产构成和业务构成情况，改制前原企业的业务流程、改制后拟投资企业的业务流程，以及原企业和拟投资企业业务流程间的联系。

对拟投资企业成立以来，在生产经营方面与主要发起人的关联关系及演变情况进行说明，并分析判断拟投资企业改制是否清晰、彻底，是否已将与拟投资企业业务有关的生产经营性资产及辅助设施全部投入股份公司，是否保证了拟投资企业供应系统、生产系统、销售系统等方面的独立性和完整性，以及与原企业或主要发起人在法律关系、产权关系、业务关系（如现实的或潜在的关联交易和同业竞争等）、管理关系（如托管等）等方面是否存在重大瑕疵。

通过对拟投资企业设立时的政府批准文件、营业执照、公司章程、发起人协议、创立大会文件、评估报告、审计报告、验资报告、工商登记文件等资料进行分析，核查拟投资企业的设立程序、工商注册登记的合法性、真实性。

（二）历史沿革情况

通过查阅拟投资企业历年营业执照、公司章程、工商登记等文件，以及历年业务经营情况记录、年度检验、年度财务报告等资料，详细说明拟投资企业的历史沿革情况。

（三）发起人、股东的出资情况

重点核查发起人人数、住所、出资比例等是否符合法律、法规和其他有关规定；核查自然人发起人直接持股和间接持股的有关情况，关注其在拟投资企业的任职情况及其亲属在拟投资企业的投资、任职情况；核查发起人是否合法拥有出资资产的产权，资产权属是否存在纠纷或潜在纠纷，以及有关发起人投入资产的计量属性；核查发起人股份转让情况。

调查拟投资企业股东的出资是否及时到位、出资方式是否合法，是否存在出资不实、虚假出资、抽逃资金等情况；核查股东出资资产（包括房屋、土地、车辆、商标、专利等）的产权过户情况。另外，对以实物、知识产权、土地使用权等非现金资产出资的，应查阅资产评估报告，分析资产评估结果的合理性；对以高新技术成果出资入股的，应提供相关管理部门出具的高新技术成果认定书。

（四）重大股权变动情况

核查拟投资企业历次增资、减资、股东变动的合法、合规性，核查拟投资企业股本总额、股东结构和实际控制人是否发生重大变动。

（五）重大重组情况

若拟投资企业设立后发生过合并、分立、收购或出售资产、资产置换、重大增资或减资、债务重组等重大重组事项的，详细说明拟投资企业重组动机、内容、程序和完成情况，分析重组行为对拟投资企业业务、控制权、高管人员、财务状况和经营业绩等方面的影响，判断重组行为是否导致拟投资企业主营业务和经营性资产发生实质变更。

（六）主要股东情况

说明主要股东的主营业务、股权结构、生产经营等情况；主要股东之间关联关系或一致行动情况及相关协议；主要股东所持拟投资企业股份的质押、冻结和其他限制权利的情况；控股股东和受控股股东、实际控制人支配的股东持有的拟投资企业股份重大权属纠纷情况；主要股东和实际控制人最近3年内变化情况或未来潜在变动情况。

核实主要股东是否存在影响拟投资企业正常经营管理、侵害拟投资企业及其他股东的利益、违反相关法律法规等情形。

（七）员工情况

调查拟投资企业员工的年龄、教育、专业等结构分布情况及近年来的变化情况，分析其变化的趋势；了解拟投资企业员工的工作面貌、工作热情和工作的满意程度；调查拟投资企业在执行国家用工制度、劳动保护制度、社会保障制度、住房制度和医疗保障制度等方面是否存在违法、违规情况。

（八）独立情况

分析拟投资企业是否具有完整的业务流程，独立的生产经营场所以及独立的采购、销售系统，调查分析其对产供销系统和下属公司的控制情况；计算拟投资企业关联采购额和关联销售额分别占其同期采购总额和销售总额的比例，分析是否存在影响拟投资企业独立性的重大或频繁的关联交易，判断其业务独立性。

调查拟投资企业是否具备完整、合法的财产权属凭证以及是否实际占有；调查商标权、专利权、版权、特许经营权等的权利期限情况，核查这些资产是否存在法律纠纷或潜在纠纷；调查金额较大、期限较长的其他应收款、其他应付款、预收及预付账款产生的原因及交易记录、资金流向等，调查拟投资企业是否存在资产被控股股东或实际控制人及其关联方控制和占用的情况，判断其资产独立性。

调查拟投资企业高管人员是否在控股股东、实际控制人及其控制的其他企业中担任除董事、监事以外的其他职务，拟投资企业财务人员是否在控股股东、实际控制人及其控制的其他企业中兼职，高管人员是否在拟投资企业领取薪酬，是否在控股股东、实际控制人及其控制的其他企业领取薪酬；调查拟投资企业员工的劳动、人事、工资报酬以及相应的社会保障是否独立管理，判断其人员独立性。

调查拟投资企业是否设立独立的财务会计部门、建立独立的会计核算体系，是否具有规范的财务会计制度和对分公司、子公司的财务管理制度，是否独立进行财务决策、独立在银行开户以及独立纳税等，判断其财务独立性。

调查拟投资企业的机构是否与控股股东或实际控制人完全分开且独立运作，是否存在混合经营、合署办公的情形，是否完全拥有机构设置自主权等，判断其机构独立性。

（九）内部职工股等情况

如果拟投资企业发行过内部职工股，调查内部职工股的托管、转让情况；调查内部职工股发行过程中的违法违规情况，包括超范围、超比例发行，通过增发、配股、国家股和法人股转配等形式变相增加内部职工股，内部职工股转让和交易中的违法违规，法人股个人化等情况；调查内部职工股是否存在潜在问题和风险隐患，拟投资企业或相关主体是否采取解决措施或明确责任主体。

调查拟投资企业是否存在工会持股、职工持股会持股、信托持股或股东数量超过200人的情况，取得相关股份形成及演变的法律文件；上述股份进行过清理的，取得相关的协议文件、决策文件、价款支付凭证等，调查是否存在潜在问题和风险隐患，是否已明确有关责任承担主体。

（十）商业信用情况

调查拟投资企业是否按期缴纳相关税、费及合同履约情况，关注拟投资企业是否存在重大违法、违规或不诚信行为，评价拟投资企业的商业信用。

二、业务与技术

（一）行业情况及竞争状况

根据拟投资企业的主营业务，确定拟投资企业所属行业。通过收集行业主管部门制定的发展规划、行业管理方面的法律法规及规范性文件，了解行业监管体制和政策趋势。

了解拟投资企业所属行业的市场环境、市场容量、市场细分、市场化程度、进入壁垒、供求状况、竞争状况、行业利润水平和未来变动情况，判断行业的发展前景及行业发展的有利和不利因素，了解行业内主要企业及其市场份额情况，调查竞争对手情况，分析拟投资企业在行业中所处的竞争地位及变动情况。

调查拟投资企业所处行业的技术水平及技术特点，分析行业的周期性、区域性或季节性特征。了解拟投资企业所属行业特有的经营模式，调查行业企业采用的主要商业模式、销售模式、盈利模式；对照拟投资企业所采用的模式，判断其主要风险及对未来的影响；对报告期内已经或未来将发生经营模式转型的，应予以重点核查。

分析该行业在产品价值链的作用，通过对该行业与其上下游行业的关联度、上下游行业的发展前景、产品用途的广度、产品替代趋势等进行分析论证，分析上下游行业变动及变动趋势对拟投资企业所处行业的有利和不利影响。根据财务资料，分析拟投资企业出口业务情况，如果出口比例较大，调查相关产品进口国的有关进口政策、贸易摩擦对产品进口的影响，以及进口国同类产品的竞争格局等情况，分析出口市场变动对拟投资企业的影响。

（二）采购情况

调查拟投资企业主要原材料、重要辅助材料、所需能源动力的市场供求状况，定量分析主要原材料、所需能源动力价格变动、可替代性、供应渠道变化等因素对拟投资企业生产成本的影响，判断其采购是否受到资源或其他因素的限制。

对拟投资企业主要供应商进行分析，判断是否存在严重依赖个别供应商的情况，如果存在，是否对重要原材料的供应做出备选安排；取得拟投资企业同前述供应商的长期供货合同，分析交易条款，判断拟投资企业原材料供应及价格的稳定性。

调查拟投资企业采购部门与生产计划部门的衔接情况、原材料的安全储备量情况，关注是否存在严重的原材料缺货风险。计算最近几期原材料类存货的周转天数，判断是否存在原材料积压风险，实地调查是否存在残次、冷背、呆滞的原材料。

调查拟投资企业的存货管理制度及其实施情况，包括但不限于存货入库前是否经过验收、存货的保存是否安全以及是否建立存货短缺、毁损的处罚或追索等制度。

调查拟投资企业高管人员、核心技术人员、主要关联方或持有拟投资企业 5% 以上股份的股东在主要供应商中所占的权益情况，是否发生关联采购。如果存在影响成本的重大关联采购，抽查不同时点的关联交易合同，分析不同时点的关联采购价格与当时同类原材料市场公允价格是否存在异常，判断关联采购的定价是否合理，是否存在大股东与拟投资企业之间的利润输送或资金转移情况。

（三）生产情况

取得拟投资企业生产流程资料，结合生产核心技术或关键生产环节，分析评价拟投资企业生产工艺、技术在行业中的领先程度。另外，对拟投资企业主要产品的设计生产能力和历年产量有关资料进行比较，分析拟投资企业各生产环节是否存在瓶颈制约。

核查拟投资企业主要设备、房产等资产的成新率和剩余使用年限，在拟投资企业及其下属公司的分布情况；关注是否存在闲置资产，是否对闲置资产做出安排；涉及租赁的，应取得租赁合同，分析相关条款和实际执行情况；涉及关联方租赁的，应分析租赁的必要性、合理性和租赁价格的公允性。调查拟投资企业是否存在设备抵押贷款的情形，如有，查阅借款合同的条款及还款情况，分析预期债务是否会对拟投资企业的生产保障构成影响。取得拟投资企业关键设备、厂房等重要资产的保险合同或其他保障协定，判断拟投资企业对重要财产是否采取了必要的保障措施。

取得拟投资企业专利、非专利技术、土地使用权、水面养殖权、探矿权、采矿权等主要无形资产的明细资料，分析其剩余使用期限或保护期情况，关注其对拟投资企业生产经营的重大影响。取得拟投资企业许可或被许可使用资产的合同文件，关注许可使用的具体资产内容、许可方式、许可年限、许可使用费，分析未来对拟投资企业生产经营可能造成的影响；调查上述许可合同中，拟投资企业所有或使用的资产存在纠纷或潜在纠纷的情况。取得拟投资企业拥有的特许经营权的法律文件，分析特许经营权的取得、期限、费用标准等，关注对拟投资企业持续生产经营的影响。

调查拟投资企业是否在境外进行生产经营，取得其境外拥有资产的详细资料，并分析其境外的生产规模、盈利状况、主要风险等。

查阅拟投资企业历年产品（服务）成本计算单，计算主要产品（服务）的毛利率、贡献毛利占当期主营业务利润的比重指标，与同类公司的数据比较，分析拟投资企业较同行业公司在成本方面的竞争优势或劣势；根据拟投资企业报告期上述数据，分析拟投资企业主要产品的盈利能力，分析单位成本中直接材料、直接人工、燃料及动力、制造费用等成本要素的变动情况，计算拟投资企业产品的主要原材料、动力、燃料的比重，存在单一原材料所占比重较大情况的，分析其价格的变动趋势，并分析评价可能给拟投资企业销售和利润所带来的重要影响。

了解拟投资企业质量管理的组织设置、质量控制制度及实施情况。获取质量技术监督部门文件，调查拟投资企业产品（服务）是否符合行业标准，报告期是否因产品质量问题受过质量技术监督部门的处罚。

调查拟投资企业是否存在重大安全隐患、是否采取保障安全生产的措施，调查拟投资企业成立以来是否发生过重大的安全事故以及受到处罚的情况，分析评价安全事故对拟投资企业生产经营、经营业绩可能产生的影响。

调查拟投资企业的生产工艺是否符合环境保护相关法规，调查拟投资企业历年来在环境保护方面的投入及未来可能的投入情况，现场观察"三废"的排放情况，核查有无污染处理设施及其实际运行情况。走访周围居民，并征求环境保护管理部门的意见，调查是否存在受到处罚的情况。

（四）销售情况

结合拟投资企业的行业属性和企业规模等情况，了解拟投资企业的销售模式，分析其采用该种模式的原因和可能引致的风险；查阅拟投资企业产品的注册商标，了解其市场认知度和信誉度，评价产品的品牌优势。了解市场上是否存在假冒伪劣产品，如有，调查拟投资企业的打假力度和维权措施实施情况。

调查拟投资企业产品（服务）的市场定位、客户的市场需求状况，是否有稳定的客户基础等。搜集拟投资企业主要产品市场的地域分布和市场占有率资料，结合行业排名、竞争对手等情况，对拟投资企业主要产品的行业地位进行分析。搜集行业产品定价普遍策略和行业龙头企业的产品定价策略，了解拟投资企业主要产品的定价策略，评价其产品定价策略合理性；调查报告期内拟投资企业产品销售价格的变动情况。获取或编制拟投资企业报告期内按区域分布的销售记录，调查拟投资企业产品（服务）的销售区域，分析拟投资企业销售区域局限化现象是否明显，产品的销售是否受到地方保护主义的影响。

获取或编制拟投资企业报告期对主要客户（至少前10名）的销售额占年度销售总额的比例及回款情况，是否过分依赖某一客户（属于同一实际控制人的销售客户，应合并计算销售额）；分析其主要客户的回款情况，是否存在以实物抵债的现象。对于大客户，需追查销货合同、销货发票、产品出库单、银行进账单，或用函证的方法确定销售业务发生的真实性；与前述客户存在长期合同的，应取得相关合同，分析长期合同的交易条款及对拟投资企业销售的影响。如果存在会计期末销售收入异常增长的情况，需追查相关收入确认凭证，判断是否属于虚开发票、虚增收入的情形。

获取拟投资企业最近几年产品返修率、客户诉讼和产品质量纠纷等方面的资料，调查拟投资企业销售维护和售后服务体系的建立及其实际运行情况，分析客户诉讼和产品质量纠纷对未来销售的影响及销售方面可能存在的或有负债。查阅销售合同、销售部门对销售退回的处理意见等资料，核查是否存在大额异常的销售退回，判断销售退回的真实性。对产品大量出口的，应函证或走访海关等相关机构，调查其销售方式、销售途径和客户回款情况，确认销售的真实性，判断收入确认标准的合理性。

调查主营业务收入、其他业务收入中是否存在重大的关联销售，关注高管人员和核心技术人员、主要关联方或持有拟投资企业5%以上股份的股东在主要客户中所占的权益；抽查不同时点的关联销售合同，分析不同时点销售价格的变动，并与同类产品当时市场公允价格比较；调查上述关联销售合同中，产品最终实现销售的情况。如果存在异常，分析其对收入的影响，分析关联销售定价是否合理，以及是否存在大股东与拟投资企业之间的利润输送或资金转移现象。

（五）核心技术人员、技术与研发情况

调查拟投资企业的研发模式和研发系统的设置和运行情况，分析是否存在良好的技术创新机制，是否能够满足拟投资企业未来发展的需要。调查拟投资企业拥有的专利、非专利技术、技术许可协议、技术合作协议等，分析拟投资企业主要产品的核心技术，考察其技术水平、技术成熟程度、同行业技术发展水平及技术进步情况；分析拟投资企业主要产品生产技术所处的阶段（如基础研究、中试、小批量生产或大批量生产阶段）；核查核心技术的取得方式及使用情况，判断是否存在纠纷或潜在纠纷及侵犯他人知识产权的情形。调查专利技术和非专利技术许可方式、允许使用期限及到期的处理方法，考察主要产品的技术含量和可替代性；对于专利技术，应关注专利的有效期及到期后对拟投资企业的影响，并核查侵权情况及拟投资企业具体的保护措施与效果；对于非专利技术，应取得拟投资企业相关保密制度及其与核心技术人员签订的保密协议等，调查拟投资企业具体的技术保护措施和实际的保护状况；对于拟投资企业未来经营存在重大影响的关键技术，应当予以特别关注和专项调查。

调查拟投资企业对关键技术人员是否实施了有效约束和激励，是否有效避免了关键技术人才的流失和技术秘密的外泄。取得拟投资企业主要的研发成果、在研项目、研发目标等资料，调查拟投资企业历年研发费用占拟投资企业主营业务收入的比重、自主知识产权的数量与质量、技术储备等情况，对拟投资企业的研发能力进行分析。与其他单位合作研发的，取得合作协议等相关资料，分析合作研发的成果分配、保密措施等问题。

三、同业竞争与关联交易

（一）同业竞争情况

分析拟投资企业、控股股东或实际控制人及其控制的企业的财务报告及主营业务构成等相关数据，调查拟投资企业控股股东或实际控制人及其控制的企业实际业务范围、业务性质、客户对象、与拟投资企业产品的可替代性等情况，判断是否构成同业竞争，并核查拟投资企业控股股东或实际控制人是否对避免同业竞争做出承诺以及承诺的履行情况。

（二）关联方及关联交易情况

确认拟投资企业的关联方及关联方关系，调查拟投资企业高管人员及核心技术人员是否在关联方单位任职、领取薪酬，是否存在由关联方单位直接或间接委派等情况。

调查拟投资企业关联交易的以下内容（包括但不限于）：

（1）是否符合相关法律法规的规定。

（2）取得与关联交易相关的会议资料，判断是否按照公司章程或其他规定履行了必要的批准程序。

（3）定价依据是否充分，定价是否公允，与市场交易价格或独立第三方价格是否有较大差异及其原因，是否存在明显属于单方获利性交易。

（4）向关联方销售产生的收入占拟投资企业主营业务收入的比例、向关联方采购额占拟投资企业采购总额的比例，分析是否达到了影响拟投资企业经营独立性的程度。

（5）计算关联方的应收、应付款项余额分别占拟投资企业应收、应付款项余额的比例，关注关联交易的真实性和关联方应收款项的可收回性。

（6）关联交易产生的利润占拟投资企业利润总额的比例是否较高，是否对拟投资企业业绩的稳定性产生影响。

（7）调查关联交易合同条款的履行情况，以及有无大额销售退回情况及其对拟投资企业财务状况的影响。

（8）是否存在关联交易非关联化的情况。对于缺乏明显商业理由的交易，实质与形式明显不符合的交易，交易价格、条件、形式等明显异常或显失公允的交易，与曾经的关联方持续发生的交易，与非正常业务关系单位或个人发生的偶发性或重大交易等，应当予以重点关注，分析是否为虚构的交易、是否实质上是关联交易，调查交易背后是否还有其他安排。

（9）分析关联交易的偶发性和经常性。对于购销商品、提供劳务等经常性关联交易，分析增减变化的原因及是否仍将持续进行，关注关联交易合同重要条款是否明确且具有可操作性以及是否切实得到履行；对于偶发性关联交易，分析对当期经营成果和主营业务的影响，关注交易价格、交易目的和实质，评价交易对拟投资企业独立经营能力的影响。

（10）参照财政部关于关联交易会计处理的相关规定，核查拟投资企业主要关联交易的会计处理是否符合规定。

四、高管人员

（一）高管人员的任职情况及任职资格

了解高管人员的任职情况，核查相关高管人员的任职是否符合法律、法规规定的任职资格，聘任是否符合公司章程规定的任免程序和内部人事聘用制度；调查高管人员相互之间是否存在亲属关系。对于高管人员任职资格需经监管部门核准或备案的，应获得相关批准或备案文件。

（二）高管人员的经历及行为操守

调查了解高管人员的教育经历、专业资历以及是否存在违法、违规行为或不诚信行为，是否存在受到处罚和对曾任职的破产企业负个人责任的情况。

取得拟投资企业与高管人员所签订的协议或承诺文件，关注高管人员做出的重要承诺，以及有关协议或承诺的履行情况。

（三）高管人员的胜任能力和勤勉尽责

了解拟投资企业高管人员曾担任高管人员的其他公司的规范运作情况以及该公司经营情况，分析高管人员管理公司的能力。了解拟投资企业员工对高管人员的评价，拟投资企业高管人员是否团结，关键管理人员之间是否存在重大分歧和矛盾，是否会对拟投资企业经营产生现实或潜在的重大影响。了解每名高管人员尤其是每名董事投入拟投资企业业务的时间，分析高管人员是否有足够时间和精力勤勉尽责地管理公司。了解高管人员的胜任能力和勤勉尽责情况。

（四）高管人员的薪酬及兼职情况

调查拟投资企业为高管人员制定的薪酬方案、股权激励方案，调查高管人员在拟投资企业内部或外部的兼职情况，分析高管人员兼职情况是否会对其工作效率、质量产生影响。关注高管人员最近一年从拟投资企业及其关联企业领取收入的情况，以及所享受的其他待遇、退休金计划等。

（五）报告期内高管人员变动

了解报告期内高管人员的变动情况，内容包括但不限于变动经过、变动原因、是否符合公司章程规定的任免程序和内部人事聘用制度、程序，控股股东或实际控制人推荐高管人选是否通过合法程序，是否存在控股股东或实际控制人干预拟投资企业董事会和股东大会已经做出的人事任免决定的情况等。

（六）高管人员持股及其他对外投资情况

取得高管人员的声明文件，调查高管人员及其近亲属以任何方式直接或间接持有拟投资企业股份的情况，近3年所持股份的增减变动以及所持股份的质押或冻结情况。

调查高管人员的其他对外投资情况，包括持股对象、持股数量、持股比例以及有关承诺和协议；核查高管人员及其直系亲属是否存在自营或为他人经营与拟投资企业同类业务的情况，是否存在与公司利益发生冲突的对外投资，是否存在重大债务负担。

五、组织结构与内部控制

（一）公司章程及其规范运行情况

调查公司章程是否符合《公司法》《证券法》及中国证监会和交易所的有关规定。关注董事会授权情况是否符合规定。调查公司章程历次修改情况、修改原因、每次修改是否经过法定程序、是否进行了工商变更登记。

了解拟投资企业3年内是否存在违法违规行为，若存在违法违规行为，应详细核查违规事实及受到处罚的情况；若不存在违法违规行为，应取得拟投资企业明确的书面声明。

（二）组织结构和"三会"运作情况

了解拟投资企业的内部组织结构，考察总部与分（子）公司、董事会、专门委员会、总部职能部门与分（子）公司内部控制决策的形式、层次、实施和反馈的情况，分析评价拟投资企业组织运作的有效性；调查各机构之间的管理、分工、协作和信息沟通关系，分析其设计的必要性、合理性和运行的有效性。根据公司章程，结合拟投资企业组织结构，核查拟投资企业组织机构是否健全、清晰，其设置是否体现分工明确、相互制约的治理原则。

核查拟投资企业是否依法建立了健全的股东大会、董事会、监事会、独立董事、董事会秘书制度，了解拟投资企业董事会、监事会，以及战略、审计、提名、薪酬与考核等专门委员会的设置情况，及公司章程中规定的上述机构和人员依法履行的职责是否完备、明确。核查拟投资企业三会和高管人员的职责及制衡机制是否有效运作，拟投资企业建立的决策程序和议事规则是否民主、透明，其内部监督和反馈系统是否健全、有效。

（三）内部控制环境

分析评价拟投资企业是否有积极的控制环境，包括考察董事会及相关的专门委员会是否负责批准并定期审查拟投资企业的经营战略和重大决策、确定经营风险的可接受水平；考察高管人员是否执行董事会批准的战略和政策，以及高管人员和董事会、专门委员会之间的责任、授权和报告关系是否明确；考察高管人员是否促使拟投资企业员工了解公司的内部控制制度并在其中发挥作用。

（四）业务控制

了解各类业务循环过程和其中的控制标准、控制措施，包括授权与审批、复核与查证、业务规程与操作程序、岗位权限与职责分工、相互独立与制衡、应急与预防等措施。应选择一定数量的控制活动样本，采取验证、观察、询问、重新操作等测试方法，评价拟投资企业的内部控制措施是否有效实施。

调查拟投资企业是否接受过政府审计及其他外部审计，如果有，核查该审计报告所提问题是否已得到有效解决。调查拟投资企业报告期及最近一期的业务经营操作是否符合监管部门的有关规定，是否存在因违反工商、税务、审计、环保、劳动保护等部门的相关规定而受到处罚的情形及对拟投资企业业务经营、财务状况等的影响，并调查该事件是否已解决，不良后果是否已消除。

对拟投资企业已发现的由于风险控制不力所导致的损失事件进行调查，了解事件发生过程及对拟投资企业财务状况、经营业绩的影响，了解该业务环节内部控制制度的相关规定及有效性，事件发生后拟投资企业所采取的紧急补救措施及效果，追踪拟投资企业针对内控的薄弱环节所采取的改进措施及效果。

（五）信息系统控制

了解拟投资企业信息系统建设情况、管理制度、操作流程和风险防范制度。通过与拟投资企业高管人员和员工交谈，查阅拟投资企业相关业务规章制度等方法，评价信息沟通与反馈是否有效，包括是否建立了能够涵盖拟投资企业的全部重要活动，并对内部的和外部的信息进行搜集和整理的有效信息系统，是否建立了有效的信息沟通和反馈渠道，确保员工能充分理解和执行拟投资企业政策和程序，并保证相关信息能够传达到应被传达到的人员。在此基础上，评价拟投资企业信息系统内部控制的完整性、合理性及有效性。

（六）会计管理控制

核查拟投资企业的会计管理是否涵盖所有业务环节，是否制订了专门的、操作性强的会计制度，各级会计人员是否具备了专业素质，以及是否建立了持续的人员培训制度，有无控制风险的相关规定，会计岗位设置是否贯彻"责任分离、相互制约"原则，是否执行重要会计业务和电算化操作授权规定，是否按规定组织对账等，分析评价拟投资企业会计管理内部控制的完整性、合理性及有效性。

（七）内部控制的监督

了解拟投资企业的内部审计队伍建设情况，核查其人数是否符合相关规定，是否配备了专业的中坚力量，核查内部审计是否涵盖了各项业务、分支机构、财务会计、数据系统等各类别，调查了解近年来拟投资企业通过内部审计避免或减少损失的情况，并综合分析拟投资企业内部审计及监督体系的有效性。了解拟投资企业内部控制的监督和评价制度。采用询问、验证、查阅内部审计报告、查阅监事会报告和对拟投资企业已出现的风险事项进行实证分析等方法，考察拟投资企业内部控制的监督和评价制度的有效性。

六、财务与会计

（一）财务报告及相关财务资料

对经注册会计师审计或发表专业意见的财务报告及相关财务资料的内容进行审慎核查。在审慎核查时，不仅需关注会计信息各构成要素之间是否相匹配，还需关注会计信息与相关非会计信息之间是否相匹配，特别是应将财务分析与拟投资企业实际业务情况相结合，关注拟投资企业的业务发展、业务管理状况，了解拟投资企业业务的实际操作程序、相关经营部门的经营业绩，对拟投资企业财务资料做出总体评价。在此基础上，对重要的财务事项进行重点核查。

发现异常财务事项或财务报表被出具非标准审计报告时，应采取现场察看，核查相关会计记录和业务文件，向董事会、监事会、业务人员和经办人员询问等多种形式进行专项核查。必要时，就会计师的审计或审核意见、会计报表附注中重要或异常内容与会计师进行沟通，或请会计师做出书面解释，但应对会计师所做解释的合理性、准确性、完整性进行核查，并做出独立判断；对于重大财务异常事项，应当对有关事项进行调查、复核，必要时可聘请其他中介机构提供专业服务。

对于拟投资企业财务报表中包含的分部信息，应获取相关分部资料，进行必要的核查；对纳入合并范围的重要控股子公司的财务状况应同样履行充分的审慎核查程序；对拟投资企业披露的参股子公司，应获取最近一年及一期的财务报告及审计报告（如有）；对拟投资企业运行不足3年的，应核查拟投资企业设立前利润表编制的会计主体及确定方法。财务报表存在剥离调整的，还应核查剥离调整的原则、方法和具体剥离情况。

如拟投资企业最近一年及一期内收购兼并其他企业资产（或股权），且被收购企业资产总额或营业收入或净利润超过收购前拟投资企业相应项目20%（含20%）的，应获得被收购企业收购前一年的利润表，并核查其财务情况。

（二）会计政策和会计估计

核查拟投资企业的会计政策和会计估计的合规性和稳健性。如拟投资企业报告期内存在会计政策或会计估计变更，重点核查变更内容、理由及对拟投资企业财务状况、经营成果的影响。

（三）评估报告

核查评估机构是否履行了必要的评估程序、评估假设是否合理、评估方法是否恰当、评估依据是否充分、评估结果是否合理、评估值大幅增减变化原因是否合理，关注评估中的特殊说明事项及评估资产的产权是否明确。

（四）内控鉴证报告

取得注册会计师关于拟投资企业内部控制的鉴证报告（如有），了解拟投资企业内部控制制度是否完整、合理和有效。如会计师提出了改进建议，应对不足的方面进行特别关注，跟踪拟投资企业改进的措施及效果。

（五）财务比率分析

计算拟投资企业各年度毛利率、资产收益率、净资产收益率、每股收益等，分析拟投资企业各年度盈利能力及其变动情况，分析母公司报表和合并报表的利润结构和利润来源，判断拟投资企业盈利能力的持续性。

计算拟投资企业各年度资产负债率、流动比率、速动比率、利息保障倍数等，结合拟投资企业的现金流量状况、在银行的资信状况、可利用的融资渠道及授信额度、表内负债、表外融资及或有负债等情况，分析拟投资企业各年度偿债能力及其变动情况，判断拟投资企业的偿债能力和偿债风险。

计算拟投资企业各年度资产周转率、存货周转率和应收账款周转率等，结合市场发展、行业竞争状况、拟投资企业生产模式及物流管理、销售模式及赊销政策等情况，分析拟投资企业各年度营运能力及其变动情况，判断拟投资企业的经营风险和持续经营能力。

通过上述比率分析，与同行业可比公司的财务指标比较，综合分析拟投资企业的财务风险和经营风险，判断拟投资企业财务状况是否良好，是否存在持续经营问题。

（六）销售收入

了解实际会计核算中该行业收入确认的一般原则以及拟投资企业确认收入的具体标准，判断收入确认具体标准是否符合会计准则的要求，是否存在提前或延迟确认收入或虚计收入的情况。核查拟投资企业在会计期末是否存在突击确认销售的情况，期末收到销售款项是否存在期后不正常流出的情况；分析拟投资企业经营现金净流量的增减变化情况是否与拟投资企业销售收入变化情况相符合，关注交易产生的经济利益是否真正流入企业。

取得拟投资企业收入的产品构成、地域构成及其变动情况的详细资料，分析收入及其构成变动情况是否符合行业和市场同期的变化情况。如拟投资企业收入存在季节性波动，应分析季节性因素对各季度经营成果的影响，参照同行业其他公司的情况，分析拟投资企业收入的变动情况及其与成本、费用等财务数据之间的配比关系是否合理。

取得拟投资企业主要产品报告期价格变动的资料，了解报告期内的价格变动情况，分析拟投资企业主要产品价格变动的基本规律及其对拟投资企业收入变动的影响；搜集市场上相同或相近产品的价格信息和近年的走势情况，与拟投资企业产品价格的变动情况进行比较，分析是否存在异常；取得拟投资企业报告期主要产品的销量变化资料，了解报告期内主要产品销售数量的变化情况，分析拟投资企业主要产品销量变动的基本规律及其对拟投资企业收入变动的影响。存在异常变动或重大变动的，应分析并追查原因。

关注拟投资企业销售模式对其收入核算的影响及是否存在异常，了解主要经销商的资金实力、销售网络、所经销产品对外销售和回款等情况，核查拟投资企业的产品销售核算与经销商的核算是否存在重大不符。

（七）销售成本与销售毛利

了解拟投资企业生产经营各环节成本核算方法和步骤，确认拟投资企业报告期成本核算的方法是否保持一致。

获取报告期主要产品的成本明细表，了解产品单位成本及构成情况，包括直接材料、直接人工、燃料和动力、制造费用等。报告期内主要产品单位成本出现大幅变动的，应进行因素分析并结合市场和同行业企业情况判断其合理性。对照拟投资企业的工艺流程、生产周期和在产品历史数据，分析期末在产品余额的合理性，关注期末存货中在产品是否存在余额巨大等异常情况，判断是否存在应转而未转成本的情况。

计算拟投资企业报告期的利润率指标，分析其报告期内的变化情况并判断其未来变动趋势，与同行业企业进行比较分析，判断拟投资企业产品毛利率、营业利润率等是否正常，存在重大异常的应进行多因素分析并进行重点核查。

（八）期间费用

取得销售费用明细表，结合行业销售特点、拟投资企业销售方式、销售操作流程、销售网络、回款要求、售后承诺（如无条件退货）等事项，分析拟投资企业营业费用的完整性、合理性；对照各年营业收入的环比分析，核对与营业收入直接相关的销售费用变动趋势是否与前者一致。两者变动趋势存在重大不一致的，应进行重点核查。

取得拟投资企业管理费用明细表，分析是否存在异常的管理费用项目，如存在，应通过核查相关凭证、对比历史数据等方式予以重点核查。关注控股股东、实际控制人或关联方占用资金的相关费用情况。

取得财务费用明细表，对拟投资企业存在较多银行借款或付息债务的，应对其利息支出情况进行测算，结合对固定资产的调查，确认大额利息资本化的合理性。

（九）非经常性损益

取得经注册会计师验证的拟投资企业报告期加权平均净资产收益率和非经常性损益明细表，逐项核查是否符合相关规定，调查非经常性损益的来源、取得依据和相关凭证以及相关款项是否真实收到、会计处理是否正确，并分析其对拟投资企业财务状况和经营业绩的影响；结合业务背景和业务资料，判断重大非经常性损益项目发生的合理性和计价的公允性；计算非经常性损益占当期利润比重，分析由此产生的风险。

（十）货币资金

通过取得拟投资企业银行账户资料、向银行函证等方式，核查定期存款账户、保证金账户、非银行金融机构账户等非日常结算账户形成原因及目前状况。对于在证券营业部开立的证券投资账户，还应核查拟投资企业是否及时完整地核算了证券投资及其损益。

抽查货币资金明细账，重点核查大额货币资金的流出和流入，分析是否存在合理的业务背景，并判断其存在的风险；核查大额银行存款账户，判断其真实性；分析金额重大的未达账项形成的原因及其影响；关注报告期货币资金的期初余额、本期发生额和期末余额。

（十一）应收款项

取得应收款项明细表和账龄分析表、主要债务人及主要逾期债务人名单等资料，并进行分析核查。了解大额应收款的形成原因、债务人状况、催款情况和还款计划。

抽查相应的单证和合同，对账龄较长的大额应收账款，分析其他应收款发生的业务背景，核查其核算依据的充分性，判断其收回风险；取得相关采购合同，核查大额预付账款产生的原因、时间和相关采购业务的执行情况。调查应收票据取得、背书、抵押和贴现等情况，关注由此产生的风险。

判断坏账准备计提是否充分、是否存在操纵经营业绩的情形。

重点核查报告期内是否存在资金被控股股东、实际控制人及其控制的其他企业占用情况。

结合拟投资企业收款政策、应收账款周转情况、现金流量情况，对拟投资企业销售收入的回款情况进行分析，关注报告期应收账款增幅明显高于主营业务收入增幅的情况，判断由此引致的经营风险和对持续经营能力的影响。

（十二）存货

取得存货明细表，核查存货余额较大、周转率较低的情况。结合生产情况、存货结构及其变动情况，核查报告期内存货大幅变动的原因。

结合原材料及产品特性、生产需求、存货库存时间长短，实地抽盘大额存货，确认存货计价的准确性，核查是否存在大量积压情况，分析提取存货跌价准备的计提方法是否合理、提取数额是否充分；测算发出存货成本的计量方法是否合理。

（十三）对外投资

查阅拟投资企业股权投资的相关资料，了解其报告期的变化情况；取得被投资公司的营业执照、报告期的财务报告、投资协议等文件，了解被投资公司经营状况，判断投资减值准备计提方法是否合理、提取数额是否充分，投资收益核算是否准确。对于依照法定要求需要进行审计的被投资公司，应该取得相应的审计报告。

取得报告期拟投资企业购买或出售被投资公司股权时的财务报告、审计报告及评估报告（如有），分析交易的公允性和会计处理的合理性。

查阅拟投资企业交易性投资相关资料，了解重大交易性投资会计处理的合理性；取得重大委托理财的相关合同及拟投资企业内部的批准文件，分析该委托理财是否存在违法违规行为。

取得重大项目的投资合同及拟投资企业内部的批准文件，核查其合法性、有效性，结合项目进度情况，分析其影响及会计处理的合理性。

（十四）固定资产、无形资产

取得固定资产的折旧明细表和减值准备明细表，通过询问生产部门、设备管理部门和基建部门以及实地观察等方法，核查固定资产的使用状况、在建工程的施工进度，确认固定资产的使用状态是否良好，在建工程是否达到结转固定资产的条件，了解是否存在已长期停工的在建工程、长期未使用的固定资产等情况。分析固定资产折旧政策的稳健性以及在建工程和固定资产减值准备计提是否充分，根据固定资产的会计政策对报告期内固定资产折旧计提进行测算。

对照无形资产的有关协议、资料，了解重要无形资产的取得方式、入账依据、初始金额、摊销年限及确定依据、摊余价值及剩余摊销年限。无形资产的原始价值是以评估值作为入账依据的，应该重点关注评估结果及会计处理是否合理。

（十五）投资性房地产

核查重要投资性房地产的种类和计量模式，采用成本模式的，核查其折旧或摊销方法以及减值准备计提依据；采用公允价值模式的，核查其公允价值的确定依据和方法。了解重要投资性房地产的转换及处置的确认和计量方法，判断上述会计处理方法是否合理，分析其对拟投资企业的经营状况的影响程度。

（十六）主要债务

查阅拟投资企业主要银行的借款资料，了解银行借款状况，拟投资企业在主要借款银行的资信评级情况，是否存在逾期借款，有逾期未偿还债项的，应了解其未按期偿还的原因、预计还款期等；取得应付款项明细表，了解应付票据是否真实支付、大额应付账款的账龄和逾期未付款原因、大额其他应付款及长期应付款的具体内容和业务背景、大额应交税金欠缴情况等；了解对内部人员和关联方的负债，主要合同承诺的债务金额、期限、成本。

（十七）现金流量

取得拟投资企业报告期现金流量的财务资料，综合考虑拟投资企业的行业特点、规模特征、销售模式等，结合资产负债表和利润表相关数据勾稽关系，对拟投资企业经营活动、投资活动和筹资活动产生的现金流量进行全面分析；核查拟投资企业经营活动产生的现金流量及其变动情况，判断拟投资企业资产流动性、盈利能力、偿债能力及风险等。如果拟投资企业经营活动产生的现金流量净额持续为负或远低于同期净利润，应进行专项核查，并判断其真实盈利能力和持续经营能力。对最近3个会计年度经营活动产生的现金流量净额的编制进行必要的复核和测算。

（十八）或有负债

取得拟投资企业对外担保的相关资料，计算担保金额占拟投资企业净资产、总资产的比重，调查担保决策过程是否符合有关法律法规和公司章程等的规定，分析一旦发生损失，对拟投资企业正常生产经营和盈利状况的影响程度，调查被担保方是否具备履行义务的能力、是否提供了必要的反担保。

调查拟投资企业是否存在重大仲裁、诉讼和其他重大或有事项，并分析该等已决和未决仲裁、诉讼与其他重大或有事项对拟投资企业的重大影响。

（十九）合并报表的范围

根据对拟投资企业组织结构等情况的尽职调查，分析合并范围是否合规。对于报告期内合并报表范围发生重大变化的，应了解其变化原因，并分析该变化对拟投资企业经营状况和财务状况的影响。

（二十）纳税情况

调查拟投资企业及其控股子公司所执行的税种、税基、税率是否符合现行法律、法规的要求及在报告期内是否依法纳税。取得拟投资企业税收优惠或财政补贴资料，核查拟投资企业享有的税收优惠或财政补贴是否符合财政管理部门和税收管理部门的有关规定，调查税收优惠或财政补贴的来源、归属、用途及会计处理等情况，关注税收优惠期或补贴期及其未来影响，分析拟投资企业对税收政策的依赖程度和对未来经营业绩、财务状况的影响。

（二十一）盈利预测

根据拟投资企业编制盈利预测所依据的资料和盈利预测假设，结合境内外经济形势、行业发展趋势、市场竞争状况，判断拟投资企业盈利预测假设的合理性。

对比以前年度计划与实际完成情况，参照拟投资企业发展趋势、市场情况及拟投资企业的促销措施，评价拟投资企业预测期间经营计划、投资计划和融资计划安排是否得当。根据了解的拟投资企业生产规模和现有的生产能力，分析评价预测计划执行的可行性。

拟投资企业本次募集资金拟用于重大资产购买的，核查是否编制了假设按预计购买基准日完成购买的盈利预测报告及假设发行当年1月1日完成购买的盈利预测报告。需要编制合并财务报表的，拟投资企业是否分别编制了母公司盈利预测表和合并盈利预测表，盈利预测报告的编制是否符合相关要求。

七、业务发展目标

（一）发展战略

分析拟投资企业是否已经建立清晰、明确、具体的发展战略，包括战略目标，实现战略目标的依据、步骤、方式、手段及各方面的行动计划。将拟投资企业与竞争对手的发展战略进行比较，并对拟投资企业所处行业、市场、竞争等情况进行深入分析，调查拟投资企业的发展战略是否合理、可行。

（二）经营理念和经营模式

了解拟投资企业的经营理念和经营模式，分析拟投资企业经营理念、经营模式对拟投资企业经营管理和发展的影响。

（三）历年发展计划的执行和实现情况

分析拟投资企业高管人员制定经营计划的可行性和实施计划的能力。

（四）业务发展目标

调查未来行业的发展趋势和市场竞争状况，分析拟投资企业未来发展目标是否与拟投资企业发展战略一致；分析拟投资企业在管理、产品、人员、技术、市场、投融资、购并、国际化等方面是否制定了具体的计划，这些计划是否与拟投资企业未来发展目标相匹配，是否具备良好的可实现性，是否会对投资者的投资决策造成重大误导；分析未来发展目标实施过程中存在的风险，如是否存在不当的市场扩张、过度的投资等；分析拟投资企业未来发展目标和具体计划与拟投资企业现有业务的关系；分析拟投资企业业务发展计划与现有业务之间的关系。如果拟投资企业实现上述计划涉及与他人合作的，核查拟投资企业的合作方及相关合作条件。

核查拟投资企业对其产品（服务）或者业务所做出的发展趋势预测是否采取了审慎态度，以及有关的假设是否合理。

(五) 募集资金投向与未来发展目标的关系

取得拟投资企业募集资金投资项目的可行性研究报告等，调查募集资金投向与拟投资企业发展战略、未来发展目标是否一致，分析其对拟投资企业未来的经营的影响。

八、募集资金运用

(一) 历次募集资金使用情况

拟投资企业发生募集资金情况的，调查拟投资企业募集资金是否真实投入股东大会决议的项目，并通过现场观察、取得产权证书资料等，核查募集资金投资项目所形成的资产情况。取得募集资金项目的核算资料，比较历次募集资金实际效益和预期的使用效益是否存在差异，并分析差异原因。

核查历次募集资金剩余情况。如有未全部使用的，需核查其未使用的资金数额、占所募集资金总额的比例、未全部使用的原因以及拟投资企业是否已做出相关的安排。

取得拟投资企业历次募集资金投向变更的相关决策文件、变更后项目的审批或备案文件，核查募集资金投向变更的原因及其是否符合国家法律法规和产业政策、是否经拟投资企业股东大会审议通过，变更后的项目效益是否良好。

(二) 本次募集资金使用情况

结合目前其他同类企业对同类项目的投资情况、产品市场容量及其变化情况，对拟投资企业本次募集资金项目是否符合国家产业政策和环保要求、技术和市场的可行性以及项目实施的确定性等进行分析；分析募集资金数量是否与拟投资企业规模、主营业务、实际资金需求、资金运用能力及拟投资企业业务发展目标相匹配；取得拟投资企业关于募集资金运用对财务状况及经营成果影响的详细分析，分析本次募集资金对拟投资企业财务状况和经营业绩的影响，项目能独立核算的，核查拟投资企业是否审慎预测项目效益，是否已分别说明达产前后的效益情况，以及预计达产时间，预测基础、依据是否合理；项目不能独立核算的，核查拟投资企业对募集资金投入后对拟投资企业财务状况及经营成果所产生影响的分析是否合理。

调查拟投资企业募集资金是否用于主营业务，是否存在盲目扩张，以及是否存在导致拟投资企业未来经营模式发生重大变化的风险。在募集资金投资项目实施后，是否与拟投资企业的控股股东或实质控制人产生同业竞争或者对拟投资企业的独立性产生不利影响。跨行业投资的，应调查拟投资企业在人员、技术和管理等方面所具备的条件及项目实施面临的风险和问题。

募集资金用于扩大现有产品产能的，结合对拟投资企业现有各类产品在报告期内的产能、产量、销量、产销率、销售区域，项目达产后各类产品年新增的产能、产量、销售区域，以及行业的发展趋势，有关产品的市场容量，主要竞争对手等情况的调查结果，对拟投资企业投资项目的市场前景做出独立判断。

募集资金用于新产品开发生产的，结合对拟投资企业新产品的市场容量、主要竞争对手、行业发展趋势、技术保障、项目投产后新增产能等情况的调查结果，对拟投资企业投资项目的市场前景做出独立判断。

拟投资企业原固定资产投资和研发支出很少、本次募集资金将大规模增加固定资产投资或研发支出的，调查拟投资企业固定资产变化与产能变动的匹配关系，并分析新增固定资产折旧、研发支出对拟投资企业未来经营成果的影响。

募集资金拟用于向其他企业增资或收购其他企业股份的，应取得拟增资或收购的企业最近一年及一期经具有证券业务资格的会计师事务所审计的资产负债表和利润表，调查增资资金折合股份或收购股份的评估、定价情况，增资或收购前后持股比例及控制情况，增资或收购行为与拟投资企业业务发展规划的关系。实地考察相关企业，调查被收购对象资产质量和效益水平情况，分析相关业务是否与拟投资企业业务发展目标相一致，拟投资企业是否有能力管理、控制收购对象。

募集资金拟用于合资经营或合作经营的，应了解合资或合作方的基本情况，包括名称、法定代表人、住所、注册资本、主要股东、主要业务，与拟投资企业是否存在关联关系，投资规模及各方投资比例，合资或合作方的出资方式，合资或合作协议的主要条款以及可能对拟投资企业不利的条款。拟组建的企业法人的基本情况包括设立、注册资本、主要业务、组织管理和控制情况。不组建企业法人的，应了解合作模式。

募集资金拟用于收购资产的，应获得拟收购资产的财务报告、审计报告、资产评估报告及相关资料，调查拟收购资产的评估、定价情况，拟收购资产与拟投资企业主营业务的关系。

若收购的资产为在建工程的，还应取得工程资料，了解已投资情况、还需投资的金额、负债情况、建设进度、计划完成时间等。

取得拟投资企业董事会关于建立募集资金专项存储制度的文件，核查拟投资企业是否已在银行开立了募集资金专项账户。

（三）募集资金投向产生的关联交易

拟投资企业募集资金投向涉及与关联方合资或与关联方发生交易的，应取得相关项目或交易对象的详细资料，并判断其对拟投资企业的影响。涉及评估、审计的，应取得相关资料并予以核查；涉及项目合作或设立合资公司的，应取得公司设立或批准文件等，调查拟投资企业对该项目或公司是否具备控制能力和经营能力以及有关协议、合同的订立情况及已履约情况和审批手续；涉及收购资产或购买股权的，应调查交易的定价依据是否充分、公允，判断收购资产是否为拟投资企业必需的经营性资产。

九、风险因素及其他重要事项

（一）风险因素

分析对拟投资企业业绩和持续经营可能产生不利影响的主要因素以及这些因素可能带来的主要影响。对拟投资企业影响重大的风险，应进行专项核查。分析拟投资企业获取经常性收益的能力。

调查拟投资企业产品（服务）的市场前景、行业经营环境的变化、商业周期或产品生命周期、市场饱和或市场分割、过度依赖单一市场、市场占有率下降等情况，评价其对拟投资企业经营是否产生重大影响。

调查拟投资企业经营模式是否发生变化、经营业绩不稳定、主要产品或主要原材料价格波动、过度依赖某一重要原材料或产品、经营场所过度集中或分散等情况，评价其对拟投资企业经营是否产生重大影响。

调查拟投资企业是否存在因内部控制有效性不足导致的风险、资产周转能力较差导致的流动性风险、现金流状况不佳或债务结构不合理导致的偿债风险、主要资产减值准备计提不足的风险、主要资产价值大幅波动的风险、非经常性损益或合并财务报表范围以外的投资收益金额较大导致净利润大幅波动的风险、重大担保或诉讼等或有事项导致的风险情况，评价其对拟投资企业经营是否产生重大影响。

调查拟投资企业是否存在因技术不成熟、技术尚未产业化、技术缺乏有效保护或保护期限短、缺乏核心技术或核心技术依赖他人、产品或技术面临被淘汰等情况，评价其对拟投资企业经营是否产生重大影响。

调查并核实拟投资企业投资项目在市场前景、技术保障、产业政策、环境保护、土地使用、融资安排、与他人合作等方面存在的问题，是否存在因营业规模、营业范围扩大或者业务转型而导致的管理风险、业务转型风险，因固定资产折旧大量增加而导致的利润下滑风险，以及因产能扩大而导致的产品销售风险等情况，评价其对拟投资企业经营是否产生重大影响。

调查拟投资企业是否存在由于财政、金融、税收、土地使用、产业政策、行业管理、环境保护等方面法律、法规、政策变化引致的风险，评价其对拟投资企业经营是否产生重大影响。

调查拟投资企业是否存在可能严重影响拟投资企业持续经营的其他因素，如自然灾害、安全生产、汇率变化、外贸环境、担保、诉讼和仲裁等情况，评价其对拟投资企业经营是否产生重大影响。

了解以往拟投资企业针对相关风险的主要应对措施以及这些措施实际发挥作用情况，核查拟投资企业是否针对曾经发生和可能发生的主要风险制定了相关制度或规程，是否已经形成了重大风险防范机制。

（二）重大合同

核查有关拟投资企业的重大合同是否真实、是否均已提供，并核查合同条款是否合法、是否存在潜在风险。对照拟投资企业有关内部订立合同的权限规定，核查合同的订立是否履行了内部审批程序、是否超越权限决策，分析重大合同履行的可能性，关注因不能履约、违约等事项对拟投资企业产生或可能产生的影响。

（三）诉讼和担保情况

核查拟投资企业所有对外担保（包括抵押、质押、保证等）合同，调查拟投资企业及其控股股东或实际控制人、控股子公司、拟投资企业高管人员和核心技术人员是否存在作为一方当事人的重大诉讼或仲裁事项以及拟投资企业高管人员和核心技术人员是否存在涉及刑事诉讼的情况，评价其对拟投资企业经营是否产生重大影响。

第八章 尽职调查报告

第一节 尽职调查报告概述

尽职调查报告就是对企业的历史数据和文档、管理人员的背景、市场风险、财务风险、管理风险、技术风险、资金风险和法律风险做一个全面深入的审核。即指在收购过程中收购者对目标公司的资产和负债情况、经营和财务情况、法律关系以及目标企业所面临的机会与潜在的风险进行的一系列调查，是企业收购兼并程序中最重要的环节之一，也是收购运作过程中重要的风险防范工具。调查过程中通常利用管理、财务、税务方面的专业经验与专家资源，形成独立观点，用以评价并购优劣，作为管理层决策支持。调查不仅限于审查历史的财务状况，更着重于协助并购方合理地预期未来，也发生于风险投资和企业公开上市前期工作中。

尽职调查报告应包括商业、法律、财务等方面的内容，具体构成如下所示：

一、企业主体合法性调查

（一）公司基本情况

（1）查阅公司最新的经工商局当年年检的营业执照。主要查看对方是否为独立法人、注册资金多少及是否全部缴足、经营范围是什么、公司存续期间有多久（看营业执照的有效期）等信息。

（2）公司经营业务涉及行政许可或特许经营的，还应查验相关的资质证明、经营许可证、生产许可证或许可文件等。

（3）公司最新的章程。核实营业执照上的内容是否与章程内容一致；对方哪些对外行为需要经特别决策程序，如经股东会或董事会授权；了解公司的治理结构等。

（二）公司的历史沿革

（1）公司设立时和历次变更的营业执照；

（2）公司设立时和历次变更的合同、章程；

（3）公司设立时和历次变更时审批机关的批复和批准证书；

（4）公司设立时和历次注册资本变更时的验资报告（如存在以非现金资产出资的，还需查看相关资产的评估报告、产权证明或使用权证明）；

（5）公司设立以来股东结构变化的情况、重大资产重组情况，以及这些行为的具体内容及所履行的法定程序。

二、主要财产情况调查

(一) 房产状况

包括房屋面积、坐落、所有权人、年限、抵押情况等。对于特殊房产：未办理产证的房产，应调查该房产的批准建设文件，如规划许可证、施工许可证等；租赁的房产，应查看租赁合同及房产证。

(二) 土地使用权状况

包括土地面积、坐落、使用权人、性质（划拨或出让）、使用年限、抵押情况；土地使用权证；土地使用权出让金支付凭证等。

(三) 知识产权状况

包括商标、专利、著作权等相关证书、保护期限、质押情况、许可使用情况等。

三、财务状况调查

（1）财务核算概况、财务组织结构、会计核算制度及会计政策。
（2）历史经营情况。
（3）资产负债、利润、现金流情况。
（4）现金流量分析。

四、资信状况调查

主要针对目标企业的资信评级、银行授信、审计报告状况进行阐述，并对目标企业的资信是否存在潜在的风险进行评价并提出建议。

(一) 资信评级状况

核查目标企业资信评级情况，并对其合法性及有效性等做出相应的评价和提出相关建议。

(二) 银行授信

通过核查人民银行出具的征信报告及各家银行对公司出具的银行授信额度情况，通过银行授信额度和公司已使用额度情况，分析公司总体银行授信情况。

(三) 审计报告

核查会计师事务所意见，并核查是否存在非标准无保留意见情况，查阅公司董事会关于非标准无保留意见审计报告涉及事项处理情况的说明以及会计师事务所及注册会计师关于非标准无保留意见审计报告的补充意见等。

五、债权债务情况调查

（1）主要债权有哪些，分别列出主要债务人的基本情况、债权金额、产生原因、账龄、履行期限、有无担保、有无争议等。分析其债权风险系数，是否已经或可能成为坏账。

（2）主要债务有哪些，分别列出主要债权人的基本情况、债务金额、产生原因、账龄、履行期限、有无担保、有无争议等。了解其负债状况、评价其偿债能力，判断其有无资不抵债或不能偿还到期债务的风险。

（3）对外担保及或有债务情况，所有交叉担保和反担保的细节及相关法律文件（包括：担保人、债权人、债务人、担保金额、担保方式、担保范围、担保期限等）。

六、公司治理状况调查

（1）调查公司的组织结构说明及各项管理制度。了解公司机构设置是否合理，制度是否完善，管理是否科学。

（2）调查公司发展战略与目标主要包括：公司发展目标的定位、长远发展战略、具体业务计划；公司实现未来发展计划的主要经营理念或模式、假设条件、实现步骤、面临的主要问题等。

（3）调查劳动关系和人力资源状况包括：员工总数、工龄结构、学历分布、劳动合同签订情况，以及公司为员工购买、缴纳社会保险的情况。了解公司人力资源成本、人力资源竞争力以及可能面临的来自员工方面的负担问题。

七、对外投资情况调查

在尽职调查的过程中，应核查公司所有全资或控股子公司、分支机构、参股公司的合法设立、经营的有关说明和证明文件，包括：投资协议、公司章程、验资报告、营业执照等文件。了解公司的投资规模、投资结构，以及投资行为是否规范。

八、关联交易情况调查

在尽职调查的过程中，应核查公司的所有关联方（分别列示采购与销售），以及最近几年发生的或协议将发生的关联交易类型、定价依据和价格、数量和金额、占同类交易总金额的比例。了解公司业务与关联方的依存度，以及关联交易对公司经营的影响等。

九、重大争议事项调查

尚未了结的重大诉讼（仲裁）案件、行政复议、行政处罚程序，应了解诉讼（仲裁）、行政复议、行政处罚程序的当事人、争议金额、争议事由、程序进展现状。

第二节 尽职调查报告的撰写

根据尽职调查报告主要内容整理模板，该模板并非唯一模板，在实际工作中可以根据工作需要增减部分内容。

一、尽职调查报告的内容

（一）商业尽职调查报告

1. 销售计划与预测

销售计划与预测主要从行业定义、市场环境与市场规模、主要客户及其特点、竞争环境、行业集中度（客户、竞争对手、供应商等）、行业盈利水平、技术水平、发展前景、关联行业等方面进行。主要涉及××有限公司处于××行业，该行业处于发展前景广阔、国家政策支持、市场成长空间巨大的阶段。通过对××有限公司的优势劣势的行业分析，该行业市场容量非常大，且增长趋势明显、行业的利润率足够高、行业进入的壁垒足够高。

2. 市场调查

市场调查主要了解市场规模、市场环境、市场细分、客户需求、竞争格局与竞争对手、主要竞争策略等。主要涉及××有限公司所处的宏观环境，行业所处的生命周期和前景，市场的规模、整合度，××有限公司与其竞争对手的各自特点和所占市场份额，今后面临的机遇和挑战，××有限公司所处的政治、经济、人口、社会文化、技术五方面的宏观经济环境调查。

3. 目标公司产品与业务

目标公司产品与业务则需要了解产品与业务特点、技术手段与技术水平、竞争优势与劣势、目标市场与客户特点、品牌与客户认知度等。主要涉及××有限公司董事会记录和决议中对过往成绩和失误的分析以及对发展战略的决策性建议。关注供应商、分销商、客户的集中度是否过高，产品单价波动情况，以及推陈出新的速度。

4. 市场竞争策略

主要涉及销售策略、市场策略、定价策略、产品策略等。

（二）财务尽职调查报告

1. 会计主体概况

主要了解会计主体全称、成立时间、注册资本、股东、投入资本的形式、性质、主营业务等；了解目标企业历史沿革，对会计主体的详细了解应包括目标企业本部以及所有具有控制权的公司，并对关联方作适当了解；对目标企业的组织、分工及管理制度进行了解，对内部控制初步评价。

2. 财务组织

财务组织结构（含具有控制力的公司）、财务管理模式（子公司财务负责人的任免、奖惩、子公司财务报告体制）。财务人员结构（年龄、职称、学历）会计电算化程度、企业管理系统的应用情况。

3. 薪酬、税费及会计政策

薪资的计算方法特别关注变动工资的计算依据和方法、缴纳"四金"的政策和情况及福利政策；目标企业现行会计政策，近3年会计政策的重大变化；现行税费种类、税费率、计算基数、收缴部门。

4. 会计报表

会计报表主要包括资产负债表、利润表、现金流量表，主要进行营运能力分析、盈利能力分析、偿债能力分析、发展能力分析等。

（三）法律尽职调查报告

1. 目标企业的设立与有效存续

主要针对企业的设立、历史沿革、股权结构、出资验资、股权演变、组织结构及法人治理结构等情况做出阐述，并针对该等事项进行法律评价，对存在的不规范情形及存在的风险提出整改意见与建议。

（1）业务及经营情况。

主要针对目标企业的经营范围和方式、主营业务、业务变更情况进行阐述，并对目标企业的持续经营是否存在不当之处进行评价并提出建议。

"有关××有限公司的尽职调查，是由××所根据××股份有限公司的委托，基于××股份有限公司和××有限公司的股东于××年××月××日签订的《股权转让意向书》第二十条和第二十一条关于股权转让尽职调查事项的安排，在××所尽职调查提交给××有限公司的尽职调查清单中所列问题的基础上进行的。"

（2）简称与定义。

在报告中，除非根据上下文应另作解释，否则下列简称和术语具有以下含义："本报告"是指由××所于××年××月××日出具的关于××有限公司之尽职调查报告。"工商登记资料"是指登记于××省工商行政管理局的有关××有限公司的资料。"贵司"是指××有限公司。

报告所使用的简称、定义、目录以及各部分的标题仅供查阅方便之用；除非根据上下文应另作解释，所有关于参见某部分的提示均指本报告中的某一部分。

（3）尽职调查方法与限制。

尽职调查所采用的基本方法如下：

1）审阅文件、资料与信息。

2）与××有限公司有关公司人员会面和交谈。

3）向××有限公司询证。

4）实地察看。

5）向工商、税务、银行、土地及房屋管理部门、社保等机构或部门查询。

6）参阅其他中介机构尽职调查小组的信息。

7）考虑相关法律、政策、程序及实际操作。

8）本报告基于下述假设：

"所有××有限公司提交给我们的文件均是真实的，所有提交文件的复印件与其原件均是一致的"。

"所有××有限公司提交给我们的文件均由相关当事方合法授权、签署和递交"。

"所有××有限公司提交给我们的文件上的签字、印章均是真实的"。

"所有××有限公司对我们做出的有关事实的阐述、声明、保证（无论是书面的还是口头做出的）均为真实的、准确的和可靠的"。

"所有××有限公司提交给我们的文件当中若明确表示其受中国法律以外其他法律管辖的，则其在该管辖法律下有效并被约束；描述或引用法律问题时涉及的事实、信息和数据是截止到××年××月××日××有限公司提供给我们的受限于前述规定的有效的事实和数据；我们会在尽职调查之后，根据本所与贵司签署之委托合同的约定，按照贵司的指示，根据具体情况对某些事项进行跟踪核实和确认，但不保证在尽职调查之后某些情况是否会发生变化"。

（4）报告的法律依据。

报告所给出的法律意见与建议，是以截止到报告日所适用的中国法律为依据的。

（5）报告的结构。

报告分为序言、正文、附件三部分。报告的序言部分主要介绍尽职调查的范围与宗旨、简称与定义、调查的方法以及对关键问题的摘要；在报告的主体部分，将就十方面的具体问题逐项进行评论与分析，并给出相关的法律意见；报告的附件包括本报告所依据的由××有限公司提供的资料及文本。

（6）免责声明。

"遵循本行业职业道德规范和行业标准，严格履行法定职责，本着勤勉尽责、诚实信用的原则对委托事项所涉主体资格、注册资本、股权结构、审批文件、债权债务、担保诉讼、财务状况等方面的真实性、完整性、准确性、合法性等进行调查，在此基础上出具本报告。本报告内容不可能穷尽目前的或有风险，可能存在着或有风险的遗漏和偏差，特此说明，请注意判断。不得用于报告之外的用途。"

（7）目标公司的郑重承诺。

××公司郑重承诺

本公司已根据收到的尽职调查清单提供了尽职调查所需要的文件资料。本公司确保所提供资料和信息的真实、准确、完整、合法。

法定代表人/负责人（签字）：

公章：

二〇××年××月

二、尽职调查报告的撰写

（一）公司治理尽职调查报告的撰写

关于公司治理尽职调查报告的撰写应包括但不限于：××有限公司股东会、董事会、监事会的构成，股东会、董事会、监事会的权利与义务，股东会、董事会、监事会的议事规则与决策程序，董事会、监事会成员介绍与主要经历。

1. 高级管理人员

对高级管理人员的调查应包括但不限于：××有限公司任用制度、层次结构、合同情况、介绍与主要经历、业绩贡献等。

2. 管理体系与制度

对管理体系与制度的调查应包括但不限于：××有限公司组织结构、员工结构。人力、财务、业务等管理制度，研发、生产管理制度，管理制度执行情况。

3. 战略与计划

对于战略与计划的调查应包括但不限于：××有限公司整体战略、产品计划、业务计划、财务计划。

（二）商业尽职调查报告的撰写

1. 公司基本情况简介

公司的基本情况应包括但不限于：公司名称、注册资本与注册地、法人代表、业务范围、荣誉与资质、股东与股权结构。

企业名称：××省××煤矿有限公司

营业执照号：××

公司经营场所：××

组织机构代码：××

机构类型：××

税务登记证号：××

贷款卡编号：××

注册资金：××

法定代表人：××

经营范围：许可经营项目包括原煤地下开采、焦煤；一般经营项目包括煤焦油、化工产品、建筑材料、机电产品、生铁、钢材、大货车运输、承接各类加工。

2. 公司历史沿革

（1）公司设立的基本情况：××有限公司成立于××年××月××日，设立时的名称是"××有限公司"，注册资金为××万元人民币，法定代表人为××，住所××地，经营范围为××。

（2）工商登记变更记录：××年××月××日，××有限公司召开第一届董事会，参加会议的董事人数和资格等方面均符合公司章程的有关规定，董事会通过了公司××的变更调整方案（注册资本变更、住所变更、增资、法人代表变更、经营范围变更）。

3. 历史重大事件

对于目标公司重大历史事件的调查应包括但不限于：历史注册资本变更、组织形式变更、重大股东与股权结构变化、重组与重建、收购与合并、业务范围变更。

（三）财务尽职调查报告的撰写

1. 3 年一期财务资料

在撰写公司 3 年一期的财务资料时应包括但不限于：最近 3 年一期资产负债表、3 年一期利润表、3 年一期现金流量表、3 年一期股东权益变动表、费用明细、各项资产与负债明细、资本性支出明细、运营性支出明细、适用会计准则、主要会计政策、税收缴纳与返还情况、附注与说明。

2. 财务报表的调整与说明

对于财务报表的调整与说明应包括但不限于：对××有限公司财务报表各重要项目核查情况报告、对目标公司财务报表进行调整的原则与标准、调整后财务报表、财务报表调整说明。

3. 财务管理制度

对于财务管理制度的调查应包括但不限于：××有限公司基本原则、会计制度、预算制度、审计制度、税收制度、资金管理制度、财务管理流程。

4. 公司财务审计

在对公司进行财务审计时，应重点关注以下几方面：

（1）销售收入。

1）公司收入的产品构成、地域构成及其变动情况的详细资料。

2）公司主要产品报告期价格变动的资料。

3）公司报告期主要产品的销量变化资料。

4）报告期主要产品的成本明细表。

5）补贴收入的批复或相关证明文件。

6）金额较大的营业外收入明细表。

（2）期间费用。

1）营业费用明细表。

2）管理费用明细表。

3）财务费用明细表。

4）经注册会计师验证的公司报告期加权平均净资产收益率和非经常性损益明细表。

（3）应收款项。

1）应收款项明细表和账龄分析表。

2）主要债务人及主要逾期债务人名单。

3）与应收款项相关的销售合同。

4）应收持有公司5%及以上表决权股份的股东账款情况。

（4）存货明细表。

（5）重要的对外投资。

1）被投资公司的营业执照。

2）被投资公司报告期的财务报告。

3）投资协议概况。

4）被投资公司的审计报告。

5）报告期公司购买或出售被投资公司股权时的财务报告、审计报告及评估报告。

6）重大委托理财的相关合同。

7）重大项目的投资合同。

8）公司内部关于对外投资的批准文件。

（6）固定资产的折旧明细表和减值准备明细表。

（7）主要债务。

1）银行借款合同。

2）委托贷款合同。

3）应付持有公司5%及以上表决权股份的股东账款情况。

（8）纳税情况。

1）报告期的纳税申报表。

2）公司历史上所有关于税务争议、滞纳金缴纳以及重大关税纠纷的详细情况以及有关文件与信函。

3）公司及各控股子公司所有纳税凭证。

4）公司享有税收优惠的有关政府部门的批复。

5）当地税务部门出具的关于公司报告期内的纳税情况的证明文件。

（9）无形资产摊销和减值情况。

（10）报告期内公司主要财务指标情况，具体如表 8－1 所示：

表 8－1 报告期内公司主要财务指标情况

指标分类	××年	××年	××年
一、成长性指标			
营业收入增长率			
EBITDA 增长率			
EBIT 增长率			
净利润增长率			
固定资产增长率			
总资产增长率			
二、盈利性指标			
毛利率			
EBITDA/营业收入			
EBIT/营业收入			
净利润率			
资产回报率			
投入资本回报率			
新投资的回报率			
三、偿债能力指标			
流动比率			
速动比率			
现金比率			
EBITDA/财务费用			
CFO/付息债务合计			
四、运营能力指标			
应收账款周转率			
存货周转率			
应付账款周转率			
固定资产周转率			
总资产周转率			

5. 财务预测

对于财务预测的调查应包括但不限于：××有限公司前提与假设、未来5年资产负债预测、未来5年利润预测、未来5年现金流量预测。

（四）法律尽职调查报告的撰写

1. 业务合同调查

对业务合同的调查应包括但不限于：公司的重大合同清单、重大合同的主要条款摘录、对重大合同合法性的分析、对重大合同中有别于惯例的条款、重大合同中对拟议交易存在影响的情况、拟议交易对重大合同的影响。

2. 资产权属

关于资产的权属，应包括但不限于：公司的重大资产是否存在产权负担，是否存在瑕疵或争议，是否存在征用、查封、冻结、担保情况或第三方权益；是否产权不清晰，存在重大权属纠纷；是否具有充分的独立性。

3. 企业的股权状况

关于股权状况，在编写时应包括但不限于：股权变动的程序、价格、是否实际支付、是否存在出资不实（抽逃）、非货币资产出资（评估情况）、国有企业股权变动的特殊程序要求（审批、评估、进场交易、国有资产登记等）。

4. 合法合规

对于目标公司是否合法合规，在编写时应包括但不限于：公司生产经营的合法合规性（包括工商、税务、环保、产品质量、安全生产、劳动人事、海关、外汇等），对公司有重要影响的诉讼、仲裁与行政处罚。

5. 诉讼仲裁

在诉讼仲裁方面，应包括但不限于公司股东、董事、监事、高级管理人员的合法合规情况，包括主体资格适合性（公务员等特殊身份、公司法规定的任职条件）、是否存在竞业限制情形、个人资信情况等；刑事与行政处罚情况、未了结的诉讼仲裁等。

6. 总结与评价

在编写总结与评价时应包括但不限于：对××有限公司业务状况总结与评价、财务状况总结与评价、公司管理状况总结与评价、法务状况总结与评价。

三、尽职调查报告的工作底稿

（一）尽职调查工作底稿的基本内容和基本要求

尽职调查工作底稿包括工作记录和重要资料两部分。工作记录用于记录调查过程、调查内容、方法和结论等；重要资料是项目小组在尽职调查过程中取得或制作的、能够证明所实施的调查工作、支持调查结论的相关资料，是进一步说明工作记录的支撑性文件。

工作底稿要求内容完整、格式规范、记录清晰、结论明确。工作记录至少包括：公司名称、调查时间或调查期间、调查人员、调查日期、调查地点、调查过程、调查内容、方法和结论、其他应说明的事项等。对于从公司或第三方取得并经确认的相关资料，除注明资料来源外，调查人员还应实施必要的调查程序，形成相应的调查记录和必要的签字。

工作底稿可以纸质文档、电子文档或者其他介质形式的文档留存，其中重要的工作底稿应采用纸质文档的形式。以纸质以外的其他介质形式存在的工作底稿，应以可独立保存的形式留存。

（二）封面内容

（1）反映调查报告的主题、调查的时间以及不同调查人的责任分工。

（2）封面内容应包括：项目名称、调查部门、调查时间、相关调查人员签字(手签)。

（三）目录部分

（1）调查报告应列出主要标题（一般列出三级）及所在页码。

（2）调查报告较短的（5页以下），可省略目录部分。

（3）调查报告的附件（表），排在目录的最后位置。

（四）序言部分

序言部分通常包括以下几方面：

（1）出具本尽职调查报告的目的和范围。

（2）报告中使用的简称及定义项。

（3）尽职调查的方法和限制。

（4）本尽职调查报告所依据的文件及报告所反映情况的截止日期。

（5）假设。

（6）目标公司确保所提供资料和信息的真实、准确、完整、合法的郑重承诺。

（7）出具尽职调查报告的免责限制和声明。

（五）正文部分

在撰写尽职调查报告正文的各部分内容时，应列举在尽职调查过程中获得的信息，对委托事项出具详尽明确的尽职调查报告。其主要包括：目标企业的设立与有效存续、业务及经营情况、财务概况、资信状况、债权债务状况、公司治理状况、对外投资状况、关联交易情况、重大争议事项等。

尽职调查工作底稿是尽职调查工作小组在从事尽职调查工作中形成的完整的工作记录，是对所获信息的科学的整理和加工。工作底稿的质量反映尽职调查人员的勤勉尽责的程度。

总之，尽职调查人员可按照上述尽职调查内容各环节的实际调查情况形成工作底稿。工作底稿中的工作记录和重要资料均应标有索引编号。索引编号应该统一规范、清晰有序。工作底稿各章节之间应有明显的分隔标识。相关工作底稿之间，应保持清晰的勾稽关系。在相互引用时，相关工作底稿上应交叉注明索引编号。工作底稿应有调查人员及与调查相关人员的签字。本尽职调查工作底稿包括但不限于以下内容：工作底稿编制，尽职调查过程所用到的附件内容，方便阐述尽职调查结果的有用的表格与文件等（置于附件）。

第三节   尽职调查报告常见模板

为了让读者进一步更好地理解尽职调查的内容，发挥本书的作用，更好地服务读者，我们整理了下列四个行业的尽职调查报告模板，仅供大家参考。

编号：01   生产制造类尽职调查报告

⊛江西汉辰尽调信用服务有限公司
尽职调查报告

（生产制造类）

企业名称： _____

项目发起： _____

调查人员： _____

审核人员： _____

报告时间： _____

我们在此承诺与保证：此报告是按照《江西汉辰尽调服务有限公司尽职调查大纲》的业务规范和规定要求，根据申请人提供的和本人收集的资料，经我们审慎调查、核实、整理和分析后完成的。报告全面反映了客户最主要、最基本的信息，我们对报告内容的真实性、准确性及完整性负责。

调查官签名： _____

年   月   日

调查官签名： _____

年   月   日

一、申请人基本信息

表8-2   申请人基本信息

客户名称	
成立时间	
注册资本	

续表

法定代表人	法定代表人（实际控制人）			
经营范围				
注册地址				
营业执照注册号		组织机构代码		
开户许可证号		贷款卡号		
行业经验	年限：_____（年）	员工人数		
经营资质	（级别等信息）	评分结果	（行业评分分数）	
本次申请贷款金额		申请融资机构		
申请贷款期限		保费收取标准		
保证金收取比例		风险敞口	按评估净值算	

股权结构	序号	股东名称	出资金额	占比（％）
	1			
	2			
	3			
	股东与实际控制人的关系			
历史沿革				
备注	（存量客户的历史信息等）			

二、申请人基本情况介绍

（一）申请人简介

介绍企业的实际经营地址、主营业务情况、组织架构、经营情况简述、与其他项目有关联的内容：

1. 企业经营资质证书

表8-3　企业经营资质证书统计

序号	名称	有效期	发证机构	权属人	证书介绍
1					
2					

2. 企业专利情况

表8-4　企业专利情况统计

序号	专利号	专利名	发明人	专利权人	有效期
1					
2					

3. 企业商标情况

表8-5　企业商标情况统计

序号	注册号	有效期	商标图	申请人	商标状态	使用商品
1						
2						

4. 企业相关荣誉及政府的行业政策

表8-6　企业相关荣誉及政府的行业政策统计

公司荣誉			
1.		2.	
3.		4.	
政府的行业政策			
1.		2.	
3.		4.	
银行信用评级			
××银行	AAA	××银行	
××银行		××银行	

5. 生产基地主要建筑介绍

表8-7　生产基地主要建筑介绍

项目名称	建筑面积	层数	备注
1#检验大楼	××平方米	4	完成砖混结构
2#厂房	××平方米	2	现已完成框架结构
8#宿舍楼	××平方米	5	完成砖混结构
10#宿舍楼	××平方米	5	完成砖混结构
仓库管理用房	××平方米	2	投入使用
仓库	××平方米	1	竣工
合计	××平方米		

6. 企业发展历史及未来规划

以时间轴的方式表示企业成立至今及未来发展的重要经营决策、银行借款等重要历史时刻，对其中较重要的时刻进行说明。

（二）经营团队与治理结构

1. 公司组织架构（图）

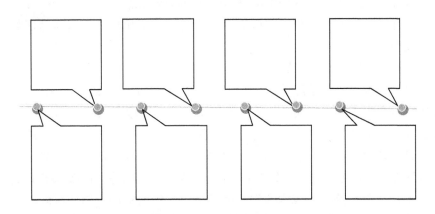

图 8-1　公司组织架构

2. 核心团队介绍

表 8-8　核心团队情况介绍

名称/职务	详细介绍		
（照片） ××/职务	身份证号： 联系电话：　　　　　　　性别： 文化程度：　　　　　　　婚姻状况：　　　　　　　籍贯： 工作经历： 时间　　　　　　　　任职公司　　　　　　　职位 行业经验：　　　　　　年限：_____（年） 家庭情况：（配偶、子女情况） 征信状况：		
（照片） ××/职务	同上		

（三）股东及实际控制人背景调查

（四）外部信息调查

（1）诉讼记录及被执行人信息查询。

（2）网络搜索不良信息。

（3）黑名单记录。

（4）其他。

三、申请人经营情况

（一）所属行业及市场情况

（1）介绍行业总体运行情况及市场供求情况；介绍行业所处产业生命周期阶段及发

展前景，行业门槛及管制要求，行业特征（如周期性、季节性、市场化程度、垄断性等方面）以及行业成功的关键因素。

（2）介绍申请人所处区域的经济情况和区域内行业情况。

（3）介绍申请人的行业地位，在区域经济内的主要竞争优势，其经营优势是否具有可复制性（易替代性）。

（二）本年及未来的经营发展规划

根据需要，分析申请人经营所处的区位、交通状况、商业氛围等环境影响因素；产品及品牌市场竞争力，产供销情况，包括产能利用率、产销率介绍（与历史年度相比较），上下游稳定性、依存度及客户的谈判地位、主要销售手段介绍（垄断的货源、品牌影响力、价格优势、账期优惠、销售网络健全、优质服务等），企业的竞争优势（进货成本较低、产品差异性强、质量较好、品牌知名度高、较强的产品销售和通路管理能力、供应链管理能力）等；从资金条件、技术条件、市场培育、目前资产、销售对规划的支持匹配度等方面进行评估，重点分析评价是否会对公司未来资金链形成较大压力，已实施计划需对计划进展情况进行评价分析。

（三）采购环节（可根据行业特性适当调整采购环节）

1. 代理品牌/采购渠道情况

表 8 - 9　代理品牌、采购渠道情况统计

序号	代理品牌/采购渠道	代理/渠道范围	合作时间	占比	备注
1					合同主要内容，任务量、返点情况、口述情况
2					

2. 供应商情况

表 8 - 10　上年度供应商情况（前五名）　　　　单位：万元

（原材料）供应商	合作年限	年供货量	比重	货款结算方式	结算周期

表 8 - 11　本年度供应商情况（前五名）　　　　单位：万元

（原材料）供应商	合作年限	年供货量	比重	货款结算方式	结算周期

3. 变化情况（以文字方式阐述主要变化及变化原因）

（四）生产环节

1. 主要产品介绍

2. 主要作业工艺流程图

3. 项目技术装备情况

介绍主要设备、设计产能、实际产能、电耗指标、产能利用情况、品质控制情况（产品质量及管理认证体系）并与行业平均水平进行比较。

4. 技术实力情况

主要侧重于技术人员储备是否充足、高校研发合作情况、实验平台情况、自身研发团队情况。

5. 主要产品单位成本销售单价趋势分析

（1）单位产品构成明细表。

（2）单位成本销售单价趋势图。

（五）销售环节（可根据行业特性适当调整销售环节）

1. 销售量占比靠前的主要产品介绍

表 8-12 销售量占比靠前的主要产品统计

序号	产品	销售量	销售占比	备注
1				产品介绍、口述情况等
2				

2. 销售模式

表 8-13 销售模式统计

序号	销售渠道	渠道范围	合作时间	占比	备注
1					合作方式、口述情况等
2					

3. 下游客户情况

表 8-14 上年度下游客户情况（前五名）

下游客户名称	合作年限	年销售额	比重	货款结算方式	结算周期

表 8-15 本年度下游客户情况（前五名）

下游客户名称	合作年限	年销售额	比重	货款结算方式	结算周期

4. 变化情况（以文字方式阐述主要变化及变化原因）

（六）经营其他情况

获取政府及相关方面资金支持的情况等。

四、关联企业

（一）树状组织架构图（分子结构框只写明企业名称及实际控制人控股比例）

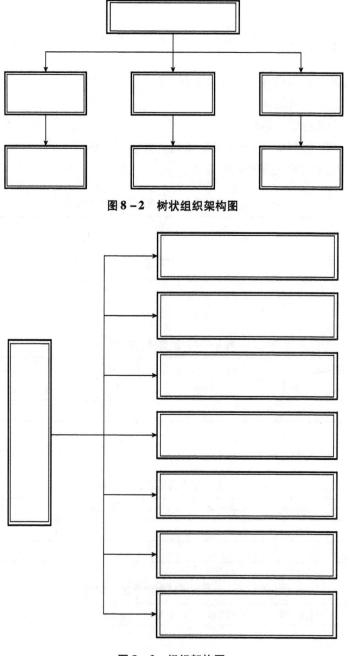

图 8-2　树状组织架构图

图 8-3　组织架构图

（二）关联企业基本信息表

表 8－16 关联企业基本信息

企业名称			实际经营地址		
注册资本		成立时间		法定代表人	
经营范围					
企业简介					

股权结构	序号	股东	出资额（万元）	持股比例（％）
	1			
	2			

截至××年×月，企业财务数据（万元）

货币资金		短期借款	
以公允价值计量且其变动计入当期损益的金融资产		应付票据	
应收账款		应付账款	
预付账款		预收账款	
其他应收款		应付职工薪酬	
存货		应交税费	
长期股权投资		其他应付款	
固定资产净值		—	
资产合计		流动负债合计	
××年营业收入		上年营业收入	
××年净利润		上年净利润	

备注：

资产明细

权属人	位置	用途	建筑面积（平方米）	评估单价（元/平方米）	总价（万元）

负债明细

贷款银行	贷款性质	贷款日期	贷款金额	贷款余额	贷款方式

业务情况（若无业务概述可自行删除）

备注：

（三）关联企业资产合计表

表 8-17　关联企业资产合计

序号	关联公司名称	房产价值	设备价值	其他
1				
	合计			

（四）关联企业负债合计表

表 8-18　关联企业负债合计

序号	关联公司名称	未结清贷款	银行承兑汇票	信用证	对外担保
1					
	合计				

五、申请人财务状况

（一）财务数据对比及分析

1. 企业资产负债表（以企业提供报表数填列）

表 8-19　资产负债表　　　　　　　　　　　　　　单位：万元

资产负债表				
科目	上上年度	上年度	本年当期	上年同期
货币资金				
应收账款				
应收票据				
预付账款				
其他应收款				
存货				
流动资产合计				
长期股权投资				
固定资产				
累计折旧				
在建工程				
无形资产				
非流动资产合计				
资产总计				
短期借款				
应付票据				

续表

资产负债表

科目	上上年度	上年度	本年当期	上年同期
应付账款				
预收款项				
应付职工薪酬				
应交税费				
应付利息				
应付股利				
其他应付款				
流动负债合计				
长期借款				
长期应付款				
专项应付款				
非流动负债合计				
负债总计				
实收资本				
资本公积				
盈余公积				
未分配利润				
所有者权益总计				

利润表

科目	上上年度	上年度	本年当期	上年同期
主营业务收入				
减：主营业务成本				
主营业务税金及附加				
主营业务利润	（亏损以"－"号填列）			
加：其他业务利润	（亏损以"－"号填列）			
减：营业费用				
管理费用				
财务费用				
营业利润	（亏损以"－"号填列）			
加：投资收益	（亏损以"－"号填列）			
补贴收入				
营业外收入				
减：营业外支出				
利润总额	（亏损以"－"号填列）			
减：所得税				
少数股东权益				
净利润	（亏损以"－"号填列）			

注：该表是针对一般性企业设制的，根据每个企业的特殊性，可对表格内科目进行调整。

2. 财务指标分析（以企业提供的报表数据作为计算依据）

表 8-20　各财务指标数据

财务指标		上上年度	上年度	变化率	本年当期	上年同期	变化率
偿债能力指标	资产负债率						
	流动比率						
	速动比率						
	或有负债比率						
	利息保障倍数						
盈利能力指标	销售毛利润率						
	销售净利润率						
	净资产收益率						
营运能力指标	存货周转率						
	应收账款周转率						
	总资产周转率						
发展能力指标	销售收入增长率						
	营业利润增长率						
	总资产增长率						

经对借款人历史数据和财务指标进行比较分析，借款人财务上潜在的风险因素和风险来源，具体从以下几个方面阐述（视项目具体问题进行分析）。

（二）财务状况核实

表 8-21　企业资产负债情况　　　　　　　　　　　单位：万元

资产负债表			
科目	报表数	核实数	差异值
一、总资产			
货币资金			
应收票据			
应收账款			
其他应收款			
预付账款			
存货			
固定资产			
无形资产			
二、总负债			
短期借款			

续表

资产负债表

科目	报表数	核实数	差异值
应付票据			
应付账款			
预收账款			
其他应付款			
长期借款			
三、或有负债			

附本年当期主要科目明细如下：

1. 货币资金

根据客户提供的财务报表及货币资金明细表结合现金、银行存款日记账、其他货币资金台账进行核查；根据银行流水（银行对账单）、定期存单、银行回单等原始资料核实。

表 8 – 22　货币资金明细表

科目摘要	金额	备注
银行存款		银行对账单
其他货币资金		银行承兑汇票保证金
合计		

2. 应收票据

根据客户提供的财务报表及应收票据明细表，结合客户介绍的经营模式及是否有承兑结算进行初步判断；根据承兑汇票原件、销售合同、销售发票及出库单等原始资料核实。

表 8 – 23　应收票据明细表

银行	分类	金额	占比（%）	备注
	≤60 天到期			
	(60，90] 天到期			
	≥90 天到期			
合计				

3. 应收账款（前五名）

根据客户提供的财务报表及应收账款明细表，结合客户口述的经营情况、上下游结算方式等进行初步判断；根据出库单（发货单）、运输单据、销售合同、发票、银行进账单、对账单、结算单（针对工程）等原始资料核实；抽查金额较大或有代表性的客户，在抽查时需注意抽查的品种具有代表性。

表 8-24　应收账款明细表（前五名）

客户名称	账龄	金额	占比（%）	备注
合计				

4. 预付账款（前五名）

根据客户提供的财务报表及预付账款明细表，结合客户口述的经营情况、上游结算方式等进行初步判断；根据购销合同、发票、验收单等原始资料核实；根据现场存货、在建工程等核查。

表 8-25　预付账款明细表（前五名）

供应商名称	金额	占比（%）	备注
合计			

5. 其他应收款

企业其他应收款主要包括：①关联方、个人之间的资金往来；②私人之间的拆借；③存出保证金（贷款、招标等）；④押金（房租、出租包装物等）；⑤各种赔款、罚款等（由保险公司或其他部门单位承担）；⑥为员工垫付的房租、水电费等；⑦其他各种应收、暂付款项。

根据客户提供的财务报表及其他应收款明细表，分析了解其他应收款存在的内容与性质；随机抽查原始单据；剔除内部往来。

表 8-26　其他应收款明细表

科目摘要	金额	占比（%）	备注
关联企业往来			
实际控制人往来			
股东往来			
民间借贷			
保证金			
其他	（正常的员工借支、押金、各种赔款、罚款等）		
合计			

6. 存货

根据客户提供的财务报表及最新存货盘点表，结合客户口述的经营模式，进行初步判断；根据企业进销存台账，出入库单、运输单据、合同、发票、银行进账单等原始资料核实；在企业提供的数据与实际库存差异很大或企业无法提供数据时采用实地盘点存货（注意调查当日采用实地盘点法盘点的库存需根据出入库单还原至与财务报表统一的时点，若企业无法提供出入库单则采用调查当日盘点数）。

表8-27 存货明细表

科目摘要	金额	占比（%）	备注
原材料			
产成品			
其他（半成品、在产品等）			
合计			

7. 长期股权投资（是否要增加持股比例）

根据客户提供的财务报表及长期股权投资明细表，结合客户介绍的股权投资项目与投入等进行初步判断；根据股权投资合同或协议、投资企业工商局网站信息查询、公司章程及验资报告、股东会决议、付款凭证等原始资料核实；关注核实投资回报情况，与被投资企业的资金上的往来等。股金证按当时购入价计算。

表8-28 长期股权投资明细

科目摘要	金额	持股比例	备注
合计			

8. 固定资产净值

根据客户提供的财务报表及最新固定资产明细表，结合企业的经营模式及需使用的主要设备构成，进行初步判断；根据固定资产明细账对应合同及发票、运输单据、付款凭证、税单、保险单、权属证明（行驶证、房产证等）等原始资料核实；需对固定资产的发票进行真假验证（可通过网上查询或致电供应商等方式）；实地查看固定资产（注意规格、型号、设备新旧程度等），机器设备若有入账依据的则认可，非核心生产设备可基本认可。

表 8 - 29　固定资产净值明细

科目摘要	金额	占比（%）	备注
房产			
生产设备			
办公设备			
运输设备			
合计			

9. 在建工程

根据客户提供的财务报表及在建工程明细表，结合客户介绍的在建工程情况进行初步判断；根据相关预算、立项申请、环评、施工合同、发票、工程结算单、付款凭证、验收报告等原始资料核实；并实地查看在建工程的进度，初步判断与企业的入账价值是否相符。

表 8 - 30　在建工程明细

项目名称	金额	备注
合计		

10. 无形资产净值

根据客户提供的财务报表及无形资产净值明细表，结合客户介绍的无形资产构成与价值等进行初步判断；根据权属证书即土地证、商标或专利证书、技术开发合同协议、依法登记或批准的相关文件、付款凭证等原始资料核实。对于有土地使用权的企业，应包括土地出让金的金额，何时取得，记入哪个科目，有无评估增值及增值多少，记入哪个科目等。

表 8 - 31　无形资产净值明细表

科目摘要	金额	备注
土地使用权		
合计		

11. 短期借款

通过借款合同，了解借款金额、借款条件、借款日期、还款期限、借款利率等信息；根据客户提供的征信报告、借款合同及财务报表展开调查；针对征信报告中存在的未结清短期借款，现场与客户确认贷款的银行、期限、余额、贷款方式、反担保条件、是否续贷等；根据银行流水（银行对账单）核查进项中是否有银行借款；结合客户介绍了解是否有未上征信的借款。

表 8-32　短期借款明细

贷款机构	期限	合同金额	余额	利率	新增	备注
					是	
					否	
合计						

12. 对外担保

通过人民银行登记系统查询所得数据，并结合企业自身提供的信息资料填写，需关注对外担保是否存在代偿的风险影响企业正常经营。

表 8-33　对外担保明细表

被担保企业	债权机构	担保金额	担保期限	担保关系 （是否互保、联保等）
合计				

13. 应付票据

根据企业征信报告、借款合同及财务报表、企业应付票据备查簿、应付票据明细表进行展开调查，结合票据合同，了解应付票据的种类、出票日期、到期日期、票面金额、收款人姓名或单位名称等信息；针对征信报告中的未结票据，现场与客户确认开具票据的银行、期限、保证金比例等；与客户交谈，了解真实的应付票据情况。

表 8-34　应收票据明细表

银行	分类	金额	占比（%）	备注
	≤60 天到期			
	(60，90] 天到期			
	≥90 天到期			
合计				

14. 应付账款（前五名）

根据客户提供的财务报表及应付账款明细表，结合客户口述的经营情况、上下游结算方式等，进行初步判断；根据入库单（进货单）、验收单、运输单据、采购合同、发票等原始资料核实；抽查金额较大或有代表性的客户。

表 8-35　应付账款明细表（前五名）

供应商名称	账龄	金额	占比（%）	备注
合计				

15. 预收账款（前五名）

根据客户提供的财务报表及预收账款明细表，结合客户口述的经营情况、上下游结算方式等，进行初步判断；根据购销合同、发票等原始单据核实。目前一般房地产企业预收账款金额较大。

表 8-36　预收账款明细表（前五名）

客户名称	金额	占比（%）	备注
合计			

16. 其他应付款（前五名）

企业其他应付款主要包括：应付经营租入固定资产和包装物的租金，职工未按期领取的工资，存入保证金（如收入包装物押金等），其他应付、暂收款项。

根据客户提供的财务报表及其他应付款明细表，分析了解其他应付款存在的内容与性质，随机抽查其他应付款的发生依据和凭证。应剔除关联往来、关注民间借贷的情况。

表 8-37　其他应付款明细表（前五名）

科目摘要	金额	占比（%）	备注
			借款
			民间借贷
合计			

（三）近期企业经营成果

表 8-38　利润表　　　　　　　　　　单位：万元

利润表			
科目	报表数据	核实数据	差异值
主营业务收入			

续表

利润表

科目	报表数据	核实数据	差异值
减：主营业务成本			
主营业务税金及附加			
主营业务利润	（亏损以"－"号填列）		
加：其他业务利润	（亏损以"－"号填列）		
减：营业费用			
管理费用			
财务费用			
营业利润	（亏损以"－"号填列）		
加：投资收益	（亏损以"－"号填列）		
补贴收入			
营业外收入			
减：营业外支出			
利润总额	（亏损以"－"号填列）		
减：所得税			
少数股东权益			
净利润	（亏损以"－"号填列）		

1. 收入核查

根据实际核实到的月度销售额反映企业的月度销售情况，其中网上纳税系统核实×年企业开票收入为××万元，×年×月开票收入为××万元，明细如表8-39所示。

表8-39 上年与本年各月收入明细分析　　　　　　　　单位：万元

上年度		本年度		变化值
1月		1月		
2月		2月		
3月		3月		
4月		4月		
5月		5月		
6月		6月		
7月		7月		
8月		8月		
9月		9月		
10月		10月		
11月		11月		

上年度		本年度		变化值
12 月		12 月		
合计		合计		
月均		月均		

通过一年又一期的纳税申报表收入（或税务发票、纳税证明等）、海关数据（进出口企业适用）、银行流水反映收入、产能、水电费等其他方面多方面佐证收入的合理性。

2. 图表分析（可根据企业收入情况画图具体分析）

3. 成本费用分析

表 8－40　成本费用分析　　　　　　　　　　　　　　　单位：万元

科目	上年度	本年度	备注
直接成本汇总			
其中：			
间接成本汇总			
其中：			
总计			

以上表格为生产性企业制定的科目，实际情况根据企业所处行业及核实到的费用科目对以上表进行调整，对于成本分析可自制分析表格，按照具体情况进行分析。

（四）申请人经营真实性核实与分析

1. 申请人征信系统查询情况

2. 纳税情况

表 8－41　纳税情况统计表　　　　　　　　　　　　　　单位：万元

税种	增值税	消费税	营业税	城建税及教育费附加	个人所得税	企业所得税	……	合计
上年度								
本年度								

3. 银行流水

表 8 - 42　银行流水统计表　　　　　　　　　　单位：万元

账户名	账号	开户行	期限	进账金额	月平均

注：本次未提供企业全部的流水，根据以上流水可以看出企业走账较多与实际收入不配比。

4. 水电等费用分析

表 8 - 43　水电等费用统计表　　　　　　　　单位：万元

上年度			本年度		
月份	水费	电费	月份	水费	电费
1			1		
2			2		
3			3		
4			4		
5			5		
6			6		
7			7		
8			8		
9			9		
10			10		
11			11		
12			12		
合计			合计		
月均			月均		

注：以上按生产企业水电气等费用填列。

（五）财务综合评价

从企业盈利能力、偿债能力、营运能力、发展能力、现金流量情况、对外投资和担保影响等来综合评价。

（六）个人及家庭资产及负债

表 8 - 44　个人及家庭资产及负债统计表　　　　　　单位：万元

房产	地址	面积/用途	购买时间	购买价值/评估值
	房产小计			
运输工具	品牌	型号	购买时间	购买价值/评估值
	运输工具小计			
金融资产	品种	余额	购买时间	购买价值/评估值
	银行存款			
	股金证、股票等			
	金融资产小计			
资产合计				

贷款	期限	贷款银行	合同金额	余额	贷款方式
	合计				
对外担保	期限	贷款银行	被担保人	余额	贷款方式
贷记卡					
逾期记录	这个在团队介绍中有相关内容，是否要反映在此处				
负债合计					

注：实物资产以提供权属证明复印件作为依据。

六、授信用途及还款来源调查分析

表 8 - 45　授信用途及还款来源调查分析

授信用途	
授信用途评价	授信用途真实性分析
还款来源分析	（一）第一还款来源分析 综合经营情况、财务状况、现金流及偿债能力、债务到期情况，分析第一还款来源的充分性，如授信方案中涉及特定用途、流程控制等内容的，应针对用途的合法性及流程管控的有效性进行分析评价 （二）第二还款来源分析 分析第二还款来源的保障力度

七、主要风险及对项目的影响

（1）主要风险点披露（经营管理风险、行业风险、法律风险、财务风险、流动性风险、道德信用风险等）。

（2）项目优势。

八、反担保措施

（1）××有限公司100％股权质押；

（2）××与××签订个人无限连带责任；

（3）××有限公司提供评估净值为××万元的房产办理抵押。

附件一：评估报告（略）。

附件二：项目调查工作底稿（略）。

附件三：项目评审过程中提出的重要问题的补充说明（略）。

编号：02 商贸类尽职调查报告

江西汉辰尽调信用服务有限公司
尽职调查报告

（商贸类）

企业名称：＿＿＿＿＿＿＿＿＿＿＿＿

项目发起：＿＿＿＿＿＿＿＿＿＿＿＿

调查人员：＿＿＿＿＿＿＿＿＿＿＿＿

审核人员：＿＿＿＿＿＿＿＿＿＿＿＿

报告时间：＿＿＿＿＿＿＿＿＿＿＿＿

我们在此承诺与保证：此报告是按照《江西汉辰尽调服务有限公司尽职调查大纲》的业务规范和规定要求，根据申请人提供的和本人收集的资料，经我们审慎调查、核实、整理和分析后完成的。报告全面反映了客户最主要、最基本的信息，我们对报告内容的真实性、准确性及完整性负责。

调查官签名：＿＿＿＿＿＿＿＿

年 月 日

调查官签名：＿＿＿＿＿＿＿＿

年 月 日

一、申请人基本信息

表8-46 申请人基本信息

客户名称			
成立时间			
注册资本			
法定代表人	法定代表人（实际控制人）		
经营范围			
注册地址			
营业执照注册号		组织机构代码	
开户许可证号		贷款卡号	
行业经验	年限：＿＿（年）	员工人数	
经营资质	（级别等信息）	评分结果	（行业评分分数）
本次申请融资金额		申请融资机构	
申请融资期限		保费收取标准	
保证金收取比例		风险敞口	按评估净值算
股权结构	序号	股东名称	出资金额	占比（％）
	1			
	2			
	3			
	股东与实际控制人的关系			
历史沿革			
备注	（存量客户的历史信息等）		

二、申请人基本情况介绍

（一）申请人简介

介绍企业实际经营地址、主营业务情况、组织架构、经营情况简述、与其他项目有关联的内容。

1. 经营资质证书

表8-47 经营资质证书统计表

序号	名称	有效期	发证机构	权属人	证书介绍
1					
2					

2. 相关荣誉、政策

表 8 - 48　相关荣誉、政策统计表

公司荣誉			
1.		2.	
3.		4.	
政府的行业政策			
1.		2.	
3.		4.	
银行信用评级			
×××银行	AAA	×××银行	
×××银行		×××银行	

3. 办公场所情况

表 8 - 49　办公场所情况统计表

序号	权属人	面积	租赁费用	租赁期限	所在地址及描述繁华程度
1					
2					

（二）核心管理团队

表 8 - 50　核心管理团队介绍

名称/职务	详细介绍
（照片） ××/职务	身份证号： 联系电话：　　　　性别： 文化程度：　　婚姻状况：　　　　籍贯： 工作经历： 时间　　　　　任职公司　　　　　职位 行业经验：　　　　年限：＿＿＿＿＿＿（年） 家庭情况：（配偶、子女情况） 征信状况：
（照片） ××/职务	同上

（三）股东及实际控制人背景调查

（四）外围调查

（1）诉讼记录及被执行人信息查询。

（2）网络搜索不良信息。

（3）黑名单记录。

（4）其他。

三、申请人经营情况

（一）所属行业及市场情况

（1）介绍区域批发零售业特别是申请人所处行业总体运行情况，包括近期进出口贸易政策、国内外下游市场景气情况分析等，行业特征（如周期性、季节性、市场化程度等方面），行业门槛及管制要求，行业市场供求状况及行业成功的关键因素等。

（2）介绍申请人的行业地位，根据政府、行业协会排名（纳税、进出口、销售收入等），了解申请人在该行业的排名或当地所有企业的排名；主要批零品种在市场内的占比情况，以及其在区域、行业内的主要竞争优势。

（3）介绍主要竞争对手，并作优劣对比分析，说明对申请人未来经营的影响。

（二）本年及未来的经营发展规划

申请人销售市场，销售对象，主要上游供应商，上下游购销结算模式（包括结算方式、账期）及变动趋势，上下游供销渠道是否稳定、畅通等。特别是申请人贸易主要销售市场经济及贸易政策异动、主要销售客户经营重大变动等事项；涉及进出口的，应补充描述进出口模式、海关综合处近期进出口额的统计数据，报关单进出口业务量等；若涉及期货交易，需说明是仅从事套保交易，还是涉及脱离贸易业务的投机活动，描述期货套保操作模式。

根据需要，分析申请人经营所处区位、交通状况、商业氛围等环境影响因素；产品及品牌市场竞争力，企业的竞争优势（进货成本较低、产品差异性强、质量较好、品牌知名度高、较强的产品销售和通路管理能力、供应链管理能力）等；从资金条件、技术条件、市场培育、目前资产、销售对规划的支持匹配度等方面进行评估，重点分析评价是否会对公司未来资金链形成较大压力，已实施计划需对计划进展情况进行评价分析。

（三）采购环节（可根据行业特性适当调整采购环节）

1. 代理品牌/采购渠道情况

表 8-51　代理品牌/采购渠道情况统计表

序号	代理品牌/采购渠道	代理/渠道范围	合作时间	占比	备注
1					合同主要内容、任务量、返点情况、企业口述情况等
2					

2. 供应商情况

（1）上年度供应商情况（前五名）。

表 8 - 52 上年度供应商情况统计表（前五名）　　　　　单位：万元

（原材料）供应商	合作年限	年供货量	比重	货款结算方式	结算周期

（2）本年度供应商情况（前五名）。

表 8 - 53 本年度供应商情况统计表（前五名）　　　　　单位：万元

（原材料）供应商	合作年限	年供货量	比重	货款结算方式	结算周期

（3）变化情况（以文字方式阐述主要变化及变化原因）。

3. 仓库情况

表 8 - 54 仓库统计表

序号	权属人	面积	租赁费用	租赁期限	押金	所在地址
1						
2						

（四）销售环节（可根据行业特性适当调整采购环节）

1. 企业产品（销售量占比靠前的主要品种介绍）

表 8 - 55 企业主要产品介绍

序号	品种	销售量	销售占比	产品介绍
1				说明是自营或代理情况
2				

2. 销售模式

表 8 - 56 销售模式介绍

序号	销售渠道	渠道范围	合作时间	占比	备注
1					合同主要内容、口述情况等
2					

3. 下游客户情况

（1）上年度下游客户情况（前五名）。

表 8 - 57　上年度下游客户情况统计表（前五名）

下游客户名称	合作年限	年销售额	比重	货款结算方式	结算周期

（2）本年度下游客户情况（前五名）。

表 8 - 58　本年度下游客户情况统计表

下游客户名称	合作年限	年销售额	比重	货款结算方式	结算周期

（3）变化情况（以文字方式阐述主要变化及变化原因）

（五）其他情况介绍

介绍申请人、实际控制人及关联方是否存在如下可能对持续经营产生不利影响的因素，如有，应分析对公司债权的影响。

若涉及出口退税：

（1）详细了解申请人出口退税的税率及退税流程。

（2）了解申请人出口退税情况：统计借款人近 3 年的出口退税专用账户退税款流水情况。

（3）了解申请人行业所对应的国家出口退税政策和相关要求，并调查申请人是否有虚假出口、虚开增值税发票、骗退税、逃套汇等不良行为，有无被列入税务、海关、外汇管理局等国家机关的违规行为通报名单等不利因素。

四、关联企业

（一）树状组织架构图（分子结构框只写明企业名称及实际控制人控股比例）

视关联企业多少选择以下图形：

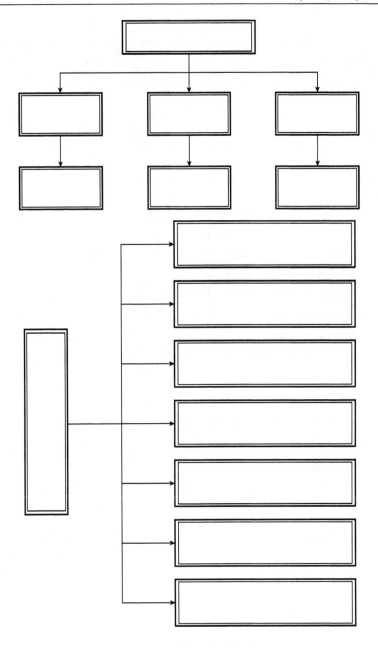

图 8 - 4 树状组织架构图

（二）关联企业基本信息表

表 8 - 59 关联企业基本信息表

企业名称			实际经营地址		
注册资本		成立时间		法定代表人	
经营范围					
企业简介					

股权结构	序号	股东	出资额（万元）	持股比例（%）
	1			
	2			

截至××年×月，企业财务数据（万元）

货币资金		短期借款	
以公允价值计量且其变动计入当期损益的金融资产		应付票据	
应收账款		应付账款	
预付账款		预收账款	
其他应收款		应付职工薪酬	
存货		应交税费	
长期股权投资		其他应付款	
固定资产净值		—	
资产合计：		流动负债合计：	
××年营业收入：		上年营业收入：	
××年净利润：		上年净利润：	

备注：

资产明细

权属人	位置	用途	建筑面积（平方米）	评估单价（元/平方米）	总价（万元）

负债明细

贷款银行	贷款性质	贷款日期	贷款金额	贷款余额	贷款方式

业务情况（若无业务概述可自行删除）

备注：

（三）关联企业资产合计表

表8-60 关联企业资产合计表

序号	关联公司名称	房产价值	设备价值	其他
1				
	合计			

（四）关联企业负债合计表

表 8 – 61 关联企业负债合计表

序号	关联公司名称	未结清贷款	银行承兑汇票	信用证	对外担保
1					
	合计				

五、申请人财务状况

（一）近两年及近期财务报表对比及分析

1. 企业财务报表（以企业提供报表数填列）

表 8 – 62 企业近两年财务报表 单位：万元

资产负债表				
科目	20×年度	20×年度	本年度	上年同期
货币资金				
应收账款				
应收票据				
预付账款				
其他应收款				
存货				
流动资产合计				
长期股权投资				
固定资产				
累计折旧				
在建工程				
无形资产				
非流动资产合计				
资产总计				
短期借款				
应付票据				
应付账款				
预收款项				
应付职工薪酬				
应交税费				

续表

资产负债表

科目	20×年度	20×年度	本年度	上年同期
应付利息				
应付股利				
其他应付款				
流动负债合计				
长期借款				
长期应付款				
专项应付款				
非流动负债合计				
负债总计				
实收资本				
资本公积				
盈余公积				
未分配利润				
所有者权益总计				

利润表

科目	20×年度	20×年度	本年度	上年同期
主营业务收入				
减：主营业务成本				
主营业务税金及附加				
主营业务利润	（亏损以"－"号填列）			
加：其他业务利润	（亏损以"－"号填列）			
减：营业费用				
管理费用				
财务费用				
营业利润	（亏损以"－"号填列）			
加：投资收益	（亏损以"－"号填列）			
补贴收入				
营业外收入				
减：营业外支出				
利润总额	（亏损以"－"号填列）			
减：所得税				
少数股东权益				
净利润	（亏损以"－"号填列）			

注：该表是针对一般性企业设制的，根据每个企业的特殊性，可对表格内科目进行调整。

2. 财务指标分析（以企业提供的报表数据作为计算依据）

表8-63 财务指标分析表

财务指标		20×年度	20×年度	变化值	本年当期	上年同期	变化值
偿债能力指标	资产负债率						
	流动比率						
	速动比率						
	或有负债比率						
	利息保障倍数						
盈利能力指标	销售毛利润率						
	销售净利润率						
	净资产收益率						
营运能力指标	存货周转率						
	应收账款周转率						
	总资产周转率						
发展能力指标	销售收入增长率						
	营业利润增长率						
	总资产增长率						

经对借款人历史数据和财务指标进行比较分析，借款人财务上潜在的风险因素和风险来源，具体从以下几方面阐述（视项目具体问题进行分析）。

（二）近期财务状况核实（截至　年　月）

表8-64 近期财务状况核实　　　　　　　　　　　单位：万元

资产负债表			
科目	报表数	核实数	差异值
一、总资产			
货币资金			
应收票据			
应收账款			
其他应收款			
预付账款			
存货			
固定资产			
无形资产			
二、总负债			

续表

资产负债表

科目	报表数	核实数	差异值
短期借款			
应付票据			
应付账款			
预收账款			
其他应付款			
长期借款			
三、或有负债			

附注：

1. 货币资金

根据客户提供的财务报表及货币资金明细表，结合现金、银行存款日记账、其他货币资金台账进行核查；根据银行流水（银行对账单）、定期存单、银行回单等原始资料核实。

表 8 - 65　货币资金明细表

科目摘要	金额	备注
银行存款		银行对账单
其他货币资金		银行承兑汇票保证金
合计		

2. 应收票据

根据客户提供的财务报表及应收票据明细表，结合客户介绍的经营模式及是否有承兑结算，进行初步判断；根据承兑汇票原件、销售合同、销售发票及出库单等原始资料核实。

表 8 - 66　应收票据明细表

银行	分类	金额	占比（%）	备注
	≤60 天到期			
	（60，90）天到期			
	≥90 天到期			
合计				

3. 应收账款（前五名）

根据客户提供的财务报表及应收账款明细表，结合客户口述的经营情况、上下游结算方式等进行初步判断；根据出库单（发货单）、运输单据、销售合同、发票、银行进账单、对账单、结算单（针对工程）等原始资料核实；抽查金额较大或有代表性的客户，在抽查时需注意抽查的品种具有代表性。

表 8 – 67   应收账款明细表（前五名）

客户名称	账龄	金额	占比（%）	备注
合计				

4. 预付账款

根据客户提供的财务报表及预付账款明细表，结合客户口述的经营情况、上游结算方式等进行初步判断；根据购销合同、发票、验收单等原始资料核实；根据现场存货、在建工程等核查。

表 8 – 68   预付账款明细表（前五名）

供应商名称	金额	占比（%）	备注
合计			

5. 其他应收款

企业其他应收款主要包括：①关联方、个人之间的资金往来；②私人之间的拆借；③存出保证金（贷款、招标等）；④押金（房租、出租包装物等）；⑤各种赔款、罚款等（由保险公司或其他部门单位承担）；⑥为员工垫付的房租、水电费等；⑦其他各种应收、暂付款项。

根据客户提供的财务报表及其他应收款明细表，分析了解其他应收款存在的内容与性质；随机抽查原始单据；剔除内部往来。

表 8 – 69   其他应收款明细表

科目摘要	金额	占比（%）	备注
关联企业往来			
实际控制人往来			
股东往来			
民间借贷			

科目摘要	金额	占比（%）	备注
保证金			
其他	（正常的员工借支、押金、各种赔款、罚款等）		
合计			

6. 存货

根据客户提供的财务报表及最新存货盘点表，结合客户口述的经营模式，进行初步判断；根据企业进销存台账，出入库单、运输单据、合同、发票、银行进账单等原始资料核实；在企业提供数据与实际库存差异很大或企业无法提供数据时采用实地盘点存货（注意调查当日采用实地盘点法盘点的库存需根据出入库单还原至与财务报表统一的时点，若企业无法提供出入库单则采用调查当日盘点数）。

表 8 - 70　存货明细表

科目摘要	金额	占比（%）	备注
原材料			
产成品			
其他（半成品、在产品等）			
合计			

7. 长期股权投资（是否要增加持股比例）

根据客户提供的财务报表及长期股权投资明细表，结合客户介绍的股权投资项目与投入等，进行初步判断；根据股权投资合同或协议、投资企业工商局网站信息查询、公司章程及验资报告、股东会决议、付款凭证等原始资料核实；关注核实投资回报情况，与被投资企业的资金上的往来等。股金证按当时购入价计算。

表 8 - 71　长期股权投资明细表

科目摘要	金额	持股比例	备注
合计			

8. 固定资产净值

根据客户提供的财务报表及最新固定资产净值明细表，结合企业的经营模式及需使用的主要设备构成，进行初步判断；根据固定资产明细账对应合同及发票、运输单据、付款凭证、税单、保险单、权属证明（行驶证、房产证等）等原始资料核实；需对固定资产的发票进行真假验证（可通过网上查询或致电供应商等方式）；实地查看固定资产（注意规格、型号、设备新旧程度等），机器设备若有入账依据则认可，非核心生产设备可基本认可。

表8-72 固定资产净值明细表

科目摘要	金额	占比（%）	备注
房产			
生产设备			
办公设备			
运输设备			
合计			

9. 在建工程

根据客户提供的财务报表及在建工程明细表，结合客户介绍的在建工程情况，进行初步判断；根据相关预算、立项申请、环评、施工合同、发票、工程结算单、付款凭证、验收报告等原始资料核实；并实地查看在建工程的进度，初步判断与企业的入账价值是否相符。

表8-73 在建工程明细表

项目名称	金额	备注
合计		

10. 无形资产净值

根据客户提供的财务报表及无形资产净值明细表，结合客户介绍的无形资产构成与价值等，进行初步判断；根据权属证书，即土地证、商标或专利证书、技术开发合同协议、依法登记或批准的相关文件、付款凭证等原始资料核实。对于有土地使用权的企业，应包括土地出让金的金额，何时取得，记入哪个科目，有无评估增值及增值多少，记入哪个科目等。

表8-74 无形资产净值明细表

科目摘要	金额	备注
土地使用权		
合计		

11. 短期借款

通过借款合同，了解借款金额、借款条件、借款日期、还款期限、借款利率等信息；根据客户提供的征信报告、借款合同及财务报表展开调查；针对征信报告中存在的未结清短期借款，现场与客户确认贷款的银行、期限、余额、贷款方式、反担保条件、是否续贷等；根据银行流水（银行对账单）核查进项中是否有银行借款；结合客户介绍了解是否有未上征信的借款。

表 8 - 75　短期借款明细表

贷款机构	期限	合同金额	余额	利率	新增	备注
					是	
					否	
合计						

12. 对外担保

通过人民银行登记系统查询所得数据，并结合企业自身提供的信息资料填写，需关注对外担保是否存在代偿的风险，是否会影响企业正常经营。

表 8 - 76　对外担保明细表

被担保企业	债权机构	担保金额	担保期限	担保关系（是否互保、联保等）
合计				

13. 应付票据

根据企业征信报告、借款合同及财务报表、企业应付票据备查簿、应付票据明细表进行展开调查，结合票据合同，了解应付票据的种类、出票日期、到期日期、票面金额、收款人姓名或单位名称等信息；针对征信报告中的未结票据，现场与客户确认开具票据的银行、期限、保证金比例等；与客户交谈，了解真实的应付票据情况。

表 8 - 77　应付票据明细表

银行	分类	金额	占比（%）	备注
	≤60 天到期			
	(60，90) 天到期			
	≥90 天到期			
合计				

14. 应付账款（前五名）

根据客户提供的财务报表及应付账款明细表，结合客户口述的经营情况、上下游结算方式等进行初步判断；根据入库单（进货单）、验收单、运输单据、采购合同、发票等原始资料核实；抽查金额较大或有代表性的客户。

表8-78　应付账款明细表（前五名）

供应商名称	账龄	金额	占比（%）	备注
合计				

15. 预收账款（前五名）

根据客户提供的财务报表及预收账款明细表，结合客户口述的经营情况、上下游结算方式等进行初步判断；根据购销合同、发票等原始单据核实。目前一般房地产企业预收账款金额较大。

表8-79　预收账款明细表（前五名）

客户名称	金额	占比（%）	备注
合计			

16. 其他应付款

企业其他应付款主要包括：应付经营租入固定资产和包装物的租金，职工未按期领取的工资，存入保证金（如收入包装物押金等），其他应付、暂收款项。

根据客户提供的财务报表及其他应付款明细表分析了解其他应付款存在的内容与性质，随机抽查其他应付款的发生依据和凭证。应剔除关联往来、关注民间借贷的情况。

表8-80　其他应付款明细表（前五名）

科目摘要	金额	占比（%）	备注
			借款
			民间借贷
合计			

（三）近期企业经营成果（截至　年　月）

1. 利润情况

表 8 - 81　利润表　　　　　　　　　　　　　　　　　　单位：万元

利润表			
科目	报表数据	核实数据	差异值
主营业务收入			
减：主营业务成本			
主营业务税金及附加			
主营业务利润	（亏损以"－"号填列）		
加：其他业务利润	（亏损以"－"号填列）		
减：营业费用			
管理费用			
财务费用			
营业利润	（亏损以"－"号填列）		
加：投资收益	（亏损以"－"号填列）		
补贴收入			
营业外收入			
减：营业外支出			
利润总额	（亏损以"－"号填列）		
减：所得税			
少数股东权益			
净利润	（亏损以"－"号填列）		

2. 收入核查

在实际操作中可根据不同行业实际情况而定。

通过实际控制人反映收入、纳税申报表收入（或税务发票、纳税证明等）、海关数据（进出口企业适用）、银行流水反映收入、产能、水电费等其他多方面阐述总收入情况。其中网上纳税系统核实×年企业开票收入为××万元，×年×月开票收入为万元，（在能核实到企业所有收入的情况下，表8-82原则上填列总收入）明细如下：

表 8 - 82　上年与本年各月收入明细分析　　　　　　　　　　单位：万元

上年度		本年度		变化值
1月		1月		
2月		2月		
3月		3月		
4月		4月		

续表

上年度		本年度		变化值
5 月		5 月		
6 月		6 月		
7 月		7 月		
8 月		8 月		
9 月		9 月		
10 月		10 月		
11 月		11 月		
12 月		12 月		
合计		合计		
月均		月均		

通过一年又一期的纳税申报表收入（或税务发票、纳税证明等）、海关数据（进出口企业适用）、银行流水反映收入、产能、水电费等其他多方面佐证收入的合理性。

3. 图表分析（可根据企业收入情况画图具体分析）

4. 成本费用分析

表 8-83 成本费用分析汇总表   单位：万元

科目	上年度	本年度	备注
直接成本汇总			
其中：			
间接成本汇总			
其中：			
总计			

以上表格为生产性企业制定的科目，实际情况根据企业所处行业及核实到的费用科目对以上表进行调整，对于成本分析可自制分析表格，按照具体情况进行分析。

（四）申请人经营真实性核实与分析

1. 申请人征信系统查询情况

2. 纳税情况

表 8 - 84 纳税情况统计表 单位：万元

税种	增值税	消费税	营业税	城建税及教育费附加	个人所得税	企业所得税	……	合计
上年度								
本年度								

3. 银行流水

表 8 - 85 银行流水统计表 单位：万元

账户名	账号	开户行	期限	进账金额	月平均

注：本次未提供企业全部的流水，根据以上流水可以看出企业走账较多与实际收入不配比。

（五）财务综合评价

从企业盈利能力、偿债能力、营运能力、发展能力、现金流量情况、对外投资和担保影响等来综合评价。

（六）个人及家庭资产及负债

表 8 - 86 个人及家庭资产及负债统计表 单位：万元

	地址	面积/用途	购买时间	购买价值/评估值
房产				
	房产小计			
	品牌	型号	购买时间	购买价值/评估值
运输工具				
	运输工具小计			
	品种	余额	购买时间	购买价值/评估值
金融资产	银行存款			
	股金证、股票等			
	金融资产小计			
资产合计				
	期限	贷款银行	合同金额	余额	贷款方式
贷款					
	合计				

续表

	期限	贷款银行	被担保人	余额	贷款方式
对外担保					
贷记卡					
逾期记录	这个在团队介绍中有相关内容，是否要反映在此处				
负债合计					

注：实物资产以提供权属证明复印件作为依据。

六、授信用途及还款来源调查分析

表 8-87　授信用途及还款来源调查分析

授信用途	
授信用途评价	授信用途真实性分析
还款来源分析	（一）第一还款来源分析 综合经营情况、财务状况、现金流及偿债能力、债务到期情况，分析第一还款来源的充分性，如授信方案中涉及特定用途、流程控制等内容的，应针对用途的合法性及流程管控的有效性进行分析评价 （二）第二还款来源分析 分析第二还款来源的保障力度

七、项目综合评价

（1）主要风险点披露（经营管理风险、行业风险、法律风险、财务风险、流动性风险、道德信用风险等）。

（2）项目优势。

八、反担保措施

（1）××有限公司100％股权质押；

（2）××与××签订个人无限连带责任；

（3）××有限公司提供评估净值为××万元的房产办理抵押。

附件一：评估报告（略）。

附件二：项目调查工作底稿（略）。

附件三：项目评审过程中提出的重要问题的补充说明（略）。

编号：03　建筑施工类尽职调查报告

⊕江西汉辰尽调信用服务有限公司
尽职调查报告

（建筑施工类）

企业名称：_____

项目发起：_____

调查人员：_____

审核人员：_____

报告时间：_____

我们在此承诺与保证：此报告是按照《江西汉辰尽调服务有限公司尽职调查大纲》的业务规范和规定要求，根据申请人提供的和本人收集的资料，经我们审慎调查、核实、整理和分析后完成的。报告全面反映了客户最主要、最基本的信息，我们对报告内容的真实性、准确性及完整性负责。

调查官签名：_____

年　月　日

调查官签名：_____

年　月　日

一、申请人基本信息

表 8-88　申请人基本信息表

客户名称			
成立时间			
注册资本			
法定代表人	法定代表人（实际控制人）		
经营范围			
注册地址			
主要经营资质	××一级资质，××二级资质，××三级资质		
营业执照注册号		组织机构代码	
开户许可证号		贷款卡号	

续表

行业经验	年限：_____（年）		员工人数	
本次申请贷款金额			申请融资机构	
申请贷款期限			保费收取标准	
保证金收取比例			评分结果	（行业评分分数）
风险敞口	按评估净值算			
股权结构	序号	股东名称	出资金额	占比（%）
	1			
	2			
	3			
	股东与实际控制人的关系			
历史沿革				
备注	（存量客户的历史信息等）			

二、申请人基本情况介绍

（一）申请人简介

介绍企业实际经营地址、企业历史沿革、主营业务情况、承接业务的能力及优势、与其他项目有关联的内容等。

1. 相关荣誉

表8-89 相关荣誉统计表

公司获奖			
1.		2.	
3.		4.	
工程项目荣誉			
1. ×××年×××项目鲁班奖		2. ×××年×××项目杜鹃花奖	
3.		4.	
银行信用评级			
×××银行	AAA	×××银行	
×××银行		×××银行	

2. 经营资质

企业拥有××一级资质、××二级资质、××三级资质，具体资质证书明细如下所示：

表8-90　经营资质证书明细表

序号	全国/江西	资质类别	资质等级	资质序列	是否主项	核准时间
1						
2						
3						

3. 办公场所情况

表8-91　办公场所汇总表

序号	权属人	面积	租赁费用	租赁期限	所在地址及描述繁华程度
1					
2					

4. 企业组织架构图（树状图，图略）

（二）核心团队介绍

表8-92　核心团队介绍

名称/职务	详细介绍
（照片） ××/职务	身份证号： 联系电话：　　　　性别： 文化程度：　　　婚姻状况：　　　　籍贯： 工作经历： 时间　　　　　　任职公司　　　　　　职位 行业经验：　　　　　　年限：＿＿＿＿＿＿（年） 家庭情况：（配偶、子女情况）
	征信状况：
（照片） ××/职务	同上

（三）股东及实际控制人背景调查

（四）外部信息调查

（1）诉讼记录及被执行人信息查询。

表 8 - 93 诉讼记录及被执行人信息查询统计表

序号	被执行人名称	立案时间	执行标的	案件状态	涉诉原因	备注
1						
2						

（2）网络搜索不良信息。

（3）黑名单记录。

（4）其他。

三、申请人业务

相关业务情况汇总如下（汇总介绍申请人的业务情况汇总情况，业务占比、业务承接方式等，业务主要来源等，上年以及当年的中标情况、关注业主实力和工程类型——房屋、桥梁、水电等）：

表 8 - 94 业务汇总表

项目	自营项目	合作项目	挂靠项目	合计
上年中标项目数				
中标金额				
当年中标项目数				
中标金额				
当年在建项目数				
合同金额				
中标未开工项目数				
合同金额				

1. 在建自营项目情况

介绍自建项目的模式、主要业务来源、回款方式等，截至×年×月×日，在建自营项目合计×个，工程总造价×万元，累计已收工程款×万元。具体明细如下所示：

表 8 - 95 在建自营项目明细表

序号	工程名称	开工时间	合同造价	累计已付工程成本	累计已收工程款		应收工程款	工程进度（%）
					以前年度收款	当年收款		
1								
2								
3								
	合计							

2. 合作项目情况

主要介绍合作模式，是否进行合作项目的管理、投资比例、回款方式等。

表8-96　合作项目明细表

序号	工程名称	中标时间	开工时间	合同造价	企业占股（%）	累计已收工程款		应收工程款	工程进度（%）
						以前年度收款	当年收款		
1									
2									
3									
	合计								

3. 在建的挂靠项目情况

介绍收取管理费的比例、企业对挂靠项目的管理模式、监管情况怎样、收款方式等。

4. 中标未开工项目情况

截至×年×月×日，企业未开工×个，合同造价×万元，其中自建项目×个，合同造价×万元；如有特殊未开工的原因，在此简单说明。

表8-97　中标未开工项目明细表

序号	工程名称	业务类型（自建、合作、挂靠）	中标时间	合同造价	备注
1					
2					
3					
	合计				

（一）自建项目承建范围情况

公司目前设有×家分公司，覆盖中国×个省市，具体分布情况如下所示：

表8-98　自建项目承包范围

地域	分公司所在地	网点个数	项目数量	占比（%）	合同金额	占比（%）
省内						
省外						
合计				100		100

（二）承建业务范围发包商分类占比情况

按自建项目分类，可根据具体情况修改表格。

表 8 - 99　承建业务范围发包商分类占比情况

序号	项目发包单位（业主）	项目数量	占比（%）	合同金额	占比（%）
1	上市公司、国企、国内 500 强企业				
2	国有参股、国有性质、大型房企				
3	民企				
	……				
	合计		100		100

四、关联企业

（一）树状组织架构图

（二）关联企业基本信息表

1. 建筑企业

表 8 - 100　建筑企业基本信息

企业名称			实际经营地址			
注册资本		成立时间			法定代表人	
经营范围						
企业简介	企业基本情况： 获得的奖励：					
经营资质	一级资质×个；明细					
	二级资质×个；明细					
	三级资质×个；明细					
股权结构	序号	股东		出资额（万元）	持股比例（%）	
	1					
	2					

截至××年×月，企业财务报表数据（万元）

货币资金		短期借款	
以公允价值计量且其变动计入当期损益的金融资产		应付票据	
应收账款		应付账款	
预付账款		预收账款	
其他应收款		应付职工薪酬	
存货		应交税费	

货币资金		短期借款	
长期股权投资		其他应付款	
固定资产净值		—	
资产合计:		流动负债合计	
××年营业收入		上年营业收入	
××年营业成本		上年营业成本	
××年净利润		上年净利润	

业务情况	1. 在建自建项目:介绍主要业务来源,截至×年×月×日企业在建自建项目×个,工程总造价×万元,已支付工程款×万元,尚欠工程款×万元;已收回工程款×万元,待收回工程款×万元等
	2. 合作项目:同上
	3. 挂靠项目:主要介绍挂靠费的情况

资产明细

权属人	位置	用途	建筑面积（平方米）	评估单价（元/平方米）	总价（万元）

负债明细

贷款银行	贷款性质	贷款日期	贷款金额	贷款余额	贷款方式

2. 房地产企业

从房地产模板中关联企业模板提取。

3. 生产型企业

从生产型模板中关联企业模板提取。

4. 通用企业

表 8-101　通用企业基本信息

企业名称			实际经营地址			
注册资本		成立时间			法定代表人	
经营范围						
企业简介						
股权结构	序号	股东		出资额（万元）	持股比例（%）	
	1					
	2					

截至××年×月,企业财务数据(万元)

货币资金		短期借款	
以公允价值计量且其变动计入当期损益的金融资产		应付票据	

续表

货币资金		短期借款	
应收账款		应付账款	
预付账款		预收账款	
其他应收款		应付职工薪酬	
存货		应交税费	
长期股权投资		其他应付款	
固定资产净值		—	
资产合计		流动负债合计	
××年营业收入		上年营业收入	
××年营业成本		上年营业成本	
××年净利润		上年净利润	

备注：

资产明细					
权属人	位置	用途	建筑面积 （平方米）	评估单价 （元/平方米）	总价 （万元）

负债明细					
贷款银行	贷款性质	贷款日期	贷款金额	贷款余额	贷款方式

业务情况			

备注：

（三）关联企业资产合计表

表 8－102　关联企业资产合计表

序号	关联公司名称	房产价值	设备价值	其他
1				
	合计			

（四）关联企业负债合计表

表 8－103　关联企业负债合计表

序号	关联公司名称	未结清贷款	银行承兑汇票	信用证	对外担保
1					
	合计				

五、财务状况

（一）企业财务报表（以企业提供报表数填列）

表 8 - 104　企业财务报表　　　　　　　　单位：万元

资产负债表

科目	20× 年度	20× 年度	本年当期	上年同期
货币资金				
应收账款				
应收票据				
预付账款				
其他应收款				
存货				
流动资产合计				
长期股权投资				
固定资产				
累计折旧				
无形资产				
非流动资产合计				
资产总计				
短期借款				
应付票据				
应付账款				
预收款项				
应付职工薪酬				
应交税费				
应付利息				
应付股利				
其他应付款				
流动负债合计				
长期借款				
长期应付款				
专项应付款				
非流动负债合计				
负债总计				
实收资本				
资本公积				
盈余公积				
未分配利润				
所有者权益总计				

利润表

科目	20× 年度	20× 年度	本年当期	上年同期
主营业务收入				
减：主营业务成本				
主营业务税金及附加				
主营业务利润	（亏损以"－"号填列）			
加：其他业务利润	（亏损以"－"号填列）			
减：营业费用				
管理费用				
财务费用				
营业利润	（亏损以"－"号填列）			
加：投资收益	（亏损以"－"号填列）			
补贴收入				
营业外收入				
减：营业外支出				
利润总额	（亏损以"－"号填列）			
减：所得税				
少数股东权益				
净利润	（亏损以"－"号填列）			

注：该表是针对一般性企业设制的，根据每个企业的特殊性，可对表格内科目进行调整。

（二）财务指标分析（以企业提供的报表数据作为计算依据）

表 8-105　企业财务指标分析

财务指标		上上年度	上年度	变化率	本年当期	上年同期	变化率
偿债能力指标	资产负债率						
	流动比率						
	速动比率						
	或有负债比率						
	利息保障倍数						
盈利能力指标	销售毛利润率						
	销售净利润率						
	净资产收益率						

续表

	财务指标	上上年度	上年度	变化率	本年当期	上年同期	变化率
营运能力指标	存货周转率						
	应收账款周转率						
	总资产周转率						
发展能力指标	销售收入增长率						
	营业利润增长率						
	总资产增长率						

经对借款人历史数据和财务指标进行比较分析，借款人财务上潜在的风险因素和风险来源，具体从以下几个方面阐述：

六、财务状况核实

（一）企业资产负债情况

表8-106　企业资产负债情况分析 单位：万元

资产负债表			
科目	报表数	核实数	差异值
一、总资产			
货币资金			
应收票据			
应收账款			
其他应收款			
预付账款			
存货			
固定资产			
无形资产			
二、总负债			
短期借款			
应付票据			
应付账款			
预收账款			
其他应付款			
长期借款			
三、或有负债			

附本年当期主要科目明细如下：

1. 货币资金

根据客户提供的财务报表及货币资金明细表结合现金、银行存款日记账、其他货币资金台账进行核查；根据银行流水（银行对账单）、定期存单、银行回单等原始资料核实。

表 8-107　货币资金明细表

科目摘要	金额	备注
银行存款		银行对账单
其他货币资金		银行承兑汇票保证金
合计		

2. 应收票据

根据客户提供的财务报表及应收票据明细表，结合客户介绍的经营模式及是否有承兑结算进行初步判断；根据承兑汇票原件、销售合同、销售发票及出库单等原始资料核实。

表 8-108　应收票据明细表

银行	分类	金额	占比（%）	备注
	≤60 天到期			
	（60，90）天到期			
	≥90 天到期			
合计				

3. 应收账款

主要核实自建项目以及合作项目的应收账款，根据客户提供的财务报表及应收账款明细表，结合客户工程情况进行判断，结合甲方签字认可的工程进度单、工程决算单等原始凭证核实，抽查金额较大或有代表性的客户，在抽查时需注意抽查的品种要具有代表性。

表 8-109　应收账款明细表（前五名）

序号	科目明细	余额	账龄			备注
			1 年以内	1~2 年	2 年以上	
1	项目质保金					
2	工程款					
	合计					

4. 预付账款

根据客户提供的财务报表及预付账款明细表，结合客户口述的经营情况，抽查原始支付凭证。

表 8 – 110　预付账款明细表（前五名）

序号	客户名称	期末借方余额	1 年以内	1 年以上	备注
	合计				

5. 其他应收款

企业其他应收款主要包括：①关联方、个人之间的资金往来；②私人之间的拆借；③存出保证金（贷款、招标等）；④押金（房租、出租包装物等）；⑤各种赔款、罚款等（由保险公司或其他部门单位承担）；⑥为员工垫付的房租、水电费等；⑦其他各种应收、暂付款项。

根据客户提供的财务报表及其他应收款明细表，分析了解其他应收款存在的内容与性质；随机抽查原始单据，剔除内部往来。

表 8 – 111　其他应收款明细表

序号	科目明细	余额	账龄			备注
			1 年以内	1～2 年	2 年以上	
1	投标保证金					
2	项目保证金					
3	民间借款					
4	正常往来					
	……					
	合计					

6. 存货

原则上按简易方法测算：工程总投入 – 工程回款 = 存货，根据企业实际支付的工程成本凭证，扣除已确认成本的部分，判断与企业的入账价值是否相符。

7. 长期股权投资（是否要增加持股比例）

根据客户提供的财务报表及长期股权投资明细表，结合客户介绍的股权投资项目与投入等，进行初步判断；根据股权投资合同或协议、投资企业工商局网站信息查询、公司章程及验资报告、股东会决议、付款凭证等原始资料核实；关注核实投资回报情况，与被投资企业的资金上的往来等。股金证按当时购入价计算。

表 8 – 112　长期股权投资明细表

科目摘要	金额	持股比例	备注
合计			

8. 固定资产净值

根据客户提供的财务报表及最新固定资产净值明细表，结合企业的经营模式及需使用的主要设备构成，进行初步判断；根据固定资产净值明细账对应合同及发票、运输单据、付款凭证、税单、保险单、权属证明（行驶证、房产证等）等原始资料核实；需对固定资产的发票进行真假验证（可通过网上查询或致电供应商等方式）；实地查看固定资产（注意规格、型号、设备新旧程度等），机器设备有入账依据的则认可，非核心生产设备可基本认可。

表 8 – 113　固定资产净值明细表

科目摘要	金额	占比（%）	备注
合计		100	

9. 无形资产净值

根据客户提供的财务报表及无形资产净值明细表，结合客户介绍的无形资产构成与价值等，进行初步判断；根据权属证书即土地证、商标或专利证书、技术开发合同协议、依法登记或批准的相关文件、付款凭证等原始资料核实。对于有土地使用权的企业，应包括土地出让金的金额，何时取得，记入哪个科目，有无评估增值及增值多少，记入哪个科目等。

表 8 – 114　无形资产净值明细表

科目摘要	金额	备注
土地使用权		
合计		

10. 短期借款

通过借款合同，了解借款金额、借款条件、借款日期、还款期限、借款利率等信息；根据客户提供的征信报告、借款合同及财务报表展开调查；针对征信报告中存在的未结清短期借款，现场与客户确认贷款的银行、期限、余额、贷款方式、反担保条件、是否续贷等；根据银行流水（银行对账单）核查进项中是否有银行借款；结合客户介绍了解是否有未上征信的借款。

表 8－115　短期借款明细表

贷款机构	期限	合同金额	余额	利率	新增	备注
					是	
					否	
合计						

11. 对外担保

通过人民银行登记系统查询所得数据，并结合企业自身提供的信息资料填写，需关注对外担保是否存在代偿的风险，是否会影响企业正常经营。

表 8－116　对外担保明细表

被担保企业	债权机构	担保金额	担保期限	担保关系 （是否互保、联保等）
合计				

12. 应付票据

根据企业征信报告、借款合同及财务报表、企业应付票据备查簿、应付票据明细表进行展开调查，结合票据合同，了解应付票据的种类、出票日期、到期日期、票面金额、收款人姓名或单位名称等信息；针对征信报告中的未结票据，现场与客户确认开具票据的银行、期限、保证金比例等；与客户交谈，了解真实的应付票据情况。

表 8－117　应付票据明细表

银行	分类	金额	占比（％）	备注
	≤60 天到期			
	（60，90）天到期			
	≥90 天到期			
合计				

13. 应付账款

根据客户提供的财务报表及应付账款明细表，结合客户口述的经营情况、上下游结算方式等，进行初步判断；根据原始资料核实，抽查金额较大或有代表性的客户。

表 8 – 118　应付账款明细表（前五名）

客户名称	金额	占比（%）	备注
合计			

14. 预收账款

根据客户提供的财务报表及预收账款明细表，结合客户口述的经营情况、上下游结算方式等，进行初步判断；根据购销合同、发票等原始单据核实。目前一般房地产企业预收账款金额较大。

表 8 – 119　预收账款明细表（前五名）

客户名称	金额	占比（%）	备注
合计			

15. 其他应付款

企业其他应付款主要包括：应付经营租入固定资产和包装物的租金，职工未按期领取的工资，存入保证金（如收入包装物押金等），其他应付、暂收款项。

根据客户提供的财务报表及其他应付款明细表分析了解其他应付款存在的内容与性质，随机抽查其他应付款的发生依据和凭证。应剔除关联往来、关注民间借贷的情况。

表 8 – 120　其他应付款明细表（前五名）

科目摘要	金额	占比（%）	备注
			借款
			民间借贷
合计			

（二）个人及家庭资产负债情况

实物资产（必须提供权属证明复印件）：

表 8 – 121　实物资产汇总表　　　　　　　　单位：万元

	地址	面积/用途	购买时间	购买价值/评估值	
房产					
	房产小计				
	品牌	型号	购买时间	购买价值/评估值	
运输工具					
	运输工具小计				
	品种	余额	购买时间	购买价值/评估值	
金融资产	银行存款				
	股金证、股票等				
	金融资产小计				
资产合计					
	贷款银行	期限	合同金额	余额	贷款方式
贷款					
	合计				
	贷款银行	期限	被担保人	余额	贷款方式
对外担保					
贷记卡					
逾期记录	这个在团队介绍中有相关内容，是否要反映在此处				
负债合计					

七、效益分析

（一）收入情况（按回款情况填列）

公司收入来源主要分为三方面，分别为自营工程项目收入、合作项目收入、挂靠项目收取的管理费。以下汇总企业收入情况：

表 8 – 122　收入情况明细表　　　　　　　　单位：万元

收入明细	占比（%）	上年度	本年度	备注
自营项目收入				
合作项目收入				
管理费收入				

续表

收入明细	占比（%）	上年度	本年度	备注
其他业务收入（投标费收入、手续费收入、押证费收入等）				
合计	100			

注：此处主要描述回款情况、财务状况、出现的问题等。

（二）真实性核实与分析（对比、相互印证）

1. 纳税情况

此处填列自建项目的交税情况，主要根据企业发票存根填列。

表8－123　纳税情况统计表　　　　单位：万元

税种	营业税	企业所得税	合计
上年度			
本年度			

注：此处文字描述开票自建项目的收入情况，与回款收入进行对比。

2. 银行流水（注明是否剔除到账）

表8－124　银行流水统计表　　　　单位：万元

账户名	账号	开户行	期限	进账金额	月平均

注：此处填写以银行流水来看，是否与核实的收入相匹配。

本次未提供企业全部的流水，根据以上流水可以看出企业走账较多与实际收入不配比。

3. 合同核查情况

主要以文字表述签订的合同金额是否与核实的收入相匹配。

4. 财务综合评价

从企业盈利能力、偿债能力、营运能力、发展能力、现金流量情况、对外投资和担保影响等来综合评价。

八、授信用途及还款来源调查分析

表 8 – 125   授信用途及还款来源调查分析

授信用途	
授信用途评价	授信用途真实性分析
还款来源分析	1. 第一还款来源分析 综合经营情况、财务状况、现金流及偿债能力、债务到期情况，分析第一还款来源的充分性，如授信方案中涉及特定用途、流程控制等内容的，应针对用途的合法性及流程管控的有效性进行分析评价 2. 第二还款来源分析 分析第二还款来源的保障力度

九、项目综合分析

（1）主要风险点披露（经营管理风险、行业风险、法律风险、财务风险、流动性风险、道德信用风险等）。

（2）项目优势。

十、反担保措施有效性及抵押物价值判断

（1）××有限公司 100% 股权质押；

（2）××与××签订个人无限连带责任；

（3）××有限公司提供评估净值为××万元的房产办理抵押。

附件一：评估报告（略）。

附件二：项目调查工作底稿（略）。

附件三：项目评审过程中提出的重要问题的补充说明（略）。

编号：04   房产类尽职调查报告

江西汉辰尽调信用服务有限公司
尽职调查报告

（房产类）

企业名称：_____

项目发起：_____

调查人员：_____

审核人员：_____

报告时间：_____

我们在此承诺与保证：此报告是按照《江西汉辰尽调服务有限公司尽职调查大纲》的业务规范和规定要求，根据申请人提供的和本人收集的资料，经我们审慎调查、核实、整理和分析后完成的。报告全面反映了客户最主要、最基本的信息，我们对报告内容的真实性、准确性及完整性负责。

调查官签名：_____

年　月　日

调查官签名：_____

年　月　日

一、申请人基本信息

表8-126　申请人基本信息

客户名称				
成立时间				
注册资本				
法定代表人	法定代表人（实际控制人）			
经营范围				
注册地址				
在建项目名称				
营业执照注册号		组织机构代码		
开户许可证号		贷款卡号		
行业经验	年限：_____（年）	员工人数		
经营资质	（级别等信息）	评分结果	（行业评分分数）	
本次申请贷款金额		申请融资机构		
申请贷款期限		保费收取标准		
保证金收取比例		风险敞口	按评估净值算	
股权结构	序号	股东名称	出资金额	占比（%）
	1			
	2			
	3			
	股东与实际控制人的关系			
历史沿革				
备注	（存量客户的历史信息等）			

（一）申请人简介

介绍企业实际经营地址、主营业务情况、组织架构、经营情况简述与其他项目有关联的内容。

（二）管理人员介绍

表 8-127　管理人员详细介绍

名称/职务	详细介绍
（照片） ××/实际控制人	身份证号： 联系电话：　　　　性别： 文化程度：　　　　婚姻状况：　　　　籍贯： 工作经历： 时间　　　　任职公司　　　　职位 行业经验：　　　　年限：＿＿＿＿＿（年） 家庭情况：（配偶、子女情况）
	征信状况：
（照片） ××/股东	同上

（三）股东及实际控制人背景调查

（四）外部信息调查

（1）诉讼记录及被执行人信息查询。

（2）网络搜索不良信息。

（3）黑名单记录。

（4）其他。

（五）开发项目经历（企业或企业主以往的房地产开发项目介绍）

表 8-128　开发项目经历

楼盘名称	楼盘位置	开发规模（提示： 占地与建筑面积）	开发时间	销售情况（提示： 按销售率或回款）

二、企业在建项目评价

（一）项目位置

以地图方式标明项目所处城市位置和周边环境，开发商正在开发的房地产项目离中心地段的距离，开发商正在开发的房地产项目周边配套设施（离本案周边辐射距离 2 公里内），并做简要说明。

1. 项目地理位置图
2. 项目规划图
3. 施工进度说明表

表 8 – 129　施工进度说明表

楼号	开工时间	预计竣工时间	工程进度

4. 企业发展历史及未来规划

对公司成立时间、购入土地、办理证件、开工建设时间、资金投入、银行贷款的时间节点等做简要分析。

（二）项目基本信息表

表 8 – 130　项目基本信息表

开发项目名称		项目所在城市	
项目类型		当地人口数量	
所临道路	□主干道　　　　　□次干道		
特殊景观	□海景　□江景　□湖景　□河景　□山景　□无		
有无厌恶设施	□变电站　□垃圾站　□发射塔　□高压线　□无		
建筑密度		容积率	
占地面积		绿化率	
建筑面积		可销售建筑面积	
总套数		销售团队	自身/外聘
项目资金来源	项目概算	占比（％）	备注
其中：自有资金			根据可研报告
股东借款			
银行借款			
预售收入			

（三）五证信息表

表 8-131　五证信息表

证书名称	发证日期	批准建设规模	备注
国有土地使用权证			
建设用地规划许可证			
建设用地施工许可证			
建筑工程施工许可证			
商品房预售许可证			

（四）项目总投资测算与资金筹措

1. 项目总投入测算（根据企业提供的项目可行性研究报告）

表 8-132　项目总投入测算表

序号	工程或费用名称	面积	单价	总价（万元）	备注
一	土地征用及拆迁补偿费				
1	土地出让金				
2	土地补偿费				
3	拆迁补偿费				
二	前期工程费				
1	设计费、可行性研究费				
2	政府代收代缴的各项费用如测绘、勘查、设计费等				
三	建安工程费				
1	建筑工程费				
2	设备购置费				
3	安装工程费				
四	基础设施				
1	开发过程中发生的道路、桥梁、供热、供电、水、绿化等设施费用				
五	配套设施费				
六	管理费用				
七	贷款利息				

2. 项目总投资合理性说明

表 8-133　项目总投资合理性说明

总投入	数值（万）	折合每平方米成本（相应成本/可销售建筑面积）	类似项目每平方米成本（佳丽商城四期）（相应成本/可销售建筑面积）
土地成本			
建安成本			
其他费用			
合计			

（五）项目投入与销售情况

表 8-134　项目投入与销售情况

投入情况	1. 前期开发费用，主要有土地款、土地款（溢价率）、契税等税费、建安工程费等
	2. 预付工程建设款
	3. 其他押金等
	合计

备注：有无拖欠建筑工程款、对外融资等情况

	类别	总房源		已售			未售	
		套数	面积（平方米）	套数	面积（平方米）	已售房款（万元）	套数	面积（平方米）
销售情况	住宅							
	商铺							
	合计							
	其中：上年销售面积、销售套数、已售房款 　　　本年销售面积、销售套数、已售房款							

备注：有无抵押工程款、有无虚假按揭、网上备案情况，未收按揭款等其他情况

（六）周边市场行情

表 8-135　周边市场行情统计表

	楼盘名称	销售均价	预售时间	销售进度	当地政府对楼市政策
项目周边楼盘及均价					

三、财务状况

（一）企业资产负债情况

表 8 – 136　企业资产负债表　　　　　　　　　　　　单位：万元

科目	本年当期	上年同期	变化值	科目	本年当期	上年同期	变化值
一、总资产				二、总负债			
货币资金				短期借款			
应收票据				应付票据			
应收账款				应付账款			
其他应收款				预收账款			
预付账款				其他应付款			
存货				长期借款			
固定资产				三、或有负债			
无形资产							

本年当月主要科目明细如下（单位：万元）：

1. 货币资金

根据客户提供的财务报表及货币资金明细表，结合现金、银行存款日记账、其他货币资金台账进行核查；根据银行流水（银行对账单）、定期存单、银行回单等原始资料核实。

表 8 – 137　资产负债明细表

科目摘要	金额	备注
现金		—
银行存款		银行对账单
其他货币资金		银行承兑汇票保证金
合计		

2. 预付账款

根据客户提供的财务报表及预付账款明细表，结合客户口述的经营情况、上游结算方式等，进行初步判断；根据购销合同、发票、验收单等原始资料核实；根据现场存货、在建工程等核查。

表 8 - 138　预付账款明细表

科目摘要	金额	占比（%）	备注
合计			

3. 其他应收款

企业其他应收款主要包括：①关联方、个人之间的资金往来；②私人之间的拆借；③存出保证金（贷款、招标等）；④押金（房租、出租包装物等）；⑤各种赔款、罚款等（由保险公司或其他部门单位承担）；⑥为员工垫付的房租、水电费等；⑦其他各种应收、暂付款项。

根据客户提供的财务报表及其他应收款明细表，分析了解其他应收款存在的内容与性质；随机抽查原始单据；剔除内部往来。

表 8 - 139　其他应收款明细表

科目摘要	金额	占比（%）	备注
关联企业往来			
实际控制人往来			
民间借贷			
保证金			
其他（正常的员工借支、押金、各种赔款、罚款等）			
合计			

4. 存货（开发成本）

根据项目进度结合开发成本分类进行整理。

表 8 - 140　存货明细表

开发成本明细		金额
土地费用	土地出让金	
	土地契税	
	土地交易费	
	征地费用	
	其他费用	
	土地返还	

开发成本明细		金额
建安工程费	给水工程	
	土方工程	
	配电工程	
	检验检测	
	监理费	
	景观工程	
前期工程费	设计费	
	规划费	
	勘探费	
	基础设施费	
	测绘费	
	其他费用	
前期工程费	设计费	
	规划费	
	水文地质	
开发间接费	其他费用	
合计		

5. 长期股权投资

根据客户提供的财务报表及长期股权投资明细表，结合客户介绍的股权投资项目与投入等进行初步判断；根据股权投资合同或协议、投资企业工商局网站信息查询、公司章程及验资报告、股东会决议、付款凭证等原始资料核实；关注核实投资回报情况，与被投资企业的资金上的往来等。股金证按当时购入价计算。

表 8-141 长期股权投资明细表

科目摘要	金额	备注
合计		

6. 固定资产净值

根据客户提供的财务报表及最新固定资产净值明细表，结合企业的经营模式及需使用的主要设备构成进过去行初步判断；根据固定资产净值明细账对应合同及发票、运输单据、付款凭证、税单、保险单、权属证明（行驶证、房产证等）等原始资料核实；需对固定资产的发票进行真假验证（可通过网上查询或致电供应商等方式）；实地查看固定资产（注意规格、型号、设备新旧程度等），机器设备有入账依据则认可，非核心生产设备可基本认可。

表 8 – 142　固定资产净值明细表

科目摘要	金额	占比（%）	备注（差异说明）
生产设备			
运输设备			
计量设备			
检测设备			
生产工具			
合计		100	

7. 在建工程

根据客户提供的财务报表及在建工程明细表，结合客户介绍的在建工程情况，进行初步判断；根据相关预算、立项申请、环评、施工合同、发票、工程结算单、付款凭证、验收报告等原始资料核实；并实地查看在建工程的进度，初步判断与企业的入账价值是否相符。

表 8 – 143　在建工程明细表

科目摘要	金额	备注（差异说明）
合计		

8. 无形资产净值

根据客户提供的财务报表及无形资产净值明细表，结合客户介绍的无形资产构成与价值等，进行初步判断；根据权属证书即土地证、商标或专利证书、技术开发合同协议、依法登记或批准的相关文件、付款凭证等原始资料核实。对于有土地使用权的企业，应包括土地出让金的金额，何时取得，记入哪个科目，有无评估增值及增值多少，记入哪个科目等。

表 8 – 144　无形资产净值明细表

科目摘要	金额	备注（差异说明）
土地使用权	原值××万元	
合计		

9. 短期借款

通过借款合同，了解借款金额、借款条件、借款日期、还款期限、借款利率等信息；

根据客户提供的征信报告、借款合同及财务报表展开调查；针对征信报告中存在的未结清短期借款，现场与客户确认贷款的银行、期限、余额、贷款方式、反担保条件、是否续贷等；根据银行流水（银行对账单）核查进项中是否有银行借款；结合客户介绍了解是否有未上征信的借款。

表 8 - 145　短期借款明细表

贷款银行	期限	合同金额	余额	利率	备注（差异说明）
合计					

10. 对外担保

通过人民银行登记系统查询所得数据，并结合企业自身提供的信息资料填写，需关注对外担保是否存在代偿的风险，是否会影响企业正常经营。

表 8 - 146　对外担保明细表

被担保企业	债权银行	担保金额	担保关系（是否互保、联保等）
合计			

11. 应付账款（前五名）

根据客户提供的财务报表及应付账款明细表，结合客户口述的经营情况、上下游结算方式等进行初步判断；根据入库单（进货单）、验收单、运输单据、采购合同、发票等原始资料核实；抽查金额较大或有代表性的客户。

表 8 - 147　应付账款明细表（前五名）

科目摘要	金额	占比	备注（差异说明）
合计			

12. 预收账款（前五名）

根据客户提供的财务报表及预收账款明细表，结合客户口述的经营情况、上下游结算方式等进行初步判断；根据购销合同、发票等原始单据核实。目前一般房地产企业预收账款金额较大。

表 8-148　预收账款明细表（前五名）

科目摘要	金额	占比	备注（差异说明）
合计			

13. 其他应付款（前五名）

企业其他应付款主要包括：应付经营租入固定资产和包装物的租金，职工未按期领取的工资，存入保证金（如收入包装物押金等），其他应付、暂收款项。

根据客户提供的财务报表及其他应付款明细表分析了解其他应付款存在的内容与性质，随机抽查其他应付款的发生依据和凭证。应剔除关联往来、关注民间借贷的情况。

表 8-149　其他应付款明细（前五名）

科目摘要	金额	占比	备注（差异说明）
			借款
			民间借贷
合计			

（二）个人及家庭资产负债情况

实物资产（必须提供权属证明复印件）：

表 8-150　实物资产　　　　　　　　　　　　　　　　　单位：万元

	地址	面积	用途	购买时间	购买价值	市值
房产						
	房产小计					
	品牌	型号		购买时间	购买价值	市值
运输工具						
	运输工具小计					
	品种	余额		购买时间	购买价值	市值
金融资产	银行存款					
	基金					
	保险					
	股金证等					
	金融资产小计					
个人负债	根据征信填列					

四、关联企业

（一）组织架构图（略）

（二）关联企业基本信息介绍

表 8 - 151 关联企业基本信息介绍

企业名称	法定代表人	注册资本	股权结构	项目所在地	开发项目名称

（三）关联企业在建项目基本情况

表 8 - 152 关联企业在建项目基本情况

企业名称			实际经营地址		
注册资本		成立时间		法定代表人	
企业简介					
股权结构	序号	股东		出资额（万元）	持股比例（%）

项目信息表

楼盘名称		楼盘位置	
土地面积		土地用途	
容积率		绿地率	
建筑密度		建筑类型	高层/多层/别墅
住宅套数		户均建筑面积	
开发周期		产权年限	住宅 70 年、商业 40 年
交房标准		停车位数量	个
总建筑面积	总建筑面积（平方米），地上面积（平方米）（包括住宅（平方米）；商业（平方米）；会所（平方米）；幼儿园（平方米）），地下（平方米）		
工程概况			
交通状况	所临道路名称		
	所临道路级别	□主干道 □次干道 □支路 □小巷	
	与市中心距离	与县政府距离	
周边配套设施	商场超市	文化娱乐	
	学校	金融机构	
	医院	社区服务	

续表

项目销售概况

类别	已售 套数	面积 （平方米）	均价 （元）	合计 （万元）	未售 套数	面积 （平方米）	未批按揭 （万元）
合计							
投入资金	合计投入＿＿万元，包括前期开发费用＿＿，其中：土地款＿＿；预付工程建设款＿＿；其他 押金＿＿						
销售回款	销售收入＿＿万元，目前已销售＿＿套，面积＿＿平方米，总房款＿＿万元，已收款约＿＿万元， 按揭＿＿万元还未放款						
备注：							

（四）关联企业征信

表 8 – 153 关联企业征信统计表

单位名称	贷款银行	贷款金额（万元）	贷款期限	贷款方式	备注

五、企业综合分析

（一）项目概况表（指所有在建项目）

表 8 – 154 项目概况表　　　　　　　　　　　单位：万元

项目名称	总投入 （包括所有关联企业）	其中地价	回款额	销售率 （套数）	对外融资 金额	占比（融资 占投入的比例）
总计						

注：根据具体情况用文字描述。

（二）预计收入

1. 未收按揭款

表 8 - 155　未收按揭款　　　　单位：万元

按揭银行	授信额度	预计放款时间	放款金额	备注
合计				

2. 预计销售回款

根据对××市房地产业的商品房住宅和商铺销售情况调查，住宅以＿＿＿元/平方米，商铺以＿＿＿元/平方米计算，预计收入可达到＿＿＿亿元。预计可产生收入明细如下，仅供参考。

表 8 - 156　预计销售收入明细表

类型	面积（平方米）	销售均价（元/平方米）	销售总价（万元）	备注
合计				

若以 2014 年销售率为%计算，按首付款比例为%计算，可实现的收入约为＿＿＿万元。但后期销售受国家政策和银行收贷等多重因素影响。

3. 商铺租金

表 8 - 157　商铺租金明细表　　　　单位：万元

承租人	面积	期限	价格/年	备注
合计				

六、授信用途及还款来源调查分析

表 8 – 158　授信用途及还款来源调查分析

授信用途	
授信用途评价	授信用途真实性分析
还款来源分析	1. 第一还款来源分析 综合经营情况、财务状况、现金流及偿债能力、债务到期情况，分析第一还款来源的充分性，如授信方案中涉及特定用途、流程控制等内容的，应针对用途的合法性及流程管控的有效性进行分析评价 2. 第二还款来源分析 分析第二还款来源的保障力度

七、项目综合分析

（1）主要风险点披露（经营管理风险、法律风险、财务风险、流动性风险、道德信用风险等）。

（2）项目优势。

八、反担保措施

（1）××有限公司 100％股权质押；

（2）××与××签订个人无限连带责任；

（3）××有限公司提供评估净值为××万元的房产办理抵押。

附件一：评估报告（略）。

附件二：项目调查工作底稿（略）。

附件三：项目评审过程中提出的重要问题的补充说明（略）。

第九章 太阳城股权投资项目
尽职调查综合案例

通过前述章节，我们已经对尽职调查的基本概念、前期准备工作以及商业、财务、法律等相关调查方向有了较为全面的了解，本章我们通过太阳城股权投资项目的案例研究，从财务、商业、法律各个角度进行详细的尽职调查，旨在让大家对尽职调查的过程有更清晰的认识，并做到理论与实践相结合。

一、项目背景与交易结构概述

(一) 项目背景

2002年5月18日，在廊坊市卓达集团与栾城县政府签订了《太阳城合作开发意向书》，卓达集团从此开始了太阳城造城之路。当年10月16日，《太阳城项目合作开发协议书》正式签订，太阳城开发进入实质性阶段。

为了进一步增强卓达太阳城的资金实力和综合竞争力，卓达集团拟使用自有资金（或自筹资金）对卓达太阳城追加现金投资5亿元。本次追加投资后，卓达太阳城的注册资本将由原来的2亿元增加至7亿元，卓达集团持有卓达太阳城94.29%的股权。

本次对卓达太阳城的投资有利于优化其资本结构，增强其资本实力，也有利于公司业务的全面发展，提升企业价值、促进公司可持续发展。公司本次投资属于对子公司投资，使用自有资金，不会影响公司当期损益，不会对公司未来财务状况及经营成果产生不利影响。此次投资资金将专项用于卓达·太阳城项目群中青年城一期项目和阳光国际项目的开发建设。卓达太阳城的业务发展将有利于提高公司盈利能力及整体竞争力。

(二) 交易结构

总募集资金规模5亿元，期限2年，募集资金用于对卓达太阳城进行股权投资。该公司原注册资本和实收资本为2亿元，实施增资后该公司注册资本和实收资本将增至7亿元，其中合作资金方持有卓达太阳城71.43%的股权（以下简称"标的股权"），原股东以其原出资额持有卓达太阳城28.57%的股权。信托资金将专项用于卓达·太阳城项目群中青年城一期项目和阳光国际项目的开发建设。

本次投资到期时，合作方可对外转让标的股权，卓达集团因其股东身份享有受让合作方所持卓达太阳城股权的优先权。自合作成立起，卓达集团承诺每季度向合作方支付优先权维持费。如未来青年城一期项目和阳光国际项目的销售进度未达到预期目标，合作方投资的卓达太阳城股权未达到预期价值，卓达集团有义务按照约定价格收购合作方持有的全部卓达太阳城股权。

卓达集团及其实际控制人投资注册的全资子公司威海星际房地产开发有限公司、威海星河房地产开发有限公司、威海腾飞房地产开发有限公司、威海旺都房地产开发有限公司、威海恒通房地产开发有限公司、威海中阳房地产开发有限公司（以下简称"威海星际""威海星河""威海腾飞""威海旺都""威海恒通""威海中阳"）以其拥有的位于山东省文登区南海新区价值为124714万元的十五宗土地为卓达集团按期支付优先权维持费及在约定条件下卓达集团以约定价格收购合作方持有的全部卓达太阳城股权提供抵押担保。

二、投资方与被投资方概况

（一）投资方卓达集团概况

卓达集团创建于1993年7月，注册资本1.08亿元，具有房地产开发二级资质，正在申报房地产开发一级资质。经过十几年的发展壮大，现已发展为以房地产产业为龙头，涵盖教育、文化、科技、商贸、建筑安装、物业管理、旅游等领域，下辖河北卓达住宅公司、北京卓达公司、天津卓达公司、唐山卓达公司、三亚卓达公司、威海卓达公司、呼伦贝尔卓达公司、卓达星辰公司、卓达服装产业公司、卓达太阳城公司、卓达山水园林公司、北京卓达大学城等跨行业、跨地域的大型民营企业集团。

卓达集团成立17年来，先后成功开发卓达花园、卓达书香园、玫瑰园、院士园、星辰花园、星辰国际广场、星辰一号、太阳城一期、西柏坡党校、三亚东方巴哈马项目一二期、商贸广场、卓达服装产业园、北京大学城等项目，已完工建筑面积320万平方米，在建面积180万平方米，积累了丰富的项目经验，赢得了良好的口碑。卓达集团曾先后获得"河北省十大民营企业""河北纳税先进企业""中国名牌房产""中国建筑系统企业形象AAA级企业"等荣誉称号；在"2007中国房地产企业200强"评选中，卓达集团名列第11位；在《2008年中国房地产开发企业500强测评研究报告》中，卓达集团名列第33位；在"2009年中国房地产企业开发企业百强榜单"中名列第54位；其卓达花园还被评为"全国城市物业管理优秀住宅小区"、卓达·太阳城荣获"中国百佳经典楼盘——生态·景观·人文·高档豪宅范例奖"、卓达星辰花园荣获"中国百佳经典楼盘——品牌·营销·创新·高尚社区范例奖"。

1. 卓达集团本部财务情况

2008~2010年投资方卓达集团相关资产负债表、利润表及财务指标情况如表9-1~表9-3所示：

表9-1　卓达集团2008~2010年资产负债情况表　　　　　　　　单位：万元

项目	2008年12月31日	2009年12月31日	2010年12月31日
资产总计	312495.40	338975.07	420777.75
流动资产	204965.24	237473.80	241433.38
货币资金	13250.63	22465.18	32908.26
存货	117855.04	206799.84	190281.81

续表

项目	2008 年 12 月 31 日	2009 年 12 月 31 日	2010 年 12 月 31 日
固定资产合计	2588.36	3200.78	81071.30
负债合计	183429.54	187708.08	274281.05
短期借款	0	0	0
预收账款	149471.64	140151.64	166705.69
长期借款	0	14000.00	97800.00
流动负债	183429.54	173708.08	176481.05
净资产总计	129065.86	151266.99	146496.70

表 9 - 2　卓达集团 2008 ~ 2010 年利润情况表　　　　单位：万元

项目	2008 年	2009 年	2010 年
营业收入	175435.37	80492.00	30880.21
营业利润	40150.08	24853.71	-3078.80
利息支出	573.65	130.58	733.33
利润总额	73039.84	24817.12	-3812.14
净利润	64320.09	22201.13	-4770.29

表 9 - 3　卓达集团主要财务指标状况表

指标名称		2008 年	2009 年	2010 年
盈利能力状况	净资产收益率（%）	49.84	14.68	—
	总资产报酬率（%）	34.74	7.62	—
	营业利润率（%）	22.89	30.88	—
资产质量状况	总资产周转率（%）	83.44	24.71	8.13
	流动资产周转率（%）	128.35	36.39	12.90
债务风险状况	流动比率	1.12	1.37	1.37
	速动比率	0.47	0.18	0.29
	资产负债率（%）	58.70	55.38	65.18
	剔除预收账款后的实际资产负债率（%）	20.83	23.92	42.34

　　截至 2010 年 12 月，卓达集团的净资产达到 146497 万元，资产负债率为 65.18%，负债率较 2009 年末的 55.38% 有一定的提升。集团负债中，预收账款余额为 166706 万元，主要为未结转为销售收入的账款，剔除预收账款后的实际资产负债率为 42.34%；长期借款余额为 97800 万元，较 2009 年新增 83800 万元，主要是因为集团本部近期开发的项目较多，项目融资有所增加。

2008～2010 年卓达集团营业收入分别为 17.5 亿元、8 亿元、3 亿元，呈递减趋势，主要是因为近年来的开发项目多在子公司名下，集团本部名下的老项目余量不多，而处于开发中的新项目未进入销售期，所以营业利润暂时显示为负。

2010 年底卓达集团合并报表总资产近 99 亿元，净资产 34.86 亿元，净利润 13.4 亿元，开发经营能力较强，财务管理稳健。

2. 卓达集团信用情况

截至 2011 年 2 月 24 日，经查询人民银行征信系统，卓达集团贷款余额为 18800 万元，为 2010 年 9 月新华信托向卓达集团书香园三期项目提供的期限一年半的信托融资贷款，由威海卓达房地产开发有限公司提供土地抵押担保。

另有未录入人民银行征信系统的融资信息，如表 9-4 所示。

表 9-4　未录入信息统计

名称	贷款额度（亿元）	融资期限	利率	融资事由	贷款主体	担保方式
中铁信托	1.4	2010 年 1 月～2012 年 1 月	平均利率在 10% 左右，一般按季度或年度支付	与中铁信托合作的赵二街融资业务	卓达集团	卓达太阳城
	4.5	2010 年 2 月～2012 年 2 月		与中铁信托合作三亚项目融资业务	卓达集团	
合作方	2	2010 年 8 月～2011 年 8 月		与合作方合作书香园三期项目融资业务	卓达集团	
吉林信托	1.452	2010 年 12 月～2011 年 12 月		太阳城汉府二期开发贷款	卓达太阳城	卓达集团

卓达集团无未结清信用证信息，无贷款卡暂停、解停信息，无借款人违规、被起诉、欠息、逃废债、提供虚假资料、发行债券、发行股票情况，信用记录良好。

3. 卓达集团管理层情况

公司法人张建平，男，1955 年生，汉族，1990 年毕业于河北财经学院会计系，专科学历，会计师职称。

1976～1984 年，石家庄市设备安装公司，会计；

1984～1992 年，石家庄市设备安装公司机械厂，财务科长；

1992～1995 年，石家庄市设备安装公司中外合资企业，财务部长；

1995 年，银都房地产公司，成本控制组负责人（工作 4 个月）；

1995～1999 年，石家庄灵芝实业公司，财务副处长；

1999 年 3 月 9 日入职卓达集团，历任财务部经理、财务总监，现任卓达集团副总裁，卓达太阳城总经理。

4. 卓达集团税收政策

卓达集团相关税目情况如表 9-5 所示：

表9－5　卓达集团相关税目表

税种	税率	税种	税率
营业税	5%	土地使用税（二类）	80%
土地增值税（预缴）	1%（普通住宅） 2%（非普通）	房产税	70%×1.2%
土地增值税（清算）		城市建设税/费	营业税×7%
企业所得税（预缴）	13%×25%＝3.25%	教育和卫生附加费	营业税×3%
企业所得税（清算）		地方教育费附加	营业税×1%
施工合同印花税	3‰	购房合同印花税	5‰

（二）被投资方卓达太阳城概况

1. 卓达太阳城基本情况

（1）基本信息概述。

公司基本情况如表9－6所示：

表9－6　卓达太阳城基本情况表

融资公司	河北卓达太阳城房地产开发有限公司
住所	河北省栾城县冶河镇呈上村东西大街1号
法定代表人	张建平
身份证号	××××××××
企业类型	有限责任公司
注册资本	2亿元
实收资本	2亿元
经营范围	城市房地产开发、经营，物业管理
经营期限	2004年3月3日～2014年3月2日
营业执照号	130000000018810
税务登记证号	130124758923191
组织机构代码证号	75892319－1
贷款卡号	130105000081171801
房地产开发资质	二级

河北卓达太阳城房地产开发有限公司（以下简称"卓达太阳城"）是隶属于卓达房地产集团有限公司（以下简称"卓达集团"）的子公司。卓达太阳城在紧邻河北石家庄南三环附近开发建设卓达·太阳城项目群。该笔投资资金将用于卓达·太阳城项目群中青年城一期项目和阳光国际项目的开发建设。

卓达太阳城成立于2004年，注册资金2亿元，其中卓达集团出资16000万元，占股

80%，河北卓达山水园林房地产开发有限公司出资 4000 万元，占股 20%。公司注册地址为河北省栾城县冶河镇呈上村东西大街，公司法定代表人张建平，经营范围包括城市房地产开发、经营，物业管理，具备房地产开发二级资质。

（2）实际控制人情况简介。

实际控制人杨卓舒，男，58 岁，1993 年从河北日报社辞职创办卓达集团，任董事长、总裁。

1966～1971 年，以黑龙江省肇东市中学高中毕业后即参加工作。

1971～1978 年，分别在大庆、北京、华北油田从事宣传工作。

1978 年，调往河北日报社任记者。

1979～1986 年，曾先后在河北大学、河北师院、中国人民大学、中国社科院研修和函授班学习中文、新闻、政教及信息与决策管理。

1993 年以前，在河北日报社分别担任编辑、处长、出刊创作编辑部主编。

现所担任的社会职务有：国家文化产业人才培训基地主任、中华民族文化促进会副主席、河北省政协委员、河北省慈善总会副会长、河北省民营企业家联谊会会长、河北省少儿基金会副会长、河北省红十字协会副会长等。

（3）房地产开发经营情况。

卓达太阳城通过招、拍、挂方式取得位于裕华区石家庄石栾公路与京珠高速交叉口、邻近南三环的 1300 亩土地的开发权，开发建设卓达·太阳城项目群。卓达·太阳城总占地面积 1752 亩（包括道路绿化湖面公建用地），规划总建筑面积 180 万平方米，其中包括商业建筑 10 万平方米，学校、幼儿园等配套设施 3 万平方米。目前已开工建设 110 万平方米，已建及在建的项目包括 Townhouse 一期联排别墅、花园洋房、阳光 2008、汉府一二期、希望之洲、青年城（包含青年之都和自由之邦）和阳光国际等。除 Townhouse 一期联排别墅、汉府项目为低密度别墅类住宅，八幢花园洋房为低楼层住宅外，其余均为高层住宅。一期联排别墅及花园洋房开工建设较早，目前已完工，其他住宅类项目都是在 2007 年后新开工的项目。2009 年 8 月卓达·太阳城荣膺联合国人居奖及国际花园社区大奖。

2. 卓达太阳城财务状况

（1）资产负债状况。

报告期内企业资产规模不断扩大，公司资产负债表具体如表 9-7 所示：

表 9-7　资产负债表　　　　　　　　　　　　　　　　　　单位：万元

资产	2008 年 12 月 31 日	2009 年 12 月 31 日	2010 年 12 月 30 日
流动资产：			
货币资金	3645	20323	3248
其他应收款	486	1329	7719
预付账款	1816	1233	6161
存货	123305	76818	203527

续表

资产	2008 年 12 月 31 日	2009 年 12 月 31 日	2010 年 12 月 30 日
流动资产合计	82190	147274	221159
长期投资		3800	3500
固定资产净额	10493	8248	8145
无形资产		6	4
长期待摊费用			
资产总计	92683	159328	232808
短期借款			
应付账款	397	7654	8007
预收账款	35452	80631	51246
应交税金	−4740	−5768	−4699
其他应付款	17	2811	3582
流动负债合计	38039	93273	58013
长期负债合计	13000		14520
负债合计	51039	93273	72533
所有者权益:			
实收资本	20000	20000	20000
减：已归还投资			
实收资本净额	20000	20000	20000
未分配利润	5644	30056	105634
所有者权益合计	41644	66056	160275

（2）利润状况。

报告期内公司营业收入增长较快，净利润上升幅度较大，公司利润表具体如表 9 - 8 所示：

表 9 - 8 利润表   单位：万元

项目	2008 年	2009 年	2010 年
营业收入		81055	240054
营业利润	−3101	26802	99241
利息支出			
利润总额	−3085	27124	99663
净利润	−3085	24412	94220

注：2008 年无销售收入，因前期项目已售罄，在建项目还未拿到预售许可证。

（3）主要财务指标。

以报告期内的资产负债表及利润表的财务数据为基础，计算出有利于直观分析公司财务状况的各项财务指标，具体如表9-9所示：

表9-9 主要财务指标状况表

指标名称		2008 年	2009 年	2010 年
盈利能力状况	净资产收益率（%）	-7.41	37	59
	总资产报酬率（%）	-3.33	17	43
	营业利润率（%）	—	33	41
资产质量状况	总资产周转率（%）	—	64	122
	流动资产周转率（%）	—	71	130
债务风险状况	流动比率（%）	2.16	1.58	3.81
	速动比率（%）	0.14	0.26	0.30
	资产负债率（%）	55	59	31
	剔除预收账款后的实际资产负债率（%）	17	8	9

3. 卓达太阳城财务评价

（1）盈利能力分析。

2008 年卓达太阳城由于已开盘项目售罄，大部分在建项目尚未拿到预售许可证，暂无销售收入。2009 年、2010 年的净利润分别为 24412 万元、94220 万元，净资产收益率分别为 37%、59%，总资产报酬率分别为 17%、43%，营业利润率分别为 33%、41%。近两年卓达太阳城各项盈利指标均呈大幅上升趋势，显示其盈利能力越来越强。

（2）短期偿债能力分析。

从速动比率看，2008～2010 年的速动比率分别为 0.14、0.26、0.30，虽然相对偏低，但呈现逐年上升趋势。考虑卓达太阳城存货中在建房产和土地储备均具有较强的变现能力，实际短期偿债能力较强。

（3）长期偿债能力分析。

2008 年 12 月底、2009 年 12 月底卓达太阳城的资产负债率分别为 55%、59%，相对持平。2010 年 12 月底的资产负债率明显降低为 31%；剔除预收账款后的实际资产负债率仅为 9%，与同行业主要上市公司比较，处于极低水平。2010 年新增的 14520 万元长期负债，为吉林信托的信托融资。即使在较严厉的宏观政策调控下，卓达太阳城的资金压力依然较轻。

（4）营运能力分析。

2009 年、2010 年公司总资产周转率分别为 64%、122%，流动资产周转率分别为 71%、130%，表明企业总资产周转速度呈上升趋势，房地产开发后销售能力较强，资产利用效率逐渐升高。

尽职调查理论与实务

4. 卓达太阳城银行贷款、其他融资及对外担保情况

卓达太阳城负债的主要部分因房屋预售款项未结转至销售收入而形成。2010年末，公司预收账款达到5.12亿元，占负债总额的70.7%。

卓达太阳城获得的最近一期的银行开发贷款1.3亿元，由建行提供，用于汉府项目，此笔贷款已于2010年3月还清，目前已无银行贷款。

2010年12月，吉林信托向卓达太阳城发放1.452亿元信托贷款，用于汉府二期项目的开发建设，期限1年。

卓达集团以卓达商贸广场北楼作为抵押资产，于2009年12月向中铁信托融资1.4亿元，期限2年，卓达太阳城为其提供担保责任。

通过人民银行征信系统查询，以上情况真实，且企业无不良记录。

三、项目概况和建设情况

（一）项目基本情况

卓达·太阳城所在地块位于裕华区石家庄石栾公路与京珠高速交叉口，近邻京深高速路和308国道，距石家庄火车站12公里，距南二环路7.5公里，距建设中南三环700米。

青年城一期项目位于卓达·太阳城的北面，含1#地块、2#地块两个地块，总占地面积约为104952平方米（157亩），土地价款已全部缴清，已取得《国有土地使用权证》《建设用地规划许可证》《建设工程规划许可证》《建筑工程施工许可证》及部分《商品房预售许可证》。该项目总建筑面积为39.5万平方米（含商业和地下车库），设计定位为中低价位、高品质高层住宅，1#地块（青年之都）和2#地块（自由之邦）均设计建设为六栋32层高层。项目已于2008年10月开工，预计2011年上半年竣工，预计销售收入11.34亿元（不含商业和地下车库），预计总投资9.83亿元，已投入资金4.45亿元。

阳光国际项目位于卓达·太阳城的南面，前守太阳城大门，背靠太阳城青年广场、太阳城国际俱乐部，位置绝佳。阳光国际项目总占地10万平方米（150亩），净地，以土地出让方式获得，土地价款已全部缴清，用地性质为综合用地性质，已取得《国有土地使用权证》和《建设用地规划许可证》。该项目总建筑面积为20.8万平方米（含地下车库），项目设计建设为六栋32层高层。项目总工期预计为3年，已于2008年4月开工建设，预计于2011年12月竣工验收并交付使用。预计销售收入8.32亿元，预计总投资5.18亿元，已投入资金2.29亿元。

卓达·太阳城项目群总规划如图9-1所示：

（二）项目现状

青年城一期项目目前主体已封顶，正实施外部装修、市政管网配套、景观绿化等工程，预计2011年上半年完成景观绿化等全部工程，达到全景现房销售状态，截至目前已销售及预约面积达到10万平方米。

阳光国际项目目前主体结构已接近封顶，该项目地块于2010年12月抵押给吉林信托进行融资，拟于2011年12月3日解押。

图9-1 卓达·太阳城项目群总规划

项目实际施工面积及进度情况如表9-10所示：

表9-10 项目实际施工面积及进度情况表

项目	产品形态	住宅面积（万平方米）	车库面积（万平方米）	商业面积（万平方米）	总建筑面积（万平方米）	已取得销售许可证面积（万平方米）	进度
青年城1#地块（青年之都）	板式住宅高层	16	4.8	1.6	22.4	9.05	已封顶
青年城2#地块（自由之邦）	板式住宅高层	13	2.2	1.9	17.1	—	已封顶
青年城一期合计	板式住宅高层	29	7	3.5	39.5	9.05	已封顶
阳光国际	板式住宅高层	16.8	4	—	20.8	—	主体接近封顶

1. 项目用地情况

青年城一期及阳光国际项目土地成本情况如表9-11、表9-12所示：

表 9 – 11　青年城一期项目土地成本情况统计表　　　　单位：万元

项目	已缴资金成本情况	未缴资金成本情况	金额
土地成本（含配套）	1500	—	1500
契税等税金	60	—	60
拆迁补偿	1586.98	—	1586.98
合计	3146.98	—	3146.98
土地单价			300（元/平方米）
楼面地价			80（元/平方米）

表 9 – 12　阳光国际项目土地成本情况统计表　　　　单位：万元

项目	已缴资金成本情况	未缴资金成本情况	合计
土地成本（含配套）	1414.50	—	1414.50
契税等税金	56.58	—	56.58
拆迁补偿	1528.92	—	1528.92
合计	3000.00	—	3000.00
土地单价			300（元/平方米）
楼面地价			144（元/平方米）

2. 基本控规指标

青年城一期及阳光国际项目基本控规指标情况如表 9 – 13、表 9 – 14 所示：

表 9 – 13　青年城一期项目基本控规指标

指标名称	数值	单位
规划总用地	104952.04	平方米
总建筑面积	39.5 万	平方米
1. 住宅及公寓总建筑面积	29 万	平方米
商业建筑面积	3.5 万	平方米
车库建筑面积	7 万	平方米
2. 其他指标		平方米
容积率	2.9	
建筑密度	35	%
绿地率	35	%
停车位	3000	个

表9-14 阳光国际项目基本控规指标

指标名称	数值	单位
规划总用地	100050	平方米
总建筑面积	20.8万	平方米
1.住宅及公寓总建筑面积	16.8万	平方米
车库建筑面积	4万	平方米
2.其他指标		平方米
容积率	2.5	
建筑密度	35	%
绿地率	35	%

3. 项目建设条件

青年城一期及阳光国际项目建设条件情况如表9-15、表9-16所示:

表9-15 青年城一期项目建设条件

资质名称	证号	取得时间
可研立项批复	市计贸〔2003〕667号	2003年10月21日
国有土地使用权证	栾国用〔2007〕第76号	2007年9月19日
建设用地规划许可证	征(04)02号	2004年2月13日
建设工程规划许可证	栾建工(07)29号	2007年6月30日
建筑工程施工许可证	编号130124x070190101 编号130124x070200101	2007年10月10日
1#地商品房预售许可证(部分)	栾房预字第2008-002号	2008年

表9-16 阳光国际项目建设条件

资质名称	证号	取得时间
石家庄市发展和改革委员会关于河北卓达太阳城置业有限公司太阳城住宅小区项目可行性研究报告的批复	市发改投〔2004〕406号	2004年6月25日
石家庄市发展和改革委员会关于栾城冶河工贸小区千米经济长廊项目可行性研究报告的批复	市发改贸〔2004〕226号	2004年4月19日

续表

资质名称	证号	取得时间
石家庄市发展计划委员会关于河北卓达集团栾城冶河工贸小区东方商都项目可行性研究报告的批复	市计贸〔2003〕667号	2003年10月21日
国有土地使用权证	栾国用〔2007〕第80号	2007年
建设用地规划许可证	征（04）03号	2004年2月13日

4. 项目的设计、施工、监理情况

青年城一期及阳光国际项目设计、施工、监理情况如表9-17、表9-18所示：

表9-17　青年城一期项目设计、施工、监理情况

设计单位	河北省建筑设计研究院有限责任公司
施工单位	江苏省建工集团有限公司（青年城1#地1#楼到6#楼土建及地下车库等工程）
	江苏江中集团有限公司（青年城2#地土建及暖通等工程）
监理单位	1#地河北冀咨工程监理有限责任公司
	2#地河北九润工程管理有限责任公司

表9-18　阳光国际项目设计、施工、监理情况

设计单位	河北省建筑设计研究院有限责任公司
施工单位	江苏省苏中建设集团股份有限公司
监理单位	河北环渤工程建设监理有限公司
	河北冀咨工程监理有限责任公司

5. 项目区域交通情况

卓达·太阳城位于308国道、石家庄石环路、京珠高速三条路的交叉口，交通便利。未来石家庄将以京珠高速公路（规划改造为城市快速路）加上两侧城市绿化带为核心，形成城市中心轴线，而卓达·太阳城就位于这条中心轴线之上，而且处于未来省会城市中心履带和南北快速通道的核心位置，发展前景广阔。

（三）项目所在地经济发展情况

2009年，河北省生产总值达17026.6亿元，居全国第六位；全部财政收入达2018.1亿元，规模以上工业增加值完成6310.2亿元，实现利润总额1256.2亿元；全社会固定资产投资完成12310.5亿元，社会消费品零售总额实现5764.9亿元；城镇居民人均可支配收入达14718.3元。2010年上半年，全省经济继续回升向好，财政收入整体处于高位增长状态。前4个月，全省规模以上工业企业增加值增长22.1%，同比提高15个百分点，工业企业实现利润412.1亿元，增长1.1倍。

2010 年，石家庄市地区生产总值初步核算完成 3401 亿元，全部财政收入完成 387.9 亿元，社会固定资产投资完成 2958 亿元。全市规模以上工业企业实现增加值 679.04 亿元，同比增长 17.5%；全市城镇固定资产投资 1445.9 亿元，同比增长 23.5%；全市累计实现社会消费品零售总额 715.4 亿元，同比增长 18.3%，高于全省增速 0.3 个百分点。

1. 项目周边主要土地成交情况

周边无可参照土地成交情况，现提供南二环两侧相对邻近太阳城项目方向，2010 年末石家庄土地市场实际拍卖及拟出让土地起始价情况如表 9 - 19 所示：

表 9 - 19　实际拍卖土地情况表

实际拍卖土地情况									
编号	土地位置	土地面积（平方米）	土地用途	容积率	建筑密度	绿地率	产业类型	成交价万元	受让人
〔2010〕042 号	体育东街以东，塔南路以北，塔北路以南，规划路以西	103976.1	商服、住宅	3.5	25%	30%	商服 40 年、住宅 70 年	62400 万元，合 400 万/亩	河北永昌房地产开发有限公司

近期拟出让土地情况								
编号	土地位置	土地面积（平方米）	土地用途	容积率	建筑密度	绿地率	产业类型	底价（万元）	万元/亩
〔2010〕047 号	裕翔街以东、省军供储备库以北	20894.7	城镇住宅	≤3.0	≤25%	≥30%	70 年	6700	213
〔2010〕049 号	体育大街以西，育才街以东，谈南路以南	60134.5	住宅、商服	2.8	30%	30%	住宅 70 年、商服 40 年	51350	568
〔2010〕051 号	谈固大街以西、东岗路以北	4772.4	城镇住宅				70 年	3100	432

2. 项目所在地房地产市场情况

由于石家庄市建市时间短，加之人口增长和城市发展的因素，住房问题仍然是石家庄市较突出的社会问题，到 2000 年底石家庄市城区居民人均住房建筑面积约 19.25 平方米，比全国平均水平少 0.75 平方米。

2009 年 1～12 月，市区商品房当期上市面积 500.52 万平方米，商品住房 394.6 万平方米，同比分别增长 44.18%、56.22%；其中批准预售面积商品房 400.74 万平方米，商品住房 323.4 万平方米，同比分别增长 50.48%、67.92%；现房备案面积商品房 99.78 万平方米，商品住房 71.2 万平方米，同比分别增长 23.43%、18.67%。

国家统计局的调查显示，2010 年 1～6 月，石家庄市房地产价格总水平同比上涨

7.0%。第一季度同比上涨 5.2%，第二季度同比上涨 9.0%，第二季度涨幅比第一季度增加 3.8 个百分点。上半年，石家庄市房屋销售价格同比上涨 7.4%，其中新建房价格同比上涨 9.1%。石家庄市市区房地产市场涨势明显，全年市区商品住房销售 203.62 万平方米，同比增长 64.82%（见图 9 - 2）。

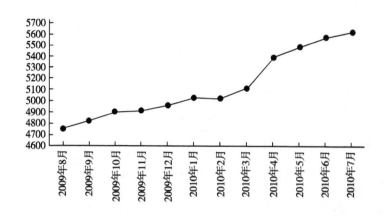

图 9 - 2　2009 年 8 月 ~ 2010 年 7 月石家庄市房地产价格趋势

　　石家庄地产市场历经起步与兴起时期、平稳发展时期，现已进入整合高涨期。近年石家庄房地产市场供求增长速度快，在 2010 年几次销售形势大好，导致房价大幅上涨，1 ~ 6 月成交均价同比上涨近 800 元/平方米，同时也几乎创下了石家庄市房价最高点。

　　目前全市在售楼盘产品多以高层为主，小高层 12 层板楼为辅，绝大多数楼盘的建筑容积率较高，绿化率低，建筑规划设计水平低，开发商缺少现代化住宅的操作经验和理念，造成石家庄住宅整体素质低。

　　石家庄住宅消费已从安居型转向康居型，二次改善型置业渐成主流，消费者更加注重改善自家的居住条件和生活环境，人们更加倾向于有文化内涵、物业服务好、社区配套设施完善、环境优美、水系多的项目，而不再是仅仅停留在对地理位置的选择上。

　　自国务院出台房地产调控"新国八条"后，2011 年 2 月 22 日，石家庄市出台的限购令，按照购房者的户籍、已购房屋数量、纳税或者社会保险缴纳年限这三个标准，对石家庄市内五区以及高新区范围内的第三套购房进行限制。本项目位于栾城县，邻近南三环，不属于本次限购令范围，而本次限购令将导致石家庄市内购房压力向周边县镇疏导，而临近南三环、栾城县的卓达太阳城项目群也将承载部分分流。搜房网监测资料显示，石家庄数十个待售楼盘一再推迟开盘时间，在售楼盘出现集体涨价现象。

　　（四）项目目标市场分析

　　（1）私营企业主：这部分人群集中在周边县区及市区东部地区，有一定的资金实力，购房用于居住或投资，对住房的居住环境及硬件设施有较高要求。

　　（2）周边区域的公务员：这部分人群追求生活稳定，但又希望有所变化与改善，购房用于改善居住条件与环境。对住房要求舒适、具有良好的私密性，隔音效果好；配套功能齐全（健身房、网络、娱乐室），社区宁静、有车库和休憩处。

（3）石家庄市部分中高收入群体：这部分人群构成复杂，购房用于居住兼投资，对住房要求配套成熟、有独特卖点、价格适中，有升值潜力。

（4）石家庄市中低收入群体：由于该项目没有在繁华的闹市区，相对土地成本要比市中心繁华路段的土地价格低很多，连带房屋价格也较市区同类房屋价格低很多，对于购买能力不足以支付城市中心地段且需要购置房产的消费群体，市区周边的住宅项目是首选，而且人们的普遍心理是在能够承受的价位内，希望购买的楼盘品质较高，小区配套较完善、绿化较好。

由于项目地块特殊区位及相关因素的影响（石环路南侧、地价较低、市政配套及生活服务配套条件差），综合考虑本项目市场、场址区位、开发成本、建设规模等因素，本项目适宜定位在高品质、中低价位的开发档次上，以大规模开发降低成本，完善各种配套与服务，建设成以居住为主、规划合理、配套设施齐全、交通便利、环境优美的现代化居住小区。

（五）周边竞争项目分析

卓达太阳城楼盘开发周边竞争项目情况如表 9 – 20 所示：

表 9 – 20 周边竞争项目表

项目名称	位置	规模体量（平方米）	销售均价	房型户型	备注	距太阳城
阳光新城	石家庄市翟营南大街	10 万	4956 元/平方米	板式高层普通住宅主力户型 80 ~ 140 平方米	尾盘销售	北 3.5 公里
晶彩	翟营南大街 56 路终点站	5 万	4500 元/平方米	4 栋高层，户型面积 66 ~ 130 平方米，以小户型为主	尾盘销售	北 3 公里
风尚水郡	建华大街与东岗路交口东南角	35 万	5200 元/平方米，四证俱全	板式高层普通住宅 80 ~ 140 平方米，多款奢华户型	一期四栋	北 8.5 公里
天山新伯爵	三环以外，栾城县惠源路 45 号（体院馆东临）	8 万	4200 元/平方米	低密居所，小户型联排别墅、花园洋房、景观高层	现证现房	南 8 公里

项目所在位置如图 9 – 3 所示：

（六）项目投资估算和筹资评价

1. 项目总投资估算

青年城一期项目投资及估算情况如表 9 – 21、表 9 – 22 所示：

图 9 - 3 项目所在位置图

表 9 - 21 青年城一期项目表

项目基础数据	数值	单位
占地面积	157.35	亩
	104952.04	平方米
容积率	2.9	
建筑总面积（含车库6万平方米、商业3.5万平方米）	39.5万	平方米
土地总费用	3146.98	万元
土地单价	20	万元/亩

表 9 - 22 项目投资估算表

成本项目	建筑单位成本（元/平方米）
楼面地价	80
建安费	1250
规划设计勘探费（建安费3%）	40
市政公建配套费	80
配套建设费	70

续表

成本项目	建筑单位成本（元/平方米）
人防工程费	40
景观费	40
不可预见费	50
管理费（总投资3%）	95
营销费用（售价3%）	115
财务费（总投资8%）	245
综合税费（售价10%）	385
合计	2490

按照石家庄计费标准，将建安、配套、景观、装修等费用适当提高，以建筑面积39.5万平方米计算，总投资额为9.83亿元。

阳光国际项目投资估算情况如表9-23所示：

表9-23 阳光国际项目投资估算表

成本项目	单位成本（元/平方米）
楼面地价	144
建安费	1250
规划设计勘探费（建安费×3%）	40
市政公建配套费	80
配套建设费	70
人防工程费	40
景观费	40
不可预见费	50
管理费（总投资×3%）	75
营销费用（售价×3%）	115
财务费（总投资×8%）	200
综合税费（售价×10%）	385
单位成本合计	2489

按照石家庄计费标准，将建安、配套、景观、装修等费用适当提高，以建筑面积20.8万平方米计算，总投资额为5.18亿元。

2. 项目筹资计划分析

青年城一期项目总投资共98300万元，具体筹资计划如表9-24所示：

表 9 – 24　青年城一期项目筹资计划表

序号	项目	金额（万元）	比例（%）
1	自筹资金	35000	35.6
2	合作方投资额	35000	35.6
3	部分销售收入	28300	28.8
4	总投资	98300	100

阳光国际项目总投资共 51800 万元，具体筹资计划如表 9 – 25 所示：

表 9 – 25　阳光国际项目筹资计划表

序号	项目	金额（万元）	比例（%）
1	自筹资金	20000	38.6
2	合作方投资额	15000	29.0
3	部分销售收入	16800	32.4
4	总投资	51800	100

（1）自有资金。

青年城一期项目和阳光国际项目总投资共 150100 万元，自有资金投入共 55000 万元，占比 36.64%。

（2）预售收入。

青年城一期项目 2009 ~ 2010 年住宅销售金额合计 35000 万元，占住宅总投资额的 48.47%，占住宅总收入的 30.9%。

（3）项目资金投入情况。

截至 2011 年 1 月底，企业以自有资金及部分销售回款形式已投入项目资金合计 6.74 亿元，其中青年城一期投入 4.45 亿元，阳光国际投入 2.29 亿元，主要用于支付项目的开发建设费用，具体投入明细如表 9 – 26、表 9 – 27 所示。青年城一期和阳光国际项目总投资合计 15.01 亿元，尚需 8.27 亿元资金投入。

表 9 – 26　青年城一期投资明细表

名称	青年城一期（万元）
土地	3147
1#地块青年之都	23950
2#地块自由之邦	16119
商业	841
车库	471
合计	44529

表9-27　阳光国际投资明细表

名称	阳光国际（万元）
土地	3000
住宅、车库	19862
合计	22862

（4）合作方股权投资及用款计划。

本合作方资金运用方式为股权投资，金额5亿元，资金用途为支付青年城一期和阳光国际项目的工程建设、材料款。

（七）项目财务效益评估

1. 项目销售收入预测

（1）项目销售方式。

卓达太阳城拥有自己专业的销售团队，同时通过聘请专业策划公司为项目进行全程策划，提升产品概念。

（2）销售前景分析。

青年城一期项目自开盘至今已销售了近千套房，均价为3800元/平方米，客源以石家庄市和周围市县居民为主，其中2009年销售1亿元，2010年销售2.5亿元。根据项目销售计划，保守预计2011~2013年销售额为7.84亿元，具体情况如表9-28所示（其中商业3.5万平方米、车库7万平方米暂不销售）：

表9-28　销售情况表

年份	销售面积（平方米）	销售价格（元/平方米）	销售收入（万元）
2009~2010	100000	3500	35000
2011	70000	4000	28000
2012	80000	4200	33600
2013	40000	4200	16800
合计	290000	—	113400

阳光国际项目根据其施工周期，制定相应的销售计划如表9-29所示：

表9-29　销售计划表

年份	物业形态	销售面积（平方米）	销售价格（元/平方米）	销售收入（万元）
2011	住宅	40000	4300	17200
	车库	4000	2000	800

年份	物业形态	销售面积 （平方米）	销售价格 （元/平方米）	销售收入 （万元）
2012	住宅	80000	4500	36000
	车库	20000	2000	4000
2013	住宅	48000	4584	22000
	车库	16000	2000	3200
合计		208000		83200

2. 项目投资利润率

青年城一期及阳光国际项目投资利润率等指标情况如表9-30、表9-31所示：

表9-30 青年城一期项目投资财务评价指标情况表

指标名称	数值	备注
项目总收入	113400 万元	3910 元/平方米（不含预留商业及车库）
项目总投资	98300 万元	
项目税前利润	15100 万元	521 元/平方米（不含预留商业及车库）
所得税	3685.5 万元	
项目税后净利润	11414.5 万元	
销售净利润率	10%	
总投资净利润率	11.6%	

注：青年城一期项目预测总收入只包含住宅面积的销售收入，由于商业及车库拟暂不对外销售，未计算其收入。按照卫星城镇中心区商业初步测算：车库7万平方米，按保守市场价值1500元/平方米计算，价值约1.05亿元；商业3.5万平方米，按8000元/平方米计算，价值约2.8亿元。青年城一期商业与车库整体价值约3.85亿元，以此计算项目税后净利润为40200万元，销售净利润率为26.5%，总投资净利润率为40.8%。

表9-31 阳光国际项目投资财务评价指标情况表

指标名称	数值	指标名称	数值
项目总投资（万元）	51800	项目总收入（万元）	83200
项目税前利润（万元）	31400	项目税后净利润（万元）	23550
销售净利润率（%）	28.3	总投资净利润率（%）	45.5

3. 压力测试

青年城一期及阳光国际项目压力测试分析情况如表9-32所示：

表9-32　项目压力测试分析表

项目	价格下降幅度（%）	下降后销售单价	项目税前利润	项目税后利润
		（元/平方米）	（万元）	（万元）
青年城一期（住宅）	10	3519	29850	22388
	20	3128	18510	13883
	30	2737	7170	5378
阳光国际（住宅、车库）	10	3600	23109	17332
	20	3200	14789	11092
	30	2800	6469	4852

4. 项目销售盈亏平衡点分析

青年城一期项目中住宅面积共29万平方米，住宅部分总投入为7.22亿元，预计销售收入为11.34亿元，住宅部分的销售率盈亏平衡点为63.67%（7.22亿元/11.34亿元），销售均价盈亏平衡点为2490元/平方米（7.22亿元/29万平方米）。

阳光国际项目中总建筑面积共20.8万平方米，总投入为5.18亿元，预计销售收入为8.32亿元，销售率盈亏平衡点为62.26%（5.18亿元/8.32亿元），销售均价盈亏平衡点为2490元/平方米（5.18亿元/20.8万平方米）。

（八）投资价值分析

1. 项目现金流预测

青年城一期及阳光国际项目现金流量预测如表9-33、表9-34所示：

表9-33　青年城项目现金流量表　　　　　　　　　单位：万元

序号	费用名称	2009年	2010年	2011年	2012年	2013年	合计
1	资金来源	25000	37000	63000	33600	16800	175400
1.1	销售收入	10000	25000	28000	33600	16800	113400
1.2	自有资金	15000	12000				27000
1.3	合作资金			35000			35000
2	资金运用	25030	19450	25744	22805	37159	130188
2.1	开发建设投资	24000	17000	18000	14000		73000
2.2	销售税金及附加（5.55%）	555	1388	1554	1865	932	6294
2.3	所得税（预3.25%）	325	813	910	1092	546	3686
2.4	土地增值税（预1%）	150	250	280	336	168	1184
2.5	支付合作方优先权费			5000	5513	513	11025
2.6	归还合作方本金					35000	35000
3	盈余资金	-30	17550	37256	10795	-20359	45212
4	累计盈余资金	-30	17520	54776	65571	45212	

注：开发建设投资项不含税费、财务与管理费用。

表9-34　阳光国际项目现金流量表　　　　　　　　　　单位：万元

序号	费用名称	2009 年	2010 年	2011 年	2012 年	2013 年	合计
1	资金来源	12000	8000	33000	40000	25200	118200
1.1	销售收入			18000	40000	25200	83200
1.2	自有资金	12000	8000				20000
1.3	合作资金			15000			15000
2	资金运用	12000	10000	13764	11983	17775	65521
2.1	开发建设投资	12000	10000	10000	5700		37700
2.2	销售税金及附加（5.55%）			999	2220	1340	4559
2.3	所得税（预3.25%）			585	1300	820	2705
2.4	土地增值税（预1%）			180	400	252	832
2.5	支付合作方优先权费			2000	2363	363	4725
2.6	归还合作方本金					15000	15000
3	盈余资金	—	-2000	19236	28018	7426	52679
4	累计盈余资金	—	-2000	17236	45254	52679	

注：开发建设投资项不含税费、财务与管理费用。

2. 股权价值分析

项目组采用折现卓达太阳城股权净现金流（FCFE）的方法估算其股权价值（EV），由于卓达太阳城为卓达集团专为开发卓达·太阳城项目群而注册设立的项目公司，项目组评估其股权价值仅基于现有的在建项目预测收益，对于项目公司未来的成长、损益情况不作考虑。卓达太阳城正在开发的项目总建筑面积约为190万平方米，2011～2013年公司股权净现金流量预测如表9-35所示：

表9-35　2011～2013年公司股权净现金流量预测表　　　　　　单位：万元

项目	2011 年	2012 年	2013 年
销售回笼款预测	92297	164728	132461
项目总投资支付预测	70000	50000	50000
各项税费预测	9230	16473	13246
土地款支付预测	0	0	0
经营性净现金流	13067	98255	69215
融资新增预测	50000	0	0
融资偿付预测	15972	7750	57750

续表

项目	2011 年	2012 年	2013 年
筹资性净现金流	34028	-7750	-57750
投资性净现金流	0	0	0
综合净现金流	47095	90505	11465

折现率 r 取值企业权益资本成本（CAPM），计算公式如下：

$$CAPM = Rf + \beta\ (E\ [Rm]\ - Rf)\ + Alpha$$

其中，Rf 为无风险收益率，项目组采用五年以上长期国债的年到期收益率的平均值 3.17%；E [Rm] 为市场预期回报率，采用沪深指数中的成份股投资的年收益率的几何平均值 10.26%（Wind 资讯数据）；β 为贝塔系数，采用沪深 300 中房地产开发企业贝塔系数的加权调整值 1.0855（Wind 资讯数据）；Alpha 为特别风险溢价，考虑项目公司规模风险率和个别风险率，以审慎原则取值为 7%。经计算，卓达太阳城的权益资本成本（CAPM）约为 17.9%。

企业股权价值（EV）为未来三年现金流折现之和，经计算，卓达太阳城的股权公允价值为 11.52 亿元，以资金方持有其 71.43% 的股权计算，资金方所持股权价值约为 8.23 亿元，如表 9-36 所示：

表 9-36　卓达太阳城股权价值计算表　　　　　　　　　单位：万元

指标	2011 年	2012 年	2013 年
	$FCFE_{2011}$	$FCFE_{2012}$	$FCFE_{2013}$
净现金流 FCFE	47095	90505	11465
折现率 CAPM	17.9%		
折现年数 T	0.833333333	1.833333333	2.833333333
折现系数	0.871984865	0.739809124	0.627668624
现金流现值	41066	66957	7196
现金流折现之和 EV	115219		

（九）保障措施

1. 抵押担保情况

（1）抵押担保具体内容。

卓达集团及其实际控制人投资注册的全资子公司威海星河、威海星际、威海腾飞、威海旺都、威海恒通、威海中阳以其拥有的位于山东省文登市南海新区价值为 124714 万元的十五宗土地为卓达集团按期支付优先权维持费及在约定条件下卓达集团以约定价格收购资金方持有的全部卓达太阳城股权提供抵押担保。

（2）抵押物概况。

抵押土地位于山东省文登市南海新区金海路东、高岛路南，共计十五宗，总面积为

1059473 平方米（1589.3 亩），拟开发建设卓达·香水海二期项目，相应土地证号、土地面积及所属公司列表如表 9 - 37 所示：

表 9 - 37　土地情况表

序号	土地证号	土地面积（平方米）	土地面积（亩）	公司名称	土地使用权终止日期
1	文国用〔2010〕第 110024 号	74411	111.6	威海星河	
2	文国用〔2010〕第 110025 号	37951	56.9	威海星河	
3	文国用〔2010〕第 110026 号	89458	134.2	威海星河	
4	文国用〔2010〕第 110027 号	80291	120.4	威海星河	2050 年 4 月 29 日
5	文国用〔2010〕第 110028 号	98945	148.4	威海腾飞	2080 年 4 月 29 日
6	文国用〔2010〕第 110029 号	73452	110.2	威海腾飞	
7	文国用〔2010〕第 110030 号	80043	120.1	威海腾飞	
8	文国用〔2010〕第 110031 号	73452	110.2	威海腾飞	
9	文国用〔2010〕第 110032 号	44396	66.6	威海星际	
10	文国用〔2010〕第 110033 号	74289	111.4	威海星际	
11	文国用〔2010〕第 110034 号	36388	54.6	威海旺都	
12	文国用〔2010〕第 110035 号	92436	138.7	威海旺都	2050 年 3 月 15 日
13	文国用〔2010〕第 110036 号	89748	134.6	威海恒通	2080 年 3 月 15 日
14	文国用〔2010〕第 110037 号	44435	66.7	威海恒通	
15	文国用〔2010〕第 110038 号	69778	104.7	威海中阳	
合计		1059473	1589.3		

（3）抵押率。

2011 年 2 月 27 日，经北京仁达房地产评估有限公司评估（预评估报告编号：仁达预估字〔2011〕第 0120100059 号），十五块土地使用权价值总额为 124714 万元；经股权价值测算得知，资金方持有卓达太阳城 71.43% 的股权，价值约为 8.23 亿元，两项资产价值合计 20.7 亿元，以资金方股权投资本金及预期收益（按 2 年计算）计算综合抵押率为 31.6%。

（4）抵押物所属公司介绍。

威海星河、威海星际、威海腾飞、威海旺都、威海恒通、威海中阳均系卓达集团及其实际控制人投资注册的全资项目子公司。

四、尽职调查报告（简约版）

为了进一步增强卓达太阳城的资金实力和综合竞争力，卓达集团拟使用自有资金（或自筹资金）对卓达太阳城追加现金投资 50000 万元人民币。本次尽职调查的目的：真实、准确地描述卓达太阳城截至 2010 年 12 月 31 日的各方面信息，判断其是否符合此次投资的条件，为卓达集团做出投资判断提供参考。

1. 企业基本信息

企业全称：河北卓达太阳城房地产开发有限公司。

注册地址或现办公通迅地址：河北省栾城县冶河镇呈上村东西大街 1 号。

注册资本：2 亿元。

企业实际控制人：杨卓舒。

主营业务及公司亮点简述：经营范围包括城市房地产开发、经营，物业管理，具备房地产开发二级资质。2009 年 8 月卓达·太阳城荣膺联合国人居奖及国际花园社区大奖。

近三年主要财务指标如表 9-38 所示：

表 9-38　2008~2010 年财务指标状况表

指标名称		2008 年	2009 年	2010 年
盈利能力状况	净资产收益率（%）	-7.41	37	59
	总资产报酬率（%）	-3.33	17	43
	营业利润率（%）	—	33	41
资产质量状况	总资产周转率（%）	—	64	122
	流动资产周转率（%）		71	130
债务风险状况	流动比率	2.16	1.58	3.81
	速动比率	0.14	0.26	0.30
	资产负债率（%）	55	59	31
	剔除预收账款后的实际资产负债率（%）	17	8	9

2. 行业发展及竞争格局

（1）所属行业介绍。

卓达太阳城属于房地产行业。中国的房地产市场是世界上最大的房地产市场，1998~2010 年，全国商品房销售额从 2513 亿元扩大至 5.2 万亿元，累计增长近 20 倍；销售面积从 1.2 亿平方米增长至 10.4 亿平方米，累计增长 7.6 倍；销售均价从 2063 元/平方米上涨至 5029 元/平方米，累计上涨 1.4 倍。为了促进房地产业平稳健康发展，国家近几年加大了对房地产市场的调控力度。

（2）当地市场现状。

石家庄地产市场，历经起步与兴起时期、平稳发展时期，现已进入整合高涨期。近年石家庄房地产市场供求增长速度快，在 2010 年几次销售形势大好，导致房价大幅上涨，1~6 月成交均价同比上涨近 800 元/平方米，同时也几乎创下了石家庄市房价最高点。2011 年 2 月 22 日，石家庄市出台了限购令，对石家庄市内五区以及高新区范围内的第三套购房进行限制。本次限购令将导致石家庄市内购房压力向周边县镇疏导，而临近南三环、栾城县的卓达太阳城项目群也将承载部分分流。搜房网监测资料显示，石家庄数十个待售楼盘一再推迟开盘时间，在售楼盘出现集体涨价现象。

（3）主要竞争对手。

卓达太阳城的主要竞争对手为其周边房地产开发项目，主要包括阳光新城、晶彩、风尚水郡、天山新伯爵等。

3. 财务简表

卓达太阳城 2008～2010 年资产负债表及利润表如表 9-39、表 9-40 所示：

表 9-39 资产负债表　　　　　　　　　　　单位：万元

资产	2008 年 12 月 31 日	2009 年 12 月 31 日	2010 年 12 月 30 日
流动资产：			
货币资金	3645	20323	3248
其他应收款	486	1329	7719
预付账款	1816	1233	6161
存货	123305	76818	203527
流动资产合计	82190	147274	221159
长期投资		3800	3500
固定资产净额	10493	8248	8145
无形资产		6	4
长期待摊费用			
资产总计	92683	159328	232808
短期借款			
应付账款	397	7654	8007
预收账款	35452	80631	51246
应交税金	-4740	-5768	-4699
其他应付款	17	2811	3582
流动负债合计	38039	93273	58013
长期负债合计	13000		14520
负债合计	51039	93273	72533
所有者权益：			
实收资本	20000	20000	20000
减：已归还投资			
实收资本净额	20000	20000	20000
未分配利润	5644	30056	105634
所有者权益合计	41644	66056	160275

表 9-40 利润表　　　　　　　　　　　单位：万元

项目	2008 年	2009 年	2010 年
营业收入		81055	240054
营业利润	-3101	26802	99241
利息支出			
利润总额	-3085	27124	99663
净利润	-3085	24412	94220

4. 交易结构

（1）交易要点。

总募集资金规模 5 亿元，期限两年，募集资金用于对卓达太阳城进行股权投资。该公司原注册资本和实收资本为 2 亿元，实施增资后该公司注册资本和实收资本将增至 7 亿元，其中合作资金方持有卓达太阳城 71.43% 的股权（以下简称"标的股权"），原股东以其原出资额持有卓达太阳城 28.57% 的股权。信托资金将专项用于卓达·太阳城项目群中青年城一期项目和阳光国际项目的开发建设。

（2）保障措施。

本次投资到期时，合作方可对外转让标的股权，卓达集团因其股东身份享有受让合作方所持卓达太阳城股权的优先权。自合作方成立起，卓达集团承诺每季度向合作方支付优先权维持费。如未来青年城一期项目和阳光国际项目的销售进度未达到预期目标，合作方投资的卓达太阳城股权未达到预期价值，卓达集团有义务按照约定价格收购合作方持有的全部卓达太阳城股权。

卓达集团及其实际控制人投资注册的全资子公司"威海星际""威海星河""威海腾飞""威海旺都""威海恒通""威海中阳"以其拥有的位于山东省文登市南海新区价值为 124714 万元的十五宗土地为卓达集团按期支付优先权维持费及在约定条件下卓达集团以约定价格收购合作方持有的全部卓达太阳城股权提供抵押担保。

5. 投资收益预测

按照石家庄计费标准，将建安、配套、景观、装修等费用适当提高，以青年城一期建筑面积 39.5 万平方米计算，总投资额为 9.83 亿元；以阳光国际建筑面积 20.8 万平方米计算，总投资额为 5.18 亿元，青年城一期项目和阳光国际项目总投资共 150100 万元。截至 2011 年 1 月底，企业以自有资金及部分销售回款形式已投入项目资金合计 6.74 亿元，其中青年城一期投入 4.45 亿元，阳光国际投入 2.29 亿元。卓达集团拟采用的资金运用方式为股权投资，金额 5 亿元，资金用途为支付青年城一期和阳光国际项目的工程建设、材料款。

青年城一期项目预期总收入 113400 万元，预期总投资 98300 万元，预期税前利润 15100 万元，预期税后净利润 11414.5 万元；阳光国际项目预期总收入 83200 万元，预期总投资 51800 万元，预期税前利润 31400 万元，预期税后净利润 23550 万元。

6. 风险提示

本次对外投资是卓达集团对控股子公司的投资，符合公司发展需要，并不会对公司财务状况和正常经营产生不利影响，不存在损害公司和股东利益的情形，投资风险可控，不存在重大风险。公司将监督本次投资资金的使用情况，使其向既定目标发展，并适时控制投资风险。

7. 投资建议

综上所述，卓达太阳城具有较好的市场发展环境，公司主营业务明确，经营状况良好，现金流正常，公司规模在不断发展壮大，有一定的市场前景，商业模式稳定且可持续，具备持续经营能力，符合投资的条件。

本次向控股子公司卓达太阳城追加投资是基于卓达集团战略规划及业务发展需要，有利于卓达集团进一步优化业务结构，提升公司的盈利能力和综合竞力。